W0393425

El Manifiesto Negro

Frederick Forsyth nació en Ashford, en el condado inglés de Kent, en 1938. Tras trabajar en la BBC entre 1965 y 1967, cubrió como periodista independiente la guerra de Biafra (1968-1970), experiencia que reflejó en el libro *The Biafra Story*. Su primera novela, *Chacal*, se publicó en 1971 y constituyó un éxito mundial. La misma acogida han tenido sus obras posteriores, entre las que destacan *Odessa, Los perros de la guerra, El emperador, La alternativa del Diablo, El cuarto protocolo, El negociador, El manipulador, El puño de Dios* y *El Manifiesto Negro*.

EL MANIFIESTO NEGRO

Frederick Forsyth

GRANDES ÉXITOS

Título original: *Icon*
Traducción: Luis Murillo Fort

© 1996, Transworld Publishers Ltd.
Publicado por acuerdo con Transworld Publishers Ltd., 61-63 Uxbridge Road, Londres W5 5SA
© de la traducción, Luis Murillo Fort
© 1996, Plaza & Janés Editores, S. A.
© RBA Promociones Editoriales, S.L., 1998, para esta edición
Pérez Galdós, 36 bis, 08012 Barcelona

Edición especial para este diario

Diseño de la cubierta: Joan Batallé
Ilustración de la cubierta: © Slatter Anderson

ISBN: 84-473-1348-4
Depósito Legal: B-24.208-1998

Impresión: Printer industria gráfica, S.A. Ctra. N-II, km 600
Cuatro Caminos, s/n. Sant Vicenç dels Horts (Barcelona)

El presente ejemplar debe comercializarse conjunta e inseparablemente con este diario. Queda expresamente prohibida su venta de forma separada.

Quedan rigurosamente prohibidas, sin la autorización escrita de los titulares del copyright, bajo las sanciones establecidas en las leyes, la reproducción parcial o total de esta obra por cualquier medio o procedimiento, comprendidos la reprografía y el tratamiento informático, y la distribución de ejemplares de ella mediante alquiler o préstamo público.

Impreso en España - Printed in Spain

Para Sandy

PERSONAJES

En todo el libro

Jason Monk	ex agente de la CIA
Sir Nigel Irvine	ex jefe del SIS (servicio secreto británico)
Igor V. Komárov	líder del partido ultraderechista ruso UFP
Coronel Anatoli V. Grishir	ex KGB, jefe de seguridad de la UFP
Iván Markov	presidente ruso en funciones a partir de julio de 1999
Umar Gunáyev	agente del KGB en Omán; después jefe mafioso, Moscú

En la Primera Parte

LOS RUSOS

Guennadi Ziugánov	líder del partido neocomunista
Josef Cherkassov	presidente de Rusia hasta julio de 1999
Boris Kuznetsov	jefe de propaganda, UFP
Leonid Zaitsev	hombre de la limpieza, sede de la UFP
Nikita Akópov	secretario personal de Igor Komárov
Nikolai Turkin	agente KGB reclutado por Jason Monk
Coronel Stanislav Androsov	rezident, KGB, embajada soviética en Washington
Oleg Gordievsky	coronel del KGB, reclutado por el SIS (1985)
Inspector Vadim Chernov	investigador de la brigada antirrobo Moscú
Mijaíl Gorbachov	presidente de la URSS 1985-1991
General Víktor Chebrikov	presidente del KGB en 1985
General Vladimir Kryuchkov	jefe del Primer Directorio, KGB, en 1985
General Vitali Boyárov	jefe del Segundo Directorio, KGB, en 1985
Pyotr Solomin	agente de la GRU, reclutado por Jason Monk
Profesor Georgi Kuzmin	patólogo forense, Moscú
Pavel Volsky	inspector de Homicidios, milicia de Moscú
Yevgeni Novikov	inspector de Homicidios, milicia de Moscú
Coronel Vladimir Mechuláiev	agente KGB, controlador de Ames

Valeri Kruglov	diplomático soviético, reclutado por Jason Monk
Vassili Lopatin	inspector de Homicidios, milicia de Moscú
Profesor Iván Blínov	físico nuclear, reclutado por Jason Monk

LOS BRITÁNICOS

Celia Stone	subagregada de prensa, embajada británica en Moscú
Hugo Gray	agente SIS, embajada británica en Moscú
Jock MacDonald	jefe de estación, SIS, embajada británica en Moscú
Bruce *Gracie* Fields	agente SIS, embajada británica en Moscú
Jeffrey Marchbanks	jefe de la división Rusia, cuartel general SIS, Londres
Sir Henry Coombs	jefe del SIS, Londres
Margaret Thatcher	primera ministra británica en 1985
Brian Worthing	redactor jefe del *Daily Telegraph*, Londres
Mark Jefferson	columnista del *Daily Telegraph*
Lady Penelope Irvine	esposa de sir Nigel Irvine
Ciaran	ex miembro de las Fuerzas Especiales
Mitch	ex miembro de las Fuerzas Especiales
Sir William Palmer	subsecretario del Foreign Office

LOS NORTEAMERICANOS

Carey Jordan	ex subdirector de Operaciones, CIA, Langley
Aldrich Ames	ex agente CIA y traidor
Ken Mulgrew	ex funcionario de la CIA
Harry Gaunt	ex jefe de la división soviética, CIA, Langley
Saul Nathanson	financiero, Washington y Wyoming

En la Segunda Parte

Alexei II	patriarca de Moscú y Todas las Rusias
Padre Máxim Klimovsky	ayudante del patriarca
Inspector Dmitri Borodin	detective de Homicidios, milicia de Moscú
Brian Vincent («Marks»)	ex miembro de las Fuerzas Especiales
General Nikolai Nikoláiev	veterano de las divisiones blindadas soviéticas
Dr. Lancelot Probyn	linajista del Colegio de Heraldos, Londres
Padre Gregor Rusákov	predicador ambulante
Aslan, Magomed, Sharif	gángsters y guardaespaldas chechenos
General Yuri Drozdov	ex jefe de espías, KGB
Leonid Bernstein	presidente del Moskovsky Federal
Anton Gurov	directivo de la televisión comercial, Moscú
General de división Valentin Petrovsky	división del Crimen Organizado, milicia de Moscú

General de división Misha Andreiev	comandante en jefe de la división Tamanskaya
General Vyacheslav Bútov	viceministro de Defensa, Moscú
General Sergei Korin	comandante en jefe de la Guardia de Seguridad del Presidente, Kremlin

PRIMERA PARTE

1

Era el verano en que el precio de una barra de pan alcanzó el millón de rublos.

Era el verano del tercer año consecutivo de fracaso en la cosecha de trigo y el segundo de hiperinflación.

Era el verano en que los primeros rusos empezaban a morir de desnutrición en los callejones de las ciudades más remotas del país.

Era el verano en que el presidente se desplomó en su limusina y un viejo hombre de la limpieza robó un documento secreto.

Después de aquello nada volvería a ser igual.

Era el verano de 1999.

Hacía calor aquella tarde, muchísimo calor, y la bocina hubo de sonar varias veces para que el portero saliese de su garita y abriera con esfuerzo las grandes puertas de madera de la sede del gobierno.

El guardaespaldas presidencial bajó su ventanilla para gritarle al hombre que espabilara mientras el largo Mercedes 600 negro pasaba bajo la arcada y salía a Staraya Ploschad. El agobiado portero se esmeró en esbozar un saludo en el momento en que el segundo coche, un Chaika ruso con cuatro guardaespaldas más, seguía a la limusina. Los coches se alejaron.

El presidente Cherkassov iba sentado a solas en el asiento posterior del Mercedes, sumido en sus pensamientos. Delante iban su chófer de la milicia y el guardaespaldas que había sido especialmente trasladado del Grupo Alfa para escoltarlo.

El estado de ánimo del presidente ruso a medida que los tristes barrios periféricos de Moscú daban paso al campo era de profundo pesimismo, y no le faltaban motivos. Llevaba tres años en el cargo tras sustituir al enfermo Boris Yeltsin, los tres años más desgraciados de su vida teniendo que ver cómo su país caía en la indigencia.

En un primer momento, el presidente Cherkassov pareció entrar con buen pie. Contaba con los buenos deseos de Occidente, y aún más, con sus créditos para mantener la economía rusa más o menos a flote.

La cosa empezó a torcerse muy pronto. Las causas eran, por un lado, que los estragos de la mafia rusa acabaron siendo demasiado onerosos para la economía nacional y, por el otro, una nueva e imprudente aventura militar. A finales de 1997 Siberia, donde está concentrado el noventa por ciento de la riqueza rusa, amenazó con la secesión.

Siberia seguía siendo la menos domesticada de las provincias rusas. Pero bajo sus perpetuos y apenas inexplotados hielos seguía habiendo yacimientos de petróleo y gas para dejar en ridículo incluso a Arabia Saudí. A eso había que añadir oro, diamantes, bauxita, manganeso, tungsteno, níquel y platino. A finales de los noventa, Siberia era todavía la última frontera del planeta.

A Moscú empezaron a llegar informes de que emisarios de la yakuza japonesa y sobre todo surcoreana circulaban por Siberia instando a la secesión.

El presidente Cherkassov, mal asesorado por su círculo de aduladores y sin recordar, por lo visto, los errores de su predecesor en Chechenia, envió al ejército hacia el este. La campaña provocó una doble catástrofe. Pasados doce meses sin una solución militar, Cherkassov hubo de negociar un pacto que concedía a los siberianos más autonomía y control sobre el producto de sus riquezas de los que habían tenido jamás. Por otro lado, la aventura militar disparó la hiperinflación.

El gobierno trató de salir del aprieto imprimiendo más papel moneda. En verano de 1999 los días del dólar a 5.000 rublos habían pasado a la historia. La cosecha de trigo en la región del Kuban había fracasado dos veces, en 1997 y 1998, y la cosecha en Siberia hubo de aplazarse hasta que se pudrió porque los guerrilleros volaron las vías del tren. En las ciudades el precio del pan subió vertiginosamente. El presidente Cherkassov se aferraba al cargo, pero era evidente que ya no detentaba el poder.

En el campo, donde se suponía que la población podía producir lo suficiente para alimentarse a sí misma, las condiciones eran pésimas. Las granjas, infradotadas, escasas de personal y con unas infraestructuras colapsadas, estaban ociosas; su productivo suelo sólo daba maleza. Detenidos en cualquier apeadero, los trenes eran asediados por campesinos, casi siempre viejos, que ofrecían muebles, ropa y cachivaches a los ocupantes de los vagones a cambio de dinero o, mejor aún, comida. Pocos viajeros aceptaban el trueque.

En Moscú, capital y escaparate de la nación, los indigentes dormían al raso en los muelles que bordean el Moscova y en los callejones más recónditos. La policía —llamada milicia en Rusia—, prácticamente abandonada la lucha contra el crimen, intentaba meterlos en trenes con destino a sus lugares de origen. Pero siempre llegaban más, buscando comida, trabajo, socorro. Muchos de ellos se verían reducidos a mendigar y morir en las calles de Moscú.

En abril de 1999 las potencias occidentales optaron finalmente por no echar más subvenciones en saco roto, y los inversores extranjeros, incluso aquellos asociados con la mafia, se retiraron. La economía rusa, como una refugiada de guerra víctima de sucesivas violaciones, quedó tumbada en la cuneta y murió de desesperación.

Ésta era la lóbrega perspectiva sobre la que meditaba el presidente Cherkassov mientras se dirigía aquel caluroso día de verano hacia su retiro finisemanal.

El chófer conocía el camino hasta la dacha, pasado Usovo a orillas del río Moscova, donde los árboles refrescaban el aire. Años atrás, los peces gordos del Politburó soviético habían tenido sus dachas en los bosques que bordean ese tramo del río. Muchas cosas habían cambiado en Rusia, pero no tantas.

La circulación era escasa porque el precio de la gasolina estaba por las nubes, y los camiones que adelantaban despedían densos penachos de humo negro. Cruzaron el puente después de Arkangelskoye y torcieron por la carretera paralela al río, que fluía mansamente en la bruma estival hacia la ciudad que habían dejado atrás.

Cinco minutos después el presidente notó que le faltaba el resuello. Aunque el aire acondicionado funcionaba al máximo, Cherkassov pulsó el mando para bajar la ventanilla de su lado y dejar que el aire fresco le diese en la cara. Era aún más sofocante, y de poco le sirvió para respirar mejor. Tras la mampara de separación ni el chófer ni el guardaespaldas habían advertido nada. El desvío a Peredelkino apareció a mano derecha. Al cabo de un momento, el presidente de Rusia se inclinó sobre su izquierda y cayó de lado sobre el asiento.

Lo primero que notó el chófer fue que la cabeza del presidente había desaparecido del retrovisor. Le dijo algo al guardaespaldas, el cual giró el torso mirando hacia atrás. Instantes después el Mercedes se arrimaba al arcén.

El Chaika que les seguía hizo otro tanto. El jefe del destacamento de seguridad, un ex coronel de la Spetsnaz, saltó del asiento delantero derecho y corrió hacia la limusina. Los otros empuñaron sus armas y formaron un cordón protector. Nadie sabía qué había pasado.

El coronel llegó al Mercedes. El guardaespaldas del presidente había abierto la puerta de atrás y estaba inclinado sobre el asiento. El coronel lo apartó con brusquedad. El presidente yacía medio de espaldas, medio de lado, las manos sobre el pecho, cerrados los ojos y respirando a gruñidos breves.

El hospital más cercano con unidad de cuidados intensivos provista de instrumental moderno era la Clínica Estatal Número Uno en las colinas Sparrow. El coronel montó en el asiento de atrás junto al presidente y ordenó al chófer que hiciera un giro de 180 grados y se dirigiera hacia el cinturón de circunvalación. Lívido y asustado, el chófer obedeció. Utilizando su teléfono móvil, el coronel llamó a la clínica y ordenó que una ambulancia se reuniera con ellos a mitad de camino.

El encuentro tuvo lugar media hora después en mitad de la autovía. Unos enfermeros trasladaron al presidente de la limusina a la ambulancia y pusieron manos a la obra mientras el convoy de tres vehículos corría hacia la clínica.

Una vez allí, el presidente Cherkassov quedó al cuidado del jefe de cardiología y fue llevado sin tardanza a la UCI. Utilizaron lo que tenían, lo mejor, pero era demasiado tarde. La línea de la pantalla del monitor se negó a oscilar, quedando en una larga línea recta y un pitido agudo. A las cuatro y diez el cirujano se enderezó, meneando la cabeza. El hombre que empuñaba el desfibrilador se apartó.

El coronel tecleó unos números en su portátil. Alguien respondió a la tercera señal. El coronel dijo:

—Póngame con el despacho del primer ministro.

Unas seis horas después, en las Indias Occidentales, sobre la ondulante superficie del océano, el *Foxy Lady* puso rumbo a casa. En la cubierta de popa el barquero Julius recogió los sedales y guardó las cañas. El barco estaba alquilado para todo el día, y la pesca había sido buena.

Mientras Julius enrollaba los alambres con sus cebos de plástico en pulcras circunferencias a fin de depositarlos en la caja de los aparejos, los dos americanos abrieron un par de latas de cerveza y se sentaron tranquilamente bajo la toldilla a apagar su sed.

En el cajón del pescado había tres enormes wahoos que debían de pesar unos quince kilos cada uno, y media docena de grandes lampugas que unas horas antes habían estado ocultas bajo unas algas a diez millas de allí.

El patrón verificó el rumbo hacia las islas y dio gas para pasar de velocidad de pesca a velocidad de crucero. Calculaba que llegarían a Turtle Cove en menos de una hora.

El *Foxy Lady* parecía saber que su trabajo había terminado y que su amarradero en el muelle del Tiki Hut le estaba ya esperando. El barco levantó la proa y el casco en forma de V empezó a cortar las azules aguas caribeñas. Julius hundió un balde en el agua y remojó una vez más la cubierta de popa.

Cuando Zhirinovsky era el líder de los democrataliberales, la sede central del partido estaba en un tugurio del pasaje del Pescado, a un paso de la calle Strenka. Los visitantes que desconocían las extrañas maneras de Vlad el Loco se sorprendían al descubrir el lugar. El yeso se caía a trozos y las ventanas exhibían dos gastados carteles del demagogo; aquel sitio no había visto un trapo húmedo en diez años. Al otro lado de la desconchada puerta negra, los visitantes encontraban un lúgubre vestíbulo donde había un puesto de venta de camisetas con la efigie del líder y unos percheros con la obligatoria cazadora de cuero negro que lucían sus partidarios.

En lo alto de la escalera sin alfombrar y pintado de un tenebroso tono marrón, estaba el primer rellano, con una ventana enrejada donde un hosco guardián preguntaba al visitante el objeto de su visita. Sólo si éste era satisfactorio podía el visitante subir a las feas habitaciones donde Zhirinovsky daba audiencia cuando estaba en la ciudad. Por todo el edificio sonaba música de rock duro a todo volumen. Así era como el excéntrico fascista gustaba de tener su cuartel general, pensando que de este modo daba una imagen de hombre del pueblo y no de poderoso. Pero Zhirinovsky ya no contaba y el Partido Democrático Liberal se había coaligado con los demás partidos ultraderechistas y neofascistas en la Unión de Fuerzas Patrióticas.

Su líder indiscutible, Igor Komárov, era un hombre completamente diferente. No obstante, comprendiendo el interés de demostrar a los pobres y los desposeídos, cuyos votos quería recabar, que la Unión de Fuerzas Patrióticas no cedía ante lujos ni excesos, Komárov mantenía el edificio del pasaje del Pescado, pero tenía sus oficinas privadas en otro sitio.

Diplomado en ingeniería, había trabajado bajo el comunismo pero no para él hasta que, durante el período Yeltsin, decidió meterse en política. Eligió para ello el Partido Democrático Liberal, y aunque interiormente despreciaba a Zhirinovsky por sus excesos etílicos y sus constantes insinuaciones sexuales, su callado trabajo de zapa le había llevado hasta el Politburó, el órgano rector del partido. Desde aquí, tras una serie de reuniones secretas con líderes de otros grupos de extrema derecha, había planeado la alianza de todos los elementos derechistas rusos en la UFP. Ante aquel hecho consumado, Zhirinovsky hubo de aceptar a regañadientes la existencia de la coalición, cayendo en la trampa de presidir su primer pleno.

Ese pleno aprobó una resolución exigiendo la dimisión de Zhirinovsky. Komárov declinó tomar la jefatura, pero se aseguró de que ésta fuera a manos de una nulidad, un hombre sin carisma y con escaso talento organizador. Un año después le fue fácil explotar la sensación de fracaso en el consejo directivo de la Unión, deshacerse de la tapadera y hacerse con la jefatura. La carrera política de Vladimir Zhirinovsky había llegado a su fin.

Antes de dos años los criptocomunistas empezaron poco a poco a desaparecer. Sus adeptos habían sido predominantemente personas de mediana edad cerca de la tercera. Recabar fondos era un problema. Sin el soporte de los grandes bancos las cuotas de los afiliados ya no bastaban. La Unión Socialista se empobreció y fue perdiendo empuje.

En 1998 Komárov era el líder indiscutible de la extrema derecha y estaba en una situación excelente para sacar partido de la creciente desesperación del pueblo ruso.

Sin embargo, entre la pobreza y la indigencia generalizadas había también una ostentosa riqueza que nada podía soslayar. Los que tenían dinero lo tenían a montones, gran parte del mismo en moneda extranjera. Se paseaban por la calle en largas limusinas americanas o alemanas, pues la factoría Zil había dejado de producir, escoltados a menudo por motoristas que despejaban el camino y normalmente seguidos de un segundo coche con guardaespaldas.

En el vestíbulo del Bolshoi, en los bares y salones de banquetes del Metropol y del Nacional, podía vérselos cada tarde con sus prostitutas arrastrando martas y visones, dejando a su paso el aroma de fragancias parisinas y el relumbrón de los diamantes. Los peces gordos eran más gordos que nunca.

En la Duma los delegados gritaban, agitaban órdenes del día y aprobaban resoluciones. «Me recuerda —comentaba un corresponsal británico— todo lo que he oído contar sobre los últimos días de la República de Weimar.»

El único hombre que parecía ofrecer un posible rayo de esperanza era Igor Komárov. En los dos años que llevaba al mando del partido de la derecha, Komárov había sorprendido a la mayoría de los observadores, tanto dentro como fuera de Rusia. Si se hubiera contentado con seguir como magnífico organizador político, habría sido un *apparatchik* más. Pero Komárov cambió. O eso opinaban los observadores. Probablemente disponía de un talento que se había esforzado en mantener escondido.

Komárov se distinguía por ser un apasionado y carismático orador. Cuando estaba en el podio, quienes recordaban a aquel individuo tranquilo, dulce, meticuloso y reservado no salían de su asombro. Parecía transformarse. Su voz adquiría la profundidad de un barítono arrollador, valiéndose con gran efecto de las numerosísimas expresiones e inflexiones del idioma ruso. Podía bajar la voz hasta casi un susurro, de modo que incluso con micrófono el público tuviera que esforzarse por captar sus palabras, para luego pasar a una vibrante perorata que enardecía a las multitudes y arrancaba vítores hasta de los más escépticos.

No tardó en dominar lo que era su especialidad: los discursos en directo. Evitaba la charla televisada junto al hogar o la entrevista formal en televisión, consciente de que por más que esas cosas pudiesen funcionar en Occidente, en Rusia no valían. Los rusos raramente invitan a gente a sus casas, no digamos ya a toda la nación.

Tampoco le interesaba ser sorprendido con preguntas hostiles.

Todos sus discursos estaban perfectamente orquestados, pero funcionaban. Dirigía sus alocuciones únicamente a los incondicionales del partido, con las cámaras bajo control de su propio equipo de filmación dirigido por el joven y brillante realizador Litvinov. Convenientemente montadas, estas filmaciones eran distribuidas para su emisión televisada a nivel nacional, completas y sin abreviar. Esto se lo podía permitir Komárov comprando tiempo de emisión en lugar de confiar en los caprichos de los locutores.

Su tema era siempre el mismo y siempre popular: Rusia, Rusia y nada más que Rusia. Vituperaba a los extranjeros cuyas conspiraciones internacionales habían doblegado a Rusia. Clamaba por la expulsión de todos los «negros», como popularmente se alude en Rusia a armenios, georgianos, azeríes y otros pueblos del sur. Exigía justicia para el empobrecido y pisoteado pueblo ruso que un día se levantaría, conducido por él, para restaurar las glorias del pasado y acabar con la basura que obstruía las calles de la madre patria.

Lo prometía todo y a todos. A los parados, empleo, sueldos justos, comida en la mesa y otra vez dignidad. A aquellos cuyos ahorros se habían consumido, una moneda decente y algo que ahorrar para una vejez confortable. A aquellos que vestían el uniforme de la *rodina*, la antigua patria, el renacer del orgullo para poder borrar las humillaciones sufridas por culpa de los cobardes que el capital extranjero había puesto en los cargos importantes.

Y la gente le escuchaba. Le escuchaba en las grandes estepas por radio y por televisión. Le escuchaban los soldados del antaño gran ejército ruso, arracimados bajo lonas, expulsados de Afganistán, Alemania del Este, Checoslovaquia, Hungría, Polonia, Letonia, Lituania y Estonia en una serie interminable de renuncias al imperio. Le escuchaban los campesinos en sus *izbas*, desperdigados por el vasto paisaje. Le escuchaban las arruinadas clases medias entre los pocos muebles que no habían empeñado para tener algo que poner en la mesa y en el hogar. Le escuchaban incluso los industriales, soñando con que algún día sus hornos volverían a rugir. Y cuando les prometía que el ángel de la muerte caminaría entre los corruptos y los gángsters que habían violado a la Madre Rusia, todos le querían.

En la primavera de 1999, a sugerencia de su asesor de propaganda, un joven muy inteligente graduado en una universidad americana de la Ivy League, Igor Komárov concedió una serie de entrevistas privadas. El joven Boris Kuznetsov supo escoger bien a los candidatos, básicamente senadores, diputados y periodistas de ideología conservadora, tanto americanos como europeos. El propósito de la recepción era apaciguar sus temores.

Como campaña, la cosa funcionó muy bien. Muchos llegaban esperando encontrar lo que les habían dicho que encontrarían: un frenético demagogo ultraderechista tildado de neofascista o racista, cuando no ambas cosas.

Pero se encontraron hablando con un hombre reflexivo, educado y sobriamente vestido. Como Komárov no sabía palabra de inglés, fue su asesor de propaganda quien hizo las veces de moderador e intérprete. Cuando su adorado líder decía algo que según él podía ser malinterpretado en Occidente, Kuznetsov traducía en inglés alguna cosa más aceptable. Nadie lo notó, pues Kuznetsov se había asegurado de que ninguno de los visitantes entendía el ruso.

Así, Komárov pudo explicar que, como políticos en activo, todos tenemos nuestras circunscripciones y no hay motivo para ofenderlas si deseamos ser elegidos. Así, en ocasiones tenemos que decir lo que sabemos que quieren escuchar, aunque conseguirlo sea más difícil de lo que pretendemos. Y los senadores asintieron con la cabeza.

Explicó que en las viejas democracias occidentales la gente entendía que la disciplina social empezaba por uno mismo, de modo que la disciplina impuesta desde el exterior —léase por el Estado— podía ser más liviana. Pero donde todas las formas de autodisciplina se habían venido abajo, el Estado tenía que ser más firme de lo aceptable en Occidente. Y los congresistas asintieron con la cabeza.

A los periodistas conservadores les explicó que la recuperación de una moneda firme no podía ser alcanzada sin ciertas medidas draconianas contra el crimen y la corrupción a corto plazo. Los periodistas escribieron que Igor Komárov era un hombre que se avendría a razones en temas económicos y políticos tales como la cooperación con Occidente. Tal vez resultase demasiado derechista para ser aceptado en una democracia a la europea, y su demagogia demasiado áspera para el paladar occidental, pero tal vez era el hombre idóneo para una Rusia en crisis. En cualquier caso, ganaría casi con seguridad las elecciones presidenciales de junio del 2000. Así lo mostraban los sondeos. Los previsores harían bien en apoyarle.

En las cancillerías, embajadas, ministerios y salas de juntas de Occidente, el humo de los cigarros subió hacia el techo y las cabezas asintieron.

En el sector norte del centro de Moscú, dentro ya de la carretera de circunvalación y a mitad de camino del bulevar Kiselny, hay una calle secundaria. Justo en el centro del lado oeste hay un pequeño parque de unos doscientos metros cuadrados. En tres de sus caras hay bloques sin ventanas, y en la parte frontal está protegido por chapas verdes de acero de tres metros de alto por encima de las cuales pueden verse apenas las puntas de una hilera de coníferas. Practicada en el muro de acero hay una verja doble, también de acero.

El parque es de hecho el jardín de una soberbia mansión anterior a la revolución y exquisitamente restaurada a mediados de los años ochenta. Aunque el interior es moderno y funcional, la fachada clásica está pintada en tonos pastel y el yeso que corona puertas y ventanas destaca en blanco. Aquí tenía Igor Komárov su verdadero cuartel general.

Un visitante que llegase a la entrada principal quedaba totalmente a la vista de una cámara situada en lo alto del muro y se anunciaba a través del interfono. Estaba hablando al guardia de una caseta situada detrás de la verja, quien verificaba los datos con la oficina interior de seguridad de la casa.

Si la verja se abría, un coche podía avanzar una decena de metros hasta detenerse frente a una hilera de púas. La verja de acero, deslizándose lateralmente sobre unas ruedas, se cerraba automáticamente. El guardia salía entonces para examinar los papeles de identificación. Si estaban en orden, volvía a su caseta y pulsaba un control eléctrico. Las púas retrocedían y el coche podía avanzar hasta el patio de grava donde otros guardias estaban ya esperando.

Desde cada lado de la casa partían vallas de cadena que iban hasta los márgenes del recinto, empernadas firmemente a los muros circundantes. Detrás de las cadenas estaban los perros. Había dos grupos y cada uno respondía a un único cuidador. Al anochecer se abrían las puertas de la valla de cadena y los perros se hacían dueños del recinto. El guardia de la verja se quedaba en su caseta y si llegaba un visitante de última hora se ponía en contacto con el cuidador de turno para que sujetara a los perros.

A fin de que el personal no resultara diezmado por los perros, en la parte trasera había un pasadizo subterráneo que conducía a una callejuela que a su vez salía al bulevar Kiselny. Este pasadizo tenía tres puertas con teclado numérico: una dentro de la casa, otra a mitad de camino —por aquí entraban y salían los paquetes y el personal— y una ya en la calle.

De noche, cuando la plantilla de empleados políticos abandonaba la casa y los perros campaban a sus anchas, dos hombres de seguridad permanecían en el interior del edificio. Disponían de un cuarto para ellos solos con televisor y mueble bar, pero sin cama pues se suponía que no debían dormir. Se turnaban para hacer la ronda por los tres pisos de la casa hasta ser relevados por el turno de día a la hora del desayuno. Komárov llegaba más tarde.

Pero el polvo y las telarañas no entienden de cargos políticos y cada noche, a excepción del domingo, cuando sonaba el timbre de la callejuela uno de los guardias dejaba entrar al hombre de la limpieza.

En Moscú casi todos los limpiadores son mujeres, pero Komárov prefería rodearse de un entorno totalmente masculino, incluido el hombre de la limpieza, un inofensivo y viejo soldado de nombre Leonid Zaitsev. El apellido significa «liebre» o «conejo grande» en ruso, y debido a su aspecto desvalido, a su raído sobretodo —excedente del ejército— que llevaba invierno y verano y a los tres dientes de acero inoxidable que centelleaban en la parte delantera de su boca —los dentistas del Ejército Rojo eran bastante primarios—, los guardias de la casa le llamaban simplemente Conejo. La noche en que murió el presidente le abrieron como de costumbre a las diez de la noche.

Era la una de la madrugada cuando, armado de cubo y bayeta y tirando del aspirador, el hombre de la limpieza llegó al despacho de N. I. Akópov, secretario personal de Komárov. Conejo sólo le había visto una vez, hacía un año, cuando al entrar se había encontrado a miembros importantes del partido trabajando a altas horas de la noche. El hombre había sido muy grosero con él, echándolo del despacho con una sarta de invectivas. Desde entonces Conejo se tomaba ocasionales venganzas sentándose en la estupenda butaca giratoria de Akópov.

Como sabía que los guardias estaban abajo, Conejo se sentaba en la butaca giratoria y se deleitaba en el lujoso confort del cuero. Jamás había tenido una silla como aquélla ni jamás la tendría. Sobre el cartapacio había un documento, unas cuarenta páginas escritas a máquina, encuadernadas en el margen mediante un espiral y con cubiertas, anterior y posterior, de cartulina.

Conejo se preguntó por qué lo habrían dejado sobre la mesa. Habitualmente Akópov lo metía todo en la caja fuerte. Debía de hacerlo, pues Conejo nunca había visto un documento y los cajones del escritorio siempre estaban cerrados con llave. Abrió la cubierta negra y miró el título. Luego abrió el documento al azar.

No era un buen lector, pero se las arreglaba. Su madre adoptiva le había enseñado a leer hacía muchos años, luego los maestros de la escuela estatal y por último un amable oficial en el ejército.

Lo que vio le preocupó. Leyó un solo párrafo varias veces; algunas palabras eran demasiado largas y complicadas, pero entendía su significado. Sus manos artríticas temblaban al ir pasando las páginas. ¿Por qué Komárov decía aquellas cosas? Y precisamente sobre personas como su madre adoptiva, a la que tanto había querido. No lo entendía del todo, pero le preocupó. ¿Y si lo consultaba con los guardias? No, porque le pegarían en la cabeza y le dirían que se limitara a hacer su trabajo.

Transcurrió una hora. Los guardias tenían que estar de ronda pero estaban pegados al televisor, viendo el programa informativo especial que había comunicado a la nación que el primer ministro, de acuerdo con el artículo 59 de la constitución rusa, había asumido las funciones de presidente interino durante los tres meses que fija la ley.

Conejo leyó una y otra vez los mismos párrafos hasta que comprendió su significado obvio, pero no acababa de captar el que se escondía detrás. Komárov era un gran hombre. Seguro que sería el próximo presidente de Rusia. Entonces ¿por qué decía esas cosas sobre la madre adoptiva de Conejo si ella había muerto muchos años atrás?

A las dos de la madrugada Conejo se metió los papeles debajo de la camisa, terminó de limpiar y pidió que le abrieran. Los guardias abandonaron de mala gana el televisor para abrir las puertas, y Conejo desapareció en la noche. Era un poco más temprano de lo habitual, pero a los guardias no les importó.

Zaitsev pensó en irse a casa, pero decidió no hacerlo. Demasiado temprano. Autobuses, tranvías y metro no funcionaban, como era habitual. Siempre tenía que volver andando, a veces bajo la lluvia, pero necesitaba ese empleo. Tardaba una hora a pie. Si iba a casa ahora podía despertar a su hija y al hijo de ésta. Y ella se enfadaría. De modo que vagó por las calles sin saber qué hacer.

Hacia las dos y media se encontró en el muelle de Kemlevskaya, al pie de las paredes meridionales del Kremlin. Había vagabundos y pordioseros durmiendo a lo largo del muelle, pero Conejo encontró un banco libre, se sentó y contempló la otra orilla.

Como ocurría todas las tardes, el mar se había calmado a medida que se acercaban a la isla, como anunciando a pescadores y marinos que la competición había terminado y que el océano proponía una tregua hasta el día siguiente. A derecha e izquierda el patrón vio otros barcos que se dirigían a Wheeland Cut, la brecha noroccidental en el arrecife que daba acceso desde mar abierto a la laguna.

A ocho nudos más que el *Foxy Lady* pasó a estribor el *Silver Deep* de Arthur Dean. El isleño saludó con el brazo y el patrón norteamericano le devolvió el saludo. Vio a dos buceadores en la popa del *Silver Deep* y supuso que habían estado explorando los corales frente a la costa de Northwest Point. Esta noche habría langosta en casa de los Dean.

Redujo la marcha del *Foxy Lady* para maniobrar por la brecha, pues a ambos lados los afiladísimos corales estaban a sólo unos centímetros bajo la superficie, y una vez franqueada la entrada se dispusieron a bordear la costa durante unos diez minutos hasta Turtle Cove.

El patrón tenía verdadera pasión por su barco, a la vez su sustento y su amor. El *Foxy Lady* era un Bertram Moppie —llamado así originalmente por la esposa del diseñador Dick Bertram— de diez años y 9,3 metros de eslora, y aunque no era el más lujoso ni el más grande de los barcos de alquiler fondeados en Turtle Cove, su propietario y patrón lo habría hecho competir con cualquier mar o cualquier pez. Al mudarse a las islas cinco años atrás, lo había comprado de segunda mano a través de un pequeño anuncio en el *Boat Trade*, una revista del ramo, y luego trabajó día y noche hasta convertirlo en el barco más coqueto del archipiélago. No lamentaba haber gastado dinero en él, pese a que aún estaba pagando a la financiera.

Una vez en el puerto, introdujo el Bertram en su plaza, dos más abajo del *Sakitumi* de su compatriota Bob Collins, apagó el motor y bajó a preguntar a sus clientes si lo habían pasado bien. Ellos se lo aseguraron, pagándole su tarifa con una generosa gratificación para él y para Julius. Cuando se fueron, él le guiñó el ojo a Julius, le regaló toda la propina y el pescado, cogió su gorra y se mesó sus revueltos y rubios cabellos.

Luego dejó al sonriente isleño acabando de limpiar el barco, enjuagando con agua dulce todas las cañas y carretes y dejando el *Foxy Lady* en perfecto orden hasta el día siguiente. Él volvería a cerrarlo antes de irse a casa. De pronto sintió ganas de tomar un daiquiri con lima, así que se encaminó por el entablado hasta el Banana Boat, devolviendo el saludo a todos los que le saludaban al pasar.

2

Tras dos horas sentado en un banco junto al río, Leonid Zaitsev no había resuelto aún su problema. Ahora lamentaba haber cogido el documento. En realidad no sabía por qué lo había hecho. Si lo descubrían, sería castigado. Claro está que la vida parecía haberle castigado siempre y él no acertaba a comprender la razón.

Conejo había nacido en una aldea pobre al oeste de Smolensko en 1936, una más de entre las decenas de millares esparcidas por la zona. Una sola calle, polvorienta en verano, un lodazal en otoño y una pista de hielo en invierno. Sin pavimentar, por supuesto. Una treintena de casas, varios graneros y los antiguos campesinos apiñados ahora en una granja colectiva estalinista. Su padre era agricultor, y vivían en una casucha frente a la vía del tren.

Calle abajo, con su pequeño comercio y un piso encima, vivía el panadero del pueblo. Su padre le decía que no tuviera tratos con el panadero, porque era un *yevrey*. Leonid no sabía qué significaba eso, seguro que nada bueno. Pero veía que su madre compraba el pan allí, y bien bueno que era.

Le extrañó que le recomendaran no hablar con el panadero, pues era un hombre jovial que a veces se paraba a la puerta de su tienda, guiñaba un ojo a Leonid y le lanzaba un *bulochka*, un bollo fresco y pegajoso recién sacado del horno. Debido a lo que le decía su padre, él corría a esconderse tras el cobertizo del ganado para comerse el bollo. El panadero vivía con su mujer y sus dos hijas, a las que a veces veía asomarse desde la tienda, aunque nunca parecían salir a la calle a jugar.

Un día de finales de julio de 1941 la muerte llegó a la aldea. El muchacho no sabía entonces que aquello era la muerte. Oyó el estruendo y salió a toda prisa del granero. Unos monstruos de hierro entraban por la calle principal. El primero de ellos se detuvo justo en mitad de las casas. Leonid salió a la calle para verlo mejor.

Parecía enorme, como una casa grande, pero avanzaba sobre orugas y por delante le salía un largo cañón. En lo alto del monstruo, justo encima del cañón, un hombre con medio cuerpo fuera se sacó un casco acolchado y lo dejó a su vera. Aquel día hacía mucho calor. Luego se dio la vuelta y miró a Leonid desde arriba.

El niño vio que el hombre tenía el pelo de un rubio casi blanco y los ojos de un azul tan pálido como si el cielo estival le estuviera traspasando el cráneo desde atrás. No había expresión en su mirada, ni amor ni odio, sólo una suerte de inexpresivo aburrimiento. Muy lentamente el hombre alargó una mano y sacó una pistola de su zurrón.

Algo le dijo a Leonid que las cosas estaban mal. Oyó cómo arrojaban granadas desde las ventanas, y oyó gritos. Tuvo miedo, dio media vuelta y echó a correr. Se produjo un chasquido y algo le pasó rozando el pelo. Se escondió detrás del cobertizo, empezó a llorar y siguió corriendo. Detrás de él se oía una especie de chisporroteo y las casas en llamas despedían un olor a madera chamuscada. Vio el bosque y siguió corriendo.

Una vez entre los árboles no supo qué hacer. No paraba de llorar, llamando a sus padres. Pero sus padres no llegaban. Nunca llegarían.

Vio a una mujer clamar por su marido y sus hijas. Era la mujer del panadero, la señora Davidova. La mujer lo estrechó contra su seno, y él no pudo comprender por qué lo hacía o qué habría pensado su padre, ya que era una *yevreyka*.

La aldea había dejado de existir y la unidad acorazada SS-Panzer ya se alejaba del lugar. En el bosque quedaban algunos supervivientes. Más tarde encontraron a unos partisanos, hombres acerados, barbudos y armados, que vivían allí. Formaron una columna guiados por uno de ellos y partieron con rumbo al este, siempre al este.

Cuando Leonid se cansaba, la señora Davidova lo llevaba en brazos hasta que por fin, semanas después, avistaron Moscú. Ella conocía allí a unas personas que les proporcionaron refugio, comida y calor. Se portaron bien con él, tenían el mismo aspecto que el panadero, con tirabuzones desde las sienes hasta la barbilla, y sombreros de ala ancha. Aunque él no era *yevrey*, la señora Davidova insistió en adoptarlo y cuidó de él durante años.

Al terminar la guerra las autoridades descubrieron que Leonid no era su verdadero hijo y los separaron, enviándolo a él a un orfanato. El chico lloró mucho al despedirse, y ella también, pero ya no volvieron a verse. En el orfanato le enseñaron que *yevrey* quería decir judío.

Conejo permanecía en su banco pensando en el documento que llevaba bajo la camisa. No acababa de entender el significado de expresiones como «exterminación total» o «absoluta aniquilación». Las palabras le resultaban demasiado largas, pero no creía que fueran palabras buenas. No entendía por qué Komárov podía querer hacerle eso a gente como la señora Davidova.

Por el este asomó un atisbo de rosa. Era una gran mansión al otro lado del río, en el puente de Sofía, un infante de marina británico sacó una bandera y empezó a subir por la escalerilla que llevaba al tejado.

El patrón cogió su daiquiri, se levantó de la mesa y fue hacia la barandilla de madera. Bajó la vista hacia el agua y luego contempló el puerto en penumbra.

«Cuarenta y nueve —pensó—, cuarenta y nueve años y aún debes dinero a la tienda. Jason Monk, te estás volviendo viejo.» Tomó un sorbo y notó cómo le entraban la lima y el ron. «Qué diablos, la vida ha valido la pena. Al menos ha sido emocionante.»

Pero no había empezado así, sino en una humilde casa de madera en el pequeño pueblo de Crozet (Virginia), al este del río Shenandoah y a ocho kilómetros de la carretera que une Waynesboro con Charlottesville.

Albemarle County es una región agrícola saturada de recuerdos de la guerra de secesión, ya que el ochenta por ciento de esa guerra se libró en Virginia, y ningún virginiano lo olvidará jamás. En la escuela primaria del condado la mayoría de sus compañeros de clase tenían padres que cultivaban tabaco y habas de soja o criaban cerdos.

Por contra, el padre de Jason Monk trabajaba como guardabosques en el Parque Nacional de Shenandoah. Nadie se hacía millonario trabajando para el Departamento Forestal, pero para un chico estaba bien, aunque el dinero escaseara. Las vacaciones no eran para haraganear sino para buscar trabajos extra con que ganar algo más de dinero y ayudar un poco en casa.

Jason recordaba que de pequeño su padre lo llevaba al parque, que comprendía las montañas Blue Ridge, para enseñarle a distinguir la pícea, el abedul, el abeto y el pino del incienso. A veces se encontraban a los guardabosques y el chico escuchaba extasiado sus historias sobre osos negros y venados, sobre la caza del pavo, el urogallo y el faisán.

Más adelante aprendió a usar una escopeta con infalible puntería, a seguir rastros, a acampar y esconder todo vestigio por la mañana, y cuando fue lo bastante grande y fuerte le dejaron ir a los campamentos de leñadores.

Asistió a la escuela primaria desde los cinco hasta los doce años y recién cumplidos los trece se matriculó en el instituto del condado, en Charlottesville, levantándose cada día antes del alba para ir de Crozet a la ciudad. Y en el instituto ocurriría algo que iba a cambiar su vida.

En 1944 cierto sargento de reclutas había desembarcado, junto a otros miles de soldados, en Omaha Beach para adentrarse en tierras de Normandía. Cerca de Saint-Lo, tras haberse separado de su unidad, entró en el campo visual de un francotirador alemán. Tuvo suerte, la bala sólo le rozó el antebrazo. El norteamericano de veintitrés años logró llegar a una granja cercana donde una familia le curó la herida y le dio refugio. Cuando la muchacha de la casa le puso la compresa fría sobre la herida y él la miró a los ojos, el norteamericano supo que había recibido un golpe más fuerte que todas las balas alemanas.

Un año después volvió a Normandía desde Berlín, se declaró y se casó con la chica —que entonces tenía diecisiete años— en el huerto de la granja de su padre. La boda la ofició un capellán del ejército norteamericano. Posteriormente, como los franceses no se casan en los huertos, el cura católico del pueblo ofició la ceremonia en la iglesia local. Luego el sargento llevó a su esposa a Virginia.

Veinte años más tarde se había convertido en subdirector del instituto de Charlottesville, y su mujer, con los niños ya crecidos, le propuso que podía trabajar allí como profesora de francés. Si bien este idioma constaba ya en el programa de estudios, la señora Brady no sólo era una francesa nativa, sino que además era guapa y encantadora. Sus clases siempre estaban atiborradas de alumnos

En el otoño de 1965 acudió un alumno nuevo, un muchacho más bien tímido con un rebelde mechón de pelo rubio y atractiva sonrisa, llamado Jason Monk. Al cabo de un año la profesora juraba que nunca había oído hablar francés tan bien a un extranjero. Tenía un talento innato, no sólo para dominar la sintaxis y la gramática, sino también para imitar el acento a la perfección.

En su último año de instituto, Monk solía ir a casa de la señora Brady y juntos leían a Malraux, Proust, Gide y Sartre (que por aquel entonces resultaba increíblemente erótico), aunque compartían su predilección por los poetas románticos como Rimbaud, Mallarmé, Verlaine y De Vigny. No estaba previsto que pasara pero pasó. Tal vez la culpa fue de los poetas, pero pese a la diferencia de edad, que no preocupaba ni a uno ni a otra, tuvieron una breve aventura.

A sus dieciocho años Jason Monk sabía hacer dos cosas insólitas para los adolescentes de Virginia: hablar francés y hacer el amor, ambas con considerable pericia. Y se enroló en el ejército

En 1968 la guerra de Vietnam estaba en su apogeo. Muchos jóvenes norteamericanos trataban de eludirla. Quienes se presentaban voluntarios y firmaban por tres años eran recibidos con los brazos abiertos.

Monk hizo su instrucción y en un momento dado tuvo que redactar su currículum. Bajo la optimista pregunta «idiomas extranjeros» él puso «francés». Fue llamado al despacho del ayudante.

—¿Realmente habla francés? —le preguntó el oficial.

Monk se explicó. El ayudante telefoneó a Charlottesville y habló con la secretaria del instituto. Ésta se puso en contacto con la señora Brady, que luego telefoneó al campamento. El proceso duró un día. Monk recibió orden de personarse ante el ayudante. Esta vez estaba presente un comandante del G2, el espionaje militar.

Aparte de hablar vietnamita, la mayor parte de la gente de cierta edad en la antigua colonia francesa sabía francés. Monk fue enviado a Saigón. Realizó dos viajes, con un intervalo en Estados Unidos.

El día en que fue licenciado, el comandante en jefe le ordenó presentarse en su despacho. Había allí dos civiles. El coronel se marchó.

—Siéntese, sargento, por favor —dijo el mayor y más simpático de los dos. Se puso a juguetear con una pipa de brezo mientras el más serio prorrumpía en una perorata en francés. Monk respondió como si tal cosa. El juego se prolongó unos diez minutos. Luego el que hablaba francés sonrió y le dijo a su colega:

—Es bueno, Carey, muy bueno. —Y se marchó también.

—Bien, ¿qué opina de Vietnam? —preguntó el que se había quedado. Tendría unos cuarenta años. Estaban en 1971.

—Es un castillo de naipes, señor —dijo Monk—. Y se está cayendo. Dos años más y tendremos que largarnos de allí.

Carey parecía estar de acuerdo. Asintió varias veces.

—Tiene razón, pero no se lo diga a los militares. ¿Qué piensa hacer ahora?

—Todavía no lo he decidido, señor.

—Bueno, en eso no puedo ayudarle. Pero tiene usted un don; ni siquiera yo puedo decir lo mismo. Mi amigo el que está afuera es norteamericano como usted y como yo, pero vivió en Francia durante veinte años. Si él dice que usted es bueno, a mí me basta. ¿Por qué no sigue?

—¿Quiere decir en la universidad, señor?

—Sí. El ejército se ocupará del grueso de la factura. El Tío Sam considera que se lo ha ganado. Aprovéchelo.

Durante el tiempo que había servido en el ejército Monk había enviado la mayor parte del dinero que le sobraba a su madre, para ayudarla a educar a los otros hijos.

—Hasta los militares necesitan mil dólares en metálico.

Carey se encogió de hombros:

—Supongo que podremos reunir esa cantidad. Si se especializa en ruso.

—¿Y si acepto?

—Entonces llámeme. La gente para la que trabajo podría tener una oferta para usted.

—Puedo tardar cuatro años, señor.

—Oh, en mi oficio somos muy pacientes.

—¿Cómo ha sabido de mí, señor?

—En Vietnam, nuestros hombres del programa Phoenix se fijaron en su trabajo. Consiguió usted información muy valiosa sobre el Vietcong. Eso les gustó.

—Ya. Usted es de la CIA, ¿verdad, señor?

—No, qué va. Sólo un pequeño engranaje.

En realidad Carey Jordan era bastante más que un pequeño engranaje. Acabaría convirtiéndose en subdirector de Operaciones, esto es, en jefe de toda la sección de espionaje.

Monk siguió el consejo y se matriculó en la Universidad de Virginia, otra vez en Charlottesville. Volvió a tomar el té con la señora Brady, pero sólo como amigos. Estudió lenguas eslavas y se especializó en ruso a un nivel que su tutor, que era ruso, calificó de «bilingüe». Se graduó en 1975, a los veinticinco años, y en su siguiente aniversario fue aceptado en la CIA. Tras el acostumbrado adiestramiento básico en Fort Peary, lugar que en la Agencia se conoce como «La Granja», fue asignado a Langley, luego Nueva York y de nuevo a Langley.

Sería cinco años después, tras muchos cursos, cuando obtendría su primera misión en el extranjero, concretamente en Nairobi, Kenia.

El cabo de marines Meadows cumplió con su deber aquella mañana del 16 de julio. Ajustó el borde reforzado de la bandera a la cuerda de izar y deslizó el estandarte por el asta hacia lo alto. Allí quedó ondeando en la brisa matutina para anunciar a todo el mundo quiénes vivían debajo.

El gobierno británico había comprado la hermosa mansión del puente de Sofía a su anterior propietario, un magnate del azúcar, justo antes de la revolución, convirtiéndola en embajada, y allí se había quedado contra viento y marea.

Josef Stalin, el último dictador que viviría en los apartamentos oficiales del Kremlin, se levantaba cada mañana, retiraba las cortinas y veía la bandera británica ondeando al otro lado del Moscova. Eso le ponía de muy mal humor. Se presionó repetidamente a los británicos para que abandonaran el edificio, pero ellos se negaron.

Con el paso de los años la mansión fue quedando pequeña para albergar todas las secciones que exigía la legación, de modo que hubo que desperdigar secciones por todo Moscú. Pero pese a las sugerencias de concentrar todas las secciones en un mismo recinto, Londres replicó cortésmente que prefería quedarse en el puente de Sofía. Y como el edificio era territorio soberano británico, no hubo nada que hacer.

Leonid Zaitsev contempló desde su banco cómo la bandera se abría al despuntar tras las colinas los primeros rayos del alba. Eso le trajo a la cabeza un remoto recuerdo.

A los dieciocho años, Conejo había sido llamado a filas y, tras la mínima instrucción básica, asignado a tanques en Alemania del Este. Era soldado raso, y sus instructores ni siquiera lo tenían en la lista de posibles cabos.

En 1955, durante una marcha cerca de Potsdam, se había descolgado de su compañía en mitad de un espeso bosque. Perdido y asustado, vagó por entre los árboles hasta que salió a un sendero arenoso. Allí se quedó clavado al suelo, totalmente paralizado de miedo. A una decena de metros había un jeep descubierto con cuatro soldados. Estaba claro que habían hecho un alto mientras patrullaban.

Dos de ellos estaban aún en el vehículo, otros dos de pie a su lado, fumando. Bebían cerveza de botellas. Enseguida supo que no eran rusos, sino extranjeros, occidentales, de la Misión Aliada en Potsdam que el Pacto de las Cuatro Potencias había establecido en 1945 y del que Leonid no tenía noticia. Solamente sabía, porque se lo habían dicho, que eran enemigos, que querían destruir el socialismo y que, si podían, le matarían.

Los soldados dejaron de hablar y se lo quedaron mirando. Uno de ellos dijo:

—Vaya, vaya. Mira lo que tenemos aquí. Un pijotero ruso. Qué tal, Iván.

Él no comprendió nada. Llevaba una metralleta al hombro, pero ellos no parecían temerle. Todo lo contrario. Había dos que llevaban boinas negras con relucientes insignias de latón y detrás de ellas un puñado de plumas blancas y rojas. Zaitsev no lo sabía, pero estaba contemplando las plumas del uniforme de los fusileros reales.

Uno de los que estaban de pie se apartó de la carrocería y se acercó a él. Leonid pensó que se orinaría en los pantalones. El soldado también era joven, pelirrojo y muy pecoso. Sonrió a Zaitsev y le tendió una botella de cerveza.

—Vamos, hombre. Bébete una.

Leonid sintió el contacto del frío cristal en la mano. El soldado extranjero le animó con un gesto de la cabeza. Seguro que estaba envenenada. Se llevó la botella a los labios y la inclinó. El frío líquido cayó en su garganta. Era más fuerte que la cerveza rusa y mejor, pero le hizo toser. El pelirrojo rió.

—Venga. Bebétela —dijo.

Para Zaitsev era sólo una voz haciendo sonidos. Asombrado, vio cómo el extranjero se volvía tranquilamente hacia su vehículo. El soldado no le tenía miedo. Él estaba armado y era del Ejército Rojo, pero los extranjeros sonreían y bromeaban entre ellos.

Se quedó junto a los árboles, bebiendo la cerveza fría y preguntándose qué pensaría el coronel Nikolaiev si lo viese. Era el que mandaba su escuadrón. Sólo tenía treinta años pero era un héroe de guerra con medalla y todo. Una vez se había detenido para preguntar a Zaitsev por sus antecedentes, dónde se había criado. El soldado raso se lo dijo: en un orfanato. El coronel le había palmeado la espalda y le había dicho que ahora tenía un hogar. Él adoraba al coronel Nikolaiev.

Estaba demasiado asustado para arrojarles la botella y, además, era muy buena, por más veneno que pudiera contener. Así que se la bebió. Al cabo de diez minutos los que se habían apeado montaron en la trasera del jeep y se pusieron sus boinas. El conductor arrancó y se alejaron. Sin prisas, sin temor. El del pelo rojo se giró para saludar. Eran el enemigo, se disponían a invadir Rusia, pero le saludaban a él.

Cuando se hubieron marchado arrojó la botella hacia los árboles y corrió por el bosque hasta que por fin divisó un camión ruso que lo devolvió al campamento. El sargento le puso una semana de faena por perderse, pero él no le contó a nadie el episodio de los extranjeros y la cerveza.

Antes de que el vehículo arrancara había reparado en que llevaba una especie de insignia de regimiento en la aleta frontal derecha y una larga antena en la parte trasera. En la antena había una bandera de unos treinta centímetros cuadrados. Tenía cruces; una vertical de color rojo y dos diagonales, rojas y blancas. Todo ello sobre un fondo azul. Una curiosa bandera roja, blanca y azul.

Cuarenta y cuatro años después allí estaba de nuevo, ondeando en lo alto de un edificio de la otra orilla. Conejo había resuelto su problema. Sabía que no debía haberle robado el documento a Akópov, pero ahora no podía devolverlo. Quizá nadie notara su ausencia. Así que se lo daría a la gente de la bandera curiosa que te invitaba a cerveza. Ellos sabrían qué hacer con los papeles.

Se levantó del banco y echó a andar río abajo hacia el puente de Piedra para cruzar el Moscova hacia el puente de Sofía.

Nairobi, 1983

Cuando el niño empezó a tener dolor de cabeza y un poco de fiebre su madre creyó que sería un catarro veraniego. Pero al caer la noche el pequeño de cinco años gritaba de dolor y sus padres pasaron la noche en vela. Por la mañana sus vecinos del recinto diplomático soviético, que tampoco habían dormido bien porque las paredes eran delgadas y las ventanas estaban abiertas por el calor, preguntaron qué pasaba.

Esa misma mañana la madre llevó a su hijo al médico. Ninguna embajada de los países del Telón de Acero tenía médico propio, sino que compartían uno. El doctor Svoboda estaba en la embajada checa pero atendía a toda la comunidad comunista. Era un hombre bueno y concienzudo, y tardó apenas unos momentos en asegurar a la madre rusa que su hijo tenía malaria. Le administró la dosis apropiada de una de las variantes de la paludrina que la medicina rusa empleaba en esa época, además de unas tabletas que debía tomar cada día.

El niño no reaccionó. En dos días su estado empeoró considerablemente. Aumentaron la temperatura y los temblores y el niño gritaba de dolor de cabeza. El embajador no dudó en conceder el permiso para una visita al Hospital General de Nairobi. Como la madre no sabía inglés, su marido, el por entonces segundo secretario comercial, Nikolai Ilych Turkin, la acompañó.

El doctor Winston Moi también era un buen médico, y probablemente conocía mejor que el checo las enfermedades tropicales. Realizó un diagnóstico completo y miró a los padres con una sonrisa.

—Plasmodium falciparum —decretó. El padre del enfermo lo miró desconcertado. Su inglés era bueno, pero no tanto—. Es una variante de la malaria, pero por desgracia resistente a todas las sustancias cloroquinadas como las que le ha recetado mi colega el doctor Svoboda.

El doctor Moi le administró una inyección intravenosa de un fuerte antibiótico de amplio espectro. Al principio pareció funcionar. Una semana después, al cesar el efecto de la droga, la enfermedad despertó otra vez. La madre se puso histérica. Criticando toda forma de medicina occidental, insistió en que ella y su hijo fuesen enviados a Moscú, y el embajador accedió.

Ya en Rusia, el niño fue ingresado en una de las clínicas exclusivas del KGB en Moscú. Esto fue posible porque el segundo secretario comercial Nikolai Turkin era en realidad el mayor Turkin del Primer Directorio del KGB.

La clínica era buena, y tenía un buen departamento de medicina tropical porque los hombres del KGB podían ser enviados a cualquier parte del mundo. Dada la insoluble naturaleza de la enfermedad, el caso fue directamente al jefe del departamento, el profesor Glazunov.

Tras leer los dos informes de Nairobi, Glazunov ordenó una serie de tacs y resonancias magnéticas, entonces el último grito en tecnología sanitaria y prácticamente imposibles de realizar en ningún otro punto de la URSS.

Los análisis le preocuparon seriamente. Al parecer el niño había desarrollado una serie de abscesos internos en varias vísceras. Cuando llamó a la señora Turkin a su despacho, el hombre estaba muy serio.

—Sé cuál es el problema, al menos estoy seguro de eso, pero no hay tratamiento posible. Con dosis masivas de antibióticos, su hijo podrá sobrevivir un mes pero no mucho más. Lo lamento.

La madre fue acompañada por una auxiliar compasiva, quien le explico lo que habían descubierto. Era una extraña enfermedad llamada melioidosis, muy poco frecuente en África pero común en el Sudeste Asiático. Los norteamericanos la habían identificado durante la guerra de Vietnam.

Los primeros en padecer los síntomas de la nueva y mortal enfermedad fueron los pilotos de helicóptero. La investigación descubrió que las paletas de los rotores, al sobrevolar los arrozales vietnamitas, levantaban un fino aerosol de agua de arroz que algunos de esos pilotos habían respirado. El bacilo, resistente a todos los antibióticos conocidos, estaba en esa agua. Los rusos lo sabían porque, aunque no compartían por entonces ninguno de sus hallazgos, absorbían los conocimientos de Occidente como una esponja. El profesor Glazunov recibía regularmente toda publicación técnica occidental de su especialidad.

En una larga conversación telefónica interrumpida por los sollozos, la señora Turkin explicó a su marido que su hijo se estaba muriendo de melioidosis. El mayor Turkin lo anotó. Después fue a ver a su superior, el jefe de la estación del KGB, coronel Kuliev. El hombre fue compasivo pero inflexible.

—¿Mediar con los norteamericanos? ¿Se ha vuelto loco?

—Camarada coronel, si los yanquis han identificado la enfermedad, y de eso hace siete años, puede que tengan algún medicamento eficaz.

—Sí, pero no podemos pedirlo —objetó el coronel—. Hay en juego una cuestión de prestigio nacional.

—¡Lo que está en juego es la vida de mi hijo! —exclamó el comandante.

—Basta. Considérese destituido.

Turkin asumió su cese y fue a ver al embajador. El diplomático no era un hombre cruel pero tampoco hubo forma de convencerlo.

—Los contactos entre nuestro Ministerio de Asuntos Exteriores y el Departamento de Estado son raros y siempre por asuntos de Estado —le dijo al joven oficial—. Por cierto, ¿sabe el coronel Kuliev que está usted aquí?

—No, camarada embajador.

—Entonces, por el bien de su futuro no se lo diré. Y usted tampoco. De todos modos la respuesta es no.

—Si yo fuese miembro del Politburó... —protestó Turkin.

—Pero no lo es. Es un militar de treinta y dos años que sirve a su país en el centro de Kenia. Lo siento por su hijo, pero no podemos hacer nada.

Mientras bajaba las escaleras Nikolai Turkin se dijo amargamente que al primer secretario del Partido, Yuri Andrópov, se le mantenía diariamente con vida con medicamentos llegados por vía aérea desde Londres. Luego fue a emborracharse.

Entrar en la embajada británica no era nada fácil. Desde la calzada al otro lado del muelle Zaitsev podía ver la gran mansión de color ocre e incluso la parte alta del pórtico que protegía las enormes puertas de madera tallada. Pero no había manera de colarse.

De punta a punta de la fachada del edificio había un muro de acero, con dos amplias puertas para coches, una de entrada y otra de salida. También de acero acanalado, eran accionadas eléctricamente y cerraban perfectamente.

A mano derecha había una entrada para peatones, pero tenía dos rejas. Al nivel de la calle dos milicianos rusos investigaban a todo el que pretendía entrar a pie. Conejo no tenía ninguna intención de vérselas con *ellos*. Pasada la primera reja había incluso un pasadizo y una segunda verja. Entre las dos se hallaba la caseta de seguridad de la embajada, a cargo de dos guardias rusos contratados por los británicos. Su tarea consistía en preguntar qué querían a los que entraban, y luego comprobarlo dentro. Demasiada gente en busca de un visado había conseguido colarse en la embajada por aquella puerta.

Zaitsev fue paseando hasta la parte de atrás donde, en una estrecha calle, estaba la entrada a la sección de visados. Como eran las siete de la mañana, la puerta no abriría hasta tres horas después, pero ya había una cola de un centenar de metros. Muchos debían haber esperado toda la noche allí. Ponerse a la cola en ese momento habría supuesto casi dos días de espera. Volvió lentamente a la parte delantera. Esta vez los milicianos lo miraron inquisitivamente. Intimidado, Zaitsev se marchó arrastrando los pies por el muelle a esperar que abriera la embajada y empezaran a llegar diplomáticos.

Justo antes de las diez fueron apareciendo los primeros británicos. Venían en coches. Los vehículos pararon frente a la pesada puerta de entrada, que retumbó para dar paso a un coche tras otro antes de cerrarse de nuevo. Zaitsev, que observaba desde el muelle, pensó en acercarse a uno, pero todos los coches llevaban las ventanillas subidas y los milicianos estaban sólo a unos metros. Seguro que lo arrestarían. La policía averiguaría lo que había hecho y se lo diría a Akópov.

Leonid no estaba acostumbrado a problemas tan complejos. Se sentía desconcertado pero también decidido. Sólo quería entregar sus papeles a la gente de la bandera curiosa. Y durante toda la mañana permaneció a la espera, observando.

Nairobi, 1983

Como todo diplomático soviético, Nikolai Turkin disponía de unos recursos limitados en divisa extranjera, lo que incluía la moneda keniana. El Ibis Grill, el Alan Bobbe's Bistro y el Carnivore eran demasiado caros para su bolsillo. Se dirigió al Thorn Tree Cafe del hotel New Stanley en Kimathi Street, buscó una mesa en la terraza no lejos de la gran acacia, pidió un vodka y una cerveza y se dejó llevar por la desesperación.

Media hora después, un hombre de su misma edad que había

estado bebiendo cerveza en la barra se bajó del taburete y se le acercó. Turkin oyó cómo una voz le decía en inglés:

—Animo, hombre, la cosa no será tan grave.

El ruso levantó los ojos. Reconocía vagamente al norteamericano. Era de la embajada. Turkin trabajaba en el directorio K integrado en el Primer Directorio, sección de contraespionaje. Su trabajo consistía no sólo en controlar a todos los diplomáticos soviéticos y proteger al KGB local de toda penetración, sino también en mantener los ojos abiertos por si algún occidental podía ser reclutado. De ahí que tuviera la libertad de mezclarse con otros diplomáticos, incluidos los occidentales, algo que le era negado a cualquier ruso «normal» de la delegación.

La CIA, precisamente por la libertad de que gozaba, sospechaba lo que Turkin hacía en realidad, y le tenía más o menos vigilado. Pero no había por donde agarrarlo. Aquel hombre era un buen hijo del régimen soviético.

Por su parte, Turkin sospechaba que el norteamericano podía ser de la CIA, pero le habían enseñado que *todos* los diplomáticos norteamericanos probablemente lo eran; una indulgente ilusión, pero un error en lo que respecta a la cautela.

El norteamericano tomó asiento y le tendió la mano.

—Jason Monk. Usted es Nik Turkin, ¿verdad? Le vi la semana pasada en la fiesta de los británicos. Por la cara que pone se diría que lo destinan a Groenlandia.

Turkin lo estudió. Tenía un mechón de pelo color maíz que le caía sobre la frente y una sonrisa contagiosa. Su cara no expresaba astucia; tal vez no era de la CIA. Parecía una persona con la que se podía hablar. Cualquier otro día Nikolai Turkin habría hecho valer sus muchos años de adiestramiento y se habría mostrado cortés pero sin comprometerse. Pero aquél no era un día cualquiera. Necesitaba hablar con alguien. Todo fue empezar y abrirle su corazón. El norteamericano mostró desasosiego. Anotó la palabra melioidosis en un posavasos. Se despidieron al anochecer. El ruso volvió al recinto vigilado y Monk a su apartamento en Harry Thuku Road.

Celia Stone tenía veintiséis años, era delgada, morena y guapa. También era subagregada de prensa en la embajada británica en Moscú, su primer destino en el extranjero desde que fuera aceptada en el Foreign Office dos años atrás después de graduarse en ruso por el Girton College, Cambridge. Y también disfrutaba de la vida.

Aquel 16 de julio salió por la maciza puerta delantera de la embajada y miró hacia el aparcamiento donde había dejado su pequeño pero práctico Rover.

Desde dentro del recinto pudo ver lo que Ziatsev no podía, debido a la pared de acero. Se paró en lo alto de los cinco peldaños que bajaban a la zona asfaltada de aparcamiento, con su césped bien recortado, sus pequeños árboles, arbustos y macizos de flores. Mirando por encima de la pared, pudo ver al otro lado del río la enorme mole del Kremlin, verde pastel, ocre, amarilla y blanca con las relucientes cúpulas doradas de las catedrales que sobresalían del almenado muro de piedra roja que circundaba la fortaleza. Era una magnífica vista.

A ambos lados de donde se encontraba se llegaba a la entrada por dos rampas de acceso, por las que sólo el embajador tenía autorización para circular. Los mortales de menor categoría aparcaban abajo y esperaban. En una ocasión un joven diplomático había arruinado su carrera metiendo su Volkswagen «escarabajo» por aquella rampa bajo una cortina de lluvia y aparcando al pie del pórtico. Minutos después el embajador, al llegar y ver que le habían bloqueado el paso, tuvo que salir de su Rolls Royce y caminar hasta la entrada. Llegó empapado y de muy mal humor.

Celia Stone bajó los cinco peldaños, saludó con la cabeza al portero, subió al Rover rojo chillón y arrancó. Cuando llegó a la puerta de salida las hojas de acero estaban ya cerrándose otra vez. Torció a la izquierda hacia el puente de Piedra para almorzar con un periodista de *Sevodnya*. No reparó en un viejo desaliñado que había echado a correr detrás de ella como un loco. Tampoco se fijó en que el suyo era el primer coche que salía esa mañana de la embajada.

El Kamenny Most o puente de Piedra es el más antiguo de los puentes fijos que cruzan el río. Antiguamente se utilizaban pontones que se colocaban en primavera y se desmontaban en invierno, cuando el hielo se endurecía lo bastante para pasar por encima.

Debido a sus dimensiones, no sólo se extiende sobre el río sino que alcanza también el puente de Sofía. Para acceder al puente desde el muelle en coche, el conductor ha de girar de nuevo a la izquierda durante un centenar de metros hasta que el puente llega al nivel de la calle, y luego dar un giro de 180 grados y remontar la cuesta del puente. Pero el que va a pie puede subir las escaleras directamente desde el muelle hasta lo alto del puente. Y eso hizo Conejo.

Se encontraba en la calzada del puente de Piedra cuando pasó el Rover rojo. Agitó los brazos, la mujer del coche lo miró sobresaltada y siguió adelante. Zaitsev se aprestó a perseguirla. Pero se había fijado en la matrícula rusa, y vio que al llegar al lado norte del puente el coche se desviaba a la izquierda integrándose al tráfico de la plaza Borovitskaya.

El destino de Celia Stone era el Rosy O'Grady's Pub en la calle Znamenka. Esta contradictoria taberna moscovita es en realidad irlandesa, y el lugar de descanso donde uno puede encontrar al embajador de Irlanda por Nochevieja si es que puede escaparse de las atestadas fiestas del circuito diplomático. También sirven comidas. Celia Stone había escogido ese local para reunirse con el periodista ruso.

Encontró aparcamiento sin dificultad —cada vez eran menos los rusos que podían comprar coches o combustible para hacerlos funcionar— a la vuelta de la esquina y regresó andando. Como siempre que alguien con aspecto de forastero se acercaba a un restaurante, los mendigos salían de sus portales para interceptarlo y pedirle comida.

Como joven diplomática, ella había sido instruida en el Foreign Office antes de partir para su destino, pero la realidad siempre la sorprendía. Había visto mendigos en el metro de Londres y en las callejuelas de Nueva York, gente que de un modo u otro había ido descendiendo en la escala social hasta establecerse en los peldaños inferiores. Pero en general se trataba de personas que habían optado por una vida de mendicidad teniendo la ayuda de la beneficencia a unas calles de allí.

En Moscú, la capital de un país que experimentaba la arremetida de una hambruna real, los infelices que tendían la mano pidiendo dinero o comida habían sido en otro tiempo, y no hacía mucho de eso, agricultores, soldados, oficinistas y tenderos. El panorama le recordó los documentales sobre el Tercer Mundo que había visto en la televisión.

Vadim, el gigantesco portero del Rosey O'Grady, la vio a varios metros de distancia y corrió hacia ella, apartando sin miramientos a varios compatriotas rusos a fin de franquear el paso a un importante cliente del local de sus patronos.

Ofendida por el espectáculo de la humillación de los mendigos a manos de otro ruso, Celia protestó débilmente, pero Vadim se limitó a poner un largo y musculoso brazo entre ella y la hilera de manos extendidas, abrir la puerta del restaurante y hacerla pasar.

El contraste fue inmediato entre la calle polvorienta y los hambrientos y la animada charla de unas cincuenta personas que podían permitirse carne y pescado para almorzar. Como era una chica de buen corazón, a Celia siempre le ocasionaba remordimientos de conciencia comer o cenar fuera, verse obligada a reconciliar lo que tenía en el plato con el hambre de las calles. El afable periodista ruso que le hizo señas desde una mesa no tenía ese problema. Estaba examinando la lista de los entrantes y se decidió por unas gambas.

Zaitsev, perseverando aún en su búsqueda, registró la plaza Borovitskaya en busca del Rover rojo, pero el coche no estaba. Miró en todas las calles que partían de allí a derecha e izquierda, pero no encontró ningún destello de pintura roja. Finalmente optó por la avenida principal al otro extremo de la plaza. Para su asombro y alegría, vio el Rover a unos doscientos metros de allí, justo en la esquina del pub.

Como uno más de los que esperaban con la paciencia de los vencidos, Zaitsev tomó posiciones cerca del Rover y se dispuso a esperar otra vez.

Nairobi, 1983

Habían pasado once años desde que Jason Monk se matriculara en la Universidad de Virginia, y había perdido contacto con muchos de los estudiantes que allí había conocido. Pero aún se acordaba de Norman Stein. La suya había sido una extraña amistad; el no muy alto pero musculoso jugador de fútbol norteamericano oriundo del campo y el nada atlético hijo de un médico judío oriundo de Fredericksburg. Lo que había facilitado su amistad era el burlón sentido del humor que ambos compartían. Si Monk había destacado en los idiomas, Stein era casi el genio de la facultad de biología.

Se había graduado *cum laude* un año antes que Monk y había entrado en la facultad de medicina. El contacto lo mantenían de la forma acostumbrada, mediante felicitaciones de Navidad. Dos años atrás, en un restaurante de Washington, poco antes de ser destinado a Kenia, Jason Monk había visto a su amigo de la época universitaria almorzando a solas. Habían estado media hora juntos antes de que apareciera el compañero de almuerzo del doctor Stein. Eso les permitió ponerse al día sobre las respectivas novedades, aunque Monk tuvo que mentir diciendo que trabajaba para el Departamento de Estado.

Terminados sus estudios, Stein se había doctorado en medicina tropical y todavía disfrutaba de un puesto en el laboratorio de investigación del hospital militar Walter Reed. En su piso de Nairobi, Jason Monk consultó su agenda e hizo una llamada. Una voz borrosa respondió a la décima señal.

—Sí.

—Hola, Norm. Soy Jason Monk. —Pausa.

—Qué bien. ¿Dónde estás?

—En Nairobi.

—Estupendo. Nairobi. Claro. ¿Y qué hora es ahí?

Monk se lo dijo.

—Mediodía.

—Pues aquí son las cinco de la puta madrugada y tengo el despertador puesto a las siete. He estado despierto mucho rato por culpa del bebé. Está echando los dientes, ya ves tú. Muchas gracias, hombre.

—Tranquilo, Norm. Dime una cosa, ¿has oído hablar de una cosa llamada melioidosis?

Hubo una pausa. La voz que sonó a continuación había perdido todo rastro de sueño.

—¿Por qué me lo preguntas?

Monk se inventó una historia. Nada de diplomáticos rusos. Dijo que un conocido suyo tenía un hijo de cinco años que al parecer estaba a punto de palmarla. Le sonaba que el Tío Sam había hecho ciertos progresos con esa enfermedad.

—Dame tu número —dijo Stein— He de hacer unas llamadas. Luego te telefonearé.

El teléfono de Monk sonó a las cinco de la tarde.

—Puede que haya algo —dijo el epidemiólogo—. Escucha, se trata de una cosa completamente revolucionaria, está en fase experimental. Hemos hecho algunas pruebas y de momento parecen satisfactorias. Pero aún no ha sido sometido a la FDA. Por ahora seguimos haciendo pruebas.

En Estados Unidos la FDA (Fodd and Drug Administration) tiene competencia para aprobar cualquier medicamento antes de su lanzamiento al mercado. Lo que el doctor Stein le estaba describiendo era un primitivo antibiótico de cefalosporina que no tenía nombre en 1983. A finales de aquella década llegaría al público bajo el nombre de Ceftazidime. Entonces se le llamaba simplemente CZ-1. En la actualidad es el tratamiento clásico de la melioidosis.

—Puede que tenga efectos secundarios —dijo Stein—. No lo sabemos.

—¿Cuánto tardarían en aparecer esos efectos secundarios?

—Ni idea.

—Bueno, si el crío va a morir dentro de tres semanas, ¿qué podemos perder?

Stein suspiró ruidosamente.

—No lo sé. Va contra toda normativa.

—Te juro que nadie se enterará. Vamos, Norm, hazlo por todas las tías que te proporcioné.

Oyó claramente la carcajada procedente de Chevy Chase, Maryland.

—Si se lo cuentas a Becky, te mato —dijo el doctor Stein, y la línea enmudeció.

Cuarenta y ocho horas después llegaba a la embajada un paquete para Monk, a través de una empresa internacional de envíos urgentes. En el paquete había un termo con hielo seco. Una breve nota sin firmar decía que el hielo contenía dos pequeños frascos. Monk telefoneó a la embajada soviética y dejó un mensaje en la sección comercial para el segundo secretario Turkin. «No olvide nuestra cerveza a las seis», dijo. El mensaje fue transmitido al coronel Kuliev.

—¿Quién es ese Monk? —le preguntó a Turkin.

—Un diplomático norteamericano. Parece decepcionado de la política exterior americana en África. Estoy intentando desarrollarlo como fuente.

Kuliev asintió con vehemencia. Era una buena noticia, esas cosas funcionaban muy bien en el informe a Yazenevo.

En el Thorn Tree Cafe, Monk le hizo entrega del paquete. Turkin parecía nervioso de que alguien de su embajada los viese. El paquete podía contener dinero.

—¿Qué es? —preguntó.

Monk se lo dijo.

—Tal vez no resulte, pero no puede hacer ningún daño. Es todo lo que hay.

El ruso se puso rígido, fría la mirada.

—¿Y qué quiere a cambio de este... regalo? —Era obvio que habría una compensación.

—¿Lo de su hijo iba en serio o estaba fingiendo?

—No fingía. Esta vez no. La gente como usted y como yo siempre está fingiendo. Pero esta vez no.

De hecho Monk ya lo había verificado en el hospital de Nairobi. El doctor Winston Moi le había confirmado lo básico. Era duro, pero así era el mundo, pensó. Según las reglas habría debido chantajear a aquel hombre para que le pasara algún secreto. Pero sabía que la historia del hijo enfermo no era un timo, no esta vez. Si hubiera cumplido siempre las normas, igual podría haberse dedicado a barrendero en las calles del Bronx.

—Cójalo, amigo. Espero que funcione. Es gratis.

Cuando ya se disponía a salir una voz le llamó.

—Señor Monk, ¿entiende usted ruso?

Monk asintió:

—Un poco.

—Me lo imaginaba. Entonces seguro que conoce la palabra *Spassibo*.

Celia salió del Rosy O'Grady a las dos y se acercó al coche por el lado del conductor. El Rover tiene cierre centralizado. Al abrir la puerta del conductor, la otra se abrió también. Se había puesto ya el cinturón de seguridad y tenía el motor en marcha cuando la puerta del acompañante se abrió. Levantó la vista, sobresaltada, y vio a un hombre inclinado sobre la puerta. Raído abrigo del ejército, cuatro sucias medallas prendidas a la solapa, barba de dos días. Cuando abrió la boca aparecieron tres dientes de acero brillante. El hombre le lanzó una carpeta al regazo. Ella entendía suficiente ruso para repetir más tarde lo que le había dicho el hombre.

—Por favor, déselo al señor embajador. Por la cerveza.

La imagen de aquel sujeto la asustó. Era evidente que estaba loco, esquizofrénico tal vez. Esa gente puede ser muy peligrosa. Lívida, Celia Stone aceleró con la puerta todavía abierta, hasta que el impulso del coche la cerró. Arrojó la ridícula solicitud, o lo que fuera, al suelo de la parte del acompañante y regresó a la embajada.

3

Pocos minutos antes de las doce de ese mismo día, 16 de julio, Igor Komárov, sentado en su despacho del primer piso de la casa próxima al bulevar Kiselny, se puso en contacto por interfono con su ayudante personal.

—El documento que le dejé ayer, ¿ha podido leérselo? —preguntó.

—Desde luego, señor presidente. Realmente admirable, si me permite decirlo —contestó Akópov. Komárov se hacía llamar señor presidente en alusión a la presidencia del comité ejecutivo de la UFP. De todos modos su personal estaba convencido de que antes de un año Komárov seguiría siendo presidente pero por otros motivos.

—Gracias —dijo Komárov—, entonces haga el favor de traérmelo.

El interfono enmudeció. Akópov se levantó para ir a su caja fuerte. Sabía la combinación de memoria e hizo girar el dial las seis veces de rigor. Cuando la puerta de la caja se abrió, Akópov buscó con la vista la carpeta encuadernada en grueso papel negro. No estaba allí.

Perplejo, vació la caja papel por papel y carpeta a carpeta. Un miedo frío, en parte pánico y en parte incredulidad, se apoderó de él. Tratando de dominarse, empezó de nuevo. Las carpetas que ahora cubrían la alfombra fueron clasificadas y examinadas minuciosamente, hoja por hoja. Ni rastro del documento negro. Su frente se perló de sudor. Había estado trabajando en su despacho desde primera hora, convencido de que antes de irse la tarde anterior, había puesto a buen recaudo todo documento confidencial. Siempre lo hacía; era un hombre de costumbres.

Después de la caja fuerte, registró los cajones de su escritorio. Nada. Miró en el suelo, debajo de la mesa, en todos los armarios. Poco antes de la una llamó a la puerta de Komárov y, una vez dentro, admitió que no había podido encontrarlo.

El candidato presidencial se quedó mirándolo por unos segundos. El hombre a quien muchos observadores daban ya como próximo presidente de Rusia era un personaje muy complejo que, detrás de su imagen pública, prefería mantener en secreto buena parte de su personalidad. Nadie habría contrastado más con su predecesor, el deshauciado Zhirinovsky, a quien él calificaba abiertamente de bufón.

Komárov era de estatura y complexión medianas, siempre bien peinado y afeitado. Entre sus dos manías más manifiestas estaban la obsesión por la limpieza personal y una profunda aversión por el contacto físico. A diferencia de muchos políticos rusos, con sus palmadas a la espalda, su afición al vodka y su afabilidad extrovertida, Komárov insistía en que su séquito personal vistiera de manera formal y hablara con corrección. Muy raramente vestía el uniforme de la Guardia Negra, y solía vérsele con un traje cruzado gris, camisa y corbata.

Tras años en la política muy pocos podían afirmar ser amigos suyos, y nadie osaba pretender que conocía íntimamente a Komárov. Nikita Ivanovitch Akópov era su secretario confidencial desde hacía una década, pero la relación seguía siendo la del señor y el siervo sumiso.

A diferencia de Yeltsin, que había elevado a los miembros de su séquito a compañeros de copas y tenis, Komárov sólo había permitido que un hombre, su jefe de seguridad, el coronel Anatoli Grishin, le llamara por su nombre de pila.

Pero como todos los políticos de éxito, Komárov sabía ser camaleónico cuando era preciso. Ante los medios de comunicación, en las raras ocasiones en que se dignaba recibirlos personalmente, podía aparecer como un estadista serio. Ante sus partidarios se transformaba de un modo que nunca dejaba de despertar en Akópov la máxima admiración. En el podio era un hombre del pueblo que enunciaba sus esperanzas, sus temores y deseos, su ira y sus convicciones, con inquebrantable precisión. Para ellos y sólo ellos representaba Komárov aquel personaje lleno de simpatía y don de gentes.

Bajo esas dos personalidades había aún una tercera, la que asustaba a Akópov. El mero rumor de la existencia de un tercer hombre bajo aquel barniz era suficiente para tener a quienes le rodeaban —personal, colegas y guardias— en el permanente estado de respeto que él les exigía.

Solamente dos veces en diez años había visto Nikita Akópov desbordarse aquella cólera demoníaca y escapar a todo control. En otra docena de ocasiones había presenciado la lucha interna por dominar aquella cólera, y el éxito conseguido. Las dos ocasiones en que ese control fracasó, Akópov había visto al hombre que le dominaba, fascinaba y regía, el hombre al que veneraba, convertirse en un vociferante y furioso demonio.

Komárov había lanzado teléfonos, vasos y tinteros al tembloroso sirviente que le había ofendido, reduciendo a un oficial de la Guardia Negra a una balbuciente piltrafa. Había roto muebles y empleado el lenguaje más ofensivo que Akópov había oído nunca, e incluso habían tenido que sujetarlo entre varios cuando apaleaba despiadadamente a una víctima con un grueso puntero de ébano.

Akópov sabía distinguir los síntomas cuando empezaba a aflorar uno de estos accesos de cólera. La cara del presidente de la UFP cobraba una palidez mortal y sus modales se volvían aún más escrupulosos, pero dos puntos rojos aparecían en lo alto de cada pómulo.

—¿Me está diciendo que lo ha perdido, Nikita Ivanovich?

—Perdido no, señor presidente. Posiblemente extraviado.

—Ese documento es mucho más confidencial que todo cuanto haya caído en sus manos. Usted lo ha leído. Ya comprenderá por qué.

—Por supuesto, señor presidente.

—Sólo existen tres copias, Nikita. Dos están en mi caja fuerte. No más de un pequeño grupo de íntimos tendrá oportunidad de leerlo. Yo mismo lo redacté y mecanografié. Yo, Igor Komárov, pasé todas las páginas a máquina en vez de confiar esa tarea a un secretario, tan confidencial es.

—Una medida muy oportuna, señor presidente.

—Y como le incluyo... le incluía a usted en ese pequeño grupo, permití que viera el documento. Y ahora me dice que se ha perdido.

—Extraviado, pero sólo temporalmente. Eso se lo aseguro, señor presidente.

Komárov le miraba con aquellos ojos hipnóticos capaces de arrancar la colaboración del más escéptico o aterrorizar al reincidente. En sus pómulos ardían ya los puntos rojos que destacaban en su pálido rostro.

—¿Cuándo lo vio por última vez?

—Anoche, señor presidente. Me quedé hasta tarde a fin de leerlo en privado. Salí de aquí a las ocho.

Komárov asintió. Eso lo confirmaría o no el registro de los guardias del turno de noche.

—Se lo llevó a casa. Pese a mis órdenes, permitió usted que el documento saliera de este edificio.

—No, señor presidente. Se lo juro. Lo guardé en la caja. Jamás dejaría un documento confidencial a la vista ni me lo llevaría.

—¿Ahora no está en la caja?

Akópov tragó saliva, pero no le quedaba.

—¿Cuántas veces ha abierto la caja antes de que yo le llamara?

—Ninguna, señor presidente. Ésta ha sido la primera vez.

—¿Estaba cerrada?

—Sí, como siempre.

—¿La han forzado?

—Parece que no, señor presidente.

—¿Ha registrado el despacho?

—De arriba abajo y de extremo a extremo. No lo entiendo.

Komárov reflexionó unos minutos. Su cara inexpresiva ocultaba el pánico creciente. Por último llamó al oficial de seguridad de la segunda planta.

—Cierre el edificio. Que no entre ni salga nadie. Llame al coronel Grishin. Dígale que se presente en mi despacho. Inmediatamente. No importa dónde esté ni lo que esté haciendo, le quiero aquí antes de una hora.

Levantó el dedo del interfono y miró a su lívido y tembloroso ayudante.

—Vuelva a su despacho. No se comunique con nadie. Espere allí hasta nuevo aviso.

Como mujer inteligente, soltera y moderna que era, Celia Stone había decidido tiempo atrás que ella tenía el derecho a obtener placer cuando quiera y con quienquiera que le viniese en gana. Por entonces le gustaban los fuertes y jóvenes músculos de Hugo Gray, que había llegado de Londres dos meses atrás y seis después que ella. Gray era ayudante del agregado cultural y tenía la misma categoría que ella, pero era dos años mayor. También soltero.

Cada cual tenía su pequeño pero práctico apartamento en un bloque asignado al personal de la embajada británica junto a Kutuzovsky Prospekt, un edificio que rodeaba un gran patio interior útil como aparcamiento, y con milicianos rusos apostados en la barrera de la entrada. Aun en la Rusia moderna todo el mundo daba por hecho que las entradas y salidas eran anotadas, pero así, al menos, los coches se salvaban del vandalismo.

Después de almorzar Celia entró de nuevo en coche en la embajada del puente de Sofía y redactó su informe sobre la entrevista con el periodista ruso. Gran parte de la conversación había girado sobre la muerte del presidente Cherkassov el día anterior y lo que podía suceder a corto plazo. Ella le había asegurado que los británicos seguían muy de cerca los acontecimientos rusos, y esperaba que le creyera. Lo sabría cuando apareciese el artículo.

A las cinco regresó a su apartamento para ducharse y descansar un poco. Había quedado para cenar con Hugo Gray a las ocho, después de lo cual pretendía que ambos volvieran al piso de ella, y no pensaba dormir mucho durante la noche.

Hacia las cuatro de la tarde el coronel Anatoli Grishin estaba ya convencido de que el documento no se hallaba en el edificio. Fue al despacho de Igor Komárov y así se lo dijo.

En cuatro años los dos hombres habían acabado dependiendo el uno del otro. En 1994 Grishin había abandonado su carrera en el Segundo Directorio del KGB con el rango de coronel. Estaba profundamente desilusionado. Desde el final oficial del régimen comunista en 1991 el ex KGB se había convertido según su opinión en un sepulcro blanqueado. Antes de aquello, en septiembre de 1991, Mijaíl Gorbachov había disuelto ya el mayor aparato de seguridad del mundo y repartido sus diversas secciones en diferentes mandos.

El departamento de espionaje externo, o Primer Directorio, había conservado su viejo cuartel general en Yazenevo, pasada la carretera de circunvalación, pero le habían cambiado el nombre por el de Servicio de Inteligencia Extranjero, o SVR. Eso fue un golpe duro.

Peor fue que la división del propio Grishin, el Segundo Directorio, hasta entonces responsable de toda la seguridad interior, de descubrir espías y reprimir a los disidentes, había sido castrada, convertida en el FSB y visto reducidos sus poderes a una parodia de lo que habían sido.

Grishin contemplaba todo esto con desdén. El pueblo ruso necesitaba disciplina, firme y a veces severa disciplina, y era el Segundo Directorio quien se había encargado de eso. Se plegó a las reformas durante tres años con la esperanza de llegar a general de división y luego dejarlo. Un año después Igor Komárov le había contratado como jefe de seguridad personal. Komárov era por entonces un miembro más del Politburó del antiguo Partido Democrático Liberal.

Los dos hombres habían alcanzado poder y relevancia a la par, y les esperaba mucho, muchísimo más. Con los años Grishin había creado para Komárov su propia brigada de protección, la absolutamente leal Guardia Negra, que ahora ascendía a seis mil jóvenes en perfecta forma y que él mandaba personalmente.

Quien alimentaba a la guardia era la Liga de Jóvenes Combatientes, la rama juvenil de la UFP, veinte mil adolescentes imbuidos de correcta ideología y fanáticamente leales, y que Grishin mandaba también.

Hasta el más humilde de los manifestantes podía gritarle «Igor Viktorovich» a Komárov, pero eso formaba parte de la camaradería popular típica de Rusia. En su entorno privado Komárov exigía formalidad a todos, salvo a unos pocos íntimos.

—¿Está seguro de que la carpeta ya no se halla en el edificio? —preguntó Komárov.

—Es imposible, Igor Viktorovitch. En dos horas hemos puesto la casa patas arriba. Armarios, archivadores, cajones, cajas fuertes. Hemos examinado todas las ventanas y alféizares, cada palmo de terreno. No han entrado ladrones.

»El experto de la fábrica de cajas fuertes ha dictaminado que la caja no fue forzada. O la abrió alguien que sabía la combinación, o el documento nunca estuvo dentro. Hemos registrado la basura de la última noche. Nada.

»Los perros estuvieron sueltos desde las siete. Nadie entró en el edificio desde esa hora; los guardias nocturnos habían relevado al turno de día a las seis, y el turno de día se marchó diez minutos más tarde. Akópov estuvo en su despacho hasta las ocho. El cuidador de perros de anoche jura que contuvo tres veces a los perros ayer por la tarde, para dejar que salieran en coche tres personas que se habían quedado a trabajar, y Akópov fue el último. Confirmado por el registro nocturno.

—¿Resumiendo? —dijo Komárov.

—Error humano o maldad humana. Hemos llamado a los guardias nocturnos. Los espero de un momento a otro. Ellos controlaron el edificio desde la partida de Akópov a las ocho hasta la llegada del turno de día esta mañana a las seis. Luego los de día estuvieron solos hasta que el personal de oficinas llegó alrededor de las ocho. Dos horas. Pero los guardias de día juran que en su primera ronda todas las puertas de los despachos de este piso estaban cerradas. Así lo han confirmado los que trabajan en este piso, incluido Akópov.

—¿Su teoría, Anatoli?

—Una de dos: o bien se lo llevó Akópov, por accidente o adrede, o bien no llegó a guardarlo en la caja y uno del turno de noche lo cogió. Tenían llaves maestras de todos los despachos.

—Así pues, ¿ha sido Akópov?

—Es el principal sospechoso, desde luego. Su apartamento ha sido registrado a conciencia. En presencia suya. Nada. Pensé que tal vez se lo había llevado y luego había perdido el portafolios. Pasó una vez en el Ministerio de Defensa, yo estaba al mando de la investigación. Al final resultó que no fue espionaje sino negligencia criminal. El responsable acabó en los campos de trabajo. Pero el maletín de Akópov es el que usa siempre. Tres personas lo han identificado.

—¿Entonces lo hizo adrede?

—Es posible. Pero ahí veo un problema. ¿Por qué se ha presentado esta mañana esperando a que lo apresaran? Tenía doce horas para desaparecer. Creo que me gustaría..., mmm, interrogarle más a fondo. Para descartarlo o para que confiese.

—Permiso concedido.

—¿Y después?

Igor Komárov giró en su butaca de cuero para mirar por la ventana. Estuvo un rato pensando.

—Akópov ha sido un estupendo secretario personal —dijo por fin—. Pero después de esto habrá que buscar un sustituto. Mi problema es que él ha leído ese documento. Su contenido es extremadamente confidencial. Si se le destituye o se le baja de categoría, eso podría alimentar su resentimiento e incluso animarlo a divulgar lo que sabe. Y sería una verdadera lástima.

—Comprendo —dijo el coronel Grishin.

En ese instante llegaron los dos confusos guardias nocturnos y Grishin bajó con ellos para interrogarlos.

A las nueve de la noche los alojamientos de los dos guardias en el cuartel de la Guardia Negra a las afueras habían sido registrados sin más descubrimientos que los previsibles artículos de aseo y revistas porno.

Los dos hombres fueron interrogados por el propio Grishin en diferentes habitaciones de la casa. Los guardias estaban aterrorizados, y con razón. El coronel tenía fama de duro.

De vez en cuando les gritaba obscenidades al oído, pero para los sudorosos guardias lo peor fue cuando se sentó a su lado y les susurró los detalles de lo que esperaba a quienes le mentían. A las ocho tenía ya un completo resumen de lo sucedido durante el turno de la noche anterior. Sabía que las rondas habían sido erráticas e irregulares, que habían estado pegados al televisor viendo el programa informativo sobre la muerte del presidente. Y se enteró por primera vez de que existía el hombre de la limpieza.

Había entrado a las diez, como de costumbre, por el pasadizo subterráneo. No le había acompañado nadie. Para abrir las tres puertas se había necesitado a los dos guardias, porque uno tenía la combinación del teclado numérico de la que daba a la calle, el otro de la más interior, y ambos de la puerta de en medio.

Sabía que los guardias habían visto al viejo empezar por el piso de arriba, como de costumbre. Sabía que los guardias habían dejado de mirar la tele para abrir los despachos del piso intermedio, la importante suite ejecutiva. Sabía que uno se había quedado en el umbral mientras el viejo limpiaba el despacho privado de Komárov y cerraba otra vez la puerta, pero que los dos guardias estaban abajo cuando el hombre de la limpieza terminó con el piso intermedio, como de costumbre. Por tanto... el viejo había estado solo en el despacho de Akópov. Y se había marchado antes de lo habitual.

Con el semblante pálido, Akópov salió escoltado del edificio a las nueve. Utilizaron su propio coche pero conducido por un hombre de la Guardia Negra. Otro de ellos iba sentado detrás, junto al secretario en desgracia. El coche no llevó a Akópov a su apartamento. Salió de la ciudad en dirección a uno de los varios campamentos que albergaban a los Jóvenes Combatientes.

A las nueve el coronel Grishin terminó de leer el archivo de la oficina de personal que contenía los pormenores contractuales de un tal Leonid Zaitsev, de sesenta y tres años. Había una dirección particular, pero seguro que el hombre no estaría allí. Se le esperaba en la casa a las diez.

Zaitsev no apareció. A medianoche el coronel Grishin y tres guardias negros fueron a hacer una visita al viejo.

A esa hora Celia Stone se quitó de encima a su joven amante con una sonrisa y alcanzó un cigarrillo. Fumaba poco, pero éste era uno de esos momentos. Hugo Gray, de espaldas en la cama, siguió jadeando. Era un joven atlético que se mantenía en forma a base de squash y natación, pero las dos horas anteriores le habían exigido el máximo vigor.

No era la primera vez que se preguntaba por qué Dios había dispuesto las cosas de manera que los apetitos de una mujer hambrienta de amor sobrepasaran siempre las capacidades del macho. Era muy injusto.

Celia Stone dio una larga calada en la oscuridad, sintió cómo la nicotina le llegaba a los pulmones, se inclinó sobre su amante y revolvió sus rizos castaño oscuro.

—¿Cómo te lo montaste para llegar a agregado cultural? —le dijo en broma—. No sabes distinguir a Turgenev de Lermontov.

—Ni falta que me hace —refunfuñó Gray—. Se supone que debo hablar de nuestra cultura a los rusos; Shakespeare, Brönte, cosas así.

—¿Y por eso no paras de reunirte con el jefe de puesto?

Normalmente el personal de la embajada no trabajaba los sábados, y menos aún en verano y pudiendo disfrutar de un fin de semana en sitios más frescos, pero la muerte del presidente había originado un súbito tumulto de trabajo extra, con lo que era obligado trabajar sábado y domingo.

Gray se levantó de un salto, la agarró de un brazo y le dijo al oído:

—Cállate, Celia. Podría haber micrófonos.

Resoplando, Celia Stone fue a preparar café. No veía por qué Hugo tenía que ponerse así por una pequeña broma. Además, lo que él hacía en la embajada era un secreto a voces.

Celia estaba en lo cierto. Durante el mes anterior Hugo Gray había sido el tercer miembro del puesto en Moscú del Secret Intelligence Service, el espionaje británico. La estación había sido más grande en el pasado, en el apogeo de la guerra fría. Pero los tiempos cambian y los presupuestos menguan. Rusia no parecía una gran amenaza en su situación actual.

Es más, el 90 por ciento de las cosas que antes habían sido secretas eran ahora perfectamente accesibles o carecían de interés. Incluso el antiguo KGB tenía una oficina de prensa y al otro lado de la ciudad, en la embajada de Estados Unidos, la CIA se había quedado con una decena de hombres.

Pero Hugo Gray era joven y entusiasta, y estaba convencido de que los apartamentos de diplomáticos seguían teniendo micrófonos ocultos. El comunismo podía haber desaparecido, pero la paranoia rusa seguía en plena forma. Tenía razón, es cierto, pero los agentes del FSB lo habían ya catalogado por lo que era y estaban muy contentos.

El Bulevar de los Entusiastas, de extraño nombre, es seguramente el más decrépito, pobre y humilde barrio de la ciudad de Moscú.

Como un triunfo de la planificación comunista fue ubicado a favor del viento respecto de las instalaciones de investigación sobre guerra química, que tenían unos filtros como redes de tenis. El único entusiasmo jamás mostrado por sus inquilinos fue el de quienes se vieron obligados a mudarse.

Según las fichas, Leonid Zaitsev vivía con su hija, el marido de ésta, que era camionero, y sus hijos en un piso cercano a la calle principal. Eran las once y media de una calurosa noche estival cuando el reluciente Chaika negro, con su conductor sacando la cabeza por la ventanilla para leer los nombres de las calles, aparcó frente al edificio.

El nombre del yerno era otro, por supuesto, y tuvieron que preguntar a un vecino soñoliento de la planta baja para establecer que la familia vivía en el cuarto piso. No había ascensor. Los cuatro hombres subieron escaleras arriba y llamaron a la desconchada puerta.

La mujer que respondió, legañosa y con cara de sueño, tendría treinta años pero parecía diez años mayor. Grishin fue cortés pero firme. Sus hombres se abrieron paso y se dispersaron para registrar el piso. No había mucho que registrar, era muy pequeño. De hecho había dos cuartos, un retrete fétido y un hueco para cocinar separado por una cortina.

La mujer había estado durmiendo con su hijo de seis años en la única cama grande que había en una de las habitaciones. El niño despertó y empezó a gimotear, hasta que la protesta se convirtió en grito cuando la cama fue volcada para ver si había alguien escondido debajo. Los dos míseros armarios de contrachapado fueron abiertos y registrados minuciosamente.

En el otro cuarto, la hija de Zaitsev señaló impotente el catre que había junto a una pared, donde dormía su padre, y les explicó que su marido estaba camino de Minsk y que llevaba fuera dos días. Llorando desesperadamente, cosa que el niño no tardó en imitar, la mujer juró que su padre no había ido a casa la mañana anterior. Estaba preocupada pero no había dado ningún paso para informar de su posible desaparición. Se habría quedado dormido en algún banco, pensó ella.

A los diez minutos los guardias negros habían establecido que en el piso no se ocultaba nadie y Grishin se convenció de que la mujer tenía demasiado miedo como para mentir. Media hora después se habían marchado.

Grishin ordenó al conductor del Chaika que se dirigiera hacia el campamento, a unos sesenta kilómetros de Moscú, donde Akópov había sido retenido. Durante el resto de la noche interrogó personalmente al pobre secretario. No había amanecido cuando el hombre confesó lloroso que debía de haber dejado sobre la mesa el importante documento que le había sido entregado. Jamás había hecho una cosa igual. No entendía cómo podía haberse olvidado de guardarlo. Imploró el perdón. Grishin asintió con la cabeza y le palmeó la espalda.

Una vez fuera del barracón hizo llamar a uno de sus más cercanos colaboradores.

—Hoy hará un calor infernal. Nuestro amigo está muy afligido. Creo que se impone un baño antes de que salga el sol.

Luego volvió en coche a la ciudad. Si el documento había quedado sobre el escritorio de Akópov, razonó el coronel, o alguien lo había tirado por error o bien lo había cogido el hombre de la limpieza. La primera de las opciones no encajaba. La basura de la sede central del partido no se incineraba hasta varios días después, y siempre debidamente supervisada. Las papeleras de la noche anterior habían sido cribadas hoja por hoja. Nada. Por tanto, era el hombre de la limpieza. Lo que Grishin no podía entender era para qué un viejo semianalfabeto querría aquellos papeles, o qué había hecho con ellos. Eso sólo podía decirlo el propio viejo. Y por supuesto que lo haría.

Antes de la hora normal del desayuno había enviado a dos mil de sus hombres, todos de paisano, a las calles de Moscú en busca de un viejo con un raído sobretodo del ejército. No tenían ninguna fotografía, pero la descripción era precisa, hasta en el detalle de los tres dientes de acero.

Sin embargo, la tarea no se presentaba fácil, por más que hubiera dos mil personas en ello. Eran diez veces más los vagabundos que poblaban las callejuelas y los parques, de toda edad y estatura, y todos igual de mal vestidos. Si, como el coronel sospechaba, Zaitsev estaba viviendo a la intemperie, tendrían que examinarlos a todos. Alguno habría con tres dientes de acero y una carpeta con tapas negras. Grishin quería ambas cosas y sin tardanza. Sus perplejos pero obedientes guardias negros, en camisa y pantalón de paisano pues el día era muy caluroso, se dispersaron por la ciudad.

Langley, diciembre de 1983

Jason Monk se levantó de su mesa, se desperezó y decidió bajar al economato. Hacía un mes que había vuelto de Nairobi y se le había dicho que sus informes eran buenos y, en algunos casos, muy buenos. Se hablaba de un ascenso, y el jefe de la división África se alegró aunque al mismo tiempo lamentaba perderle.

A su vuelta, Monk había sido inscrito en el curso de español que debía empezar al término de las vacaciones de Navidad. El español sería su tercer idioma extranjero, pero, sobre todo, le abriría las puertas de la división Latinoamérica.

Sudamérica era un vasto territorio y de los más importantes pues no sólo estaba en la «trastienda» de Estados Unidos como prescribía la doctrina Monroe, sino que también era un objetivo prioritario del bloque soviético, que lo tenía en el punto de mira de la insurrección y la subversión. En consecuencia, el KGB tenía montada una operación de gran envergadura al sur del río Grande, y la CIA estaba resuelta a acabar con ella. Para Jason Monk, a sus treinta y tres años, Sudamérica era un paso importante en su carrera.

Estaba removiendo el café cuando notó que alguien se detenía delante de su mesa.

—Buen bronceado —dijo una voz. Monk alzó los ojos y reconoció al hombre que le estaba sonriendo. Se levantó pero el hombre le hizo un gesto condescendiente para que siguiera sentado.

Monk se sorprendió. Sabía que el hombre en cuestión era uno de los elementos clave del directorio de Operaciones, pues alguien se lo había señalado en el pasillo, el recién nombrado jefe de la sección URSS, grupo de contraespionaje de la división soviética.

Lo que sorprendió a Monk fue lo mediocre que parecía el hombre. Tenían aproximadamente la misma estatura, cinco centímetros por debajo del metro ochenta, pero el otro, aunque nueve años mayor que Monk, ofrecía un aspecto lastimoso. Monk reparó en su pelo grasiento engominado hacia atrás desde la frente, el espeso bigote que cubría la parte superior de una boca frágil y engreída, y los ojos de miope.

—Tres años en Kenia —dijo Monk para justificar el bronceado.

—De vuelta al frío Washington, ¿eh? —repuso el hombre. Las antenas de Monk registraron malas vibraciones. Detrás de aquella mirada había burla. Soy mucho más listo que tú, parecía decir, soy un tío muy listo.

—Sí, señor —contestó Monk. El otro tendió una mano con dedos manchados de nicotina. Monk reparó en esto y en el laberinto de diminutos capilares en torno a la base de la nariz que suele delatar al alcohólico. Se puso en pie y esbozó una sonrisa, la que tanto gustaba a las chicas de la sala de mecanógrafas.

—Así que usted es... —dijo el hombre.

—Monk. Jason Monk.

—Encantado de conocerle, Jason. Me llamo Aldrich Ames.

Si el coche de Hugo Gray hubiera arrancado aquella mañana, muchos hombres que luego murieron habrían seguido con vida y el mundo habría tomado otro curso. Pero los solenoides del motor de arranque tienen sus cosas. Tras intentar frenéticamente obtener una respuesta de ellos, Gray corrió en pos del Rover rojo y cuando éste se acercaba a la barrera golpeó la ventanilla. Celia Stone le dijo que subiera.

Torcieron por Kutuzovsky Prospekt y dejaron atrás el hotel

Ucrania en dirección al Arbat y al Kremlin. Gray rozó algo con los pies. Se agachó y lo recogió del suelo del coche.

—¿Es tu OPA para *Izvestia*? —preguntó.

Celia miró de reojo la carpeta.

—Dios, pensaba tirarlo ayer a la papelera. Un viejo loco lo arrojó dentro del coche. Casi me mata del susto.

—Otra solicitud —dijo Gray—. Qué lata. Normalmente es para visados, claro. —Abrió la tapa negra y leyó la portada—. No, creo que esto es más bien político.

—Estupendo. «Soy el señor Majara y éste es mi plan maestro para salvar al mundo. Déselo al embajador.»

—¿Eso dijo? ¿Que se lo dieras al embajador?

—Sí. Eso y gracias por la cerveza.

—¿Qué cerveza?

—Yo que sé. Estaba como un cencerro.

Gray leyó otra vez la portada y pasó varias páginas. Frunció el entrecejo.

—Oye, esto es político de verdad —dijo—, una especie de manifiesto.

—Si lo quieres, quédatelo —dijo Celia. Dejaron atrás los jardines Alexandrovsky y torcieron hacia el puente de Piedra.

Hugo Gray pensaba echar un rápido vistazo al regalito y luego tirarlo a la basura. Pero tras leer diez páginas, se levantó y pidió una entrevista con el jefe de puesto, un escocés astuto con un ingenio mordaz.

Cada día registraban el despacho del jefe en busca de micrófonos, pero las conferencias realmente secretas se centraban en la «burbuja», una sala de reuniones suspendida de vigas reforzadas de manera que todo el perímetro está rodeado de aire una vez las puertas están cerradas. Registrada regularmente de arriba abajo, la burbuja se considera impenetrable por el espionaje enemigo. Gray no se sentía lo bastante seguro para pedir que se trasladaran a la burbuja.

—Sí, muchacho —dijo el jefe.

—Mira, Jock, no sé si te hago perder el tiempo. Es probable que sí. Lo siento. Verás, es que ayer ocurrió algo muy extraño. Un viejo dejó esto en el coche de Celia Stone. ¿La conoces? Es la agregada de prensa. Tal vez no sea nada...

Se le acabó la cuerda. El jefe le miró por encima de sus anteojos.

—¿Que lo dejó en el coche? —preguntó gentilmente.

—Eso dice ella. Abrió la puerta, lo arrojó dentro, le pidió que lo entregara al embajador y se marchó.

El jefe de puesto tendió la mano para recibir la carpeta de tapas negras con las huellas de los zapatos de Gray.

—¿Cómo era ese hombre? —preguntó.

—Viejo, desharrapado, sin afeitar. Una especie de vagabundo. Le dio un susto de muerte a la chica.

—¿Es una solicitud?

—Eso pensó ella. Iba a tirarlo a la basura. Pero esta mañana me llevó en su coche y leí algo por el camino. Parece más bien político. La portada interior lleva el sello con el logotipo de la UFP. Parece escrito por Igor Komárov.

—Nuestro futuro presidente. Qué raro. Bien, muchacho, déjame que le eche un vistazo.

—Gracias, Jock —dijo Gray, levantándose.

El tuteo entre agentes jóvenes y mandarines es moneda corriente en el servicio secreto británico. Se considera que fomenta cierto sentido de la camaradería, de la familia, subrayando la psicología del nosotros-y-ellos propia de todas las organizaciones de este peculiar oficio. Sólo al jefe máximo se le llama jefe o señor.

Gray había llegado a la puerta cuando su superior le detuvo.

—Una cosa, muchacho. Los apartamentos de la era soviética fueron muy mal construidos y las paredes eran delgadas. Lo siguen siendo. Nuestro tercer secretario comercial tiene los ojos enrojecidos de haber permanecido en vela toda la noche. Por suerte su esposa está en Inglaterra. La próxima vez, ¿no podríais tú y la encantadora señorita Stone ser un poco menos ruidosos?

Hugo Gray enrojeció como los muros del Kremlin y se marchó sin decir palabra. El jefe de puesto dejó el documento de cubierta negra a un lado. Le esperaba un día muy movido y no deseaba tener líos por culpa de vagabundos que arrojaban cosas al interior de los coches. No sería hasta la noche cuando el jefe de espías leería en su despacho lo que después iba a conocerse como el Manifiesto Negro.

Madrid, agosto de 1984

Antes de trasladarse a una nueva dirección en noviembre de 1986, la embajada de la India en Madrid estaba situada en un sobrecargado edificio de finales de siglo en la calle Velázquez. El día de la Independencia de 1984 el embajador, como era costumbre, organizó una amplia recepción para miembros destacados del gobierno español y para el cuerpo diplomático. Como siempre, la fiesta era el 15 de agosto.

Debido al calor asfixiante de aquel mes en Madrid y al hecho de que agosto es el mes de las vacaciones gubernamentales, parlamentarias y diplomáticas, muchas figuras importantes estaban fuera de la capital, siendo representadas por funcionarios de menor rango. Para el embajador eso era lamentable, pero los indios difícilmente podían reescribir la historia y cambiar el día de su independencia.

Los norteamericanos estaban representados por su encargado de negocios, secundado por el segundo secretario comercial, un tal Jason Monk. El jefe de puesto de la CIA también estaba ausente y

Monk, elevado al número dos del puesto, era el encargado de suplirle.

Había sido un buen año para Monk. Había salido airoso del curso de español y ascendido de GS-12 a GS-13.

La etiqueta GS (Government Schedule, o Lista de Gobierno) podía significar poco para alguien del sector privado porque es la escala salarial que se aplica a funcionarios del gobierno federal, pero dentro de la CIA no sólo indicaba salario sino también rango, prestigio y nivel de progreso en la carrera.

Resumiendo, en un reajuste de altos cargos el director de la CIA, William Casey, acababa de nombrar un nuevo subdirector de Operaciones para sustituir a John Stein. El subdirector de Operaciones es el jefe de toda la sección encargada de recabar información para la Agencia y por consiguiente está al mando de todos los agentes de ese campo. El nuevo subdirector era el hombre que había reclutado a Monk. Carey Jordan.

Finalmente, al término de sus estudios de español, Monk había sido destinado no a la división Latinoamérica sino a Europa Occidental, que solamente tiene un país de habla hispana.

Y no es que España fuese territorio hostil, antes al contrario. Pero para un agente de la CIA soltero y de 34 años, la atractiva capital de España era mil veces mejor que Tegucigalpa.

Debido a las buenas relaciones entre Estados Unidos y su aliado español, gran parte del trabajo de la CIA no consistía en espiar a España sino en colaborar con el contraespionaje español y vigilar de cerca a la numerosa comunidad soviética y europeoriental que estaba plagada de agentes hostiles. En sólo dos meses, Monk había establecido buenas relaciones con la rama española, la mayoría de cuyos agentes importantes procedía de los tiempos de Franco y no simpatizaba con el comunismo. Como les costaba bastante pronunciar «Jason», los españoles habían apodado el Rubio al joven norteamericano, y les caía bien. Monk solía causar ese efecto en la gente.

La recepción fue calurosa y típica; grupos de personas circulando a paso lento, tomando el champán del gobierno indio que se quedaba caliente en diez segundos, y conversando cortés e inconexamente de cualquier cosa. Monk, calculando que ya había puesto su granito de arena por el Tío Sam, se disponía a marcharse cuando vio una cara conocida.

Se abrió paso entre la multitud, se acercó por detrás al hombre y esperó a que el del traje gris oscuro hubiese terminado de hablar con una mujer envuelta en un sari. Monk, desde atrás, le dijo en ruso:

—Y bien, amigo, ¿cómo acabó lo de su hijo?

El hombre se puso tieso y giró la cabeza. Luego sonrió.

—Gracias —dijo Nikolai Turkin—, se recuperó. Ahora se encuentra muy bien.

—Me alegro, y por lo que veo su carrera también ha sobrevivido.

Turkin asintió con la cabeza. Aceptar un regalo del enemigo era inconcebible y si alguien le hubiera denunciado jamás habría podido salir de la URSS. Pero Turkin se había visto forzado a ponerse en manos del profesor Glazunov. El viejo médico tenía también un hijo e interiormente creía que su país debía cooperar con los mejores centros de investigación del mundo en asuntos médicos. Glazunov decidió no dar parte y aceptó modestamente los aplausos de sus colegas por la extraordinaria recuperación del hijo de Turkin.

—Afortunadamente sí, pero por los pelos —contestó.

—Vamos a cenar —dijo Monk. El soviético puso cara de perplejidad. Monk alzó las manos en una parodia de rendición—. Nada de *pitch*, le doy mi palabra.

Turkin se tranquilizó. Ambos sabían lo que hacía el otro. El hecho de que Monk hablara tan bien el ruso indicaba que no podía estar en la sección comercial de la embajada norteamericana. Monk sospechaba que el ruso podía ser del contraespionaje del KGB, debido a la libertad de que gozaba para dejarse ver con norteamericanos.

El hecho de que el norteamericano hubiera empleado la palabra *pitch* en son de broma indicaba que estaba proponiendo una breve tregua en la guerra fría. *Pitch* o *cold pitch* es la expresión que se emplea cuando un agente secreto propone a alguien del otro bando un intercambio de equipo.

Tres noches más tarde los dos hombres llegaban por separado a una pequeña calle del casco antiguo de Madrid, la de los Cuchilleros. A medio camino de lo que no es sino una callejuela hay una vieja puerta de tablones que se abre a un sótano tras bajar unos peldaños. El sótano tiene arcos de ladrillo y es una vieja bodega que data de la Edad Media. Durante muchos años ha servido cocina típica española bajo la razón de Sobrinos de Botín. Los viejos arcos dividen el espacio en compartimientos con una mesa en el centro, y Monk y su invitado tuvieron uno para ellos.

La comida era buena. Monk pidió un Marqués de Riscal. Se abstuvieron de hablar del trabajo por pura cortesía y, en cambio, charlaron de esposas e hijos (Monk reconoció que aún no tenía ni lo uno ni lo otro). El pequeño Yuri ya iba al colegio, pero durante las vacaciones de verano se quedaba en casa de sus abuelos. El tinto sentaba bien y llegó una segunda botella.

Monk no advirtió al principio que tras la afable fachada de Turkin se alojaba una ira en ebullición; no contra los norteamericanos sino contra el sistema que casi había dejado morir a su hijo. La segunda botella de vino estaba casi vacía cuando de repente Turkin preguntó:

—¿Usted es feliz trabajando para la CIA?

«¿Me está soltando un *pitch*? —se dijo Monk—. ¿Es que el muy imbécil trata de reclutarme?»

—No está mal —contestó con cautela. Estaba sirviendo vino y miraba la botella, no al ruso.

—Cuando tiene algún problema, ¿le ayudan?

Monk siguió mirando el vino, la mano firme.

—Por supuesto. Mi gente es capaz de todo por echarte una mano. Forma parte del código.

—Debe ser agradable trabajar para gente que vive con tanta libertad —dijo Turkin. Monk enderezó finalmente la botella y le miró. Él había prometido no hacer *pitch*, pero era el ruso el que lo estaba proponiendo.

—Mire, amigo, el sistema para el que usted trabaja va a cambiar. Y pronto. Nosotros podríamos hacer que cambiara más deprisa. Yuri será un adulto libre.

Andrópov había muerto pese a los medicamentos que le enviaban de Londres. Le había sucedido otro miembro del club geriátrico, Konstantin Chernenko, a quien había que sostener por las axilas. Pero se rumoreaba que soplaban nuevos vientos en el Kremlin, un hombre joven llamado Gorbachov. Con el café, Turkin ya había cambiado de bando; en adelante se mantendría dentro del KGB pero trabajando para la CIA.

La suerte de Monk era que su superior estaba de vacaciones. De no ser así, Monk habría tenido que entregar a Turkin para que otros se ocuparan de él. Por el contrario, recaía en Monk la misión de poner en clave el telegrama ultrasecreto que enviaría a Langley notificando el reclutamiento de Turkin.

Hubo, por supuesto, un escepticismo inicial. Un comandante del Line KR en pleno corazón del KGB era un premio gordo. Monk empleó el resto del verano en celebrar diversas reuniones clandestinas en distintos puntos de Madrid para averiguar cosas acerca de su colega soviético.

Nacido en Omsk, Siberia occidental, en 1951, hijo de un ingeniero de la industria militar, Turkin no había podido ingresar en la universidad que él quería y a los dieciocho años se alistó en el ejército. Fue destinado a la Guardia Fronteriza, nominalmente bajo control del KGB. Allí fue «repescado» y luego enviado al instituto Dservinsky, departamento de contraespionaje, donde aprendió inglés. Con brillantes resultados.

Incluido en un pequeño grupo, fue transferido al centro de instrucción de inteligencia del KGB, el prestigioso instituto Andrópov. Al igual que Monk en el otro extremo del mundo, le habían etiquetado como persona de gran talento. Para aquellos sin experiencia en el KGB y sin conocimientos de idiomas extranjeros el instituto organizaba cursos de dos y tres años. Turkin poseía ambas cosas, y sólo estuvo un año. Tras graduarse con sobresaliente fue aceptado en el directorio K, división de contraespionaje, dentro del Primer Directorio del KGB. Al mando del K estaba en aquellos tiempos el general más joven del comité, Oleg Kalugin.

Con veintisiete años, Turkin se casó en 1978 y tuvo un hijo, Yuri, ese mismo año. En 1982 obtenía su primer destino en el extranjero, Nairobi; su principal misión: intentar infiltrarse en el puesto de la CIA en Kenia y reclutar agentes tanto allí como en el *establishment* keniano. La enfermedad de su hijo Yuri iba a acortar prematuramente su estancia en Kenia.

Turkin hizo su primera entrega de información a la CIA en octubre. Sabiendo que estaba en funcionamiento un complejo sistema de comunicaciones encubiertas, Monk llevó el paquete a Langley personalmente. Resultó pura dinamita. Turkin echaba por tierra casi todo el montaje del KGB en España. Para proteger a su fuente, los norteamericanos fueron pasando la información a los españoles en pequeñas dosis, asegurándose de que las detenciones de agentes que espiaban para Moscú apareciesen como un golpe de suerte o buen olfato por parte del servicio secreto español. En cada caso al KGB se le hizo saber (vía Turkin) que el propio agente español había cometido un grave error propiciando así su captura. Moscú no sospechó nada, pero se quedó sin personal en la península Ibérica.

Tres años de estancia en Madrid le valieron a Turkin el cargo de *rezident* suplente, lo que le daba acceso prácticamente a todo. En 1987 regresaría a Moscú para convertirse un año después en jefe de toda la rama del directorio K dentro del enorme «aparato» que el KGB tuvo en Alemania del Este hasta la retirada final tras la caída del Muro y, posteriormente, del comunismo y la reunificación alemana en 1990. En todo ese tiempo, aunque pasó centenares de mensajes y paquetes de información, Turkin insistió en ser controlado por un solo hombre, su amigo del otro lado del Telón de Acero, Jason Monk. Era un pacto inusual. Los espías por lo general, a lo largo de una carrera de seis años, tienen varios «controladores», pero Turkin se empeñaba en que, en su caso, Langley se saltase la norma.

Cuando Monk llegó a Langley en otoño de 1986 fue requerido en el despacho de Carey Jordan.

—He visto el material —dijo el nuevo subdirector de Operaciones—. Es bueno. Creíamos que podía ser un doble, pero los agentes españoles que ha dejado en la cuneta son de primera categoría. Su hombre es de fiar. Buen trabajo.

Monk asintió en señal de agradecimiento.

—Sólo hay una cosa —dijo Jordan—. Yo no llevo aquí cinco días. Su informe sobre la estrategia de reclutamiento es correcto, pero ¿no cree que falta algo? ¿Cómo es que Turkin se ofreció voluntario?

Monk le dijo lo que no había incluido en el informe: la enfermedad del niño en Nairobi y los medicamentos sacados del Walter Reed Hospital.

—Debería meterle un puro —dijo Jordan al fin. Se levantó y se dirigió hacia la ventana. El bosque de abedules y hayas que se extendía hasta el río Potomac era una llamarada de oro y bermellón.

»Dios mío —dijo al cabo—. No conozco a nadie en la Agencia que no le hubiera sacado un favor a cambio de esas medicinas. ¿Y si no le llega a ver más? Lo de Madrid fue pura chiripa. ¿Sabe lo que decía Napoleón de los generales?

—No, señor.

—Decía: me da igual que sean buenos, los quiero con suerte. Usted es un tipo raro pero afortunado. ¿Sabe que tendremos que trasladar a su hombre a la división SE?

En la cumbre del organigrama de la CIA estaba siempre el director. Debajo de él había los dos directorios principales, Inteligencia y Operaciones. El primero, al mando de un subdirector, tenía la tarea de cotejar y analizar la enorme masa de información en bruto que llegaba a la Agencia, y extraer de ella los resúmenes que irían a parar a la Casa Blanca, el Consejo Nacional de Seguridad, el Departamento de Estado, el Pentágono, etcétera. Recabar toda esa información era el cometido de Operaciones, al mando de su subdirector. El directorio de Operaciones se bifurcaba en distintas divisiones conforme a un mapa: Latinoamérica, Oriente Medio, Sudeste Asiático y así sucesivamente. Pero durante los cuarenta años de guerra fría —de 1950 a 1990 y el descalabro comunista— la división clave fue la de Unión Soviética/Europa del Este, conocida como SE.

Los empleados de otras secciones solían quejarse de que aunque ellos pudieran reclutar a un valioso elemento soviético en Bogotá o Yakarta, éste, tras su reclutamiento, quedaría bajo control de la división SE, que a partir de entonces haría las veces de controlador. Lo lógico era que el nuevo agente acabara siendo transferido de Bogotá o Yakarta probablemente a la URSS.

Como la Unión Soviética era el enemigo número uno, la división SE se convirtió en la estrella del directorio de Operaciones. Las plazas eran muy codiciadas. Pese a que Monk se había especializado en ruso y había pasado años leyendo publicaciones soviéticas en un cuarto secreto, había estado ya en la división África e incluso había sido destinado a Europa Occidental.

—Sí, señor —dijo.

—¿Quiere usted ir con él?

Monk se animó de pronto.

—Sí, señor. Me gustaría mucho.

—Muy bien. Usted lo encontró y usted lo reclutó, pues encárguese usted de él.

Monk fue transferido a la división SE antes de una semana. Se le encargó dirigir al comandante Nikolai Ilyich Turkin, del KGB. Nunca volvió a residir en Madrid, pero sí estuvo de visita, reuniéndose secretamente con Turkin en puntos de la sierra de Guadarrama, donde charlaron de muchas cosas mientras Gorbachov llegaba al poder y los programas gemelos de la *perestroika* y la *glasnost* empezaban a relajar las cosas. Monk estaba satisfecho pues no sólo consideraba a Turkin un «elemento valioso» sino también un amigo.

Hacia 1984 la CIA se estaba convirtiendo —algunos dirían que se había convertido ya— en una enorme y rechinante agencia burocrática más dedicada al papeleo que a recabar información confidencial. Monk detestaba la burocracia y desdeñaba el papeleo, convencido de que aquello que se ponía por escrito podía ser robado o copiado. En el corazón mismo del papeleo de la división SE estaban los archivos 301, con los pormenores de todos los agentes *soviéticos* que trabajaban para el Tío Sam. Aquel otoño Monk «olvidó» consignar los detalles referentes al comandante Turkin, nombre en clave GT Lisandro, en los archivos 301.

La noche del 17 de julio, Jock MacDonald, jefe de puesto del SIS británico en Moscú, tuvo una cena ineludible. Volvió un momento a su despacho para dejar allí unas notas que había tomado durante la cena —no se fiaba de que no pudieran entrar a robar en su apartamento— y sus ojos repararon en la carpeta de cubierta negra. La abrió con indiferencia y empezó a leer. Estaba en ruso, por supuesto, pero él era bilingüe.

De hecho no llegó a ir a su casa aquella noche. A las doce telefoneó a su esposa para justificar su retraso y volvió a la lectura del documento. Había unas cuarenta páginas mecanografiadas, divididas en veinte apartados temáticos.

Leyó la parte concerniente al restablecimiento de un Estado unipartidista y la reactivación de la cadena de campos de trabajos forzados para los disidentes y otros indeseables.

Analizó detenidamente los párrafos dedicados a la solución final de la comunidad judía y el tratamiento de los chechenos en particular, así como de todas las minorías raciales.

Estudió las páginas relativas al pacto de no agresión con Polonia para convertir la frontera occidental en zona de amortiguación, así como la reconquista de Bielorrusia, las repúblicas bálticas y las repúblicas meridionales de la URSS. Ucrania, Georgia, Armenia y Moldavia.

Devoró los párrafos que trataban del restablecimiento del arsenal atómico y su utilización contra los enemigos circundantes.

Meditó largamente las páginas donde se explicaba el destino de la Iglesia ortodoxa rusa y todas las demás confesiones religiosas.

Según el manifiesto, las humilladas fuerzas armadas, ahora acuarteladas e inactivas, serían rearmadas y provistas de nuevo material no como fuerza de defensa sino para la reconquista. Las poblaciones de los territorios reconquistados trabajarían como servidores a fin de producir alimentos para los amos rusos. El control sobre dichos habitantes sería ejercido por la población étnica rusa de los territorios exteriores, bajo la supervisión de un gobernador imperial de Moscú. La Guardia Negra garantizaría el orden nacional, gracias a un incremento de doscientos mil hombres en sus filas. También se ocuparían de dar un tratamiento especial a los elementos antisociales: liberales, periodistas, sacerdotes, gays y judíos.

El documento pretendía asimismo revelar la respuesta a un enigma que ya tenía perplejos a MacDonald y otros: la fuente de los ilimitados fondos electorales de la Unión de Fuerzas Patrióticas.

En la escuela de 1990 el hampa criminal rusa había sido un enorme crisol de bandas que, en los primeros días, se enzarzaron en sanguinarias guerras territoriales, dejando en las calles a veintenas de muertos. En 1995 se había puesto en marcha una política de unificación. Hacia 1999 toda Rusia, desde la frontera occidental hasta los Urales, era el feudo de cuatro grandes consorcios criminales, el principal de los cuales era el Dolgoruki, con base en Moscú. Si el documento que tenía ante él era auténtico, ellos eran quienes financiaban a la UFP a fin de cobrarse más adelante la recompensa, esto es, la aniquilación de las demás bandas y la supremacía de la suya.

Eran las cinco de la madrugada cuando, tras la quinta relectura, Jock MacDonald cerró el Manifiesto Negro. Se reclinó en el sillón y miró el techo. Hacía tiempo que había dejado de fumar, pero ahora le apetecía un cigarrillo.

Finalmente se levantó, guardó el documento en su caja fuerte y salió de la embajada. En la calzada, a la luz del amanecer, contempló los muros rojos del Kremlin, bajo cuya sombra, cuarenta y ocho horas antes, un viejo con un raído sobretodo militar había estado sentado, mirando hacia la embajada.

Suele creerse que los jefes de espías no son gente religiosa, pero las apariencias y las profesiones pueden engañar. En las Highlands de Escocia existe una larga tradición católica entre la aristocracia. Se trata de los condes y los barones que se unieron con los hombres de su clan bajo la bandera del católico príncipe Charlie en 1745, para ser derrotados un año más tarde en la batalla de Cuiloden por el hanoveriano duque protestante de Cumberland, hijo de Jorge II.

El jefe de puesto MacDonald provenía del núcleo mismo de esa tradición. Su padre era un MacDonald de Fassifern, pero su madre lo había educado en la fe. Echó a andar. Primero fue hasta el próximo puente, el Bolshoi Most, luego cruzó hacia la catedral ortodoxa de San Basilio. Rodeó el edificio y enderezó sus pasos hacia el centro, que empezaba a despertar, primero hacia la plaza Nueva y luego otra vez a la izquierda.

Al dejar atrás la plaza vio cómo se iban formando las primeras colas para la comida de beneficiencia. Había una justo detrás de la plaza donde había tenido su feudo el comité central del Partido Comunista de la URSS.

Varias organizaciones extranjeras participaban en la ayuda benéfica a Rusia, así como Naciones Unidas en un plano más oficial, y Occidente había hecho anteriormente generosas donaciones para los orfanatos rumanos y los refugiados bosnios. Pero era una tarea formidable, pues los indigentes de las zonas rurales que llegaban a la capital, aunque eran apresados o expulsados por la milicia, reaparecían de nuevo.

Esperaban en la semiclaridad del alba, viejos y harapientos, mujeres con niños, el campesinado ruso que no había cambiado desde Potemkin, con su bovina pasividad y santa paciencia. A finales de julio el clima era lo bastante cálido para mantenerlos con vida. Pero cuando llegaba el frío, ese frío cortante del invierno ruso... El enero anterior había sido malo, pero el próximo... Jock MacDonald meneó la cabeza al pensarlo y siguió su camino.

El paseo le llevó a la plaza Lubyanskaya, conocida anteriormente como Dzerdjinsky. Aquí había estado durante decenios la estatua de Iron Feliks, el fundador de la primitiva máquina del terror leninista, la Cheka. En la parte de atrás se levantaba el enorme bloque gris y ocre conocido simplemente como Moscú Centro, el cuartel general del KGB.

Detrás del viejo edificio del KGB está la tristemente célebre cárcel de Lubyanka, donde habían sido sacadas por la fuerza incontables confesiones y llevado a cabo ejecuciones. Detrás de la cárcel hay dos calles, Gran Lubyanka y Pequeña Lubyanka. Escogió la segunda. Subiendo Lubyanka Malaya está la iglesia de San Luis, adonde acuden muchos diplomáticos y algunos de los pocos rusos católicos.

Unos doscientos metros a su espalda y fuera de su campo visual debido al edificio del KGB, unos cuantos vagabundos dormían en el amplio portal de la enorme tienda de juguetes Detskiy Mir (El Mundo de los Niños).

Dos tipos fornidos con tejanos y cazadora negra de cuero entraron en el portal de la juguetería y empezaron a despertar vagabundos. Uno de ellos vestía un viejo sobretodo del ejército con varias medallas deslustrosas prendidas de la solapa. Los hombres se inclinaron sobre él y le sacaron de su ensueño zarandéandolo.

—¿Se llama usted Zaitsev? —le espetó uno. El viejo asintió.

El otro hombre sacó de un bolsillo un teléfono portátil, pulsó varios números y habló. Antes de cinco minutos un Moskvitch frenó junto al bordillo. Los hombres empujaron al viejo y lo metieron en la trasera amontonándose a ambos lados. El viejo intentó decir algo antes de entrar, y de su boca escapó un brillo de acero inoxidable.

El coche rodeó rápidamente la plaza, pasó por detrás del edificio que había albergado la Sociedad de Seguros de Todas las Rusias antes de convertirse en casa del terror, y enfiló a toda velocidad Lubyanka Malaya, pasando junto a un diplomático británico que caminaba por la acera.

MacDonald entró en la iglesia con ayuda de un soñoliento sacristán, fue hasta el fondo de la nave y se arrodilló ante el altar. Alzó los ojos y la figura de Cristo le miró desde la cruz. El hombre rezó.

Los rezos de un hombre son cosa muy privada, pero lo que dijo fue:

—Dios, te ruego que sea una falsificación. Porque si no lo es, una gran maldad se cierne sobre nosotros.

4

Antes de que los miembros del personal llegaran al trabajo, Jock MacDonald ya estaba en su despacho. No había dormido, pero nadie lo iba a saber. Hombre metódico, se había lavado y afeitado en el baño para el personal que había en la planta baja, y luego se había puesto la camisa limpia que guardaba en su despacho.

Su ayudante Bruce *Gracie* Fields recibió una llamada en su apartamento para que acudiera a la embajada a las nueve. Hugo Gray, de vuelta ya en su cama, recibió una llamada similar. A las ocho MacDonald pidió al personal de seguridad, ambos ex suboficiales del ejército, que preparasen la burbuja para una conferencia a las nueve y cuarto.

—El caso es —explicó MacDonald a sus dos colegas poco después de esa hora— que ayer llegó a mis manos un documento. No es preciso que os diga de qué se trata. Baste decir que podría ser una falsificación o un engaño. Pero si es auténtico, podría ser una importante aportación. Hugo, pon a Gracie en antecedentes.

Gray dijo lo que sabía, lo que Celia Stone le había contado.

—En una situación ideal —dijo MacDonald, empleando una de sus frases favoritas y haciendo que los dos jóvenes disimularan sendas sonrisas—, me habría gustado saber quién era ese viejo, de qué manera lo que tal vez sea un documento altamente confidencial llegó a sus manos, y por qué eligió el coche de Celia Stone para desprenderse de él. ¿Sabía que era de la embajada? Y en caso afirmativo, ¿por qué la nuestra? Mientras tanto, ¿tenemos a alguien en la embajada que sepa dibujar?

—¿Dibujar? —preguntó Fields.

—Sí, representar una cara. Hacer un retrato.

—Creo que la mujer de uno da clases de bellas artes —dijo Fields—. Había sido ilustradora de libros infantiles en Londres. Se casó con alguien de la cancillería.

—Verifícalo. Si sabe dibujar, ponla en contacto con Celia Stone. Entretanto hablaré un rato con Celia. Dos cosas más. Puede que el tipo aparezca otra vez, que intente ponerse en contacto, que merodee por ahí. Pediré al cabo Meadows y al sargento Reynolds que vigilen la puerta principal. Si lo ven, os informarán a uno de vosotros dos. Hay que invitarle a tomar el té. Segundo, el hombre podría intentar algo en otras embajadas y ser arrestado. Gracie, ¿conocías a alguien de la policía?

Fields asintió. Era el que llevaba más tiempo en Moscú de los tres; a su llegada había heredado un surtido de fuentes de bajo nivel en las cercanías de Moscú y él mismo había creado otras.

—El inspector Novikov. Trabaja en homicidios, en el edificio Petrovka. A veces es útil.

—Habla con él —dijo MacDonald—. No menciones nada del documento. Di que un vejete ha estado molestando a nuestro personal en la calle, pidiendo una entrevista personal con el embajador. No es que nos fastidien esas menudencias, pero quisiéramos pedirle que nos deje en paz. Enséñale el dibujo, si conseguimos alguno, pero que no se lo quede. ¿Cuándo tenéis que veros?

—No hay nada previsto —dijo Fields—. Le llamo desde una cabina.

—Bien, comprueba si puede ayudarnos. Mientras, yo estaré en Londres un par de días. Gracie, tú te quedas al mando.

Celia Stone fue interceptada en el vestíbulo al llegar, y se asustó un poco cuando le dijeron que fuera a ver a MacDonald, no a su despacho sino a la sala A. Ella no sabía que era la sala a prueba de micrófonos.

MacDonald estuvo muy amable y habló con Celia durante casi una hora. Anotó todos los detalles y ella aceptó la historia de que el viejo había molestado a otros miembros de la embajada con sus exigencias. ¿Estaba dispuesta a colaborar en la confección de un retrato del viejo? Por supuesto que sí, cualquier cosa con tal de ayudar.

En presencia de Hugo Gray, Celia pasó la hora del almuerzo con la esposa del subjefe de la cancillería, la cual, siguiendo sus instrucciones, elaboró un esbozo del vagabundo al carboncillo. Un poco de tippex sirvió para resaltar los tres dientes de acero. Cuando estuvo terminado, Celia asintió con la cabeza y dijo: «Es él.»

Después de almorzar, Jock MacDonald pidió al cabo Meadows que cogiera un arma y le escoltara hasta el aeropuerto de Sheremetyevo. No esperaba ser interceptado, pero ignoraba si los legítimos propietarios del documento que llevaba en el maletín podían desear recuperarlo. Como precaución encadenó el maletín a su muñeca izquierda, tapando el metal con un impermeable de verano.

Nada de ello quedaba a la vista cuando el Jaguar de la embajada salió por la puerta. MacDonald reparó en un Chaika negro aparcado en el puente de Sofía, pero el coche no se movió para seguir al Jaguar, de modo que no pensó más en ello. De hecho el Chaika estaba esperando que saliera un pequeño Rover rojo.

En el aeropuerto, el cabo Meadows le escoltó hasta la barrera, donde su pasaporte diplomático eludió todo control. Tras una corta espera, abordó el vuelo de British Airways para Heathrow e, iniciado el despegue, respiró hondo y pidió un gintonic.

Washington, abril de 1985

Si el arcángel Gabriel hubiera descendido sobre Washington para preguntar al *rezident* del KGB en la embajada soviética a qué agente de la CIA le habría gustado convertir en traidor y espía de los rusos, el coronel Stanislav Androsov no lo habría dudado. Habría respondido: Yo escogería al jefe del grupo de contraespionaje adscrito a la división soviética del directorio de Operaciones.

Todas las agencias de inteligencia tienen una sección de contraespionaje que trabaja conjuntamente con ellas. La tarea de la gente de contraespionaje, que no siempre les granjea las simpatías de sus colegas, consiste en investigar a todo el mundo. Es un trabajo que se divide en tres funciones.

Contraespionaje juega un papel destacado a la hora de tomar informes de los desertores del otro bando, simplemente para intentar descubrir si el desertor es genuino o se trata de un espía astuto. Un falso desertor puede traer consigo información real, pero su principal objetivo es divulgar desinformación; ya sea para convencer a sus nuevos patronos de que no tienen un traidor en sus filas, o para conducir a sus patronos por un laberinto de callejones sin salida. Un habilidoso espía infiltrado puede ocasionar años enteros de tiempo y esfuerzo perdidos. Contraespionaje investiga también a aquellos adversarios que, sin cambiar de bando personalmente, permiten ser reclutados como espías pero pueden ser en realidad agentes dobles. Un «doble» es aquel que finge ser reclutado cuando de hecho permanece fiel a los suyos y actúa bajo sus órdenes. De vez en cuando dosificará información genuina a fin de establecer su autenticidad para luego soltar el verdadero timo que es totalmente falso y puede crear estragos entre la gente para la que se supone que trabaja. Por último, contraespionaje ha de asegurarse de que su propio bando no haya sido penetrado, que no esconda un traidor en su propio seno. Para realizar todas estas tareas, contraespionaje exige un acceso absoluto. Puede reclamar todos los expedientes de todos los desertores y sus contactos, sin límite de tiempo. Puede examinar las carreras y el reclutamiento de todos los elementos valiosos que trabajen actualmente para la agencia en el corazón mismo del territorio adversario y expuestos al mínimo riesgo de traición. Y contraespionaje puede pedir también el expediente personal de cualquier agente de su propio bando. Y todo para verificar la lealtad y la autenticidad.

Debido a la gran compartimentación, un agente que actúe como controlador de dos o tres operaciones podría delatar a sus controlados, pero por regla general ignora totalmente en qué están trabajando sus colegas. Solamente contraespionaje tiene acceso a esa información. Por eso el coronel Androsov, de haber sido preguntado por el arcángel, habría escogido al jefe de contraespionaje de la división soviética. Los de contraespionaje han de ser siempre los más leales de entre los leales.

En julio de 1983 Aldrich Hazen Ames fue nombrado jefe del grupo de contraespionaje soviético de la división SE. Como tal, tenía acceso absoluto a sus dos subdepartamentos: la sección URSS encargada del control de todos los elementos valiosos soviéticos que trabajaban para Estados Unidos desde la propia Unión Soviética, y la sección de Operaciones Exteriores, que controlaba los elementos valiosos destinados fuera de la URSS.

El 16 de abril de 1985, escaso de dinero, Ames entró a pie en la embajada soviética de la calle Dieciséis en Washington, pidió ver al coronel Androsov y se ofreció como espía a los rusos. Por cincuenta mil dólares.

Llevaba consigo ciertas muestras de buena fe. Dio los nombres de tres rusos que habían contactado con la CIA ofreciéndose a trabajar para la Agencia. Más tarde diría que pensaba que podían ser agentes dobles, es decir, no genuinos. Sea como fuere, nunca volvió a saberse nada de esos tres hombres. Llevaba también una lista de personal de la CIA con su propio nombre subrayado para demostrar que era quien decía ser. Luego se marchó, pasando por segunda vez por delante de las cámaras del FBI que filmaban el antepatio de la embajada. Las cintas nunca fueron visionadas.

Dos días después recibió sus cincuenta mil dólares. Era sólo el principio. El más dañino traidor en la historia de Estados Unidos desde los tiempos de (y posiblemente incluyendo a) Benedict Arnold,[1] sólo acababa de empezar.

Posteriormente los analistas investigarían dos enigmas. El primero, cómo semejante sujeto —inepto, mal preparado y alcohólico— podía haber subido en el escalafón hasta alcanzar tan asombrosa posición de confianza. El segundo, cómo, cuando los grandes jerarcas supieron en diciembre que en alguna parte tenían un traidor infiltrado, pudo seguir sin ser descubierto durante otros —y para la CIA catastróficos— ocho años.

La respuesta a lo segundo tiene muchos aspectos. Incompetencia, torpeza y complacencia dentro de la CIA, suerte por parte del traidor, una hábil campaña de desinformación por parte del KGB para proteger a su topo, más torpeza, susceptibilidad e indolencia en Langley, pistas falsas, un poco más de suerte para el traidor y, por último, la memoria de James Angleton.

Angleton había sido jefe de contraespionaje en la CIA. Además de convertirse en leyenda, acabó paranoico. Este hombre extraño,

1. General estadounidense (1741-1801) que se pasó a los ingleses, cediéndoles la plaza de West Point a cambio de treinta mil libras. *(N. del T.)*

sin vida privada ni humor, estaba convencido de que dentro de Langley había un topo del KGB, nombre en clave Sasha. En su fanática persecución del inexistente traidor, Angleton estropeó la carrera de numerosos agentes leales hasta que consiguió doblegar al directorio de Operaciones. Los que le sobrevivieron quedaron desolados ante la idea de lo que les esperaba: buscar al verdadero topo con todo rigor.

En cuanto al primer enigma, la respuesta puede darse en dos palabras: Ken Mulgrew.

En sus veinte años como agente de la CIA antes de traicionarla, Ames había tenido tres destinos fuera de Langley. En Turquía, el jefe de puesto le consideraba un cero a la izquierda, el veterano Dewey Clarridge sintió desprecio por él desde el primer momento.

En la oficina de Nueva York tuvo un golpe de suerte que le reportó prestigio. Aunque el vicesecretario general de Naciones Unidas, Arkady Shevchenko, venía trabajando para la CIA antes de la llegada de Ames y su defección final en abril de 1978 fue planeada por otro agente, Ames fue el encargado de controlar al ucranio en el ínterin. Para entonces empezaba ya a convertirse en un alcohólico.

Su tercer destino, México, fue un fiasco. Estaba siempre borracho, insultaba a colegas y extranjeros, la policía mejicana tuvo que llevarlo un día a su casa, se saltaba todos los procedimientos operacionales imaginables y no reclutó a nadie. Pasaba la mayor parte del tiempo tomando copas con un ruso, Igor Shurygin, jefe de contraespionaje para el KGB en la embajada rusa. Probablemente fue Shurygin el primero en dar el soplo de que el nada perfecto norteamericano era un buen candidato.

En sus dos destinos de ultramar los informes sobre Ames fueron apabullantes. En una valoración de amplio espectro consiguió el puesto 198 de entre 200 agentes. Normalmente, con una carrera así nadie puede llegar muy alto. A principios de los años ochenta los grandes jerarcas —Carey Jordan, Dewey Clarridge, Milton Bearden, Gus Hathaway y Paul Redmon— le consideraban un artículo inservible. Pero no Ken Mulgrew, quien se convirtió en su amigo y protector.

Fue él quien saneó los espantosos informes de rendimiento y evaluación, allanó el camino y propició los ascensos. Como superior de Ames, Mulgrew pasó por alto las objeciones y, siendo jefe de Distribución de Personal, consiguió meter a Ames en contraespionaje.

Básicamente eran compañeros de bar, ambos alcohólicos empedernidos que con la autocompasión propia de los alcohólicos coincidían en pensar que la Agencia era muy injusta con los dos. Fue un error de apreciación que pronto iba a costar muchas vidas.

Leonid Zaitsev, Conejo, estaba agonizando pero no lo sabía. Sufría mucho. Eso sí lo sabía.

El coronel Grishin creía en el dolor. El dolor como persuasión, el dolor como ejemplo y el dolor como castigo. Zaitsev había obrado mal y las órdenes del coronel eran que debía comprender plenamente el significado del dolor antes de morir.

El interrogatorio había durado todo el día y no había sido preciso usar la violencia porque Conejo lo había contado todo. El coronel había estado a solas con él casi todo el tiempo, pues no quería que los guardias conocieran el objeto del robo.

El coronel le había pedido con gentileza que empezara por el principio, y eso había hecho Conejo. Luego le pidió que repitiera la historia una y otra vez hasta quedar convencido de que ningún detalle había sido pasado por alto. Realmente no había mucho que contar.

El coronel puso cara de incredulidad sólo cuando Zaitsev explicó por qué lo había hecho.

—¿Una cerveza? ¿El inglés le dio una cerveza?

Hacia el mediodía el coronel dio por terminado el interrogatorio. Envió un coche con cuatro hombres de confianza para que se apostara ante la embajada y esperara la salida del coche rojo. Luego debía seguirlo adondequiera que viviese la joven inglesa y regresar con un informe.

A eso de las tres dio las órdenes finales a sus guardias y se marchó. Mientras salía del recinto, un Airbus A-300 con el logotipo de British Airways en la cola sobrevoló el norte de Moscú y puso rumbo al oeste. Grishin no se dio cuenta. Ordenó a su chófer que lo llevara de vuelta a la casa del bulevar Kiselny.

Eran cuatro. Las piernas de Conejo se habrían doblado, pero como ellos lo sabían lo sostuvieron entre dos por los codos. Los otros iban uno delante y otro detrás. Trabajaron despacio, aplicando sus puñetazos con diligencia.

Sus grandes puños estaban envueltos en gruesos nudillos de metal. Los golpes le aplastaron los riñones, le desgarraron el hígado y le reventaron el bazo. Una patada despachurró sus viejos testículos. El que iba delante le atizó en el abdomen y luego en el tórax. El viejo se desmayó dos veces pero un cubo de agua fría le hizo volver en sí y el dolor empezó otra vez. Como sus piernas habían dejado de funcionar, le sostuvieron para que anduviera de puntillas.

Hacia el final las costillas de aquel pecho descarnado acabaron quebrándose, y dos de ellas se clavaron en los pulmones. Algo caliente, dulzón y pegajoso le subió a la garganta y no pudo seguir respirando.

Su vista quedó reducida a un túnel y ya no vio el gris hormigón del cuarto junto a la armería del campamento, sino un luminoso día, un camino arenoso y un pinar. No pudo ver quién hablaba, pero una voz le decía: «Vamos, hombre, tómate una cerveza...»

La luz se oscureció pero él siguió oyendo la voz repetir palabras que él no discernía. «Tómate una cerveza...» Y luego la luz se extinguió para siempre.

Washington, junio de 1985

Transcurridos casi dos meses desde el día en que recibiera su primer pago en efectivo de cincuenta mil dólares, Aldrich Ames destruyó en una sola tarde casi toda la división SE del directorio de Operaciones de la CIA.

Antes del almuerzo, tras haber asaltado los ultrasecretos archivos 301, arrambló con tres kilos de documentos clasificados y telegramas y los metió en dos bolsas de plástico. Con ellas recorrió los laberínticos pasillos hasta los ascensores, fue a la planta baja y salió por los torniquetes con su carnet plastificado. Ningún guardia le preguntó qué llevaba en las dos bolsas. Después de recoger su coche en el aparcamiento, condujo los veinte minutos que distaban de Georgetown, el elegante suburbio de Washington famoso por sus restaurantes de estilo europeo.

Llegó al Chadwick's, un bar-restaurante al pie de la K Street Freeway, y se encontró con el contacto que le había designado el coronel Androsov, quien en calidad de *rezident* del KGB sabía que podía estar siendo seguido por los observadores del FBI. El contacto era un diplomático corriente llamado Chuvajin.

Ames entregó al ruso lo que llevaba encima. Ni siquiera exigió un precio. Cuando éste llegara sería enorme, el primero de los otros muchos que le convertirían en millonario. Los rusos, por lo general tacaños con las divisas fuertes como el dólar, ni siquiera regatearon después de aquello. Sabían muy bien que tenían un estupendo filón.

Desde Chadwick's las bolsas fueron a parar a la embajada, y de allí al cuartel general del Primer Directorio en Yazenevo. Los analistas del KGB no daban crédito a sus ojos.

El golpe hizo de Androsov una estrella y convirtió a Ames en el elemento más vital del firmamento. El comandante en jefe del Primer Directorio, Vladimir Kryuchkov, originalmente un espía introducido en el directorio por el siempre suspicaz Andrópov pero encumbrado desde entonces a más altas esferas, ordenó enseguida la formación de un grupo ultrasecreto cuya única misión sería controlar los envíos de Ames. A éste se le puso como nombre en clave Kolokol (Campana) y el destacamento especial se convirtió en el Grupo Kolokol.

Un importante agente de la CIA calcularía después que cuarenta y cinco operaciones anti KGB, prácticamente todo el menú de la Agencia, se vinieron abajo tras el verano de 1985. Ni un solo agente importante de la CIA cuyo nombre hubiera constado en los archivos 301 continuó sus funciones después de la primavera de 1986.

En aquellas bolsas de plástico había las descripciones de catorce agentes, casi toda la colección de elementos valiosos de la división SE dentro de la URSS. Los nombres verdaderos no estaban incluidos, pero no hacía falta.

Cualquier detective de contraespionaje, informado de la presencia de un toque en su propia red, y sabiendo que el hombre ha sido reclutado en Bogotá, trabajando luego en Moscú y actualmente en Lagos, puede averiguarlo rápidamente. Sólo una persona concuerda con esos destinos. Normalmente basta con verificar las fichas personales.

Uno de los catorce trabajaba desde hacía tiempo como espía británico. Los norteamericanos nunca supieron su nombre, pero como Londres había pasado a Langley sus hallazgos, la CIA sabía algo de él y podía deducir aún más cosas. En realidad era un coronel del KGB que había sido reclutado en Dinamarca a principios de los setenta y llevaba doce años en el candelero del espionaje británico. Aun habiendo levantado ya ciertas sospechas, el coronel había regresado a Moscú desde su puesto como *rezident* en la embajada soviética en Londres para una larga visita. La delación de Ames no hizo sino confirmar las sospechas rusas sobre el coronel Oleg Gordievsky.

Otro de los catorce fue más listo, o afortunado. Sergei Bojan era oficial del espionaje militar soviético, destinado en Atenas. Se le ordenó repentinamente que volviera a Moscú alegando que su hijo tenía problemas con sus exámenes en la academia militar. Bojan se enteró de que al chico le iban bien los estudios. Después de perder deliberadamente el vuelo que tenía reservado, contactó con la estación de la CIA en Atenas y fue sacado de allí apresuradamente.

Los otros doce fueron apresados. Unos estaban en la URSS, otros en el extranjero. Estos últimos recibieron orden de regresar a casa bajo diversos pretextos, todos ellos falsos, y fueron arrestados a su llegada.

Se sometió a los doce a interrogatorios intensivos y los doce confesaron. Dos lograron escapar de sus campos de trabajos y viven actualmente en América. Los otros diez fueron torturados hasta la muerte.

La primera escala de Jock MacDonald al llegar por la tarde a Heathrow fue la sede del servicio secreto británico, SIS, en Vauxhall Cross. Estaba cansado, aunque se había atrevido a echar un sueñecito en el avión, y la idea de ir a su club para tomar un baño y dormir de verdad era muy tentadora. El piso que él y su esposa, todavía en Moscú, conservaban en Chelsea no estaba disponible, lo habían dejado a otras personas.

Pero MacDonald, antes de relajarse, quería dejar a buen recaudo la carpeta que había dentro del maletín que seguía llevando sujeto a la muñeca. El coche del SIS que había ido a recogerle al aeropuerto le dejó delante del edificio de piedra y cristal verde a orillas del Támesis, que ahora albergaba al SIS desde el traslado siete años atrás desde la destartalada Century House.

Pasó por los sistemas de seguridad, asistido por el joven e impaciente aprendiz que lo había acompañado desde el aeropuerto, y finalmente dejó el documento en la caja fuerte del jefe de la división Rusia. Su colega le había recibido calurosamente pero con cierta curiosidad.

—¿Una copa? —preguntó Jeffrey Marchbanks, señalando lo que parecía un archivador revestido de madera; ambos hombres sabían que contenía un mueble bar.

—Buena idea. Ha sido un día largo y agitado. Whisky.

Marchbanks abrió la puerta del mueble y contempló su provisión. MacDonald era escocés y tomaba el brebaje de sus ancestros sin mezcla. El jefe de división sirvió una ración doble de Macallan, sin hielo, y se lo entregó.

—Sabía que venías, claro, pero no la razón. Cuéntame.

MacDonald relató su historia desde el comienzo.

—Debe tratarse de una trampa, seguro —dijo por fin Marchbanks.

—A primera vista lo parece —concedió MacDonald—. Pero entonces es la cosa menos sutil que he visto en mi vida. ¿Y quién es el autor del ardid?

—Los enemigos políticos de Komárov, supongo.

—Tiene muchos, desde luego —dijo MacDonald—. Pero vaya manera de presentarlo. Casi como si hubieran querido que lo tirásemos a la basura. Ese joven, Gray, se lo encontró de casualidad.

—El siguiente paso será leerlo. Tú lo has leído, supongo.

—De cabo a rabo. Anoche. Como manifiesto político es... desagradable.

—En ruso, por supuesto.

—Sí.

—Mmm. Sospecho que mi ruso no estará a la altura. Necesitaremos una traducción.

—Preferiría hacerlo yo mismo —dijo MacDonald—. Sólo por si no se trata de una trampa. Lo comprenderás cuando lo leas.

—De acuerdo, Jock. Tú eliges. ¿Qué necesitas?

—Primero ir al club. Un baño, afeitarme, cenar y dormir. Estaré de vuelta a medianoche y trabajaré hasta la mañana. Nos veremos entonces.

Marchbanks asintió.

—Está bien, será mejor que utilices este despacho. Lo notificaré a seguridad.

Cuando Jeffrey Marchbanks volvió al trabajo poco antes de las diez de la mañana siguiente, se encontró a Jock MacDonald tendido cuan largo era en el sofá, sin zapatos ni americana y la corbata aflojada. La carpeta negra estaba sobre el escritorio con un montón de hojas blancas al lado.

—Ya está —dijo—. En el idioma de Shakespeare. A propósito, el disco está aún en la máquina pero deberías sacarlo y guardarlo en sitio seguro.

Marchbanks asintió, pidió café, se puso las gafas y empezó a leer. Una bonita rubia larguirucha, cuyos padres evidentemente solían cazar zorros, les trajo café, sonrió y se fue.

Marchbanks interrumpió su lectura.

—Ese tío está loco, desde luego.

—Si es Komárov quien lo ha escrito, sí. O muy mal de la cabeza. O las dos cosas. Es un peligro en potencia. Sigue leyendo.

Marchbanks lo hizo. Cuando hubo terminado hinchó los carrillos y resopló.

—Tiene que ser una trampa. Nadie que piense estas cosas las pondría por escrito.

—A menos que pensara que sólo las iba a leer su círculo de fanáticos —sugirió MacDonald.

—¿Robado, entonces?

—Posiblemente. Quizá falsificado. Pero ¿quién era el vagabundo y cómo llegó eso a sus manos?

Marchbanks reflexionó. Sabía que si el Manifiesto Negro era una falsificación y una trampa, el SIS tendría problemas si se lo tomaban en serio. Y si resultaba que era auténtico, habría más problemas aún si no le daban importancia.

—Bien —dijo al fin—, lo mejor será que lo vea el controlador e incluso el jefe, si me apuras.

El controlador David Brownlow los recibió a las doce, y a la una y cuarto el jefe les ofreció un almuerzo a los tres en su comedor con sus vistas panorámicas del Támesis y el Vauxhall Bridge.

Sir Henry Coombs, a punto de cumplir los sesenta, estaba en su último año como jefe supremo del SIS. Como sus predecesores hasta Maurice Oldfield, Coombs había empezado desde abajo y medido sus armas en la guerra fría que había terminado una década atrás. A diferencia de la CIA, cuyos directores eran cargos políticos y no siempre muy diestros, el SIS había conseguido durante años persuadir a los primeros ministros de que les dieran un jefe con experiencia de campo.

Y funcionaba. Después de 1985 tres directores de la CIA habían admitido que apenas se les había explicado nada del verdadero intríngulis del asunto Ames hasta que lo leyeron en la prensa. Henry Coombs tenía la confianza de sus subordinados y sabía todos los pormenores que necesitaba saber. Y los demás sabían que él lo sabía. Leyó el documento mientras sorbía su vichysoisse. Pero leía rápido y llegó hasta el final.

—Supongo que estará aburrido de hacerlo, Jock, pero cuéntenoslo otra vez.

Escuchó con atención, preguntó un par de cosas y asintió con la cabeza.

—¿Su opinión, Jeffrey?

Después del jefe de la división Rusia preguntó a Brownlow, el controlador de países del Este. Ambos vinieron a decir lo mismo: es preciso saber si es auténtico.

—Hay algo que me intriga —dijo Brownlow—. Si ésta es la verdadera agenda política de Komárov, ¿qué sentido tenía ponerlo por escrito? Todos sabemos que hasta los documentos ultrasecretos pueden ser robados.

Los ojos engañosamente mansos de sir Henry Coombs miraron a su jefe de puesto en Moscú.

—¿Alguna idea, Jock?

MacDonald se encogió de hombros.

—¿Por qué uno escribe a otra persona sus más íntimos pensamientos? ¿Por qué la gente confiesa lo inconfesable en sus diarios, que nunca son del todo íntimos? ¿Por qué importantes corporaciones como la nuestra almacenan material de esta naturaleza? A lo mejor sólo pretendía ser un documento ideológico de orden muy personal, o tal vez una terapia para su propio autor. O tal vez sólo sea una falsificación pensada para perjudicarle. No lo sé.

—Ah, ése es el problema —dijo sir Henry—: no lo sabemos. Pero, ahora que lo he leído, creo que estamos de acuerdo en que necesitamos respuesta a muchas preguntas. ¿Quién escribió esto? ¿Es realmente obra de Igor Komárov? ¿Esta apabullante retahíla de sandeces es lo que se propone realmente hacer si llega, o más bien cuando llegue, al poder? Si es así, ¿cómo fue robado, por quién, y por qué nos lo dan a nosotros? ¿O se trata de un cúmulo de mentiras?

Coombs removió su café y miró los documentos, tanto el original como la copia de MacDonald, con profunda repugnancia.

—Lo siento, Jock, pero necesitamos esas respuestas. No puede llevar esto río arriba hasta que las tengamos. Y entonces, ya veremos. Habrá de volver a Moscú. Cómo consiga esas respuestas es asunto suyo. Pero necesitamos saberlo.

El jefe del SIS, como todos sus predecesores, tenía dos tareas. Una, de índole profesional: dirigir el mejor servicio secreto que fuera capaz. La otra, de índole política: servir de enlace con el Comité Conjunto de Inteligencia, los mandarines de su principal cliente, el Foreign Office, que no siempre era fácil de contentar, para luchar por un aumento de presupuesto ante el Consejo de Ministros y ganarse amigos entre los miembros del gobierno. Era una tarea ardua, no apta para necios ni aprensivos.

Lo último que necesitaba era una historia de vagabundos que arrojaban cosas al interior de los coches, cosas como un documento que ahora tenía huellas dactilares encima y que describía un programa político de demencial crueldad tal vez auténtico. Lo condenarían a la hoguera, y lo sabía.

—Regresaré esta misma tarde en avión.

—Tonterías, Jock, lleva dos noches seguidas sin dormir. Váyase al cine, duerma ocho horas en una cama. Tome el primer vuelo de mañana con destino al país de los cosacos. —Consultó su reloj—. Bien, si me disculpan...

Salieron del comedor privado. MacDonald no fue al cine ni durmió en una cama. En el despacho de Marchbanks le esperaba un mensaje recién salido de la sala de cifrados. El apartamento de Celia Stone había sido saqueado. Al volver a su casa había sorprendido a dos enmascarados que la habían golpeado en la cabeza, al parecer con la pata de una silla. Celia estaba en el hospital pero fuera de peligro.

En silencio, Marchbanks le pasó a MacDonald la nota.

—Mierda —dijo MacDonald después de leerla.

Washington, julio de 1985

El chivatazo, como ocurre a menudo en el mundo del espionaje, fue ambiguo, de tercera mano y tal vez una absoluta pérdida de tiempo.

Un voluntario norteamericano que trabajaba para un programa de ayuda de la UNICEF en la nada encantadora república marxista-leninista de Yemen del Sur se encontraba en Nueva York de permiso y fue a cenar con un antiguo compañero de colegio que trabajaba en el FBI.

Al describir el descomunal programa de ayuda militar que la URSS ofrecía a Yemen del Sur, el empleado de Naciones Unidas relató la conversación que casualmente había mantenido con un comandante ruso en el bar del hotel Rock de Adén.

Como casi todos los rusos que allí había, el hombre apenas hablaba árabe y se comunicaba con los yemeníes, ciudadanos de una ex colonia británica desde 1976, en inglés. Consciente de la impopularidad de su país en Yemen del Sur, el norteamericano tenía por costumbre decir que era suizo. Así se lo dijo también al ruso.

El militar ruso, cada vez más borracho y lejos del alcance del oído de ningún compatriota suyo, se enfrascó en una violenta denuncia de la jefatura de su propio país. Los acusó de corrupción masiva, de hatajo de criminales, y de que les importaba más subvencionar al Tercer Mundo que alimentar a su propio pueblo.

La cosa podría no haber pasado de allí si el hombre del FBI no se lo hubiera mencionado a un amigo que tenía en la oficina de la CIA en Nueva York.

El hombre de la CIA, tras consultar a su superior, concertó una segunda cena con el de UNICEF en la que el vino fluyó copiosamente. A fuerza de provocación, el de la CIA lamentó los avances que los rusos estaban haciendo para cimentar sus relaciones de amistad con el Tercer Mundo, especialmente en Oriente Medio. Ansioso de mostrar sus conocimientos, el de UNICEF le interrumpió para decir que la cosa no era tan sencilla; que él sabía de primera mano que los rusos detestaban a los árabes y que se exasperaban ante su incapacidad para dominar tecnologías sencillas y su habilidad para estropear todo cuanto se les daba para que jugasen.

—Quiero decir, por ejemplo en Yemen del Sur... —empezó.

Hacia el final de la cena el de la CIA tenía ya el retrato de un Grupo de Asesoría Militar cuyos miembros estaban al borde de la frustración y no veían qué sentido tenía su presencia en la República Democrática del Yemen. Obtuvo también la descripción de un mayor que estaba realmente hasta la coronilla: alto, musculoso, rasgos más bien orientales. Y un nombre: Solomin.

El informe llegó a Langley y fue a parar a la mesa del jefe de la división SE, quien lo comentó a Carey Jordan.

—Puede que no haya nada, y puede que sea peligroso —le dijo el subdirector de Operaciones a Jason Monk tres días después—, pero ¿cree usted que podría entrar en Yemen del Sur y charlar con ese comandante Solomin?

Monk consultó a los expertos en Oriente Medio y pronto se dio cuenta de que Yemen era un hueso duro de roer. Estados Unidos tenía muy mala imagen en el gobierno comunista, ardientemente cortejado entonces por Moscú. Pese a ello, había una comunidad extranjera sorprendentemente grande, sin contar a los rusos.

Aunque habían salido a tiros de Adén en 1976, los británicos volvían a dejar sentir su presencia en el país. De la Rue imprimía billetes de banco, Tootal construía una fábrica textil, Massey Ferguson tenía un negocio de tractores, y Costains estaba montando una fábrica de galletas en el suburbio de Jeque Omán cuyas calles habían defendido a tiros los paracaidistas. Ingenieros británicos intervenían en un nuevo suministro de agua dulce y un plan de protección contra inundaciones repentinas, mientras que la organización benéfica Salvemos los Niños distribuía medicamentos en el interior del país, colaborando con los Médicos Sin Fronteras franceses.

Eso dejaba a Naciones Unidas con tres frentes de ayuda: la FAO en agricultura, UNICEF con los niños de la calle, y la WHO en proyectos sanitarios.

Por bien que uno hable una lengua extranjera, es una temeridad hacerse pasar por miembro de esa nación y luego toparse con los verdaderos oriundos. Monk descartó simular ser británico porque éstos habrían notado la diferencia en dos minutos. E igual los franceses.

Pero Estados Unidos era el tesorero mayor de la ONU y tenía influencia, pública y encubierta, en numerosas agencias. La investigación reveló que no había ningún español en la misión de la FAO en Adén. Se creó un personaje nuevo y se convino en que Monk viajaría a Adén en octubre con visado para un mes como inspector de la sede de la FAO en Roma para observar los progresos alcanzados. Sería, según sus papeles, el señor Esteban Martínez Llorca. En Madrid, el todavía agradecido gobierno español le proporcionó documentación genuina.

Jock MacDonald llegó a Moscú demasiado tarde para visitar a Celia Stone en el hospital, pero se personó allí a la mañana siguiente, 20 de julio. La auxiliar del agregado de prensa estaba vendada y aturdida, pero podía hablar. Había vuelto a casa a una hora normal, y no había advertido que la siguiera nadie. Claro que no estaba adiestrada para ello.

Tras permanecer tres horas en su piso, había salido a cenar con una amiga de la embajada canadiense. Había regresado hacia las once y media. Los ladrones debieron de oírla meter la llave en la cerradura, pues todo estaba en silencio cuando ella entró. Encendió la luz del vestíbulo y vio la puerta de la salita abierta y la sala a oscuras. Era extraño, puesto que ella había dejado una luz encendida. Las ventanas de la salita daban al patio central, y la luz tras las cortinas indicaría que había alguien en casa. Pensó que se habría fundido la bombilla.

Al entrar ella en la salita dos individuos salieron de la oscuridad. Uno de ellos blandió un objeto y la golpeó en un lado de la cabeza. Al caer al suelo, Celia oyó o notó a medias que dos hombres le pasaban por encima camino de la puerta principal. Perdió el conocimiento. Al volver en sí —no sabía cuánto tiempo había pasado— se arrastró hasta el teléfono y llamó a un vecino. Luego se desmayó otra vez para despertar en el hospital. No podía decir nada más.

MacDonald fue a ver el piso. El embajador había protestado ante el ministro de Asuntos Exteriores ruso, quien había puesto el grito en el cielo y se había quejado a Interior. Habían ordenado a la oficina del fiscal en Moscú que enviara a su mejor investigador. Les mandarían un informe completo cuanto antes. En Moscú eso quería decir «espéralo sentado».

El mensaje enviado a Londres se equivocaba en un aspecto. Celia Stone no había sido golpeada con la pata de una silla, sino con una estatuilla de porcelana. La pieza se había hecho añicos. De haber sido metálica la chica habría muerto.

Los detectives rusos que aún seguían en el apartamento respondieron gustosos a las preguntas del diplomático británico. Los dos milicianos de la barrera no habían franqueado el paso a ningún coche ruso, de modo que los hombres habrían llegado a pie. Los milicianos no habían visto entrar a nadie. Y en caso contrario tampoco lo hubieran dicho, pensó MacDonald. La puerta no había sido forzada, de modo que los ladrones la habían abierto con una ganzúa a no ser que tuviesen una llave, cosa muy poco probable. Seguramente buscaban divisas fuertes. Era lamentable. MacDonald asintió, y pensó que los intrusos podían ser de la Guardia Negra, aunque lo más probable era que fuese un trabajo pagado de la mafia local. O bien mercenarios del antiguo KGB, los había a docenas. Los ladrones de Moscú raramente importunaban las casas del cuerpo diplomático; demasiadas repercusiones. Un coche en la calle sí era interesante, pero no un piso vigilado. El registro había sido completo y profesional, pero todo estaba intacto, ni siquiera se habían llevado la bisutería del dormitorio. Un trabajo profesional y por un solo artículo, que no habían encontrado. MacDonald se temió lo peor.

De vuelta en la embajada se le ocurrió una idea. Telefoneó a la oficina del fiscal y preguntó si el detective encargado del caso sería tan amable de ir a verle. El investigador Chernov fue a visitar a MacDonald a las tres de la tarde.

—A lo mejor puedo ayudarle —dijo MacDonald.

El detective levantó una ceja y dijo:

—Se lo agradecería mucho.

—Nuestra joven señorita Stone se encontraba mejor esta mañana. Mucho mejor.

—No sabe cuánto me alegro —dijo el inspector.

—Tanto que ha podido darnos una descripción razonable de uno de sus atacantes. Antes de recibir el golpe lo vio a la luz que venía del vestíbulo.

—En su primera declaración dijo no haber visto a ninguno de ellos —repuso Chernov.

—En casos así, a veces se recupera la memoria. ¿La vio usted ayer, inspector?

—Sí, a las cuatro. Estaba despierta.

—Pero aturdida, supongo. Esta mañana tenía la cabeza muy clara. Bien, la esposa de uno de los miembros de la embajada es un poco artista, sabe. Con ayuda de la señorita Stone ha podido hacer un retrato.

Le entregó un retrato al carboncillo. La cara del inspector se iluminó de pronto.

—Esto nos será muy útil —dijo—. Lo haré llegar a la brigada de robos. Un hombre de esta edad seguro que tiene una ficha. —Se levantó para irse. MacDonald se levantó también.

—Me alegro de haberle servido en algo —dijo. Y tras estrecharse la mano, el detective salió.

Durante la hora de la comida tanto Celia Stone como la dibujante habían recibido instrucciones sobre la historia que habían de contar. No entendieron por qué, pero accedieron a confirmarla si el inspector Chernov llegaba a interrogarlas, cosa que no ocurrió.

Tampoco en la brigada de robos reconocieron la cara. Pero por si acaso pegaron el retrato en sus respectivas oficinas.

Moscú, julio de 1985

A raíz de la inesperada cosecha que les había proporcionado Aldrich Ames, el KGB hizo algo realmente extraordinario.

Es norma inquebrantable del Gran Juego que si una agencia obtiene súbitamente un elemento valioso en el corazón mismo del enemigo, ese elemento debe ser protegido. Así, cuando el elemento valioso desenmascara todo un ejército de tránsfugas, la agencia que recibe esa información procede a apresar lenta y meticulosamente a dichos tránsfugas, creando en cada caso un motivo para su captura.

Sólo cuando su elemento valioso está fuera de peligro y en lugar seguro pueden ser detenidos en una redada todos los agentes a los que ha delatado. Obrar de otro modo sería como poner un anuncio a toda página en el *New York Times* que anunciara: «¡Eh! Tenemos un importante topo en vuestras filas, y mirad lo que nos ha proporcionado.»

Como Ames estaba aún metido en la CIA y con muchos años de servicio por delante, el Primer Directorio hubiera querido respetar las reglas y apresar a aquellos catorce tránsfugas lenta y meticulosamente. Pero se vieron totalmente desautorizados, pese a sus casi lloriqueantes protestas, por Mijaíl Gorbachov.

Examinando la información llegada desde Washington, el Grupo Kolokol comprobó que algunas personas eran inmediatamente identificables mientras que otras podían requerir un minucioso rastreo. De los conocidos algunos estaban aún destinados en el extranjero y habría que atraerlos a Moscú con astucia suficiente para que no sospecharan nada. Eso podía llevar meses.

La segunda decisión que tomaron fue no implicar a sus rivales del Segundo Directorio. Habituados a actuar en el extranjero, el KGB no se dio cuenta de que su rendimiento podía ser menor en las calles de Moscú.

Decidieron empezar con el agente británico, el coronel Oleg Gordievsky. De entrada estaba ya bajo sospecha, como resultado de años de paciente investigación. La descripción de Ames acerca de un agente del KGB con rango de coronel que acababa de regresar a Moscú encajaba perfectamente con Gordievsky y confirmaba su culpabilidad. Así, sin decírselo a nadie, el Primer Directorio le puso bajo vigilancia dentro de Moscú, algo normalmente reservado al Segundo Directorio. La cosa resultó un fiasco total.

Gordievsky no era tonto y sabía que disponía de poco tiempo.

Ojalá hubiera aceptado, pensaba, las apremiantes ofertas de sus amigos de Londres para quedarse allí y desertar de hecho como, doce años atrás, había desertado en espíritu.

Los británicos le habían proporcionado un sistema para decir, incluso estando sometido a vigilancia: «Estoy en un aprieto: necesito ayuda enseguida.» Gordievsky lo utilizó y el mensaje fue recibido en Londres. El SIS pergeñó un plan para sacarlo, pero se requería la ayuda de la embajada. El embajador británico, respaldado por el Foreign Office, prefirió no intervenir.

El entonces jefe del SIS usó sus prerrogativas para solicitar y obtener una entrevista privada con su primera ministra. Le explicó el problema.

Extrañamente, la señora Thatcher recordaba a Gordievsky. El año anterior, antes de ser designado presidente, Mijaíl Gorbachov había visitado Londres y la había impresionado en gran medida. Junto a Gorbachov, en calidad de intérprete estaba un diplomático de la embajada soviética, un tal Gordievsky. Thatcher no tenía la menor idea de que estuviera trabajando para ella, pero le sorprendió que su informe sobre lo que Gorbachov tenía en mente fuera tan exacto. Gordievsky les había pasado esa información durante la noche.

Margaret Thatcher se levantó de la silla lanzando chispas por sus azules ojos de niña.

—Pues claro que hemos de sacarlo de allí —decretó—. Es un valiente, y uno de los nuestros.

En menos de una hora el ministro de Exteriores y el embajador habían sido desautorizados. La mañana del 19 de julio, las puertas de la embajada empezaron a vomitar un coche tras otro. Los vigías del KGB estaban abrumados. Uno de sus coches de vigilancia partió tras los británicos, que tomaron direcciones distintas. Al final no quedó un solo vehículo ruso disponible. Luego, salieron de la embajada dos furgonetas Ford Transit idénticas. Nadie las siguió. Una de ellas se aproximó a Gordievsky, que estaba haciendo *jogging* como cada mañana, y una voz le gritó: «Sube, Oleg.» El coronel montó por la puerta lateral.

Detrás de él los dos hombres del Primer Directorio llamaron a gritos a su coche de apoyo, que se acercó a toda prisa, deteniéndose para recogerlos.

El «rapto» había sido deliberadamente hecho cerca de una esquina, facilitando así la desaparición de la furgoneta. Acto seguido el vehículo enfiló un callejón. La otra Transit se apartó de la acera, y cuando los rusos doblaron la esquina vieron una furgoneta blanca y la siguieron... durante muchos kilómetros. Al final la furgoneta fue detenida, pero en ella sólo había comestibles de la embajada. El Ford Transit que llevaba a Gordievsky estaba en el recinto de la embajada.

Allí, un equipo de mecánicos del ejército había estado trabajando en un Land Rover para abrir un pequeño compartimiento bajo el eje de transmisión. Dos días después metieron allí al coronel y el Land Rover partió para Finlandia. En la frontera soviética fue detenido y registrado pese al protocolo diplomático, pero no encontraron nada. Una hora más tarde, en un frondoso bosque finlandés, un anquilosado Gordievsky fue sacado de su confinamiento y conducido a Helsinki.

La noticia se supo a los pocos días. El Ministerio de Asuntos Exteriores soviético protestó ante el embajador británico, el cual adoptó una postura arrogante y dijo no saber de qué le estaban hablando.

A los pocos meses Gordievsky estaba ya en Washington compartiendo sus conocimientos con la CIA. Entre los agentes que le tomaban informes, risueño pero interiormente aterrorizado, se encontraba Aldrich Ames. ¿Qué sabía el ruso, si es que sabía algo, de un traidor norteamericano? Por suerte para él, la respuesta fue nada. Nadie sabía nada.

Jeffrev Marchbanks pensaba que debía haber algún medio de ayudar a su colega en Moscú en su indagación sobre la supuesta autenticidad del Manifiesto Negro.

Uno de los problemas de MacDonald era que no podía conseguir acceso a la persona de Igor Komárov. Marchbanks suponía que una entrevista personal con el líder de la UFP podía dar ciertas pistas sobre si el hombre que se retrataba a sí mismo como conservador y nacionalista de derechas ocultaba bajo su barniz las ambiciones de un nazi feroz.

Pensó que tal vez conocía a alguien que podía obtener esa entrevista. El invierno anterior había ido a cazar faisanes y entre los invitados se encontraba el recién nombrado director de un importante diario conservador británico. El 21 de julio Marchbanks llamó al director, le recordó la cacería de faisanes y concertó un almuerzo para el día siguiente en su club.

Moscú, julio de 1985

La fuga de Gordievsky originó un gran alboroto en Moscú. Eso ocurría el último día del mes en el despacho del mismísimo presidente del KGB, en la tercera planta del cuartel general del comité en la plaza Dzerdjinsky.

Era un lóbrego despacho que en tiempos había sido estudio de algunos de los más sanguinarios monstruos que el planeta haya conocido, entre otros Yagoda, y también Yezhov, que cumplió las órdenes de Stalin de teñir de sangre el suelo ruso, así como Beria, el psicópata pedófilo, luego Serov, Semichastny y el recientemente fallecido Yuri Andrópov, quien ostentó el cargo durante más tiempo que ningún otro: de 1963 a 1978.

En aquella mesa en forma de T se habían firmado órdenes que hicieron gemir a muchos hombres sometidos a tortura, o muertos de hipotermia en los yermos siberianos, o de rodillas en un patio con una bala en la cabeza.

El general Víktor Chebrikov ya no disponía de aquellos poderes. Las cosas estaban cambiando y toda orden de ejecución debía ser aprobada por el presidente de la nación. Pero los traidores aún seguían la misma suerte, y la reunión de aquel día iba a asegurar la muerte de muchos.

Ante la mesa del presidente del KGB se encontraba el jefe del Primer Directorio, Vladimir Kryuchkov, a la defensiva. Eran sus hombres los que habían propiciado el desaguisado. Al ataque estaba el jefe del Segundo Directorio, el menudo, rechoncho y fornido general Vitali Boyárov, y escupía rabia.

—Todo esto ha sido una absoluta... *razebaistvo*— tronó Boyarov. Incluso entre los generales, el uso de lenguaje cuartelario era una verdadera demostración de crudeza castrense y orígenes proletarios. La palabra significa «cagada».

—No volverá a suceder —se defendió Kryuchkov.

—Acordemos entonces —dijo el presidente— una pauta a seguir. En adelante, en el territorio soberano de la URSS los traidores serán arrestados e interrogados por el Segundo Directorio. ¿Entendido?

—Habrá más —murmuró Kryuchkov—. Trece más.

Se produjo un silencio de varios segundos.

—¿Trata de decirnos algo, Vladimir Aleksandrovitch? —preguntó Chebrikov.

Fue entonces cuando Kryuchkov reveló lo sucedido seis semanas atrás en Washington, en el Chadwick's. Boyarov soltó un silbido.

—¿Qué están haciendo al respecto? —preguntó Chebrikov.

—He organizado un destacamento especial para controlar el producto. Están identificando a catorce hombres, bueno, trece en realidad, que trabajan para la CIA. Todos ellos rusos. Algunos costaran más de identificar.

El general Chebrikov tomó su decisión aquel mismo día. El grupo Kolokol analizaría toda la información. Eso era competencia del espionaje en el extranjero. Pero en cuanto se identificara a uno de los traidores su nombre pasaría a la comisión Krysolov (Caza de Ratas) para proceder a su arresto e interrogatorio. El Segundo Directorio se ocuparía del encarcelamiento. Los agentes del Primer Directorio estarían presentes en las sesiones de interrogatorio a fin de saber qué preguntas había que hacer y que respuestas necesitaban.

Por el contrario, la detención y el alojamiento serían decididos por el Segundo, y cualquier renuncia a responder preguntas seria solucionada por éste de la manera acostumbrada.

Antes de una semana el presidente del KGB, espoleado por el éxito de su comité, lo reveló todo a Mijaíl Gorbachov. Su reacción le sorprendió. Lejos de mostrarse satisfecho por la consecución del mayor golpe contra los norteamericanos en la historia del espionaje moderno, el nuevo presidente de la nación, nombrado apenas en marzo anterior, se horrorizó por el alcance y el nivel de la penetración de la CIA en la sociedad soviética y especialmente en los dos servicios de inteligencia, el KGB y la rama militar, la GRU.

Desautorizando los ruegos del KGB en el sentido de la cautela, ordenó que los agentes delatados por Ames fueran detenidos enseguida.

En Yazenevo, el taimado viejo general que encabezaba el grupo Kolokol, el ex jefe del directorio de ilegales Yuri Drozdov, creyó entender que los planes de Ames se habían malogrado. Con semejante guerra relámpago de arrestos de agentes propios, Langley sabría que tenía un topo en sus filas, investigaría y daría con él. Para su total asombro, no fue así.

Mientras tanto, el general Boyárov estaba preparando su comisión Caza de Ratas, el equipo que debía interrogar a los traidores a medida que fueran identificados y arrestados. Para dirigir el equipo necesitaba a alguien muy especial. El expediente estaba sobre su mesa, un coronel de sólo cuarenta años pero con experiencia, un interrogador que nunca fallaba.

Hojeó el expediente.

Nacido en 1945 en Molotov, antes Perm y ahora llamada otra vez Perm desde que el secuaz de Stalin, Molotov, cayera en desgracia en 1957. Hijo de un soldado condecorado que había conseguido sobrevivir para engendrar un hijo varón, el pequeño Tolya había crecido bajo un estricto adoctrinamiento oficial en el norte de la ciudad. Las notas recordaban que su fanático padre odiaba a Jruschov por criticar a Stalin y que el muchacho había continuado las actitudes de su padre. En 1963 había sido llamado a filas y destinado a las tropas del Ministerio del Interior, el MVD. La misión de estas tropas era proteger las prisiones, campos de trabajo y centros de detención y ejercer como fuerzas antidisturbios. El joven soldado se encontró enseguida en su elemento.

En aquellas unidades prevalecía el espíritu de la represión y el control de las masas. Tan bien lo hizo el muchacho que recibió una rara recompensa: ser trasladado al Instituto Militar Leningrado de Idiomas Extranjeros. Se trataba de una tapadera de la academia del KGB. Los graduados de la Kormushka eran famosos por su crueldad, dedicación y lealtad. El joven brilló una vez más, y de nuevo obtuvo su recompensa. Esta vez fue un destino en la sucursal de Moscú Oblast (ciudad y región de Moscú) del Segundo Directorio, donde pasó cuatro años ganándose fama de inteligente funcionario de despacho, investigador concienzudo e interrogador intransigente. De hecho se especializó tanto en esto último que escribió al respecto un ensayo que le valió un traslado a la sede nacional del Segundo Directorio. Desde entonces no se había movido de Moscú, trabajando fuera del cuartel general sobre todo contra los norteamericanos, haciendo la cobertura de su embajada y siguiendo a su personal diplomático. Había estado un año en el Servicio de Investigación antes de regresar al Segundo Directorio. Sus superiores e instructores se tomaron la molestia de anotar en los archivos su vehemente odio hacia angloamericanos, judíos, espías y traidores, así como su inexplicable pero aceptable nivel de sadismo en los interrogatorios.

El general Boyárov cerró la carpeta con una sonrisa. Ya tenía al hombre. Si querían resultados rápidos y sin errores, el coronel Anatoli Grishin era la persona idónea.

5

A mitad de camino de St. James Street, yendo hacia el norte por esa calle de un solo sentido, hay un anónimo edificio de piedra gris con una puerta azul flanqueada por unas macetas verdes. No lleva nombre alguno. Quienes saben qué es y dónde está no tendrán problema en encontrarlo; los otros será que no tienen invitación para entrar y pasarán de largo. El club Brook's no se anuncia. Es, sin embargo, un lugar muy frecuentado por los funcionarios que trabajan en Whitehall, a poca distancia del club. Fue allí donde Jeffrey Marchbanks se reunió el 22 de julio con el director del *Daily Telegraph* para almorzar.

Brian Worthing tenía cuarenta y ocho años y llevaba como periodista más de veinte cuando, dos años atrás, el propietario y cazatalentos canadiense Conrad Black le había sacado del *Times* para darle la dirección que había quedado vacante. Worthing había sido corresponsal de guerra y, como tal, había cubierto la guerra de las Malvinas siendo todavía joven, su primera guerra de verdad, y más tarde la del Golfo.

La mesa que Marchbanks había reservado para ellos era una pequeña situada en una esquina, lo bastante lejos de las otras para que nadie pudiera oírles. A nadie se le habría pasado semejante cosa por la cabeza, de todos modos. En Brook's nadie osaría escuchar a escondidas la conversación de otro, pero las malas costumbres tardan en desaparecer.

—Creo recordar que ya le mencioné que trabajo en el Foreign Office —dijo Marchbanks sobre los langostinos al vapor.

—Sí, me acuerdo —dijo Worthing. Le había costado decidirse a aceptar la invitación del otro. Su jornada le ocupaba normalmente de las diez de la mañana hasta pasada la puesta de sol, y tomarse dos horas libres para almorzar (tres contando el trayecto desde el Canary Wharf hasta el West End y volver) tenía que estar muy bien justificado.

—Bien, en realidad trabajo en un edificio que está un poco más abajo de King Charles Street y en la otra orilla del río —añadió Marchbanks.

—Ah —dijo el director. Estaba perfectamente al corriente de

Vauxhall Cross aunque nunca había visitado el edificio. El almuerzo se presentaba prometedor.

—Lo que me preocupa es Rusia.

—No le envidio —dijo Worthing, acabando con el último langostino acompañado de una rebanada de pan integral. Era un hombre corpulento y de buen apetito—. Yo diría que el país está al borde del colapso.

—Más o menos. Desde la muerte de Cherkassov, la única esperanza de cambio parecen las próximas elecciones presidenciales.

Guardaron silencio mientras una camarera joven les servía las chuletas de cordero con guarnición y una botella de clarete de la casa. Marchbanks escanció el vino.

—Un resultado inevitable —dijo Worthing.

—Es lo que pensamos. Los neocomunistas se han desinflado con los años y los reformistas están todos en el geriátrico. No parece que nada pueda impedir que Igor Komárov alcance la presidencia.

—¿Tan grave es eso? —preguntó el director—. Lo último que leí de él no me pareció ningún desatino. Recuperar la moneda, frenar el caos, ponérselo difícil a la mafia... Cosas así.

Worthing se consideraba un hombre de lenguaje directo, y tenía tendencia a hablar en telegramas.

—Exacto; sonar, suena bien. Pero ese hombre sigue siendo un enigma. ¿Cuáles son sus verdaderas intenciones? ¿Qué medidas concretas piensa adoptar? Dice que no quiere saber nada de créditos del exterior, pero ¿cómo saldrá adelante sin ellos? Y es más, ¿intentará anular las deudas de Rusia pagándolas con miserables rublos?

—No creo que se atreva —dijo Worthing. Sabía que el *Telegraph* tenía un corresponsal fijo en Moscú pero éste no mandaba ninguna crónica sobre Komárov desde hacía tiempo.

—¿Está seguro? —replicó Marchbanks—. Nadie puede afirmarlo. Algunos de sus discursos son muy extremistas pero en conversaciones privadas trata de convencer a sus interlocutores de que no es el ogro que parece. ¿Cuál de los dos es el auténtico Komárov?

—Yo podría pedirle a nuestro corresponsal en Moscú que consiga una entrevista.

—Me temo que no se la concedería —opinó el jefe de espías—. Tengo entendido que todos los corresponsales extranjeros en Moscú lo intentan con regularidad. Komárov sólo concede entrevistas en muy contadas ocasiones y ha dado a entender que detesta la prensa extranjera.

—Mmm, hay tarta de melaza —dijo Worthing—. Yo tomaré tarta.

A los británicos de mediana edad les encanta que les ofrezcan el tipo de comida que les daban en la guardería. La camarera llevó tarta de melaza para los dos.

—¿Cómo llegar a Komárov, entonces? —preguntó Worthing.

—Tiene un joven asesor de propaganda al que parece hacer caso. Boris Kuznetsov. Muy inteligente, educado en una universidad de la Ivy League norteamericana. Él puede ser la clave. Tenemos entendido que lee diariamente la prensa occidental y en especial los artículos de Jefferson.

Mark Jefferson era redactor y articulista habitual de las páginas de opinión del *Telegraph*. Escribía de política, nacional y extranjera, era un fino polemista y un conservador mordaz. Worthing atacó su tarta de melaza.

—Es una idea —dijo al fin.

—Verá —dijo Marchbanks entrando de lleno en su plan—, corresponsales en Moscú hay muchos y no muy importantes. Pero un articulista famoso que fuera a escribir un retrato del próximo líder, el «hombre del mañana», en fin, eso sí podría funcionar.

Worthing reflexionó.

—No estaría de más hacer un perfil de los tres candidatos. Una especie de balance.

—Buena idea —dijo Marchbanks, que no lo creía así—. Pero el que parece fascinar a la gente, por uno u otro motivo, es Komárov. Los otros dos no cuentan. ¿Subimos a tomar café en el salón?

—Sí, no es mala idea —concedió Worthing, y ambos subieron—. Me emociona que le preocupen a usted nuestras cifras de ventas —observó Worthing—, pero ¿qué preguntas quiere que se le hagan?

Marchbanks sonrió ante la franqueza del director.

—De acuerdo, nos gustaría saber unas cuantas cosas para enseñárselas a nuestros superiores, preferiblemente algo que no salga en el reportaje. Ellos también pueden leer el *Telegraph,* y lo hacen. Por ejemplo, ¿cuáles son las verdaderas intenciones de Komárov? ¿Qué pasa con las minorías étnicas? Son diez millones en Rusia, y Komárov es partidario de la supremacía rusa. ¿De qué manera pretende producir ese renacer de la gloria de la nación rusa? En una palabra, ese hombre es un falsario. ¿Qué hay detrás del disfraz? ¿Tiene una agenda secreta?

—Si así fuera —dijo Worthing—, ¿por qué habría de contárselo todo a Jefferson?

—Nunca se sabe. El entusiasmo puede perder a un hombre.

—¿Cómo podemos ponernos en contacto con ese Kuznetsov?

—Su corresponsal en Moscú tiene que conocerlo. Una carta personal de Jefferson sería muy bien recibida.

—Está bien —dijo Worthing. Se levantaron y bajaron por la amplia escalinata hacia el vestíbulo. Añadió—: Ya imagino la página central. Estupendo. Eso, si Komárov tiene algo que decir. Me pondré en contacto con nuestra oficina en Moscú.

—Si la cosa funciona, me gustaría hablar con Jefferson a su vuelta.

—¿Para que le pase un informe? Huy. Es muy quisquilloso, se lo aseguro.

—Sé cómo dar coba a la gente —repuso Marchbanks.

Se despidieron en la acera. El chófer vio a Worthing y se acercó desde su aparcamiento ilegal para llevarlo de vuelta a Canary Wharf en Dockland. El jefe de espías prefirió bajar la tarta y el vino con un paseo.

Washington, septiembre de 1985

Antes de convertirse en espía, allá por 1984, Ames había solicitado ser designado jefe de la sección soviética en el gran puesto que la CIA tenía en Roma. En septiembre de 1985 se enteró de que se lo habían concedido.

Eso le supuso un dilema. Por entonces él ignoraba que el KGB iba a ponerle en grave peligro deteniendo con tanta rapidez a todos los hombres delatados por él.

El puesto en Roma le sacaría de Langley privándole del acceso a los archivos 301 y a la sección soviética del grupo de contraespionaje adjunto a la división SE. Pero Roma tenía fama de ser un buen sitio para vivir y un destino de primera. Ames consultó a los rusos, que se mostraron a favor del cambio. De entrada, tenían ante ellos meses enteros de investigaciones, arrestos e interrogatorios. Tan copiosa era la cosecha que Ames les había facilitado y, por razones de seguridad, tan pequeño el grupo Kolokol que trabajaba con ese material, que el análisis de todo ello podía llevarles años, pues en el ínterin Ames les había proporcionado mucho más. Entre sus entregas menos importantes a Chuvajin había historiales de casi todos los agentes importantes de Langley. No sólo currículums exhaustivos de cada uno de ellos, con sus destinos y logros personales, sino también fotografías. Con aquella información, el KGB podía identificarlos cuando y dondequiera se presentaran.

Por otra parte, los rusos pensaban que en Roma, uno de los puntos clave de la división Europa, Ames tendría acceso a todas las operaciones de la CIA y a sus colaboraciones con los aliados del Mediterráneo, desde España hasta Grecia, un área de interés vital para Moscú. Por último, sabían que era más fácil tener acceso a Ames en Roma que en Washington, donde siempre existía el peligro de que el FBI vigilara sus encuentros. Así pues, el KGB le instó a aceptar el cargo.

Aquel mismo mes de septiembre Ames empezó a estudiar italiano en la escuela de idiomas.

En Langley todavía no se imaginaban la catástrofe que se avecinaba. Dos o tres de sus mejores agentes habían quedado al parecer sin contacto, lo cual era preocupante pero aún no desastroso.

Entre los dossieres que Ames había pasado al KGB estaba el de un promisorio hombre recién trasladado a la división SE, al que Ames calificó de «una estrella en ciernes». Su nombre era Jason Monk.

El viejo Gennadi llevaba años recogiendo setas en aquellos bosques. Jubilado, aprovechaba la munificencia de la naturaleza como un suplemento de su pensión, llevando las setas frescas a los mejores restaurantes de Moscú o bien secándolas para venderlas en las pocas charcuterías que quedaban en la ciudad.

Pero con las setas hay que levantarse de buena mañana, antes del alba si es posible. Crecen de noche, y después del alba las ardillas y los ratones de campo acaban con ellas, cuando no, otros buscadores de setas. Los rusos son amantes de las setas.

En la mañana del 24 de julio Gennadi cogió su bicicleta y su perro y fue desde el pueblecito donde vivía hasta un bosque en el que crecían grandes setas en las noches de verano. Esperaba tener una cesta llena antes de que se secara el rocío. El bosque en cuestión estaba junto a la autopista de Minsk, por donde pasaban rugiendo los camiones hacia la capital de Bielorrusia. Pedaleó hasta la espesura, dejó la bicicleta junto a un árbol, agarró su cesto de junco y se adentró en el bosque.

Había pasado media hora —el sol empezaba a salir y la cesta estaba medio llena— cuando su perro gimoteó y se acercó a unas matas. Gennadi le había enseñado a olfatear las setas, así que debía de haber encontrado algo bueno.

A medida que se aproximaba olfateó un olor dulzón y pestilente. Conocía ese olor. ¿No lo había percibido bastantes años atrás, como soldado adolescente, desde el Vístula hasta Berlín? Alguien había arrojado allí un cadáver, o un moribundo se había arrastrado hasta allí. Era un viejo huesudo, totalmente privado de color, la boca y los ojos abiertos. Los pájaros le habían comido los ojos y tres dientes de acero brillaban con el relente. El cuerpo estaba desnudo hasta la cintura pero cerca había un raído sobretodo. Gennadi olfateó de nuevo. Con ese calor, pensó, debía de hacer varios días.

Se quedó un rato pensando. Era de la generación que aún recordaba los deberes cívicos, pero las setas eran las setas, y no podía hacer nada por el muerto. A un centenar de metros bosque adentro oyó el rumor de los camiones en la carretera de Moscú a Minsk.

Terminó de llenar su cesto y volvió al pueblo en bicicleta. Una vez en casa puso las setas a secar al sol y se personó en el pequeño y destartalado *selsovet*, el ayuntamiento local. No era gran cosa pero había teléfono. Marcó el 02 y le respondió la oficina de control de la policía.

—He encontrado un cadáver —dijo.
—¿Nombre? —preguntó la voz.
—¿Cómo quiere que lo sepa?
—El del muerto no, idiota, el suyo.
—¿Es que quiere que cuelgue? —repuso Gennadi.
Se oyó un suspiro.
—No, no cuelgue. Sólo dígame su nombre y dirección.
Así lo hizo Gennadi. En la oficina de control buscaron rápidamente el lugar en el mapa. Estaba al límite de la ciudad-región de Moscú, aunque en el extremo occidental, todavía dentro de la jurisdicción moscovita.
—Espere en el selsovet. Un agente irá a verle.
Gennadi esperó media hora. Cuando el agente llegó resultó un joven teniente de uniforme. Le acompañaban dos milicianos, y los tres venían en un vehículo Uzhgorod tipo jeep con los habituales colores azul y amarillo.
—¿Es usted el que ha encontrado un cadáver? —preguntó el teniente.
—Sí —dijo Gennadi.
—¿Dónde está?
—En el bosque.
—Muy bien. Llévenos hasta allí.
Gennadi se sentía importante yendo en un jeep de la policía. Se apearon donde indicó Gennadi y se adentraron en fila india entre los árboles. El buscador de setas reconoció el abedul donde había dejado la bicicleta, y su pista a partir de allí. Pronto percibieron el olor.
—Está ahí —dijo Gennadi señalando los arbustos—. No apesta mucho.
Los tres policías se aproximaron al cadáver y lo examinaron visualmente.
—Mira si lleva algo en los bolsillos del pantalón —dijo el oficial a uno de sus hombres. Y al otro—: Registra el sobretodo.
El que llevaba la peor parte se pellizcó la nariz y con la otra mano rebuscó en los bolsillos del pantalón. Nada. Dio vuelta al cadáver. Debajo había gusanos. Miró en el bolsillo posterior y luego se apartó. Meneó la cabeza. El otro registró el sobretodo e hizo otro tanto.
—¿Nada? ¿Ninguna identificación? —preguntó el teniente.
—Nada. Ni monedas, ni pañuelo, ni llaves, ni papeles.
Escucharon el rumor procedente de la carretera.
—¿A cuánto está la carretera? —preguntó el oficial.
—A un centenar de metros —dijo Gennadi.
—Los conductores que atropellan y se dan a la fuga suelen actuar deprisa —señaló el teniente—. No arrastran a sus víctimas un centenar de metros. Además, con tanto árbol habría bastado una decena de metros. —Y ordenó a uno de los policías—: Vaya has-

ta la autopista y mire en el arcén si hay alguna bicicleta o coche accidentados. Puede que hubiera una colisión múltiple y el hombre se arrastrara hasta aquí. Quédese allí y avise a la ambulancia.

El oficial utilizó su teléfono portátil para pedir un detective, un fotógrafo y un médico. Lo que veía no podía tratarse de «causas naturales». Pidió también una ambulancia pero confirmó que el hombre estaba sin vida. Uno de los policías partió hacia la carretera. Los otros esperaron apartándose del hedor.

Los tres primeros llegaron en un sencillo Uzhgorod marrón claro. Aparcaron en el arcén y caminaron hasta el bosque. El detective saludó con la cabeza al teniente.

—¿Qué hay?

—Está ahí abajo. Le he hecho llamar porque no creo que haya muerto por causas naturales. Está medio destrozado y a cien metros de la carretera.

—¿Quién lo encontró?

—Ese buscador de setas.

El detective se aproximó a Gennadi.

—Cuéntemelo todo, desde el principio.

El fotógrafo empezó a trabajar, y luego el médico se puso una mascarilla e hizo un rápido examen del cadáver. Se irguió y se sacó los guantes de goma.

—Diez kopecks contra una botella de Moskovskaya a que es un homicidio. El laboratorio nos dirá más, pero alguien le dio una buena paliza antes de morir. No creo que fuera aquí. Enhorabuena, Volodya, acaba de conseguir su primer *zhmurik* del día. —Era lo que en el argot de la policía y el hampa rusos equivalía a «fiambre».

Dos enfermeros de la ambulancia llegaron con una camilla. El médico asintió y los hombres cerraron la bolsa con el cadáver antes de subirlo a la carretera.

—¿Han terminado conmigo? —preguntó Gennadi.

—Ni lo sueñe —dijo el detective—. Quiero una declaración en la comisaría.

Los policías llevaron a Gennadi a la comisaría del distrito occidental, a cinco kilómetros por la carretera en dirección a Moscú. El cadáver fue más lejos, hasta el centro de la capital y el depósito de cadáveres del Segundo Instituto Médico. Allí fue depositado en el refrigerador. Los forenses tenían mucho trabajo, eran pocos y estaban bastante lejos.

Yemen, octubre de 1985

Jason Monk se infiltró en Yemen del Sur a mediados de octubre. Pequeña y pobre, la república tenía sin embargo un magnífico aeropuerto, antigua base militar de la RAF. Allí podían aterrizar, y de hecho lo hacían, grandes reactores.

El pasaporte español de Monk y los documentos que le acreditaban como miembro de Naciones Unidas suscitaron la minuciosa pero no suspicaz atención de los funcionarios de inmigración, y al cabo de media hora, con su maletín para todo uso, Monk pasó los controles.

Efectivamente, Roma había informado al jefe del programa de la FAO sobre la llegada del señor Martínez Llorca, pero dando una fecha adelantada en una semana a la llegada de Monk. Los funcionarios del aeropuerto yemení no lo sabían. Así pues, ningún coche le estaba esperando. Tomó un taxi y se registró en el nuevo hotel francés, el Frontel, en la lengua de tierra que une la roca de Adén al continente.

Aunque sus papeles estaban en orden y no esperaba toparse con ningún español de verdad, sabía que la misión tenía sus riesgos.

La mayor parte del espionaje es realizada por agentes que se hacen pasar por personal de una embajada. De este modo se benefician del estatus diplomático si algo sale mal.

Algunos son agentes «declarados», es decir, no se andan con rodeos sobre sus actividades, y el contraespionaje local lo sabe y lo acepta así, aunque tiene el tacto de no aludir al verdadero trabajo del espía. Un gran puesto en territorio hostil siempre procura tener unos cuantos agentes «oficiosos» o «no declarados» cuyas tapaderas en comercio, cultura, cancillería o prensa los amparan siempre. La razón es muy sencilla: los agentes oficiosos tienen más posibilidades de no ser seguidos por la calle, teniendo por tanto mayor libertad para utilizar buzones falsos o asistir a reuniones secretas que aquellos que siempre están vigilados.

Pero un espía que trabaja sin cobertura diplomática no puede beneficiarse de los Acuerdos de Viena. Si un diplomático es descubierto puede ser declarado persona no grata y expulsado del país. Su país procede entonces a formular una protesta, expulsando a uno de los diplomáticos del otro país. Cuando el tira y afloja toca a su fin, el juego se reanuda como al principio.

Pero un espía que va «por libre» es un ilegal. Para él, según sea la naturaleza del lugar en que le detengan, ser descubierto puede significar la tortura, una larga temporada en un campo de trabajo o una muerte anónima. Ni siquiera quienes le encargan la misión suelen poder ayudarle. En los países democráticos habrá un juicio justo y una cárcel en condiciones humanas. En las dictaduras no existen derechos humanos. En algunas nunca han oído hablar de ellos. Así era Yemen del Sur, y en 1985 Estados Unidos ni siquiera tenía allí una embajada.

En octubre el calor sigue siendo sofocante y los viernes es día de descanso en el más absoluto de los sentidos. «¿Qué puede hacer —pensó Monk— un agente ruso en buena forma física en su día libre con este calor?» Ir a nadar era una idea razonable.

Por aquello de la seguridad, la primitiva fuente que había cenado aquel día en Nueva York con su ex compañero de clase del FBI no había sido contactada otra vez. Podría haberles dado una descripción mejor del comandante Solomin, componer incluso un retrato robot. El hombre podía haber regresado a Yemen a fin de señalar a su objetivo. Pero por lo visto resultó también un bebedor y un fanfarrón.

Encontrar a los rusos no fue problema. Estaban por todas partes y era evidente que se les permitía mezclarse con la comunidad europeoccidental, algo que habría sido insólito en su país de origen. Tal vez era el calor y la mera imposibilidad de tener encerrado en sus terrenos al grupo consultivo militar soviético.

Dos hoteles, el Rock y el Frontel, disponían de buenas piscinas. Luego estaba la gran extensión de tierra con sus espumosas rompientes, la playa de Abyan, donde los expatriados de todas las nacionalidades acostumbraban ir a nadar después del trabajo o en su día libre. Por último estaba el vasto economato militar ruso de la ciudad, donde se permitía comprar a los no rusos (la URSS necesitaba divisas extranjeras).

Estaba claro que los rusos que había a la vista eran casi todos agentes. Muy pocos rusos hablan algo de árabe, y pocos más inglés. Los que entienden algo de ambos idiomas han asistido a una escuela especial, esto es, son agentes o lo serán. Los soldados rasos y los suboficiales difícilmente podían saber esos idiomas y, por tanto, no podían comunicarse con sus pupilos yemeníes. Así pues, la tropa quedaba probablemente reducida a trabajos de mecánica o de cocina. Los ordenanzas eran yemeníes reclutados en la localidad. El que no fuera agente no podía permitirse pagar los precios de los bares de Adén. Pero los agentes rusos tenían una buena asignación en divisa fuerte.

Otra posibilidad era que el norteamericano de la ONU hubiese encontrado al ruso bebiendo a solas en el bar del Rock. A los rusos les gusta beber acompañados y los que estaban en la piscina del Frontel constituían un grupo impenetrable. ¿Por qué bebía a solas Solomin? ¿Fue sólo un golpe de suerte? ¿O era un solitario que no deseaba otra compañía que la de sí mismo?

Ahí podía haber una pista. El norteamericano había dicho que era alto y musculoso, de pelo negro pero con unos ojos avellanados. Como un oriental, pero sin la nariz chata. Los expertos en idiomas de Langley apuntaban que el apellido procedía del extremo oriental de la URSS. Monk sabía que los rusos son racistas irrecuperables, con un abierto desdén hacia los *chorni* (los negros), a saber cualquiera que no sea ruso de pura cepa. Quizá Solomin estaba harto de que le escarnecieran por sus rasgos asiáticos.

Monk acechó el economato —todos los agentes rusos vivían como solteros—, las piscinas y los bares al anochecer. Fue al tercer día, mientras paseaba por la playa de Abyan en pantalón corto y una toalla sobre los hombros, cuando vio que un hombre salía del mar.

Debía de medir un metro ochenta y tenía brazos Y hombros muy musculosos; no era joven, sino cuarentón pero en muy buena forma física. Su pelo era negro como ala de cuervo, pero no tenía vello salvo debajo de las axilas, como se vio cuando levantó las manos para escurrirse el agua de la cabeza. Los orientales tienen muy poco vello corporal; los caucásicos de pelo negro sí suelen tenerlo.

El hombre echó a andar por la arena hacia su toalla y se tumbó boca arriba con los pies hacia el mar. Se puso unas gafas de sol y pronto pareció sumirse en sus pensamientos.

Monk se despojó de su camisa y caminó hacia la orilla como un bañista cualquiera. La playa estaba bastante llena y no daría que sospechar si buscaba un sitio vacío a un metro del ruso. Cogió su cartera y la envolvió en la camisa; luego la toalla. Se quitó las sandalias y con todo hizo un montón. Luego miró alrededor con recelo. Por último miró al ruso.

—Por favor —le dijo. El ruso levantó la vista—. ¿Se va a quedar unos minutos más? —El hombre asintió.

»¿Puede cuidarse de mis cosas? Es para que los árabes no me roben, ya sabe.

El ruso asintió nuevamente y siguió contemplando el mar. Monk se dirigió al agua y nadó durante unos diez minutos. Cuando volvió chorreando, sonrió al hombre de pelo negro.

—Gracias. —El hombre asintió por tercera vez.

Monk se secó con la toalla y se sentó.

—Bonita playa. Lástima la gente de aquí.

El ruso habló por primera vez, en inglés.

—¿Qué gente?

—Los árabes. Los yemeníes. Llevo aquí poco tiempo, pero ya no los aguanto. Son una pandilla de inútiles.

El ruso le estaba mirando pero Monk no pudo captar ninguna expresión tras los oscuros cristales de sus gafas. Pasados dos minutos reanudó la conversación.

—Quiero decir, estoy tratando de enseñarles cómo funciona un tractor, por ejemplo. Para que aumenten la producción y sean autosuficientes. Pero ni así. Todo lo rompen o lo estropean. Sólo espero acabar cuanto antes y que la ONU me pague. —Monk estaba hablando en buen inglés pero con ligero acento español.

—¿Es usted inglés? —preguntó al fin el ruso.

—No; soy español. Trabajo en el programa de la FAO. ¿Y usted? ¿También está en Naciones Unidas?

El ruso gruñó una negativa.

—Soy de la URSS —dijo.

—Entonces debe de notar más calor que en su país. Yo casi no noto la diferencia, pero aun así tengo ganas de volver a casa.

—Yo igual —dijo el ruso—. Prefiero el frío.

—¿Lleva aquí mucho tiempo?

—Dos años. Y me falta uno.

Monk rió.

—Dios santo, nosotros tenemos un año por delante, pero no pienso quedarme tanto tiempo. Este trabajo no tiene sentido. Bueno, he de irme. Dígame, usted debe saberlo después de dos años aquí, ¿hay algún sitio decente para tomar una copa después de cenar? ¿Algún club nocturno o algo así?

El ruso soltó una carcajada sardónica.

—No. De discotecas, nada. El bar del hotel Rock es bastante tranquilo.

—Gracias. Por cierto, me llamo Esteban Martínez Llorca.

Le tendió la mano. El ruso vaciló un momento y luego se la estrechó.

—Pyotr —dijo—. O Peter. Peter Solomin.

El comandante ruso no volvió al bar del Rock hasta la segunda noche. Esta antigua posada colonial está literalmente construida en y sobre una roca, con peldaños que ascienden desde la calle hasta una pequeña zona de recepción y, en la planta superior, un bar con vista panorámica sobre el muelle. Monk, sentado junto a una ventana, contemplaba la vista. Vio entrar a Solomin por el reflejo, pero esperó a que el otro tuviera la copa en su mano antes de volverse.

—Ah, mayor, nos vemos otra vez. ¿Quiere sentarse?

Señaló la otra silla. El ruso dudó y luego tomó asiento. Levantó su cerveza.

—*Za vashe zdorovye.*

Monk hizo lo mismo y dijo en español:

—Salud, dinero y amor. —Solomin frunció el ceño. Monk sonrió y se lo tradujo al inglés—. En el orden que más le guste.

El ruso sonrió por primera vez. Fue una buena sonrisa.

Hablaron de diversos temas. De la imposibilidad de trabajar con los yemeníes, de la frustración de ver cómo se estropeaba la maquinaria, de hacer cosas en las que ninguno de los dos tenía fe. Y hablaron, como hace la gente cuando está en el extranjero, de sus respectivos países.

Monk le habló de su Andalucía natal, donde uno podía esquiar en las cumbres de Sierra Nevada y nadar en las cálidas aguas de Sotogrande el mismo día. Solomin habló de los frondosos bosques nevados, donde rondan aún los tigres siberianos, donde zorros, lobos y ciervos esperan al cazador hábil.

Cuatro noches consecutivas disfrutaron de la compañía mutua. Al tercer día Monk tenía que presentarse al holandés que dirigía el programa de la FAO para hacer una gira de inspección. El puesto de la CIA en Roma había facilitado un preciso resumen de ese programa en la misma ciudad, y Monk lo había memorizado. Sus propios orígenes campesinos le ayudaron a comprender los problemas, y no escatimó alabanzas. El holandés quedó muy impresionado.

Durante las tardes y bien entrada la noche, estudió los datos sobre el mayor Pyotr Vasilyevich Solomin, y lo que supo le agradó.

El mayor había nacido en 1945 en Primorskiy Krai, esa lengua de tierra soviética situada entre la Manchuria nororiental y el mar, con la frontera norcoreana al sur. Su ciudad natal era Ussuriysk. Su padre se había trasladado a la ciudad en busca de trabajo, pero educó a su hijo en la lengua natal de la etnia udegey. También llevaba al muchacho a los bosques siempre que podía, para que el chico se familiarizara con la naturaleza de su patria: bosques, montañas, agua y animales.

En el siglo XIX, antes de la derrota final de los udegey ante los rusos, el escritor Arsenyev había visitado el enclave y escrito después un libro, todavía famoso en Rusia, sobre aquel pueblo. Lo tituló *Tigres de Extremo Oriente*. A diferencia de los asiáticos, cortos de estatura y de facciones chatas, los udegey eran altos y con cara de halcón. Muchos siglos atrás, algunos de sus ancestros habían ido hacia el norte, cruzado el estrecho de Bering para pasar a la actual Alaska y luego hacia el sur, extendiéndose por Canadá hasta convertirse en los sioux y los cheyenne.

Mirando a aquel soldado ruso que tenía delante, Monk pudo imaginarse los rostros de los desaparecidos cazadores de búfalos de los ríos Platte y Powder.

Para el joven Solomin era la fábrica o el ejército. Tomó el tren que iba al norte y se alistó en Jabarovsk. Todos los jóvenes hacían tres años de servicio militar obligatorio, y transcurridos dos los mejores eran seleccionados para sargentos. Por su pericia en las maniobras, Solomin fue elegido para la escuela de oficiales, y dos años más tarde era nombrado teniente. Hubo de servir siete años más para ascender a mayor, a la edad de treinta y tres años. Por esa época se casó. Tuvo dos hijos. Prosiguió su carrera sin padrinazgos ni influencias, sobreviviendo a las provocaciones racistas de *churka*, un insulto ruso que significa «zoquete» o «más corto que las mangas de un chaleco». En varias ocasiones había empleado los puños para solucionar la discusión.

Su primer destino en el extranjero había sido Yemen, en 1983. Sabía que a la mayoría de sus colegas les gustaba. Pese a las duras condiciones de la tierra, con el calor, las ampollas de andar por terreno rocoso y la falta de diversiones, disponían de alojamientos espaciosos, a los que no estaban habituados, en el antiguo cuartel británico. Había comida en abundancia, con barbacoas de cordero y pescado en la playa. Podían ir a nadar y pedir ropa, vídeos y cintas de música por catálogo a Europa.

Peter Solomin apreciaba todo esto, en especial el súbito contacto con las delicias del consumismo occidental. Pero había algo que le ponía a mal con el régimen al que servía. Monk lo barruntaba, pero temía presionarlo.

El ruso, para llegar a donde había llegado, había tenido que pasar por la Juventud Comunista, el Komsomol, y luego por el partido. Peor aún, si servía en el extranjero con el grado de mayor, seguro que habría sido incorporado a inteligencia militar, la GRU. ¿Qué era lo que iba mal? El problema surgió durante la quinta noche de beber y charlar. La rabia interior acabó por desbordarse.

En 1982, un año antes de ser destinado a Yemen y con Andrópov todavía en la presidencia, Solomin había sido asignado al departamento de administración del Ministerio de Defensa, en Moscú. Allí había llamado la atención de un viceministro de Defensa que le asignó una misión confidencial. Utilizando dinero del presupuesto de Defensa, el ministro se estaba haciendo construir una suntuosa dacha a orillas del río Peredelkino. Contra las normas del partido, las leyes soviéticas y la ética más elemental, el ministro ordenó a un centenar de soldados que le construyeran la lujosa mansión en el bosque. Solomin estaba al mando dé la tropa. Vio las cocinas empotradas, por las que cualquier esposa de militar habría dado un brazo, llegar en camiones desde Finlandia, compradas con moneda extranjera. Vio los equipos de música japoneses instalados en todas las habitaciones, los apliques de baño dorados procedentes de Estocolmo, y el mueble bar con sus whiskys escoceses de reserva. Aquella experiencia le volvió contra el partido y el régimen comunista. No era el primer oficial leal a la URSS que se rebelaba contra la descarada corrupción de la dictadura soviética.

De noche aprendía inglés él solo, sintonizando el BBC World Seryice y la Voice Of America. Ambas emisoras radiaban también en ruso, pero él quería entenderlo en el idioma original. De este modo, y contrariamente a lo que siempre le habían enseñado, supo que Occidente no quería la guerra con Rusia.

Si necesitaba algo para hacerle dar el gran salto, eso fue Yemen.

—En Rusia la gente se apretuja en apartamentos minúsculos, pero los *nachalstvo* viven en mansiones. Se dan una vida de príncipes con nuestro dinero. Mi mujer no puede tener un buen secador de pelo ni unos zapatos que no se rompan a la primera, y sin embargo se gastan miles de millones en demenciales misiones extranjeras para impresionar... ¿a quién? ¿A estos árabes?

—Las cosas están cambiando —le animó Monk.

El siberiano meneó la cabeza. Gorbachov llevaba desde marzo en el poder, pero las reformas que de mala gana y muchas veces impulsivamente introdujo no empezaron a prender hasta finales de 1987. Y además, Solomin no veía su tierra desde hacía dos años.

—No. Esos mierdas de la jefatura... Se lo digo de verdad, Esteban, desde que me trasladé a Moscú he visto un despilfarro que usted no se imagina.

—Pero el nuevo presidente, Gorbachov... puede que él cambie las cosas —dijo Monk—. Yo no soy tan pesimista. Algún día el pueblo ruso se librará de esta dictadura. Habrá elecciones, elecciones de verdad. No falta mucho...

—Demasiado. Todo va muy lento.

Monk inspiró hondo. Un *cold pitch* es una maniobra peligrosa. En una democracia occidental el agente soviético leal que es objeto de un *pitch* puede quejarse a su embajador, lo que puede originar un incidente diplomático. En una tiranía remota puede originar una muerte prolongada y anónima. De pronto, Monk se lanzó a hablar en perfecto ruso.

—Usted podría hacer algo, amigo mío. Entre los dos podríamos hacer algo por el cambio. En los términos que usted quiera.

Solomin le miró fijamente, desconcertado. Monk le sostuvo la mirada. Finalmente el ruso dijo en su idioma:

—¿Quién diablos es usted?

—Creo que ya lo sabe, Pyotr Vasilyevich. Ahora la cuestión es si usted me delatará, sabiendo lo que esta gente me hará antes de matarme.

Solomin siguió mirándole a los ojos. Luego dijo:

—A estos monos yo no les delataría ni a mi peor enemigo... Tiene usted mucha sangre fría. Lo que pide es una locura. Debería decirle que se fuera al infierno.

—Tal vez sí. Y yo lo haría. Y rápido, por la cuenta que me trae. Pero quedarse mano sobre mano, ver, odiar y no hacer nada, ¿no es también una locura?

El ruso se puso en pie. No había tocado la cerveza.

—Necesito pensarlo —dijo.

—Mañana por la noche —dijo Monk, todavía en ruso—. Aquí mismo. Venga solo y hablaremos. Si viene con guardias, soy hombre muerto. Si no viene, me marcho en el próximo avión.

El comandante Solomin salió andando airoso.

Según todos los procedimientos corrientes, Monk habría tenido que salir de Yemen por piernas. No había recibido un rechazo absoluto, pero tampoco había marcado ningún tanto a su favor. Un hombre en pleno barullo mental puede cambiar de opinión, y las celdas de la policía secreta yemení son lugares temibles.

Monk esperó veinticuatro horas. Y el comandante volvió... solo. El proceso duró dos días más. Entre sus cosas de aseo Monk había escondido los elementos básicos para establecer comunicaciones: tintas invisibles, direcciones seguras, frases inocuas con significados ocultos. Poca cosa podía decir Solomin acerca de Yemen, pero en un año aproximadamente volvería a Moscú. Si lo deseaba, podría comunicarse.

Al despedirse, el apretón de manos se prolongó durante varios segundos.

—Buena suerte, amigo —dijo Monk.

—Buena caza, como decimos en mi país —contestó el siberiano.

Para que no los vieran salir juntos del Rock, Monk permaneció sentado a la mesa. Su pupilo necesitaría un nombre en clave. Allá en lo alto, las estrellas rielaban con la sorprendente brillantez que sólo se ve en los trópicos.

Entre ellas Monk divisó el cinturón del gigante cazador. El agente GT Orión acababa de nacer.

El 2 de agosto Boris Kuznetsov recibió una carta personal del periodista inglés Mark Jefferson. Llevaba el membrete del *Daily Telegraph* londinense, y aunque había sido enviada por fax a la sucursal del periódico en Moscú, le había sido entregada en mano en el cuartel general de la UFP.

Jefferson dejaba bien clara su admiración por la postura de Komárov en contra de la corrupción, el caos y la delincuencia, y afirmaba haber estudiado los discursos del dirigente en los últimos meses. Tras la muerte del presidente ruso, proseguía Jefferson, el futuro del país más grande del mundo despertaba una vez más un interés focalizado. Él personalmente deseaba visitar Moscú en la primera quincena de agosto. Por una cuestión de tacto, tendría que entrevistar sin duda a los candidatos de centro y de izquierda. Pero eso sólo sería una cuestión de forma. El verdadero interés de Occidente se centraría en el predecible ganador de esos comicios presidenciales, Igor Komárov. Él, Jefferson, agradecería a Kuznetsov que hiciera lo posible por sugerirle a Komárov que le recibiera. Podía prometer toda una página central en el *Daily Telegraph*, que gozaba de buena distribución en Europa y América del Norte.

Aunque Kuznetsov, cuyo padre había sido diplomático en Naciones Unidas durante años y había aprovechado su posición para que su hijo estudiara en Cornell, conocía mejor Estados Unidos que Europa, sabía perfectamente dónde estaba Londres.

Sabía también que gran parte de la prensa norteamericana era de tendencias liberales y que en general se había mostrado hostil con su patrón las veces en que éste había concedido entrevistas. La última había sido hacía un año y, debido a lo hostil del cuestionario, Komárov había prohibido futuros contactos con la prensa norteamericana.

Pero Londres era otra cosa. Varios periódicos importantes y dos revistas de ámbito nacional eran muy conservadores...

—Yo propongo que haga una excepción con Mark Jefferson, señor presidente —le dijo a Igor Komárov al día siguiente en su reunión semanal.

—¿Quién es ese hombre? —preguntó Komárov, a quien no le gustaban los periodistas, ni siquiera los rusos. Preguntaban cosas que no veía por qué había de responder.

—Le he preparado un dossier, señor presidente —dijo Kuznetsov, entregándole una delgada carpeta—. Como podrá ver, Jefferson apoya la restauración de la pena capital para los convictos de asesinato. También se opone enérgicamente a la participación del Reino Unido en la ruinosa Unión Europea. Es un conservador a ultranza. La última vez que habló de usted fue para decir que era la clase de dirigente ruso al que Londres debería apoyar para futuras negociaciones.

Komárov gruñó y luego accedió. Su respuesta fue llevada a la oficina del *Telegraph* en Moscú por mensajero motorizado aquel mismo día. El señor Jefferson debía presentarse en Moscú para la entrevista el día 9 de agosto.

Yemen, enero de 1986

Ni Solomin ni Monk podían haber previsto que la estancia del mayor ruso en Adén terminaría nueve meses antes de lo estipulado. Pero el 13 de enero estallaba una violenta guerra civil entre dos facciones rivales de la camarilla en el poder. Tan encarnizados eran los combates que se tomó la decisión de evacuar a todos los ciudadanos extranjeros, incluidos los rusos. La evacuación duró cinco días a partir del 15 de enero. Peter Solomin se encontraba entre los que tomaron el barco.

El aeropuerto estaba barrido por el fuego artillero, de modo que el mar era la única salida. Providencialmente el yate real *Britannia* acababa de asomar por el extremo meridional del mar Rojo, rumbo a Australia, para preparar la gira de la reina Isabel. Un mensaje de la embajada británica en Adén alertó al almirantazgo, y éste consultó al secretario personal de la soberana. La reina Isabel ordenó que el *Britannia* hiciera todo lo posible por ayudar.

Dos días después, el mayor Solomin y otros oficiales rusos cruzaron a toda prisa la playa de Abyan, hacia donde se aproximaban las falúas del *Britannia*. Marinos británicos los sacaron del agua que les llegaba a la cintura y una hora después los meditabundos rusos desplegaban ya sus petates de prestado sobre el suelo del salón privado de la reina.

En su primera misión el *Britannia* embarcó a 431 refugiados, y en posteriores excursiones acabó sacando de la playa de Adén a 1.068 personas de cincuenta y cinco nacionalidades. Entre una evacuación y otra el yate recalaba en Yibuti, en el Cuerno de África, y descargaba a los refugiados por tandas. Solomin y los demás oficiales que iban con él fueron enviados a Moscú en vuelo desde Damasco.

Lo que nadie sabía entonces era que si Solomin abrigaba aún alguna duda acerca de lo que iba a hacer, la balanza se decantó rápidamente gracias al contraste entre la franca camaradería de franceses e italianos con los marinos de la Royal Navy británica, y la absoluta paranoia de las sesiones de interrogatorio una vez en Moscú.

Lo único que la CIA sabía era que un hombre que suponían reclutado por uno de los suyos tres meses atrás había desaparecido en las inmensas fauces de la URSS.

Durante el invierno el brazo operacional de la división SE fue literalmente desintegrándose a pedazos. Uno a uno los elementos valiosos rusos que trabajaban para la CIA en puestos extranjeros fueron requeridos en la metrópoli con diversos pretextos plausibles: tu madre está enferma, tu hijo va mal en el colegio y necesita a su padre, ha sido convocada un junta de ascensos. Uno a uno mordieron el anzuelo y regresaron a su país. A su llegada eran detenidos y llevados a la nueva base del coronel Grishin, un ala separada del resto de la lúgubre cárcel de Lefortovo. Langley no supo nada de los arrestos, sólo que los hombres iban desapareciendo uno detrás de otro.

En cuanto a los que estaban estacionados dentro de la URSS, dejaron simplemente de dar las rutinarias señales de vida.

Dentro de la URSS era imposible pensar en llamar a uno para decirle: «Vamos a tomar un café.» Todos los teléfonos estaban pinchados y todos los diplomáticos vigilados. Los extranjeros, sólo por su forma de vestir, destacaban a un kilómetro. Los contactos tenían que ser extremadamente delicados y poco frecuentes. Cuando se hacían, era normalmente a través de buzones falsos o «trampillas». Este simple truco parece una tontería pero aún funciona. Aldrich Ames usó trampillas hasta el final. La trampilla no es más que un pequeño receptáculo o escondrijo: una tubería hueca, una alcantarilla, un agujero en un árbol. El agente puede introducir una carta o un microfilme en la trampilla y luego alertar a sus contactos mediante una marca de tiza en una pared o una farola. La posición de la marca significa: «La trampilla tal o cual tiene algo dentro para ti.» Un coche de la embajada que pase por allí, incluso con los del contraespionaje siguiéndolo, puede ver la marca de tiza por la ventanilla y pasar de largo. Después, un agente oficioso tratará de burlar la vigilancia y recuperar el paquete, posiblemente dejando una cantidad de dinero en su lugar; o nuevas instrucciones. Luego este mismo agente dejará otra marca de tiza en alguna parte. El primer agente verá la marca al pasar en coche y sabrá que su entrega ha sido recibida, pero hay algo para él. A altas horas de la noche, irá a recuperar el envío.

De este modo, los espías pueden estar en contacto con sus superiores durante meses, o incluso años, sin haber tenido un solo encuentro cara a cara.

Si el espía se halla demasiado lejos de la capital para que los diplomáticos puedan desplazarse, o incluso en la ciudad pero no tiene nada que depositar, la norma es dar señales de vida a intervalos regulares. En la capital, donde los diplomáticos pueden moverse a su antojo, esto se puede traslucir en más marcas de tiza que, por su forma y ubicación, significan: «Estoy bien pero no tengo nada para ti.» O: «Estoy preocupado, creó que me vigilan.» Si la distancia impide dejar estos mensajes, y las provincias de la URSS siempre estaban fuera de los límites de los diplomáticos norteamericanos, uno de los recursos preferidos es poner pequeños anuncios en los principales periódicos. «Boris tiene un estupendo labrador en venta. Llama al...» puede aparecer inocentemente entre otros anuncios. Hay agentes encargados de revisar la prensa dentro de la embajada. El texto es lo que importa. Labrador puede significar «Estoy bien», mientras que spaniel podría ser «Tengo problemas». Delicioso puede querer decir «Estaré en Moscú la semana que viene». Encantador podría significar «No podré ir a Moscú al menos hasta el mes que viene».

Lo que cuenta es que estas señales de vida aparezcan tarde o temprano. Cuando no es así, puede haber un problema. Tal vez un ataque cardíaco o un accidente de coche, y el espía está en un hospital. Cuando los mensajes se interrumpen del todo, entonces el problema es verdaderamente grave.

Eso fue lo que pasó a lo largo del otoño y el invierno de 1985. No había mensajes. Gordievsky dio señales de vida («Estoy en un aprieto») y fue sacado de allí por los británicos. El mayor Bojan, en Atenas, se olió gato encerrado y escapó a Estados Unidos. Los otros doce simplemente se evaporaron.

Cada agente de control, en Langley o el extranjero, se enteraba únicamente de la desaparición de su espía asignado y lo comunicaba. Pero Carey Jordan y el jefe de la división SE tenían la visión de conjunto. Ellos sabían que algo no marchaba nada bien.

Irónicamente fue la extraña conducta del KGB lo que salvó a Ames. La CIA pensaba que a nadie se le iba a ocurrir semejante *razzia* de agentes si el delator estaba aún dentro de Langley. Así pues, se convencieron de lo que a fin de cuentas querían creer: la CIA, la élite de la élite, no podía tener un traidor en sus filas. No obstante, había que poner en marcha una investigación y así se hizo, pero fuera de Langley.

El primer sospechoso era Edward Lee Howard, la pieza clave de un descalabro anterior, por entonces a salvo en Moscú. Howard había trabajado para la CIA en la división soviética y se le había preparado para un puesto en la embajada americana en Moscú. Conocía incluso detalles de la operación. Antes de que se trasladara a Moscú se supo que hacía chanchullos financieros y tomaba drogas. Olvidando la regla de oro de Maquiavelo, la CIA lo despidió pero le dejó suelto durante dos años, sin decírselo a nadie.

Todo ese tiempo Howard estuvo recapacitando sobre la idea de pasarse a los rusos. Finalmente la CIA se lo dijo al FBI, quienes pusieron el grito en el cielo y empezaron a vigilar a Howard, pero se equivocaron. El FBI lo perdió, pero él los había visto. Dos días después, en septiembre de 1985, Howard se encontraba en la embajada soviética en Ciudad de México, que lo envió a Moscú vía La Habana.

Se supo que Howard podía haber traicionado a tres de los agentes desaparecidos, quizá incluso a seis. De hecho sólo delató a los tres que conocía, pero éstos habían sido entregados por Ames el mes de junio anterior. Los tres habían sido doblemente delatados.

Otra pista la proporcionaron los propios rusos. Desesperado por proteger a su topo, el KGB estaba organizando una gran campaña de desinformación; lo que fuera necesario para desviar la atención de la CIA. Y les salió bien. Una filtración aparentemente auténtica «reveló» que ciertos códigos de señales habían sido descifrados en Berlín Oriental. Los códigos eran utilizados por un importante transmisor de la CIA en la localidad de Warrenton, Virginia. Durante un año Warrenton y el personal que allí trabajaba fueron vigilados sin que se hallara el menor indicio de códigos descifrados. Caso de haberlos habido, el KGB se habría enterado de algunas cosas más, pero sobre esto no habían tomado otras medidas. Por consiguiente, los códigos estaban intactos.

La tercera semilla plantada diligentemente por el KGB fue un brillante trabajo de investigación. Esto fue recibido con asombrosa complacencia en Langley; un informe llegó a sugerir que «toda operación lleva implícita la semilla de su propia destrucción». En otras palabras, catorce agentes habían decidido de golpe comportarse como idiotas. No todo el mundo mostró la misma complacencia en Langley. Por ejemplo, Carey Jordan y Gus Hathaway. A un nivel inferior, conociendo por rumores internos los problemas que estaban desgarrando a su división, estaba Jason Monk.

Se efectuó una comprobación de los archivos 301. Los hallazgos fueron espeluznantes: en total, 198 personas tenían acceso a la información. Era una cifra aterradora. Si uno está en la URSS con la vida pendiente de un hilo, lo último que necesita es que 198 perfectos desconocidos tengan acceso a su expediente.

6

El profesor Kuzmin estaba en el sótano del Segundo Instituto Médico, limpiando en la sala de reconocimiento del depósito y preparándose con escasa fruición para su tercera autopsia del día.

—¿Cuál toca ahora? —preguntó a su asistente mientras secaba la mesa con una diminuta toallita de papel.

—El uno cinco ocho —dijo el asistente.

—Detalles.

—Varón blanco, avanzada mediana edad. Causa de la muerte desconocida, identidad desconocida.

Kuzmin refunfuñó. «Para qué me tomo la molestia», se dijo. Otro vagabundo, otro pordiosero, otro gandul cuyos fragmentos, cuando él hubiera terminado, ayudarían quizá a los estudiantes de medicina de la academia situada tres plantas más arriba a comprender lo que un extenso maltrato podía hacer a los órganos humanos, y cuyo esqueleto acabaría tal vez en un aula de anatomía.

Moscú, como cualquier gran ciudad, producía su cosecha nocturna, semanal y mensual de cadáveres, pero afortunadamente sólo unos pocos requerían autopsia, de lo contrario el profesor y sus colegas forenses no habrían dado abasto.

En cualquier ciudad son mayoría los que mueren por causas naturales, tanto en casa como en el hospital, de viejos o de cualquiera de las enfermedades terminales conocidas. Los dispensarios y los médicos locales se encargan de firmar los certificados de defunción.

Luego estaban las causas naturales imprevistas, por regla general ataques cardíacos, y de nuevo los hospitales a los que las víctimas eran llevadas podían ocuparse de las básicas, y a menudo muy básicas, formalidades burocráticas.

Después venían los accidentes, ya fueran domésticos, laborales o de circulación. En Moscú se habían ido abriendo paso en los últimos años otras dos categorías: muertos por congelación (en invierno) y suicidios. Éstos se contaban por millares.

Los cadáveres, identificados o no, encontrados en el río se dividían en tres categorías: vestidos y sin alcohol en el organismo, suicidas; vestidos y borrachos, accidentados; en traje de baño, muertos accidentalmente mientras nadaban.

Luego estaban los homicidios, que iban a la sección correspondiente de la policía y acababan en manos del profesor Kuzmin. Incluso los homicidios solían ser rutinarios. La inmensa mayoría, como en todas las ciudades, estaba constituida por los «domésticos». El 80 por ciento sucedía dentro del hogar, o bien el homicida era un miembro de la familia. La policía los atrapaba en cuestión de horas, y la autopsia solía confirmar lo que ya se sabía —Iván había apuñalado a su esposa— y ayudaba al tribunal a emitir un rápido veredicto.

Después había los altercados de bar y los asesinatos de miembros de bandas; en este último caso Kuzmin sabía que el promedio de condenas se reducía a un mísero 3 por ciento. La causa de la muerte, sin embargo, no constituía un problema: una bala en la cabeza siempre es una bala en la cabeza. Si la policía encontraba o no al autor material (seguramente no), no era problema del profesor.

En todos los casos precedentes, miles de millares al año, una cosa era segura: las autoridades sabían quién era el muerto. De vez en cuando les llegaba un «fulano». El cadáver 158 era un fulano. El profesor Kuzmin se puso la mascarilla, flexionó los dedos enfundados en guantes de goma y se acercó con un parpadeo de curiosidad mientras su ayudante retiraba la sábana.

«Oh —pensó—, qué raro. Interesante incluso.» El hedor que habría hecho vomitar instantáneamente a un lego no le afectó en absoluto. Estaba habituado. Escalpelo en mano rodeó la larga mesa contemplando el cadáver. Muy extraño.

La cabeza parecía intacta, salvo las cuencas vacías de los ojos, pero el profesor comprendió que eso había sido obra de los pájaros. El hombre había estado unos seis días en los bosques cercanos a la autopista de Minsk. Bajo la pelvis, las piernas parecían descoloridas, como por causa de la edad y la putrefacción, pero sin lesiones. Entre el tórax y los genitales apenas había un centímetro cuadrado que no estuviera negro de la paliza recibida.

Dejó el escalpelo y puso el cuerpo boca abajo. Lo mismo en la espalda. Volviendo de nuevo el cadáver, cogió el escalpelo y procedió a cortar mientras iba dictando sus comentarios a un magnetófono. La cinta le permitiría después redactar su informe para aquellos tontos de Homicidios. Empezó con la fecha: 2 de agosto de 1999.

Washington, febrero de 1986

A mediados de mes, para alegría de Jason Monk y considerable sorpresa de sus superiores de la división SE, el comandante Pyotr Solomin se puso en contacto. Escribió una carta.

Juiciosamente, no intentó contactar con ningún occidental y

por supuesto tampoco con la embajada norteamericana en Moscú. Escribió a la dirección de Berlín Oriental que Monk le había dado.

El mero hecho de haber dado aquella dirección era de por sí arriesgado, pero no demasiado. Si Solomin hubiera acudido al KGB para denunciar el piso franco, habría tenido que responder a preguntas muy incómodas. Los imterrogadores habrían sabido que no podía haber obtenido aquellas señas a menos que hubiera accedido a trabajar para la CIA. Y si objetaba que sólo había fingido trabajar para ellos, eso habría empeorado aún más las cosas. «¿Por qué no informó usted inmediatamente, tras el primer contacto, al coronel al mando de la GRU en Adén? —le habrían preguntado—. ¿Por qué permitió que escapara el norteamericano?» Eran preguntas que no podía responder.

De modo que o bien Solomin lo callaba todo, o es que estaba «en el equipo». La carta indicaba esto último.

En la URSS toda la correspondencia de entrada o salida con el extranjero era interceptada y leída. Lo mismo las llamadas telefónicas, telegramas, faxes, etcétera. Pero el correo interno, debido a su volumen, no podía ser interceptado a menos que el remitente o el receptor estuvieran bajo sospecha. Esto se aplicaba también a la correspondencia dentro del bloque soviético, lo que incluía Alemania del Este.

La dirección de Berlín Oriental correspondía a un conductor de metro que trabajaba como cartero para la CIA y estaba bien pagado por ello. Las cartas remitidas a su apartamento en un bloque del barrio de Friedrichshain iban siempre dirigidas a Franz Weber, que había sido el anterior inquilino del piso y estaba oportunamente muerto. Si el conductor de metro tenía problemas, podía jurar que habían llegado dos cartas dirigidas a Weber, que él no entendía palabra de ruso, y que como Weber había muerto él las había tirado a la basura. Un hombre inocente.

Las cartas nunca llevaban remite. El texto era banal y aburrido: «Espero que estés bien de salud, aquí las cosas marchan, cómo van tus estudios de ruso, espero que algún día volvamos a vernos, saludos de tu amigo epistolar, Iván.» Incluso la policía secreta de Alemania del Este, la temible Stasi, no habría podido deducir del texto más que Weber había conocido a un ruso en algún tipo de intercambio cultural y que se carteaban de vez en cuando. Ese tipo de cosas aún se fomentaban. Y aunque la Stasi hubiera descifrado el mensaje convenientemente oculto en tinta invisible, ello sólo habría indicado que Weber, ya muerto, había sido un tránsfuga con suerte.

En cuanto a Moscú, una vez la carta era arrojada al buzón, nadie podía seguir la pista del remitente.

Tan pronto recibía carta de Rusia, Heinrich, el conductor, la pasaba al otro lado del Muro. De qué modo lo hacía puede parecer extraño, pero cosas más extrañas sucedían en el Berlín dividido de la guerra fría. De hecho su método era tan simple que nunca lo pillaron. La guerra fría terminó, Alemania fue reunificada y Heinrich tuvo una confortable jubilación.

Antes de que Berlín quedase dividida por el Muro en 1961 para impedir que huyeran los alemanes orientales, la ciudad tenía un complejo trazado de ferrocarril subterráneo. Después del Muro, el metro quedó también dividido. Muchos túneles entre el Este y el Oeste fueron bloqueados, pero existía un tramo donde la sección oriental del metro se convertía en un tren elevado que traqueteaba por un tramo de Berlín Oeste. El paso a través de esta zona de Berlín Occidental para volver al Este se hacía con todas las ventanas y puertas cerradas. Los pasajeros de Berlín Oriental podían contemplar un trozo del otro lado, pero no podían acceder a él. Solo en su cabina, Heinrich bajaba la ventanilla y en un determinado punto, valiéndose de una catapulta improvisada, disparaba un proyectil como una pelota de golf hacia un solar arrasado por una bomba. Sabedor del cometido de Heinrich, un hombre de mediana edad sacaba a pasear el perro por el solar. Cuando el tren se perdía de vista, el hombre recogía la pelota de golf y la entregaba a sus colegas del enorme puesto que la CIA tenía en Berlín Occidental. Finalmente, la pequeña pelota revelaba las prietas cuartillas que llevaba dentro.

Solomin tenía noticias, y todas buenas. Tras su repatriación había habido largas sesiones de información y luego una semana de permiso. Después se había presentado en el Ministerio de Defensa para conocer su nuevo puesto.

En el vestíbulo había sido visto por el viceministro para el que había construido la dacha tres años atrás. El hombre ocupaba ahora el cargo de primer viceministro de Defensa. Aunque vestía el uniforme de coronel general y llevaba medallas suficientes para hundir una cañonera, el hombre era en realidad una criatura del aparato, un escalador. Le complacía tener a un tosco soldado siberiano entre sus subordinados. Había quedado muy satisfecho de su dacha, y su ayuda de cámara acababa de jubilarse por problemas de salud relacionados con el vodka. Así pues, ascendió a Solomin a teniente coronel y le dio el puesto.

En la carta, jugándose el cuello, Solomin daba su dirección en Moscú y pedía instrucciones. Si el KGB hubiera interceptado y descifrado la carta habría sido su fin. Pero como Solomin no podía acercarse a la embajada de Estados Unidos, hubo de decir a Langley la forma de contactar con él. Habrían tenido que proporcionarle medios más sofisticados para comunicarse antes de partir de Yemen, pero la guerra civil lo había impedido.

Diez días después recibía un requerimiento de «último aviso» por infracción de tráfico. El sobre llevaba el logotipo de la Oficina Central de Tráfico y estaba sellado en Moscú. Nadie lo interceptó. El requerimiento y el sobre estaban tan bien falsificados que

Solomin estuvo a punto de telefonear para protestar que nunca se había saltado un semáforo en rojo. Entonces vio la arenilla que caía del sobre.

Besó a su esposa al salir para llevar a los niños al colegio y cuando estuvo a solas pintó el papel con el intensificador que guardaba en un pequeño frasco que había sacado de Adén entre sus artículos del afeitado. El mensaje era muy simple: el domingo siguiente, a media mañana, en una cafetería de Leninsky Prospekt.

Iba por su segundo café cuando un desconocido pasó por allí, arropándose en su abrigo del frío exterior. Por descuido dejó caer sobre su mesa un paquete de Marlboro ruso. Solomin lo tapó con el periódico y el del abrigo salió de la cafetería sin mirar atrás.

El paquete parecía lleno de cigarrillos, pero los veinte filtros formaban un todo pegado con cola y sin nada que fumar debajo: en la cavidad había una diminuta cámara, diez carretes de película, una hoja de papel de arroz con la descripción de tres buzones falsos y las direcciones para encontrarlos, y seis clases de marcas de tiza, con sus respectivas direcciones, para indicar cuándo las trampillas estaban vacías o había que echar alguna cosa. Y una carta personal de Monk que empezaba así: «Bueno, mi amigo cazador, ahora vamos a cambiar el mundo...»

Un mes más tarde Orión hizo su primera entrega y recogió más carretes de película. Su información procedía del corazón mismo del complejo armamentístico soviético, y su valor era incalculable.

El profesor Kuzmin revisó la transcripción de sus notas sobre la autopsia del cadáver 158 e hizo unas cuantas anotaciones de su puño y letra. No pensaba pedirle a su atareada secretaria que lo pasara otra vez a máquina; que los papanatas de Homicidios lo resolvieran por su cuenta.

No le cabía duda de que el expediente iría a parar a Homicidios. Él intentaba ser compasivo con los detectives, y cuando se presentaba alguna duda firmaba la muerte como «accidental» o por «causas naturales». Después los familiares podían recoger el cadáver, pero si nadie lo identificaba, permanecía en el depósito el tiempo que establecía la ley. Finalmente Kuzmin avisaba a Personas Desaparecidas y si ellos no conseguían ningún tipo de identificación, el cuerpo iba a parar a una tumba de mendigos, cortesía del alcalde de Moscú, o a la clase de anatomía.

Pero el 158 era un homicidio que no ofrecía dudas. Aparte del peatón que había sido arrollado por un camión desbocado, el profesor nunca había visto una cosa así. Un solo golpe, aunque producido por un camión, no podía haber sido la causa de aquello. Imaginaba que ser pisoteado por una manada de búfalos podía tener efectos parecidos, pero en Moscú escaseaban los búfalos y, por otra parte, también le habrían aplastado las piernas y la cabeza. El

158 había sido golpeado muchas veces con objetos romos entre el cuello y las caderas, por delante y por detrás.

Cuando hubo terminado sus notas firmó, puso la fecha —3 de agosto— al pie y las dejó en la bandeja de salidas.

—¿Homicidio? —preguntó alegremente su secretaria.

—Homicidio —confirmó el profesor.

La chica lo escribió a máquina en el sobre amarillo, metió dentro el expediente y lo dejó a su lado. Cuando saliera se lo entregaría al portero que vivía en un cuchitril de la planta baja del edificio y él, a su debido tiempo, se lo daría al conductor de la furgoneta que entregaba los expedientes en sus diversos destinos por todo Moscú.

Entretanto, el fulano 158 yacía en la glacial oscuridad de la sala, sin ojos y casi sin vísceras.

Langley, marzo de 1986

Carey Jordan estaba junto a la ventana contemplando su vista favorita. Era a finales de mes y la primera sombra de verde empezaba a teñir el bosque entre el edificio principal de la CIA y el río Potomac. Pronto desaparecería el brillo del agua, siempre visible en invierno por entre los árboles deshojados. Le encantaba Washington; tenía más bosques, árboles, parques y jardines que cualquier otra ciudad del país, y la primavera era su estación preferida.

O lo había sido. La primavera de 1986 estaba siendo una pesadilla. Una vez en América, Sergei Bojan, el agente de la GRU reclutado por la CIA en Atenas, en sus repetidas sesiones de información había dejado claro que de haber vuelto a Moscú habría tenido que enfrentarse a un pelotón de fusilamiento. No podía probarlo, pero la excusa que sus superiores habían dado para hacerle volver —las malas notas de su hijo en la academia militar— era sencillamente un embuste. Por lo tanto, alguien había dado el soplo. Él no había cometido ningún error, de modo que la respuesta no podía ser otra.

Como Bojan había sido uno de los tres primeros en tener problemas, la CIA se había mostrado muy escéptica. Ahora ya no eran tan incrédulos. Otros cinco agentes en distintas partes del globo habían sido misteriosamente llamados a Moscú y se habían evaporado como por arte de magia.

Iban seis. Y con Gordievsky, el espía de los británicos, siete. Otros cinco se habían desvanecido también dentro de la propia URSS; años de duro trabajo, paciencia, astucia y una importante inversión de dólares para nada.

Detrás de Jordan estaba Harry Gaunt, jefe de la división SE, la principal —y hasta el momento única— víctima del virus, sumido en sus pensamientos. Gaunt tenía la misma edad que Jordan y ambos habían ascendido en el escalafón curtiéndose en el extranjero, reclutando a sus propias fuentes, jugando el Gran Juego contra el KGB, y se tenían la máxima confianza.

Ése era el problema: dentro de la división SE todo el mundo confiaba en el vecino. Por fuerza. Eran el meollo, el club más exclusivo, la vanguardia de la guerra clandestina. Sin embargo, cada individuo abrigaba una terrible sospecha. Howard, los códigos descifrados, el buen trabajo detectivesco del Line KR del KGB, podían ser responsables de seis o hasta siete agentes descubiertos. Pero ¿catorce? ¿Todo el equipo? Sin embargo no podía haber un traidor. Era imposible. En la división SE no.

Alguien llamó a la puerta. Los ánimos se alegraron un poco al ver entrar al único hombre que había obtenido un éxito reciente.

—Siéntese, Jason —dijo el subdirector—. Harry y yo sólo queríamos felicitarle. Su Orión ha resultado la gallina de los huevos de oro. Los muchachos de Análisis tendrán que trabajar a destajo. Hemos pensado que el agente que lo reclutó merecía un GS 15.

Un ascenso: de GS 14 a GS 15. Monk les dio las gracias.

—¿Cómo está Lisandro, su hombre en Madrid?

—Bien, señor. Informa con regularidad. Lo que me manda no es genial pero sí útil. Pronto tendrá que volver a Moscú.

—¿No le han llamado prematuramente?

—No, señor. ¿Estaba previsto?

—De ningún modo, Jason.

—¿Puedo decir algo?

—Dispare.

—En la división corre el rumor de que en estos últimos seis meses las cosas han ido bastante mal.

—¿De veras? —dijo Gaunt—. A la gente le gusta chismorrear.

Hasta aquel momento el alcance de la catástrofe sólo lo conocían diez hombres en la cúspide de la jerarquía. Pero aunque Operaciones tenía seis mil empleados y un millar de ellos en la división SE, con sólo un centenar del nivel de Monk, seguía siendo una pequeña comunidad, y en éstas todo se sabe. Monk tomó aire y se lanzó.

—Se dice que hemos perdido agentes. He oído incluso que la cifra se eleva a diez.

—Ya conoce usted las reglas, Jason.

—Por supuesto, señor.

—Está bien, es cierto que ha habido problemas. Ocurre en todas las agencias. Hay rachas de buena suerte y rachas de mala.

—Sea cual sea la magnitud del problema, sólo existe un sitio donde toda esta información está centralizada. Los archivos 301.

—Creo que sabemos perfectamente cómo funciona la Agencia —gruñó Gaunt.

—Entonces ¿cómo es que Lisandro y Orión aún están libres? —preguntó Monk.

—Mire, Jason —dijo pacientemente el subdirector—, ya le dije una vez que era usted poco convencional, rebelde. Pero que tenía suerte. De acuerdo. Hemos sufrido algunas pérdidas, pero no olvide que sus dos hombres también estaban en los archivos 301.

—Se equivoca.

Se produjo un silencio de estupor. Harry Gaunt dejó de juguetear con su pipa, que nunca fumaba en los despachos pero utilizaba a modo de atrezzo.

—Yo no llegué a archivar sus datos en el Registro Central. Fue un descuido. Lo siento.

—¿Y dónde están los informes originales, los que usted hizo con los detalles sobre reclutamiento, lugares y horas de reunión? —preguntó al fin Gaunt.

—En mi caja fuerte. Nunca han salido de allí.

—¿Y todos los procedimientos de las operaciones en marcha?

—Los tengo en mi cabeza.

Hubo otra pausa, esta vez más larga.

—Gracias, Jason —dijo finalmente el subdirector—. Estaremos en contacto.

Quince días después la cúspide del directorio de Operaciones iniciaba una campaña de estrategia. Carey Jordan, con otros dos analistas, había reducido a 41 las 198 personas que teóricamente habían tenido acceso a los archivos 301 durante los doce meses anteriores. Aldrich Ames, que por entonces seguía con su curso de italiano, estaba en la lista reducida.

Jordan, junto con Gaunt, Gus Hathaway y otros dos, aducía que para asegurarse había que someter a los 41, por doloroso que eso pudiera ser, a una investigación seria, lo cual implicaría un test de polígrafo y un chequeo de las finanzas de cada uno.

El polígrafo o detector de mentiras era un invento norteamericano muy apreciado. Sólo la investigación a finales de los ochenta e inicios de los noventa reveló hasta qué punto era defectuoso. De entrada, un embustero experimentado puede vencer al polígrafo, y el espionaje se basa en el engaño, aunque supuestamente sólo contra el enemigo.

Por otra parte, los interrogadores deben recibir una preparación minuciosa para saber qué preguntas son adecuadas. Y no pueden recibir estas instrucciones a menos que el tema haya sido investigado. Para descubrir al mentiroso necesitan que la parte culpable piense «Oh Dios, lo saben, lo saben» y hacer que el pulso se le acelere. Si el mentiroso puede deducir que ellos no saben nada, se tranquilizará y no se alterará con ninguna pregunta. Ésta es la diferencia entre un test amistoso y uno hostil. Aquél se reduce a un despilfarro de papel si el sujeto es un hipócrita redomado y con preparación.

Un chequeo de las finanzas privadas era clave para lo que el subdirector pretendía averiguar. Lo habrían dado todo por saber que Aldrich Ames, desesperado y sin un céntimo doce meses atrás después de un complicado divorcio y un nuevo matrimonio, estaba ahora nadando en dinero... todo él ingresado desde abril de 1985.

En cabeza del grupo que se oponía al subdirector estaba Ken Mulgrew. Éste evocaba los graves perjuicios ocasionados por James Angleton con sus constantes investigaciones a agentes leales, señalando que indagar en las finanzas privadas era invadir la intimidad y violar los derechos civiles.

Gaunt replicaba que en tiempos de Angleton nunca había habido una súbita pérdida de doce agentes en sólo seis meses. Angleton era un paranoico y la Agencia tenía ahora pruebas fehacientes de que algo grave había pasado.

Perdieron los *halcones*. Los derechos civiles triunfaron y el chequeo a los 41 fue vetado.

El inspector Pavel Volsky suspiró al ver aterrizar otro expediente sobre su mesa.

Hacía sólo un año era un sargento totalmente feliz en la brigada contra el crimen organizado. Allí al menos habían tenido ocasión de irrumpir en las cuentas del hampa y confiscar sus corruptas ganancias. Un sargento listo podía vivir bien con tal que los bienes confiscados sufrieran una ligera merma antes de ser entregados al Estado.

Pero no, su esposa quería ser la señora de un inspector detective, y cuando se presentó la ocasión el sargento aceptó el curso, el ascenso y el traslado a Homicidios.

No podía prever que le darían el caso del 158. Cuando miraba la marea de expedientes que le esperaban a diario, a menudo deseaba no haberse movido de la calle Shabolovka.

Los muertos anónimos solían tener al menos un móvil. El robo, por supuesto. Al quedarse sin cartera, la víctima había perdido el dinero, las tarjetas de crédito, las fotos familiares y el importantísimo *pazport*, el documento de identidad ruso de ámbito interno, con foto incluida, donde constaban todos los detalles necesarios. Ah, y la vida también, o no habría acabado en la mesa de autopsias.

En el caso de un ciudadano importante con una cartera digna de ser robada, normalmente había una familia detrás. Alguien lo comunicaba a Personas Desaparecidas, los cuales le pasaban semanalmente una serie de fotos familiares y algo se conseguía averiguar. De este modo se podía avisar a la afligida familia para que fueran a recoger al desaparecido.

Cuando el robo no era el móvil del crimen, el cadáver solía tener al menos su *pazport* en algún bolsillo, de forma que su expediente nunca llegaba a Volsky.

Tampoco le llegaban los indigentes que se deshacían de su carnet de identidad porque indicaba su procedencia y no querían que la milicia los llevara a rastras a su lugar de origen, pero que aun así morían de frío o de alcohol en las calles. Volsky sólo se ocupaba de determinados homicidios: los de persona desconocida a mano de persona desconocida. Era, a su modo de ver, una ocupación exclusiva pero muy venial.

El expediente del 4 de agosto era distinto. No podía contarse con el robo como móvil. Un vistazo al informe de la división Oeste le dijo que el cadáver había sido descubierto por un buscador de setas en el bosque próximo a la autopista de Minsk, dentro de los límites de la ciudad. A un centenar de metros de la calzada; descontado un atropello con fuga.

La lista de efectos personales era lóbrega. La víctima llevaba zapatos de plástico baratos y agrietados; calcetines baratos, de supermercado, incrustados de mugre; calzoncillos gastados; pantalón raído, negro y grasiento; cinturón de plástico, gastado. Y eso era todo. Ni camisa ni corbata ni chaqueta. Sólo un sobretodo hallado en las cercanías y descrito como procedente del ejército, de los años cincuenta, muy raído.

Había un breve párrafo al pie. Contenido de los bolsillos: cero, repetido cero. Ni reloj, ni anillo ni ninguna otra pertenencia personal.

Volsky examinó la foto tomada en el lugar del hallazgo. Alguien había tenido la bondad de cerrarle los ojos. Una cara enjuta, sin afeitar, de unos sesenta y cinco años, con aspecto de tener diez más. Demacrado, ésa era la palabra, y así debió de estar antes de morir.

«Pobre diablo —pensó Volsky—. Seguro que nadie te ha liquidado por tu cuenta bancaria en Suiza.» Volvió a mirar el informe de la autopsia. A media lectura apagó la colilla y soltó un taco.

—Por qué coño los científicos no hablan en ruso normal —le espetó a la pared y no por primera vez. Todo eran «laceraciones y equimosis»; si eso significaba cortes y cardenales, por qué no lo decís así, pensó.

Una vez asimilada la jerga, varios aspectos le dejaron perplejo. Miró el sello oficial del depósito de cadáveres y marcó el número de teléfono. Tuvo suerte. El profesor Kuzmin estaba en su despacho.

—¿Es el profesor Kuzmin? —preguntó.

—Sí. ¿Quién habla?

—Inspector Volsky, de Homicidios. Tengo su informe delante de mí.

—Que le aproveche.

—¿Puedo serle franco, profesor?

—En los tiempos que corren será un privilegio.

—Verá, algunos términos son un poco complicados. Menciona usted fuertes equimosis en los dos antebrazos. ¿Sabría decir cuál fue la causa?

—Como forense no, son simples contusiones graves. Pero entre nosotros, esas señales se las hicieron dedos humanos.

—¿Alguien le estaba sujetando?

—Más bien levantando en vilo, querido inspector. Dos hombres fuertes lo sostenían en alto mientras era golpeado.

—Entonces ¿todo eso es obra de seres humanos? ¿Sin intervención de máquina alguna?

—Si la cabeza y las piernas estuvieran como el resto del cuerpo, yo hubiera dicho que lo habían arrojado desde un helicóptero. Y no precisamente a baja altura. Pero no, cualquier impacto con el suelo o con un camión, por ejemplo, habría dañado también la cabeza y las piernas. Yo creo que fue repetidamente golpeado entre el cuello y las caderas, por delante y por detrás, con objetos duros y romos.

—Causa de la muerte... ¿asfixia?

—Eso dije, inspector.

—Perdone, le dan una paliza de órdago pero muere de asfixia.

Kuzmin suspiró.

—Todas las costillas, salvo una, estaban rotas. Algunas en varios puntos. Dos de ellas se le clavaron en los pulmones. La sangre pulmonar penetró en la tráquea, causándole la asfixia.

—¿Está diciendo que se ahogó en su propia sangre?

—Exacto.

—Lo siento, soy nuevo aquí.

—Y yo tengo hambre —dijo el profesor—. Es la hora de comer. Que tenga un buen día, inspector.

Volsky repasó el informe. O sea que al viejo le habían dado una tunda. Todo hablaba del hampa. Pero los gángsters solían ser más jóvenes. El pobre quizá había ultrajado a algún miembro de la mafia. Si no hubiera muerto de asfixia, la habría palmado por los traumatismos.

¿Qué querían los asesinos? ¿Información? Pero ¿acaso no les habría dado cualquier cosa para evitar una paliza? ¿Un castigo ejemplar? ¿Sadismo? Un poco de todo, quizá. Pero ¿qué diablos podía poseer un viejo con pinta de vagabundo que el jefe de una banda pudiera querer con tanto ahínco, o qué podía haberle hecho a ese jefe mafioso para merecer semejante castigo?

Volsky reparó en otra cosa bajo el epíteto «marcas de identificación». El profesor había escrito: «Nada en el cuerpo, pero en la boca dos incisivos y un canino, los tres de acero inoxidable, producto al parecer de un chapucero dentista militar.» O sea que el viejo tenía tres dientes de acero inoxidable. Esta última observación del patólogo forense le recordó algo a Volsky. Era ciertamente la hora del almuerzo y Volsky había quedado para comer con un compañero de Homicidios. Se puso en pie y cerró su austero despacho al salir.

Langley, julio de 1986

La carta del coronel Solomin originó ciertos problemas. Había efectuado tres entregas por buzón falso en Moscú pero ahora quería reencontrarse con su controlador Jason Monk. Y como no tenía posibilidad de abandonar la URSS, la entrevista tendría que ser en territorio soviético.

La primera reacción de cualquier agencia al recibir una sugerencia semejante sería sospechar que su hombre ha sido cazado y que escribe bajo coacción. Pero Monk estaba convencido de que Solomin no era un tonto ni un cobarde. Había una palabra que, de haber escrito bajo coacción, habría tenido que evitar a toda costa, y otra que habría debido tratar de insertar en el mensaje. Incluso por coacción el coronel habría tenido la posibilidad de observar uno de los dos requisitos. Su carta contenía la palabra que tenía que tener y no la que no tenía que tener. Resumiendo, parecía una carta genuina.

Harry Gaunt ya había coincidido con Monk en que Moscú, infestado de agentes y observadores del KGB, era demasiado arriesgado. Ante un destino diplomático a corto plazo el Ministerio de Asuntos Exteriores soviético querría conocer todos los detalles, que luego pasarían al Segundo Directorio. Incluso con disfraz, Monk sería objeto de vigilancia durante toda su estadía, y reunirse con el edecán del viceministro de Defensa en lugar seguro sería casi imposible. En cualquier caso, Solomin no proponía eso.

Decía que iba a disfrutar de un permiso a finales de septiembre y que le habían dado un premio, un apartamento en la localidad turística de Gurzuf, a orillas del mar Negro. Monk verificó los datos: un pueblecito en la costa de la península de Crimea, conocido punto de veraneo para militares y sede de un importante hospital del Ministerio de Defensa donde los funcionarios convalecían al sol.

Dos antiguos funcionarios soviéticos residentes en Estados Unidos fueron consultados al respecto. Ambos dijeron que no habían estado allí pero que conocían Gurzuf; un bonito pueblo de pescadores donde Chejov había vivido y muerto en su villa junto al mar, a cincuenta minutos en autobús o veinticinco en taxi de Yalta siguiendo la carretera de la costa.

Monk investigó Yalta. La URSS seguía siendo en muchos aspectos un país cerrado a cal y canto, y llegar a la zona por avión según una ruta previa estaba fuera de lugar. El itinerario de vuelo sería primero Moscú, cambio de avión a Kiev, otro cambio más hasta Odesa, y por último Yalta. No había ninguna razón para que un turista extranjero hiciese esa ruta, y tampoco para que quisiera ir a Yalta. Sí, puede que fuera un punto de veraneo para rusos, pero un extranjero allí habría parecido una fresa solitaria en un pastel de nata. Monk examinó las rutas por mar e hizo un descanso.

Siempre ávido de divisas extranjeras fuertes, el gobierno de Moscú permitía que la Naviera del Mar Negro organizara cruceros por el Mediterráneo. Aunque las tripulaciones eran ciento por ciento soviéticas, y por supuesto con unos cuantos agentes del KGB incluidos, los pasajeros eran en su mayoría occidentales.

Como los cruceros resultaban muy baratos para los occidentales, los grupos de pasajeros solían ser estudiantes o gente de la tercera edad. Eran tres los barcos que hacían esos cruceros en el verano de 1986: el *Litva*, el *Latvia* y el *Armenia*. El que navegaba en septiembre era el *Armenia*.

Según el agente en Londres de la Naviera del Mar Negro, el barco debía zarpar de Odesa con rumbo al puerto de El Pireo prácticamente vacío. Desde Grecia pondría rumbo a Barcelona, para luego volver vía Marsella, Nápoles, Malta y Estambul antes de dirigirse al puerto de Varna en la costa búlgara del mar Negro, luego Yalta y finalmente Odesa. El grueso de los pasajeros occidentales embarcaba en Barcelona, Marsella y Nápoles.

A finales de julio, con la cooperación del servicio de seguridad británico, se llevó a cabo un hábil asalto a las oficinas de la empresa naviera en Londres. No se dejó el menor indicio de entrada o salida, pero las reservas para el *Armenia* hechas en Londres fueron fotografiadas.

Un estudio de las mismas reveló la existencia de un grupo de seis miembros de la Asociación para la Amistad Soviético-Norteamericana. Los nombres fueron verificados en Estados Unidos. Al parecer eran todos hombres de mediana edad dedicados genuina y candorosamente a la mejora de esas relaciones. Todos ellos vivían en o cerca del nordeste de Estados Unidos.

A primeros de agosto el profesor Norman Kelson de San Antonio, Texas, ingresó en la asociación y solicitó sus folletos y catálogos. Por ellos se enteró de la próxima expedición a bordo del *Armenia*, y pidió sumarse al grupo como el séptimo miembro. La organización soviética Intourist no puso objeción alguna y la reserva extra fue cumplimentada.

El verdadero Norman Kelson era un antiguo archivero de la CIA que vivía retirado en San Antonio y guardaba cierto parecido con Jason Monk aunque quince años mayor, diferencia que sería soslayada con un poco de tinte para el cabello y unas gafas ahumadas.

A mediados de agosto Monk contestó a Solomin que su amigo le esperaría en la entrada del Jardín Botánico de Yalta, uno de los lugares más famosos de la ciudad y situado fuera del núcleo urbano, camino de Gurzuf. El amigo estaría allí el 27 y el 28 de septiembre a mediodía.

El inspector Volsky llegaba tarde a su cita, de modo que corrió por los pasillos del gran edificio gris de la calle Petrovka, cuartel general de la milicia de Moscú. Como su amigo no estaba en su despacho Volsky miró en la sala de reuniones y le encontró hablando con unos colegas de trabajo.

—Siento llegar tarde —dijo.

—No te apures. Vamos.

Era imposible que dos hombres pudieran comer fuera pagando con su sueldo, pero la milicia tenía una cantina muy barata con un sistema de cupones, y la comida era pasable. Al salir por la puerta vieron un tablón de anuncios. Volsky echó un rápido vistazo y se quedó de piedra.

—Vamos o nos quedaremos sin mesa —dijo su amigo.

—Dime una cosa —dijo Volsky cuando ya se habían sentado ante sus respectivos platos de estofado y medio litro de cerveza para cada uno—. En la Sala de Reunión...

—Sí, ¿qué?

—Ese tablón de anuncios. Había un retrato. Parece una copia de un dibujo al carbón. Un viejo con unos dientes muy raros. ¿De qué se trata?

—Ah, eso —dijo el inspector Novikov—. Es el hombre misterioso. Parece que una chica de la embajada británica sufrió un asalto en su casa. Dos tipos. No robaron nada pero arrasaron el piso. Ella los descubrió *in fraganti* y ellos la golpearon. Pero la chica pudo ver a uno de los agresores.

—¿Cuándo ocurrió?

—Hace un par de semanas, quizá más. En fin, la embajada se quejó al Ministerio de Asuntos Exteriores, que a su vez se quejó a Interior. Encargaron a la brigada de Robos que encontraran al sujeto. Alguien hizo un dibujo. ¿Conoces a Chernov? ¿No? Pues es el mandamás en Robos; total que va con un cohete en el culo porque su carrera pende de un hilo, y no ha encontrado nada. Hasta vino a vernos y nos dejó uno de sus retratos.

—¿Alguna pista? —preguntó Volsky.

—Nada. Chernov no sabe quién es ni dónde está. Este estofado tiene más grasa y menos carne cada vez que vengo a comer.

—Yo no sé quién es, pero sí *dónde* está —dijo Volsky.

Novikov se quedó con la jarra de cerveza suspendida a unos centímetros de sus labios.

—Coño, ¿dónde?

—En una mesa del depósito de cadáveres en el Segundo Instituto Médico, su expediente ha llegado esta mañana. Es un fulano.

Lo encontraron hace una semana en los bosques del oeste. Muerto a golpes. No llevaba identificación.

—Será mejor que te pongas en contacto con Chernov. Te cubrirá de besos.

El inspector Novikov pareció muy ensimismado mientras daba cuenta del resto de su comida.

Roma, agosto de 1986

Aldrich Ames había llegado con su esposa a la Ciudad Eterna para tomar posesión de su nuevo puesto el día 22 de julio. Incluso con ocho meses de estudios a su espalda, su italiano era pasable pero no bueno. No tenía el oído de Monk para los idiomas.

Gracias a su riqueza de nuevo cuño podía vivir mejor que nunca, pero en el puesto de Roma nadie se fijó en la diferencia porque nadie había visto cómo vivía Ames antes de abril del año anterior.

El jefe de puesto, Alan Wolfe, un veterano de la CIA que había servido en Pakistán, Jordania, Irak, Afganistán y Londres, pronto descubrió, como otros antes que él, que Ames era un cero a la izquierda. Si hubiera visto los informes elaborados por los jefes de puesto en Turquía y México antes de que los arreglara Ken Mulgrew, habría sido capaz de ir hasta el subdirector para oponerse al nombramiento del nuevo jefe de la sección soviética.

En poco tiempo quedó claro que Ames era un alcohólico y que no rendía como era debido. Eso no preocupaba a los rusos, quienes rápidamente nombraron a un intermediario, un funcionario de bajo nivel llamado Jrenkov, con el que Ames podía entrevistarse sin levantar sospechas. Ames les decía a sus colegas que estaba intentando tantear a Jrenkov para reclutarlo. Esto justificaba las larguísimas y muy líquidas comidas tras las cuales Ames apenas era capaz de volver a su despacho.

Como en Langley, Ames empezó a recoger de su mesa material reservado que iba a parar a unas bolsas de plástico con las que salía tranquilamente de la embajada para entregarlas a Jrenkov.

En agosto su verdadero controlador se desplazó de Moscú para entrevistarlo personalmente. El nuevo hombre del KGB, a diferencia de Andrósov en Washington, no residía allí sino que volaba desde Moscú cuando era necesario. En Roma había menos problemas aún que en Estados Unidos.

Ames salía del despacho para ir a comer, cosa que hacía abiertamente con Jrenkov en una cafetería. No tan abiertamente, después subían a un sedán que Jrenkov conducía hasta Villa Abamelek, residencia del propio embajador soviético. Su controlador, Vlad, le estaría esperando allí para hablar largo y tendido sin problemas. Vlad era en realidad el coronel Vladimir Mechuláiev, del directorio K integrado en el Primer Directorio del KGB.

En su primera entrevista Ames pensaba protestar por la inadecuada celeridad con que el KGB había apresado a los hombres delatados por él, poniéndole así en grave peligro. Pero Vlad se le adelantó, tras disculparse por la chapuza, explicándole que Mijaíl Gorbachov los había desautorizado a todos personalmente. Luego pasó al asunto que le había llevado a Roma.

—Tenemos un problema, mi querido Rick —dijo—. El volumen de material que nos ha proporcionado es realmente ingente y de inestimable valor. Entre lo más importante están los perfiles y fotografías que nos suministró de los principales controladores de los espías que operan dentro de la URSS.

Ames no acababa de entender, y su estado de ebriedad no le ayudaba mucho.

—Ya. ¿Algo va mal? —preguntó.

—No. Es sólo una duda —contestó Mechuláiev, sacando una fotografía que dejó sobre la mesita baja—. Éste. Un tal Jason Monk. ¿Correcto?

—Sí, es él.

—En sus informes dice usted que la división SE lo considera «una estrella en ciernes». Suponemos que eso significa que controla a uno o tal vez dos elementos dentro de la Unión Soviética.

—Ésa es la opinión del departamento, o lo era la última vez que investigué. Pero seguro que los tiene.

—Ah, mi querido Rick, ése es justamente el problema. Todos los traidores que usted fue tan amable de descubrirnos han sido ya identificados, arrestados y... sometidos a careo. Y todos han sido, cómo lo diría... —El ruso recordó las caras de terror que había visto al entrar en la sala de interrogatorios después de que Grishin hubiera enseñado a los prisioneros cuál era su sistema para instarles a cooperar—. Bien, han sido todos muy sinceros, muy cándidos, muy cooperadores... Nos han dicho quiénes eran sus controladores, e incluso si tenían varios. Pero de Jason Monk, nada. Ni uno. Claro está que pueden utilizarse nombres falsos, suele pasar. Pero es que nadie ha reconocido el retrato, Rick. ¿Entiende ahora mi problema? ¿A quiénes dirige Monk, y dónde pueden estar?

—No lo sé. No me lo explico. Debería haber constado en los archivos 301.

—Mi querido Rick, tampoco nosotros nos lo explicamos, porque el caso es que no estaban.

Antes de terminar la reunión Ames había recibido en mano una cuantiosa suma de dinero y una lista de tareas.

Estuvo tres años en Roma pasando a la URSS todo lo que pudo, una larga serie de documentos secretos y ultrasecretos. Entre los traicionados había cuatro agentes más, pero no rusos sino nativos de países de Europa del Este. Sin embargo la tarea primordial era clara y simple: a su regreso a Washington, o incluso antes, debía averiguar a quién controlaba Monk en la URSS.

Mientras los inspectores Novikov y Volsky disfrutaban de su almuerzo informativo en la cantina del cuartel general de la milicia la Duma había celebrado sesión plenaria.

Había costado convocar al parlamento ruso tras el descanso estival, pues el territorio es tan extenso que muchos de los delegados tenían que viajar miles de kilómetros para asistir al debate constitucional. No obstante, se esperaba que éste fuera de vital importancia porque el asunto a debatir era un cambio de constitución.

Tras la prematura muerte del presidente Cherkassov, el artículo 59 de la constitución establecía que el primer ministro ocuparía la presidencia interinamente. El período de interregno era de tres meses.

El primer ministro Iván Markov se había hecho cargo efectivamente de la presidencia en funciones, pero consultados los expertos se le había advertido que, puesto que Rusia debía celebrar elecciones presidenciales en junio del 2000, organizar unos comicios para octubre de 1999 podía ocasionar serios trastornos, cuando no el caos.

La moción presentada ante la Duma era favorable a una sola enmienda que prolongara la presidencia interina durante tres meses y adelantara las elecciones del 2000 de junio a enero.

La palabra Duma viene del verbo *dumat*, que significa pensar o contemplar; de ahí «lugar para pensar». Para muchos observadores la Duma era más un sitio de griterío que de serena reflexión. Aquel caluroso día de verano les dio ciertamente la razón.

El debate duró toda la jornada, alcanzando niveles de fervor tales que el presidente de la Duma intervino varias veces para llamar al orden a gritos, y en una ocasión tuvo incluso que amenazar con suspender la sesión hasta nuevo aviso.

El presidente acabó expulsando a dos delegados especialmente injuriantes. Las cámaras de televisión registraron el altercado, los forcejeos y la posterior salida del edificio. Una vez fuera, los dos delegados, que estaban en franco desacuerdo uno con el otro, celebraron improvisadas conferencias de prensa que degeneraron en riña callejera hasta que intervino la policía.

En el hemiciclo, mientras el aire acondicionado se estropeaba y los sudorosos delegados de lo que se suponía era la tercera democracia más poblada del planeta se gritaban e insultaban entre sí, las cosas estaban claras.

La fascista Unión de Fuerzas Patrióticas, siguiendo órdenes de Komárov, insistía en que las elecciones presidenciales fueran fijadas para octubre, a los tres meses de la muerte de Cherkassov y de acuerdo con el artículo 59. Su táctica era obvia: la UFP iba tan por delante en las encuestas de opinión que un adelanto de nueve meses favorecía su subida al poder.

En cambio, los neocomunistas de la Unión Socialista y los reformistas de la Alianza Democrática estaban por una vez de acuerdo. Ambos iban a la zaga en las encuestas y necesitaban el mayor tiempo posible para recuperar posiciones. Dicho de otro modo, ni los unos ni los otros podían afrontar unas elecciones anticipadas.

El debate, o pelea a gritos, duró hasta la puesta de sol, cuando un exhausto y ronco presidente decretó por fin que se habían oído opiniones suficientes para celebrar una votación. La izquierda y los centristas votaron unidos para derrotar a la ultraderecha, y la moción fue aprobada. Las elecciones presidenciales de junio del 2000 quedaron fijadas para el 16 de enero de ese mismo año.

El resultado de la votación fue informado a todo el país por la cadena nacional de televisión Vremlya como la noticia del día. Todas las embajadas con sede en Moscú terminaron tarde su trabajo mientras los telegramas codificados de los embajadores viajaban hacia sus respectivos gobiernos.

El hecho de que la embajada británica estuviera a tope de sus efectivos hizo que Gracie Fields permaneciera aún en su despacho cuando le pasaron la llamada del inspector Novikov.

Yalta, septiembre de 1986

Hacía mucho calor y el taxi que había salido de Yalta en dirección nordeste por la carretera de la costa no tenía aire acondicionado. El norteamericano bajó la ventanilla para refrescarse un poco con la brisa del mar Negro. Inclinándose hacia un lado podía mirar también por el retrovisor del taxista. Ningún coche de la Cheka local parecía estar siguiéndolos.

El largo crucero desde Marsella vía Nápoles, Malta y Estambul había sido extenuante pero soportable. Monk había hecho su papel para no levantar sospechas. Con el pelo gris, las gafas ahumadas y una elaborada cortesía, era otro jubilado más de vacaciones en un crucero de verano.

Los otros estadounidenses a bordo del *Armenia* creían que él compartía su convicción de que la única esperanza de paz para el mundo era que los pueblos de Estados Unidos y la URSS llegaran a conocerse mutuamente. Uno de ellos, una profesora solterona de Connecticut, quedó encantada con el modo en que el exquisitamente cortés tejano le retiraba la silla en el comedor y se tocaba el ala de su sombrero stetson cada vez que se encontraban en la cubierta.

En Varna no había bajado a tierra, pretextando una ligera insolación. Pero en todas las demás escalas había ido con el resto de los turistas de cinco países occidentales a visitar ruinas, ruinas y más ruinas.

Al llegar a Yalta pisó por primera vez en su vida suelo ruso. La experiencia fue más tranquila de lo que pensaba, tras la exhaustiva preparación que había recibido antes de su partida. Para empezar, aunque el *Armenia* era el único crucero fondeado en el puerto, había una docena de buques mercantes de otros países y sus tripulaciones no tenían problema para pasear a sus anchas.

Los turistas del crucero, a bordo desde Varna, bajaron por la pasarela como una bandada de aves, y los dos funcionarios de inmigración rusos que les esperaban abajo echaron un rápido vistazo a sus pasaportes y les franquearon el paso. El profesor Kelson atrajo unas cuantas miradas por el modo en que vestía, pero todas fueron de aprobación.

En vez de intentar pasar inadvertido, Monk había optado por lo contrario, el sistema de «esconderse a la vista de todos». Llevaba una camisa color crema con corbatín estrecho y broche de plata; un traje ligero de color canela y su sombrero stetson, además de botas de vaquero.

—Caramba, profesor, está usted elegantísimo —dijo efusivamente la profesora de Connecticut—. ¿Viene con nosotros en el telesilla hasta la cumbre de la montaña?

—No, señora —dijo Monk—. Creo que daré un paseo por los muelles y tomaré un café.

Los guías de Intourist se llevaron a los distintos grupos. Monk se alejó del puerto y echó a andar hacia la ciudad. Varias personas se quedaron mirándolo con expresión de sorpresa, pero casi todos sonrieron. Un chico se detuvo, se echó las manos a los costados y sacó velozmente dos imaginarios Colt 45. Monk le alborotó el pelo.

Había leído que en Crimea eran escasas las ofertas de diversión. La televisión era aburrida y lo más excitante era el cine. Las películas favoritas eran las del Oeste permitidas por el régimen, y aquí estaba un auténtico vaquero. Hasta un miliciano que dormitaba al sol se lo quedó mirando, pero cuando Monk se llevó un dedo al sombrero, el otro sonrió y le saludó. Tras una hora de paseo y un café en la terraza de un bar, se convenció de que nadie le seguía y tomó un taxi para ir al Jardín Botánico. Con su guía turística, el mapa y su ruso chapurreado era tan evidente que acababa de bajar de un barco de turistas que el taxista no sospechó nada. Además, los famosos jardines de Yalta eran muy visitados.

Monk se apeó frente a la entrada principal y pagó la carrera. Lo hizo en rublos, pero añadió una propina de cinco dólares y un guiño. El taxista sonrió y se lo agradeció con la cabeza.

Delante de los torniquetes de entrada había una multitud de niños rusos acompañados de sus maestros en una visita cultural. Monk esperó en la cola vigilando la posible presencia de hombres con traje brillante. No vio a ninguno. Pagó la entrada, entró y divisó el puesto de helados. Tras comprar un cucurucho de vainilla, buscó un banco apartado para sentarse.

A los pocos minutos un hombre tomó asiento en el otro extremo del banco, estudiando un plano de los vastos jardines. Detrás del mapa, nadie podía ver cómo movía los labios. Los de Monk se movían porque estaba lamiendo un helado.

—Bueno, amigo mío, ¿cómo está? —preguntó Pyotr Solomin.

—Contento de verle —musitó Monk—. Dígame, ¿nos están vigilando?

—No. Llevo aquí una hora. No le han seguido. A mí tampoco.

—Mi gente está muy satisfecha con usted, Peter. Los detalles que nos proporcionó ayudarán a acortar la guerra fría.

—Yo sólo quiero acabar con esos bastardos —dijo el siberiano—. Se le está derritiendo el helado. Tírelo, iré por dos más.

Monk arrojó el cucurucho a la papelera cercana. Solomin se llegó a la caseta y compró dos más. Al regresar se sentó más cerca.

—Tengo algo para usted. Una película. En la cubierta de mi plano. Lo dejaré en el banco.

—Gracias. ¿Por qué no transmite desde Moscú? Mi gente recelaba un poco —dijo Monk.

—Porque hay más, pero ha de ser de palabra.

Empezó a explicar lo que estaba pasando aquel verano de 1986 en el Politburó y el Ministerio de Defensa. Monk contuvo un silbido de sorpresa. Solomin habló durante media hora.

—¿Es eso cierto, Peter? ¿Va a suceder por fin?

—Como que estoy aquí sentado. Se lo he oído confirmar al propio ministro de Defensa.

—Eso cambiará muchas cosas —dijo Monk—. Gracias, cazador. Ahora debo irme.

Como dos desconocidos que han estado charlando en el banco de un parque, Monk le tendió la mano. Solomin la miró fascinado.

—¿Qué es esto?

Era un anillo. Monk no solía llevarlos, pero en un tejano era corriente. Un anillo navajo de turquesa y plata como los que mucha gente lleva en Texas y Nuevo México. Vio que al udegey de Primorskiy Krai le encantaba. De un solo movimiento Monk se lo entregó al siberiano.

—¿Para mí? —preguntó Solomin.

Nunca había pedido dinero, y Monk había supuesto que podía ofenderse si él se lo ofrecía. A juzgar por la expresión del siberiano, el anillo era más que una compensación, cien dólares en turquesa y plata sacadas de las colinas de Nuevo México y montadas por un orfebre ute o navajo.

Consciente de que no era posible darle un abrazo en público, Monk giró sobre sus talones y se alejó. Luego miró hacia atrás.

Peter Solomin se había puesto el anillo en el dedo meñique de la mano izquierda y lo estaba admirando. Fue la última imagen que Monk tuvo del cazador siberiano.

El *Armenia* arribó a Odesa y sus pasajeros desembarcaron. Aduanas examinó todas las maletas, pero sólo estaban buscando material impreso antisoviético. A Monk le habían dicho que nunca registraban a un turista extranjero a menos que el KGB estuviera al mando, y eso sólo pasaba en casos muy especiales.

Monk llevaba sus microfilmes entre dos capas de esparadrapo pegadas a una nalga. Cerró su maleta como los demás norteamericanos, y el guía de Intourist les dio prisa para acelerar las formalidades y conducirlos al tren de Moscú.

Al día siguiente, en la capital, Monk dejó su envío en la embajada, desde donde viajaría hasta Langley en valija diplomática y regresó en avión a Estados Unidos. Tenía un largo informe que redactar.

7

—Embajada británica, buenas noches —dijo la telefonista.

—*Shto?* —dijo una voz perpleja al otro extremo de la línea.

—*Dobri vecher, Anglyskoye posolstvo* —repitió la telefonista en ruso.

—Póngame con la taquilla del teatro Bolshoi —dijo la voz.

—Me temo que se ha equivocado de número —dijo la telefonista, y colgó.

Los escuchas de la batería de monitores en el cuartel general de FAPSI, la agencia rusa de escucha electrónica, oyeron la llamada y la anotaron, pero no le prestaron mayor atención. Los números equivocados estaban a la orden del día.

La telefonista de la embajada hizo caso omiso de las luces de dos nuevas llamadas, consultó un pequeño cuaderno y marcó un número interior.

—¿Señor Fields?

—Sí.

—Aquí centralita. Alguien acaba de llamar preguntando por la taquilla del teatro Bolshoi.

—Bien, muchas gracias.

Gracie Fields telefoneó a Jock MacDonald. Las extensiones internas eran regularmente comprobadas por el encargado del servicio de seguridad y se consideraban fiables.

—Mi amigo de Moscú acaba de llamar —dijo—. Ha utilizado el código de emergencia. Necesita una respuesta.

—Téngame al corriente —dijo el jefe de puesto.

Fields consultó su reloj. Una hora entre las dos llamadas y pasaban cinco minutos. En un teléfono público del vestíbulo de un banco a dos manzanas del edificio de la milicia, el inspector Novikov consultó también su reloj y decidió ir a tomar un café para ocupar los cincuenta minutos restantes. Luego informaría desde otra cabina a una manzana de allí y esperaría.

Fields dejó la embajada diez minutos después y se dirigió en coche al hotel Kosmos en Prospekt Mira. Construido en 1979 y moderno para Moscú, el Kosmos tenía una batería de cabinas telefónicas cerca del vestíbulo.

Una hora después de haber recibido la llamada en la embajada sacó una libreta de su chaqueta y marcó un número. Las llamadas de cabina a cabina son una pesadilla para el contraespionaje y prácticamente ilocalizables.

—¿Boris? —Novikov no se llamaba Boris. Su nombre era Yevgeni, pero cuando oyó «Boris» supo que era Fields quien llamaba.

—Sí. Ese dibujo que me dio el otro día. Ha salido algo. Creo que deberíamos vernos.

—De acuerdo. Almorzaremos en el Rossiya.

Ninguno de los dos tenía la menor intención de ir al enorme hotel Rossiya, sino al bar Carrousel en la calle Tverskaya. Era fresco y lo bastante en penumbras para ser discreto. El lapso volvía a ser de una hora.

Como muchas de las grandes embajadas británicas, la legación de Moscú tiene entre su personal un miembro del servicio de seguridad británico, el M15, organización hermana del Secret Intelligence Service, SIS, errónea pero popularmente conocido también como M16.

La misión del M15 consiste no en recabar información sobre el país anfitrión sino en garantizar la seguridad de la embajada, de sus diversos puestos externos y de su personal.

Los empleados no se consideran prisioneros en la embajada y durante el verano frecuentan un precioso sitio para bañarse donde el río Moscova forma un meandro dejando al descubierto una pequeña playa de arena. Para el personal diplomático es un punto predilecto de excursiones y baños.

Antes de ser ascendido a inspector y trasladado a Homicidios, Yevgeni Novikov había sido el oficial a cargo de ese distrito, incluida la zona turística conocida como Serebryani Bor (bosque de Plata). Era allí donde había conocido al entonces funcionario británico del M15, quien le presentó al recién llegado Gracie Fields.

Fields trató al joven policía y finalmente le sugirió que un anticipo mensual en divisa extranjera podía hacer la vida más fácil a un hombre con salario fijo en época de inflación. El inspector Novikov se convirtió en fuente de información de bajo nivel, sí, pero ocasionalmente útil. En el curso de aquella semana el detective iba a devolver con creces todas las sumas recibidas.

—Tenemos un cadáver —le dijo a Fields una vez en el Carousel, mientras bebían cerveza—. Estoy seguro de que es el hombre del dibujo que usted me dio. Viejo, con dientes de acero, ya sabe... —Relató los hechos tal como su colega Volsky se los había narrado.

—Casi tres semanas, es mucho tiempo para estar muerto con este clima. La cara debe estar hecha un asco —dijo Fields—. Podría no ser el mismo.

—Sólo estuvo una semana en el bosque. Y luego nueve días en el frigorífico. Creo que se le podrá reconocer.

—Necesitaré una foto, Boris. ¿Puede conseguirme una?

—No lo sé. Todo lo tiene Volsky. ¿Alguna noticia de un tal investigador Chernov?

—Sí, ha estado en la embajada. También le di uno de los dibujos.

—Lo sé —dijo Novikov—. Están por todas partes. En fin, seguro que vuelve. A estas horas Volsky ya se lo habrá dicho. Él debe de tener una fotografía de la cara del muerto.

—Pero usted la conseguirá.

—Puede ser difícil.

—Pues inténtelo, Boris. Usted trabaja en Homicidios, ¿no? Diga que quiere enseñarla a ciertos contactos que tiene en el hampa. Ponga cualquier excusa. Esto es un homicidio. A eso se dedica usted, ¿no? A resolver asesinatos.

—En teoría sí —admitió sombríamente Novikov, preguntándose si el inglés sabía que el porcentaje de asesinatos mafiosos resueltos era del 3 por ciento.

—Tendrá usted una paga extra —dijo Fields—. Cuando alguien ataca a los nuestros no somos nada tacaños.

—Está bien —dijo Novikov—. Trataré de conseguir una.

Al final no necesitó tomarse la molestia. El expediente del hombre misterioso llegó a Homicidios por inercia, y dos días después tuvo oportunidad de coger una fotografía de la cara de las sacadas en el bosque junto a la autopista de Minsk.

Langley, noviembre de 1986

Carey Jordan estaba de un humor excepcionalmente bueno, algo inusual a finales de 1986 debido a que el escándalo Irán-Contra tenía a Washington en vilo, y Jordan más que nadie sabía hasta qué punto estaba implicada la CIA.

Pero acababan de convocarle al despacho del director, William Casey, para recibir las más entusiastas felicitaciones. La causa de tan desacostumbrada bondad por parte del viejo director era la recepción en las altas instancias de las noticias que Jason Monk traía de Yalta.

A punto de iniciarse la década de los noventa, cuando Yuri Andrópov era presidente de la URSS, el antiguo jefe del KGB había instituido una serie de políticas sumamente agresivas contra Occidente. Era el último intento del moribundo Andrópov para horadar la alianza de la OTAN por medio de la intimidación.

En el meollo de aquella política estaba el despliegue a través de los países satélites de la Europa Oriental de 350 nuevos misiles de alcance medio. Provistos de tres bombas atómicas con blancos independientes, los SS-20 apuntaban a todas las ciudades de Europa, desde el norte de Noruega hasta Sicilia.

Ronald Reagan era por entonces el inquilino de la Casa Blanca y Margaret Thatcher lo era del 10 de Downing Street. Los dos líderes occidentales decidieron que no cederían a ninguna amenaza y acordaron que por cada misil que apuntara a Occidente, ellos pondrían otro apuntando al Este.

Los Pershing I y los Cruise fueron desplegados en Gran Bretaña y Europa Occidental pese a las constantes y ruidosas manifestaciones de la izquierda europea. Reagan y Thatcher no dieron su brazo a torcer.

El programa americano Star Wars obligó a la URSS a procurarse un sistema antimisiles propio. Andrópov falleció, Chernenko llegó y también falleció, y Gorbachov tomó el poder, pero la guerra del poderío industrial siguió su curso.

Mijaíl Gorbachov se había convertido en secretario general del partido en marzo de 1985. Era un hombre nacido y educado en el comunismo. La diferencia estaba en que Gorbachov era pragmático y se negaba a aceptar los embustes que sus predecesores se habían tragado. Insistía en conocer los hechos y cifras verdaderos de la industria y la economía soviéticas. Cuando se enteró quedó poco menos que anonadado. Pero siguió pensando que el resollante caballo de tiro de la economía soviética podía transformarse en un eficaz purasangre con un poco de puesta a punto. De ahí la *perestroika,* o reestructuración.

Hacia el verano de 1986, en el corazón del Kremlin y el Ministerio de Defensa estaba haciéndose evidente que aquello no funcionaría. El complejo armamentístico y el programa de rearme absorbían un 60 por ciento del producto nacional bruto de la URSS, una cifra astronómica. Y las privaciones empezaban a impacientar a la población.

Aquel verano se efectuó un examen en profundidad para saber cuánto tiempo podía mantener el ritmo la URSS. El informe no pudo ser más desalentador. Industrialmente, Occidente estaba superando al mastodonte ruso en todos los niveles. Ése era el informe que Solomin había llevado al parque de Yalta en forma de microfilme.

Lo que en él se decía, y Solomin confirmó de palabra, era que si Occidente podía aguantar un par de años más, la economía soviética empezaría a hacer agua y el Kremlin tendría que ceder. Como en una partida de póquer, el siberiano acababa de mostrar a Occidente qué juego tenía el Kremlin en la mano.

La noticia viajó hasta la Casa Blanca y, cruzando el Atlántico, hasta el 10 de Downing Street. En ambos casos, acosados como estaban por sus respectivos problemas internos, fue acogida con alegría. Bill Casey fue felicitado por el Despacho Oval y a su vez transmitió la enhorabuena a Carey Jordan. Éste convocó a Jason Monk para compartir sus felicitaciones. Al término de su conversación Jordan sacó a colación un tema que ya había planteado anteriormente.

—Tengo un problema gordo con esos malditos informes suyos, Jason. No puede dejarlos en su caja fuerte así como así. Si algo le ocurriera a usted, no sabríamos por dónde empezar a manejar a sus hombres, Lisandro y Orión. Tendrá que archivarlos con los demás.

Hacía más de un año de la primera traición de Aldrich Ames, y seis meses desde que se hizo patente el desastre de los agentes desaparecidos. El culpable aún seguía en Roma. Técnicamente, la caza del topo aún estaba en marcha, pero sin la urgencia original.

—No hace falta arreglar lo que no está roto —alegó Monk—. Esos tipos están arriesgando sus vidas. Ellos me conocen y yo los conozco, hay confianza mutua. Déjelo así.

Jordan ya sabía del extraño vínculo que puede llegar a establecerse entre espía y controlador. Era una relación que la Agencia no miraba con buenos ojos por dos motivos. Primero, el que controlaba al espía podía ser destinado a otro lugar, retirarse o morir, y una relación demasiado personal podía significar que el espía que estaba en Rusia tal vez no quisiera seguir adelante con otro controlador. Segundo, si algo le ocurría al espía, el hombre de la CIA podía desanimarse hasta el punto de prescindir de sus servicios. Un espía de larga carrera podía tener varios controladores. El vínculo personalizado de Monk con sus dos agentes preocupaba a Jordan. Era... irregular.

Por lo demás, el propio Monk era un caso aparte. Jordan ignoraba que Monk hacía hincapié en asegurarse de que sus hombres en Moscú (Turkin había abandonado Madrid y estaba de vuelta en Rusia, sacando material sorprendente desde el propio corazón del directorio K) recibieran cartas personales suyas junto con las habituales listas de tareas a realizar.

Jordan se avino a una solución de compromiso. Los expedientes con detalles personales, sobre dónde y cómo habían sido reclutados y de qué manera se desempeñaban en sus diferentes destinos —todo salvo los nombres y, sin embargo, suficiente para identificarlos—, serían transferidos a la caja fuerte personal del subdirector de Operaciones. Si alguien quería acceder a ellos, tendría que pasar primero por el subdirector y explicar el motivo. Monk lo aceptó.

El inspector Novikov tenía razón en una cosa. Efectivamente, el investigador Chernov se presentó de nuevo en la embajada. Lo hizo la mañana siguiente, 5 de agosto. Jock MacDonald le pidió que le acompañara hasta su despacho, donde se hizo pasar por un agregado de la cancillería.

—Creemos haber encontrado al hombre que irrumpió en el apartamento de su colega —dijo Chernov.

—Mi enhorabuena.

—Por desgracia, está muerto.
—Ah, pero tendrán una fotografía, ¿no?
—Sí. Del cuerpo y de la cara. Además...—Dio unos golpecitos a una bolsa de lona que llevaba—. Tengo el abrigo que probablemente llevaba puesto.
Dejó una fotografía sobre la mesa de MacDonald. La imagen era realmente horrenda, pero encajaba con el dibujo al carbón.
—Llamaré a la señorita Stone para ver si puede identificar a este desdichado.
Celia Stone entró acompañada de Fields. MacDonald advirtió a Celia que lo que iba a ver no era nada agradable, pero que le agradecería su opinión. Ella miró la foto y se llevó la mano a la boca. Chernov sacó el raído sobretodo militar y lo sostuvo en alto. Celia miró a MacDonald y asintió con la cabeza.
—Es él. Ése fue el hombre que....
—... usted vio salir de su apartamento. Por supuesto. Los ladrones siempre cometen errores. Estoy seguro de que en todas partes pasa lo mismo.
Celia Stone salió acompañada.
—He de decirle en nombre del gobierno británico, investigador Chernov, que ha hecho usted un extraordinario trabajo. Quizá nunca sepamos cómo se llamaba, pero eso importa poco ahora. El pobre diablo ha muerto. Dé por hecho que el comandante en jefe de la milicia de Moscú recibirá un informe muy favorable —le dijo MacDonald al radiante investigador.
Al salir de la embajada y subir a su coche Chernov no cabía en sí de alegría. En cuanto regresó a Petrovka pasó el expediente de Robos a Homicidios. El hecho de que un segundo ladrón estaba implicado carecía de importancia. Sin una descripción o un testimonio, era como buscar una aguja en un pajar.
Al irse Chernov, Fields volvió al despacho de MacDonald. El jefe de puesto estaba sirviéndose un café.
—¿Qué opinas? —preguntó.
—Según mi fuente, al hombre lo mataron de una paliza. Tiene un amigo en el depósito de cadáveres que vio el dibujo en la pared y lo identificó. Según el informe de la autopsia, el viejo llevaba una semana en el bosque cuando lo encontraron.
—¿Y eso cuándo fue?
Fields consultó las notas que había escrito inmediatamente después de la charla en el Carousel.
—El veinticuatro de julio.
—Entonces... lo asesinaron el diecisiete o el dieciocho. Un día después de que arrojara ese documento al coche de Celia Stone. El día que yo viajé a Londres. Esos tipos no pierden el tiempo.
—¿Qué tipos?
—Bueno, apuesto doble contra sencillo a que fueron los matones que manda esa mierda de Grishin.

—¿El jefe de seguridad de Komárov?

—Así lo llaman algunos —dijo MacDonald—. ¿Alguna vez has visto su historial?

—No.

—No te lo pierdas. Un ex interrogador del Segundo Directorio. Y de lo más malévolo.

—Si fue una paliza ejemplar, ¿quién era ese viejo? —preguntó Fields.

MacDonald contempló el Kremlin desde la ventana.

—Probablemente el ladrón.

—¿Y cómo pudo un vagabundo hacerse con esos papeles?

—Solamente se me ocurre que fuera algún tipo de empleado de segunda y que tuvo suerte. A la postre la tuvo, pero muy mala. Te diré una cosa, creo que tu amigo el policía se va a ganar una prima suculenta.

Buenos Aires, junio de 1987

El primero en sospechar que Valeri Yurévich Kruglov podía tener algún fallo fue un joven y despierto agente del puesto de la CIA en la capital argentina. El jefe de puesto consultó a Langley.

La división Latinoamérica tenía ya su historial, de cuando Kruglov había estado destinado en Ciudad de México en los años setenta. Sabían que era un experto en Latinoamérica, con tres destinos en la zona y una carrera de veinte años en el Servicio Exterior soviético.

Nacido en 1944, Valeri Kruglov era hijo de un diplomático especialista en Latinoamérica. Fue por influencia del padre que el muchacho entró en el prestigioso Instituto de Relaciones Internacionales, el MGIMO, donde aprendió español e inglés. Estuvo allí de 1961 a 1966. Después tuvo dos destinos en Latinoamérica, primero en Colombia y diez años después en México, antes de reaparecer en Buenos Aires como primer secretario.

La CIA estaba segura de que no era del KGB sino un diplomático corriente. Su retrato era el de un ruso bastante liberal y comunicativo, posiblemente pro-occidental, y no el típico *homo sovieticus* de línea dura. La razón de la alerta que se produjo en el verano de 1987 había sido una conversación con un funcionario argentino, que trabajaba para los norteamericanos, en la que Kruglov revelaba que pronto iba a regresar a Moscú definitivamente y que su estilo de vida iba a cambiar.

Dado que era ruso, la alerta involucró también a la división SE, y Harry Gaunt propuso que confrontasen a Kruglov con otro agente. Gaunt propuso a Jason Monk, ya que éste hablaba ruso y español, y Jordan accedió.

Era una misión bastante sencilla. A Kruglov le quedaba apenas un mes para irse. Como dice la canción, era ahora o nunca.

Cinco años después de las Malvinas, restaurada la democracia en Argentina, Buenos Aires era una capital serena y al «empresario» norteamericano, que acompañaba a una chica de la embajada, le resultó fácil encontrar a Kruglov en una recepción. Monk procuró que se cayeran bien y le invitó a cenar.

Kruglov, que como primer secretario disfrutaba de la considerable libertad que le otorgaban el embajador y el KGB, encontró atractiva la idea de cenar con alguien ajeno al circuito diplomático. En el transcurso de la cena, Monk se apropió de la biografía de su antigua profesora de francés, la señora Brady. Dijo que su madre había trabajado de intérprete para el Ejército Rojo y que tras la caída de Berlín había conocido a un joven oficial norteamericano del que se había enamorado. Se habían fugado para casarse en Occidente. Así, en la casa paterna, Monk se había criado hablando inglés y ruso con igual soltura. A partir de ese momento, siguieron hablando en ruso. Para Kruglov fue un alivio. Su español era excelente pero no su inglés.

El verdadero problema de Kruglov surgió apenas quince días después. A sus cuarenta y tres años, divorciado y con dos hijos adolescentes, compartía aún el piso con sus padres. Una suma cercana a los veinte mil dólares le permitiría comprar un piso propio en Moscú. Monk se presentaba como un rico jugador de polo que había ido a Argentina a comprar unos caballos, y le dijo que para él no era problema prestarle ese dinero a un amigo.

El jefe de puesto sugirió fotografiar el momento de la entrega del dinero, pero Monk puso reparos.

—No cederá a un chantaje. O viene como voluntario o no viene.

Aunque Monk era un agente subalterno, el jefe de puesto concedió que la jugada era suya. El recurso que Monk utilizó fue el de «ilustrados contra belicistas». Mijaíl Gorbachov, comentó, era enormemente popular en Estados Unidos. Esto lo sabía ya Kruglov y le agradaba; él era partidario de Gorbachov.

Gorby, sugirió Monk, estaba tratando de desmantelar la máquina de guerra y de propiciar la paz y la confianza entre ambos pueblos. El problema era que en ambos bandos quedaban aún trincheras de la guerra fría, incluso dentro del propio Ministerio de Asuntos Exteriores soviético. Kruglov debió de comprender a esas alturas con quién estaba hablando, pero en ningún momento mostró sorpresa.

Para Monk, que se había aficionado a la pesca, fue como cobrar un atún que hubiera aceptado lo inevitable. Kruglov obtuvo sus dólares y material de comunicaciones. Los detalles sobre planes, posición y acceso serían enviados en tinta invisible mediante una carta normal a un buzón normal de Berlín Este. Los documentos confidenciales serían fotografiados y pasados a la CIA mediante una de las dos trampillas que tenía en la capital alemana.

Al despedirse se abrazaron al estilo ruso.

—No lo olvide, Valeri —dijo Monk—. Nosotros... los buenos siempre ganan. Esta locura acabará pronto y usted y yo habremos ayudado a ponerle fin. Si alguna vez me necesita, no dude en llamarme.

Kruglov regresó en avión a Moscú y Monk volvió a Langley.

—Soy Boris. Ya lo tengo.

—¿El qué?

—La fotografía. El expediente llegó a Homicidios. El mierda de Chernov se lo quitó de encima. He cogido una de las mejores. Tiene los ojos cerrados para que no impresione tanto.

—Estupendo, Boris. En el bolsillo de la chaqueta tengo un sobre con quinientas libras esterlinas. Pero necesito otra cosa de usted. Naturalmente, el sobre será más gordo. Mil libras.

El inspector Novikov respiró hondo en la cabina de teléfonos. Ni siquiera podía calcular cuántos millones de rublos podían comprarse con un sobre semejante. Al menos el salario de todo un año.

—Adelante.

—Quiero que vaya a ver al jefe de personal en la sede de la UFP y que le enseñe esa fotografía.

—¿Que vaya adónde?

—A la Unión de Fuerzas Patrióticas.

—¿Qué diantres tienen que ver con esto?

—No lo sé. Es sólo una corazonada. Puede que él haya visto a ese hombre.

—¿A santo de qué?

—No lo sé, Boris. Es una posibilidad. Ya le digo que es sólo una corazonada.

—¿Y qué excusa le doy?

—Usted es un detective de Homicidios. Trabaja en un caso. Sigue una pista. La víctima podría haber sido vista en los alrededores del cuartel general del partido. A lo mejor trataba de colarse. ¿Le vio alguno de los guardias rondando por la calle? En fin, cosas así.

—Está bien. Pero esa gente es importante. Si me detienen tendrá que ayudarme.

—Y por qué querrán detenerlo. Usted es un honrado policía que cumple con su deber. A ese viejo lo vieron por el vecindario de la casa de Komárov en el bulevar Kiselny. Usted tiene la obligación de advertírselo, aunque el hombre ya esté muerto. Podría haber sido miembro de alguna banda. Quizá estaba espiando el edificio. Su coartada es perfecta. Hágalo, y las mil libras serán suyas.

Yevgeni Novikov refunfuñó algo más y colgó. Aquellos *anglichani* estaban locos de verdad, se dijo. A fin de cuentas aquel pobre diablo sólo había entrado en el piso de una inglesa. Pero por mil libras esterlinas valía la pena hacerlo.

Moscú, octubre de 1987

El coronel Anatoli Grishin se sentía frustrado de estar de brazos cruzados, a la manera de aquel que ha superado su cota máxima de triunfo personal.

Hacía ya tiempo que había extraído la última gota de información a los agentes delatados por Ames. Doce de ellos habían estado alojados en los sótanos de Lefortovo para subir únicamente a solicitud de los interrogadores del Primer y el Segundo Directorio, o ser llevados una vez más al cuarto especial de Grishin si se mostraban recalcitrantes o desmemoriados.

Dos de ellos, en contra de la opinión de Grishin, se habían salvado de la muerte a cambio de largos años de trabajos forzados. La razón era que habían trabajado poco tiempo para la CIA o sido demasiado humildes para hacer mucho daño. El resto, salvo uno, había cumplido su sentencia de muerte. Los nueve ejecutados habían sido llevados al patio de gravilla detrás del ala más apartada del penal y obligados a arrodillarse para recibir la bala en la nuca. En todas las ocasiones, Grishin había estado presente en calidad de oficial de mayor graduación.

A instancias de Grishin, sólo uno conservó la vida, el general Dmitri Polyakov, quien había trabajado veinte años para Estados Unidos antes de ser delatado. De hecho se había retirado al regresar a Moscú en 1980. Jamás había aceptado dinero; actuaba de espía porque detestaba el régimen soviético.

Y así lo dijo. Se irguió en la silla y les dijo lo que pensaba de ellos y lo que había hecho durante veinte años. Mostró más coraje y dignidad que todos los demás. En ningún momento pronunció una súplica. Debido a su avanzada edad, nada de lo que explicaba tenía ya vigencia. No sabía nada de operaciones en marcha ni tampoco disponía de nombres aparte de los controladores de la CIA, retirados como él.

Cuando terminó de interrogarlo, Grishin le odió tanto que decidió darle un tratamiento especial. Ahora el viejo general yacía entre sus propios excrementos y lloraba sobre un catre de hormigón. De vez en cuando Grishin iba a asegurarse de ello en persona. Finalmente, el 15 de marzo de 1988, ante la insistencia del general Boyárov, el viejo espía fue ajusticiado.

—El caso es, querido colega —le dijo Boyárov a Grishin aquel mes—, que no se puede hacer otra cosa. La comisión Caza de Ratas debe ser disuelta.

—Pero seguro que queda uno, ese del que hablan en el Primer Directorio, el que controla varios traidores aquí en Rusia pero aún no ha sido cazado.

—Ah, el que nadie encuentra. Ninguno de los traidores ha oído hablar de él.

—¿Y si cazásemos a los suyos? —preguntó Grishin.

—Entonces lo pagarán muy caro —dijo Boyárov—, y si eso ocurriera, si el hombre de Yazenevo en Washington puede entregárnoslos, ya puede usted convocar a su gente y empezar otra vez. Hasta podrían cambiar de nombre. Se les podría llamar comité Monakh.[1]

Grishin no le vio la gracia, pero Boyárov sí, y rió sonoramente.

Si Pavel Volsky creía haber oído la última palabra sobre la autopsia en el depósito de cadáveres, estaba equivocado. Su teléfono sonó la misma mañana en que su amigo Novikov hablaba clandestinamente con un funcionario del servicio secreto británico, el 7 de agosto.

—Aquí Kuzmin —dijo una voz—. El profesor Kuzmin, del Segundo Instituto Médico. Hablamos hará una semana sobre mi autopsia de un muerto sin identificar.

—Ah, sí, profesor. ¿En qué puedo ayudarle?

—Creo que es más bien al revés. Puede que tenga algo para usted.

—Se lo agradezco. ¿De qué se trata?

—Hace unos días sacaron un cuerpo del río a la altura de Lytkarino.

—¿Y en qué me concierne eso?

—Algún listo calculó que el cuerpo llevaba en el agua un par de semanas (estaba en lo cierto, dicho sea de paso) y que seguramente había ido río abajo desde Moscú. De modo que los muy cerdos me lo trajeron aquí. Acabo de terminar la autopsia.

Volsky reflexionó. Dos semanas en el agua en pleno verano. El profesor debía de tener una hormigonera por estómago.

—¿Asesinado? —preguntó.

—Al contrario. Iba en calzoncillos. Casi seguro que fue a nadar a causa del calor, tuvo algún problema y se ahogó.

—Entonces es un accidente. Acuda a la autoridad civil. Yo soy de Homicidios —protestó Volsky.

—Oiga, joven. Escuche. Habitualmente esos cadáveres no tienen identificación, pero esos imbéciles de Lytkarino no vieron una cosa. Tenía los dedos tan hinchados que no se dieron cuenta. Estaba oculto por la carne. Un anillo de boda de oro macizo. Se lo

1. En ruso *monakh* significa «monje» (*monk* en inglés). *(N. del T.)*

he quitado, bueno, en realidad tuve que arrancarle el dedo. En el interior hay grabadas estas palabras: «N. I. Akópov, de Lidia.» ¿Qué le parece?

—Pues... pero si no es un homicidio...

—Oiga, ¿es que nunca le llaman los de Personas Desaparecidas?

—¿Los...? Claro que sí. Cada semana me envían un montón de fotografías para ver si alguna concuerda con alguno de mis casos.

—Bien, un hombre con semejante anillo podría tener una familia. Y si ha desaparecido hace tres semanas puede que alguien lo haya denunciado. He pensado que usted podía beneficiarse de mi genio detectivesco apuntándose unos tantos con esos tontos de Personas Desaparecidas. Yo no conozco a nadie allí, por eso le he llamado a usted.

Volsky se animó. Siempre estaba pidiendo favores a los de Personas Desaparecidas. Ahora podría resolverles un caso y ganar prestigio. Anotó los detalles, dio las gracias al profesor y colgó. Su contacto habitual en Personas Desaparecidas se puso al teléfono diez minutos después.

—¿Tenéis algún PD a nombre de N. I. Akópov? —preguntó Volsky.

Su contacto consultó los registros y al rato contestó:

—En efecto. ¿Por qué?

—Dame los detalles, por favor.

—Falta de su domicilio desde el diecisiete de julio. No volvió a su casa después del trabajo y nadie lo ha visto. La denunciante es la señora Akópov, el pariente más cercano...

—¿La señora Lidia Akópov?

—¿Cómo coño lo has sabido? Nos ha llamado ya cuatro veces por si había noticias. ¿Sabes algo de ese capullo?

—Está en el depósito de cadáveres. Fue a bañarse al río y se ahogó. Lo sacaron la semana pasada a la altura de Lytkarino.

—Estupendo. La señora estará encantada de que se haya resuelto el misterio. ¿Sabes quién era ese hombre?

—Ni idea —dijo Volsky.

—Nada menos que el secretario particular de Igor Komárov.

—¿El político?

—Exacto. Nuestro próximo presidente. Gracias Pavel, te debo una.

Vaya, pensó Volsky mientras volvía a sus cosas.

Omán, noviembre de 1987

Carey Jordan tuvo que dimitir aquel mes. No fue por la fuga de Edward Lee Howard ni por el asunto de los agentes desaparecidos, sino por el Irán-Contra. Unos años atrás la más alta instancia, el Despacho Oval, había ordenado ayudar a la *contra* nicaragüense en su intento de derrocar a los sandinistas. Bill Casey, por entonces director de la CIA, había accedido a cumplir esas órdenes. Pero el Congreso dijo no y vetó el presupuesto necesario. Furiosos por el revés, Casey y otros habían intentado conseguir el dinero vendiendo armas a Teherán sin autorización del gobierno.

Cuando se conoció la noticia Casey sufrió un grave pero oportuno colapso en su despacho de Langley en diciembre de 1986. Ya no volvió a ocupar su puesto y murió en mayo del año siguiente. El presidente Reagan nombró director de la CIA al políticamente correcto William Webster, hasta entonces director del FBI. Carey Jordan había puesto en práctica las demandas de su presidente y de su director. Ahora uno sufría amnesia y el otro estaba muerto.

Webster nombró subdirector de Operaciones a un veterano de la CIA, Richard Stoltz, que llevaba seis años fuera de la Agencia. Por lo tanto, era inocente de cualquier posible implicación en el Irán-Contra. Tampoco sabía nada del descalabro de la división SE dos años atrás. Mientras Stoltz se acostumbraba al nuevo cargo, los burócratas se hicieron con el poder. Tres expedientes fueron retirados de la caja del subdirector saliente e integrados al cuerpo principal, o lo que quedaba de él, de los archivos 301. Esos expedientes contenían los detalles de Lisandro, Orión y otro agente más, Delfos.

Jason Monk no sabía nada al respecto. Estaba de vacaciones en Omán. Enfrascado en la lectura de las revistas de pesca con caña en busca de nuevos lugares donde practicar su deporte favorito, se había enterado de los grandes bancos de albacora que pasan frente a la costa de Omán a la altura de la capital, Mascate, en noviembre y diciembre.

Había tenido la cortesía de consultar al único miembro del puesto de la CIA dentro de la embajada, en el centro mismo del barrio antiguo de Mascate, cerca del palacio del sultán. No esperó ver otra vez a su colega de la CIA tras su amistoso encuentro.

Al tercer día, y habiendo tomado excesivamente el sol en alta mar, decidió quedarse en tierra y hacer algunas compras. Estaba saliendo con una rubia despampanante del Departamento de Estado y fue en taxi al zoco de Mina Qaboos para ver si, entre las pilas de incienso, especias, telas, plata y antigüedades, encontraba algo para ella.

Se decidió por una recargada cafetera de plata de pico largo, forjada por algún orfebre de las montañas. El dueño de la tienda de antigüedades se la envolvió y la metió en una bolsa de plástico.

Perdido en el laberinto de callejones y patios, Monk emergió finalmente no por el lado del mar sino en algún punto de los barrios bajos. Mientras salía de una callejuela no más ancha que sus hombros, se encontró de pronto en un patio con una angosta entrada en un extremo y una salida en el otro. Un hombre cruzaba el patio en aquel momento; parecía europeo. Le seguían dos árabes que, al desembocar en el patio, extrajeron sendos puñales curvos. Empuñando sus armas los árabes se abalanzaron contra su objetivo.

Monk reaccionó instintivamente. Lanzó la bolsa de plástico con todas sus fuerzas, alcanzando a uno de los asaltantes en plena cabeza. El impacto de la cafetera metálica que contenía dio con el árabe en tierra.

El otro se detuvo un momento, desconcertado y se lanzó hacia Monk. Éste vio el brillo de la hoja en el aire, esquivó el golpe, le cogió el brazo y descargó un puñetazo contra la sucia túnica a la altura del plexo solar. El hombre era recio. Gruñó sin soltar el puñal, pero optó por huir corriendo. Su compañero se puso en pie y le siguió, dejando el puñal en el suelo.

El europeo había comprendido la situación sin pronunciar palabra. Evidentemente sabía que, de no ser por la intervención de aquel hombre rubio, ahora estaría muerto. Era un joven delgado de piel cetrina y ojos oscuros —no un árabe de Omán—, vestido con camisa blanca y traje oscuro. Monk se disponía a decir algo cuando el joven le dio las gracias con un gesto de la cabeza y se escabulló.

Monk se agachó para recoger el puñal. No era el clásico kunja omaní, y ciertamente los atracos a manos de la población local eran casi inexistentes. Era un gambiah de Yemen, con su empuñadura más recta y sencilla. Monk creía conocer el origen de los agresores: eran miembros de la tribu audhali del interior yemení. ¿Qué diablos hacían tan lejos, pensó, y por qué habían atacado al joven occidental?

Tuvo un presentimiento y regresó a su embajada para hablar con el hombre de la CIA.

—¿Tiene un fichero criminal de nuestros amigos de la embajada soviética? —le preguntó.

Era cosa sabida que, a partir del fiasco de la guerra civil yemení en enero de 1986, la URSS se había retirado del país, dejando empobrecido y rencoroso al gobierno prosoviético. Consumido por la rabia ante lo que juzgaba una humillación, el gobierno de Adén tuvo que acudir a Occidente en busca de préstamos y dinero en metálico para ir tirando. Ya se sabe que del amor al odio no hay más que un paso... Hacia finales de 1987 la URSS había establecido una embajada en la anticomunista Omán, dedicándose a cortejar al sultán probritánico.

—Pues no —dijo su colega—, pero seguro que los ingleses sí.

La embajada británica estaba a un paso del laberinto de estrechos y húmedos corredores que componían la embajada norteamericana. Entraron por las enormes puertas de madera tallada, saludaron al portero y se encaminaron hacia el patio interior. El complejo había sido antaño residencia de un rico comerciante y rezumaba historia.

En una pared del patio quedaba una placa de una legión romana que partió hacia el desierto y nunca volvió. En mitad del recinto ondeaba la bandera británica que tiempo atrás había garantizado la libertad a todos los esclavos que consiguiesen llegar a ella. Torcieron a la izquierda hacia la embajada propiamente dicha. El jefe del SIS les estaba esperando. Se estrecharon las manos.

—¿Problemas, muchacho? —preguntó el inglés.

—Acabo de ver a un tipo en el zoco que creo puede ser ruso —contestó Monk.

Era un detalle menor, pero el joven del zoco llevaba el cuello de la camisa por fuera de la americana, cosa que los rusos solían hacer pero los occidentales consideraban pasado de moda.

—Bien, echemos un vistazo al registro —dijo el británico.

Cruzaron la afiligranada puerta de seguridad hacia el fresco vestíbulo de columnas y subieron escaleras arriba. El SIS ocupaba una habitación del piso superior. De una caja fuerte el hombre del SIS sacó un álbum y los tres se pusieron a hojearlo.

Allí estaba todo el personal soviético de la nueva embajada, fotografiado en el aeropuerto, cruzando la calle o en una terraza de café. El joven de los ojos oscuros era el último, y aparecía fotografiado en la sala de espera del aeropuerto.

—La policía local colabora bastante con nosotros en estas cosas —explicó el británico—. Los rusos tienen que anunciar previamente su llegada al Ministerio de Asuntos Exteriores y pedir una autorización. Luego, la policía nos da el chivatazo cuando llegan aquí y así nosotros podemos utilizar nuestros teleobjetivos. ¿Es él?

—Sí. ¿Algún detalle personal?

El del SIS consultó un montón de fichas.

—Aquí está. A menos que sea mentira, es tercer secretario, de veintiocho años. Responde al nombre de Umar Gunáyev. Parece tártaro.

—No —dijo Monk—. Es checheno, seguro. Y musulmán.

—¿Cree que es del KGB? —preguntó el británico.

—Oh, seguro que es un espía.

—Pues gracias por el aviso. ¿Quiere que hagamos algo? ¿Presentar una queja al gobierno?

—No —dijo Monk—. Todos tenemos que ganarnos la vida. Es preferible que sepamos quién es. Además, si lo denunciamos mandarían un sustituto y estaríamos en punto cero.

Mientras bajaban, el hombre de la CIA preguntó a Monk:

—¿Cómo lo ha sabido?

—Una corazonada.

Había algo más que eso. Gunáyev había estado tomando una naranjada en el bar del hotel Frontel en Adén hacía un año. Monk no había sido el único en reconocerle. Los dos yemeníes también le habían visto y decidieron vengarse por el ultraje cometido contra su país.

Mark Jefferson llegó al aeropuerto Sheremetyevo de Moscú en el vuelo de la tarde del 8 de agosto y fue recibido por el jefe de la oficina del *Daily Telegraph.*

El célebre articulista político era un individuo bajo y pulido de raleante cabello color jengibre y barba bien recortada. Su humor tenía fama de ser tan escueto como su cuerpo y su barba.

Jefferson declinó cenar con su colega y esposa y pidió que le llevara al prestigioso hotel National en la plaza Manege.

Una vez allí, le dijo a su colega que prefería entrevistar al señor Komárov a solas y que si era necesario encargaría una limusina con chófer a través de los buenos oficios del propio hotel. Sintiéndose desairado, el jefe de la oficina del *Daily Telegraph* partió en su coche.

Jefferson se registró en el hotel. Los datos fueron tomados por el gerente en persona, un sueco alto y cortés. El empleado de recepción se quedó su pasaporte para que los datos fuesen transcritos y enviados al Ministerio de Turismo. Antes de partir de Londres, Jefferson había dado órdenes a su secretaria de que informara al National sobre quién era y lo importante que era su trabajo.

Una vez en su habitación, llamó al número que el asesor de relaciones públicas de Igor Komárov, Boris Kuznetsov, le había dado en un intercambio de faxes.

—Bienvenido a Moscú, señor Jefferson —dijo Kuznetsov en un perfecto inglés con cierto deje americano—. El señor Komárov está impaciente e ilusionado por su visita.

No era verdad pero Jefferson optó por creérselo. La entrevista fue fijada para las siete de la tarde siguiente debido a que el político ruso iba a estar todo el día fuera de Moscú. Un coche con chófer iría a recoger a Jefferson al hotel.

Satisfecho, el periodista cenó solo y luego subió a su habitación.

A la mañana siguiente, tras desayunar beicon y huevos, Mark Jefferson decidió deleitarse con lo que consideraba un derecho inalienable de todo inglés en cualquier parte del mundo: dar un paseo.

—¿Un paseo? —preguntó incrédulo el gerente sueco poniendo ceño de perplejidad—. ¿Adónde quiere ir de paseo?

—A donde sea. Quiero respirar un poco de aire, estirar las piernas, echar un vistazo al Kremlin...

—Podemos proporcionarle la limusina del hotel —dijo el gerente—. Es muy cómoda... y muy segura.

Jefferson rehusó. Él quería pasear y pasearía. El gerente consiguió que dejara al menos su reloj y las divisas extranjeras en el hotel, pero que llevara un fajo de un millón de rublos para los mendigos. Suficiente para éstos pero no para provocar que le atracaran.

El maduro periodista británico, que pese a ser un articulista eminente había trabajado toda su carrera para periódicos de Londres y jamás había estado como corresponsal en ningún punto caliente del globo, regresó dos horas después. Parecía un tanto irritado.

Había estado ya dos veces en Moscú, una en la época comunista y otra ocho años atrás, con Yeltsin recién ascendido al poder. En ambas ocasiones sus experiencias se habían limitado al taxi del aeropuerto, a un hotel de cuatro estrellas y al circuito diplomático británico. Consideraba Moscú una ciudad aburrida y sucia, pero nada le había preparado para lo de aquella mañana.

Su aspecto de extranjero era tan evidente que incluso en los muelles y alrededor de los jardines Alexandrovsky había sido asediado por los pordioseros que parecían acampar por doquier. En dos ocasiones creyó que le seguían bandas de gamberros. Los únicos coches que circulaban parecían militares, de policía o limusinas de los ricos y privilegiados. Se tranquilizó pensando que eso le daba pie a plantear ciertos aspectos de suma importancia a Komárov.

Mientras tomaba un aperitivo —había decidido quedarse en el hotel hasta que Kuznetsov lo llamara— vio que estaba solo en el bar, a excepción de un apesadumbrado hombre de negocios canadiense. Como suelen hacer los desconocidos en un bar, entablaron conversación.

—¿Hace mucho que está en la ciudad? —preguntó el de Toronto.

—Llegué anoche —dijo Jefferson.

—¿Se quedará muchos días?

—Regreso a Londres mañana.

—Envidio su suerte. Yo llevo aquí tres semanas intentando hacer negocios. Y le puedo asegurar que este sitio es muy raro.

—¿No ha habido suerte?

—Sí, claro, tengo los contratos. Tengo oficina. Tengo incluso socios. Pero... —El canadiense se sentó a la mesa de Jefferson y se lo contó—: Llego aquí con todas las recomendaciones que necesito o creo necesitar. Alquilo un despacho en un bloque nuevo de oficinas. Dos días después llaman a la puerta. Aparece un tipo pulcro y aseado, con traje y corbata. «Buenos días, señor Wyatt, soy su nuevo socio», me dice.

—¿Le conocía usted?

—¿Conocerle? Es el representante de la mafia moscovita. Fíjese el trato que me ofreció: él y los suyos se llevan el cincuenta por ciento de todo. A cambio compran o falsifican todas las licencias, franquicias y papeles que yo pueda necesitar. Solucionan los problemas burocráticos a golpe de teléfono, garantizan que las entregas se hagan en el plazo previsto y que no haya problemas con los obreros. Por el cincuenta por ciento.

—Supongo que le envió a hacer gárgaras —dijo Jefferson.

—De eso nada. No soy tan tonto. A la protección que ofrecen la llaman tener un «techo». Sin techo no se va a ninguna parte. Básicamente porque si les dices que no, te dejan sin piernas. Te las cortan y listo.

Jefferson le miró con incredulidad.

—Dios mío, me habían dicho que el crimen estaba a la orden del día, pero no hasta ese punto.

—Se lo digo yo: verlo para creerlo.

Uno de los fenómenos que más habían sorprendido a los observadores occidentales tras la caída del comunismo en Rusia era la supuestamente rápida ascensión de lo que, a falta de algo mejor, se había dado en llamar mafia rusa. Hasta los propios rusos empezaban a llamarlo la *maffiya*. Algunos extranjeros creían que se trataba de un nuevo organismo, nacido de la agonía comunista. No era así.

Desde hace siglos en Rusia ha existido un hampa criminal muy desarrollada. A diferencia de la mafia siciliana, no tenía una jerarquía unificada y jamás se exportaba fuera del país. Pero existía una gran hermandad entre sus cabecillas regionales y locales, y entre sus miembros, cuya lealtad quedaba simbolizada mediante tatuajes.

Stalin trató de acabar con el hampa mandando a millares de sus miembros a los campos de trabajo, pero sólo consiguió que *los zoks* acabaran dirigiendo prácticamente los campos con la connivencia de sus guardianes, que preferían vivir en paz a que sus familias fueran perseguidas. En muchos casos los *vori v zakone* («ladrones por derecho», equivalentes a los padrinos de la mafia) llegaban a dirigir sus empresas desde los barracones del campo de trabajo.

Una de las ironías de la guerra fría es que el comunismo podría haberse derrumbado diez años antes de no ser por el hampa. Hasta los jefes de partido tuvieron que acabar pactando secretamente con ella. Por una razón muy simple: era lo único que funcionaba en la URSS con cierto grado de eficacia. Un director de fábrica que elaborara un producto vital podía encontrarse con que su maquinaria se paraba debido al fallo de una simple válvula. Si pasaba por los canales burocráticos podía estar de seis a doce meses sin una válvula nueva mientras toda la planta de producción permanecía inactiva. O podía contárselo a su cuñado que conocía a un hombre bien relacionado. La válvula llegaría en una semana. Luego el director de fábrica haría la vista gorda a la desaparición de un envío de chapa de acero, que iría a parar a otra fábrica cuya chapa de acero tardaba en llegar. Y como colofón los directores de las respectivas fábricas trucarían los libros para hacer ver que habían cumplido las «normas».

En una sociedad donde la combinación de burocracia esclerótica e incompetencia pura y dura ha hecho que se atasquen todos los engranajes, el mercado negro es el único lubricante. La URSS funcionó con ese lubricante a lo largo de toda su historia y dependió totalmente de él en los últimos diez años. A partir de 1991 la mafia, que ya controlaba el mercado negro, lo único que hizo fue salir del escondrijo para expandirse. Y desde luego que lo hizo, pasando rápidamente de las áreas de fraude organizado normales —alcohol, drogas, protección, prostitución— a todas las facetas de la vida.

Lo más impresionante fue la rapidez y crueldad con que se llevó a cabo el virtual asalto de la economía. Tres factores lo hicieron posible. El primero fue la capacidad para una violencia brutal e inmediata que la mafia rusa exhibía cuando sus planes se veían obstaculizados de alguna manera, una violencia que habría dejado en pañales a la Cosa Nostra norteamericana. Cualquiera, ruso o extranjero, que pusiese reparos a la injerencia de la mafia en su empresa recibía una sola advertencia —por lo general una paliza o un incendio— y, si la desoía, era ejecutado sin más. Este método se aplicaba incluso a los directivos de los principales bancos. El segundo fue la impotencia de la policía. Escasa de dinero y de plantilla, sin experiencia ni aviso previo de la ola de crimen y violencia que iba a superarla tras la caída del comunismo, la milicia no daba abasto. El tercero fue la endémica tradición rusa de corrupción. A ello contribuyó la inflación galopante que se desató en 1991 para consolidarse alrededor de 1995. Bajo el comunismo el tipo de cambio estaba en dos dólares americanos por rublo, cosa ridícula y artificial en términos de poder adquisitivo, pero vigente dentro de la URSS, donde el problema no era la falta de dinero sino de bienes. La inflación acabó con los ahorros y dejó en la pobreza a los trabajadores con salario fijo. Cuando la semanada de un policía urbano vale menos que los calcetines que lleva es difícil persuadirle de que no acepte un billete metido dentro de un carnet de conducir evidentemente falso.

La mafia incluso controlaba el sistema del funcionariado estatal, contando con casi toda la burocracia como aliada. Y en Rusia la burocracia lo controla todo. De este modo, permisos, licencias, bienes inmuebles municipales, concesionarios, franquicias, todo podía comprarse sin demora al funcionario correspondiente, lo que procuraba a la mafia unas ganancias astronómicas.

La otra cualidad del hampa rusa que impresionó a los observadores fue la rapidez con que supo pasar de los fraudes convencionales (sin dejar de tenerlo todo bien atado) a los negocios legítimos. La Cosa Nostra americana tardó una generación en comprender que los negocios legítimos, conseguidos con las ganancias del chantaje, servían para incrementar las ganancias y blanquear el dinero. Los rusos lo comprendieron en sólo cinco años y en 1995 controlaban el 40 por ciento de la economía nacional. Para entonces habían cruzado ya las fronteras en sus tres especialidades —armas, drogas y malversación— respaldados por una violencia contundente y teniendo como objetivo toda Europa Occidental y Estados Unidos.

El problema era que se habían excedido. Hacia 1988, la codicia había resquebrajado la economía de la que vivían. En 1996 una parte de la riqueza rusa por valor de cincuenta mil millones de dólares, principalmente en oro, diamantes, metales preciosos, petróleo, gas y madera, estaba siendo robada y exportada ilegalmente. Las mercancías se compraban con rublos prácticamente desvalorizados, e incluso así a precios de liquidación, por los burócratas que controlaban los órganos del Estado, y se vendían en el extranjero a cambio de dólares. Algunos de estos dólares eran después reconvertidos en millones de rublos al objeto de seguir financiando sobornos y crímenes. El resto quedaba a buen recaudo en el extranjero.

—Lo malo es —dijo un Wyatt pesimista mientras apuraba su cerveza— que la sangría ha ido más allá de lo aceptable. Entre los políticos corruptos, los burócratas más corruptos aún y los gángsters, han asfixiado a la gallina de los huevos de oro. ¿Ha leído algo sobre la ascensión del Tercer Reich?

—Sí, hace años. ¡Por qué?

—¿Recuerda las reseñas sobre la recta final de la República de Weimar? ¿Las colas de desempleados, la delincuencia en las calles, los ahorros desvalorizados, los enanos del Reichstag inculpándose recíprocamente mientras el país iba a la quiebra? Pues eso mismo está pasando aquí. Otra vez igual. Caray, he de irme. Tengo que almorzar con unos clientes. Ha sido un placer hablar con usted, señor...

—Jefferson.

El nombre no le sonó al canadiense; probablemente no leía el *Daily Telegraph.*

Muy interesante, pensó el periodista londinense cuando Wyatt se hubo marchado. Todos los informes del periódico indicaban que el hombre al que iba a entrevistar aquella tarde podía ser el salvador de su país.

El largo Chaika negro pasó a recoger a Mark Jefferson a las seis y media. Él estaba esperando en el portal. Su puntualidad era intachable y esperaba lo mismo de los demás. Jefferson vestía pantalón gris oscuro, chaqueta, camisa de algodón blanca y la corbata del club Garrick. Se le veía elegante, aseado, remilgado e inglés hasta la médula.

El Chaika sorteó el tráfico vespertino al norte del bulevar Kiselny, torciendo un poco más abajo antes de llegar al jardín de circunvalación. Al aproximarse a las puertas verdes de acero, el chófer pulsó un botón de alarma de un pequeño transmisor que había sacado del bolsillo de su chaqueta.

Las cámaras situadas en lo alto de la pared captaron el coche que se acercaba y el guardia de la verja miró el monitor de televisión, que le mostró el coche y el número de matrícula. Era la que el guardia esperaba.

Una vez dentro, las puertas se cerraron otra vez y el guardia se acercó al conductor. Verificó sus credenciales, echó un vistazo al interior, asintió e hizo bajar las púas de acero.

Kuznetsov, avisado por el guardia, estaba en la entrada de la casa para recibir a su invitado. Condujo al periodista a una bien amueblada zona de recepción en el primer piso, una sala contigua al despacho privado de Komárov y al otro lado de la que había ocupado anteriormente el difunto N. I. Akópov.

Igor Komárov no permitía que nadie fumara o bebiera en su presencia, cosa que Jefferson ignoraba porque nadie se la había mencionado. Un ruso que no beba es casi inimaginable en un país donde beber es casi un signo de virilidad. Jefferson, que había visionado diversos vídeos de Komárov en su faceta «popular», le había visto muchas veces con el obligado vaso en la mano, brindando innumerables veces a la manera rusa. Jefferson no sabía que Komárov siempre tenía a mano agua mineral. Aquella tarde sólo se serviría café, y Jefferson rehusó cortésmente.

Al cabo de cinco minutos entró Komárov, personaje formidable cercano a los cincuenta, de pelo gris, poco menos de un metro ochenta, y unos saltones ojos avellanados que sus partidarios calificaban de «hipnóticos».

Kuznetsov se puso en pie de un brinco y Jefferson lo imitó sin tanto entusiasmo. El asesor de propaganda hizo las presentaciones al estilo occidental y los dos hombres se estrecharon la mano. Komárov se sentó en una butaca de cuero ligeramente más alta que las otras dos.

Del bolsillo interior de la chaqueta Jefferson sacó una pequeña grabadora y preguntó si había inconveniente en que la utilizara. Komárov inclinó la cabeza para indicar que comprendía la incapacidad de muchos periodistas occidentales para la taquigrafía. Kuznetsov instó a Jefferson a empezar con un gesto de cabeza.

—Señor presidente, la noticia del momento es la decisión de la Duma de prolongar tres meses más la presidencia interina pero adelantando a enero las elecciones del próximo año. ¿Qué opina usted de esta decisión?

Kuznetsov tradujo rápidamente la pregunta y escuchó la respuesta de Komárov en su sonoro ruso. Al terminar, el intérprete se volvió hacia Jefferson:

—Es evidente que tanto yo como la UFP nos sentimos decepcionados, pero como demócratas aceptamos la decisión. No será un secreto para usted, señor Jefferson, que las cosas en este país, al que amo con verdadera pasión, no marchan bien. Durante demasiado tiempo un gobierno incompetente ha tolerado un alto nivel de libertinaje económico, corrupción y crimen. Nuestro pueblo está sufriendo. Prolongar la situación no hace sino empeorarla. Así pues, cualquier aplazamiento es lamentable. Creo que podríamos haber ganado las elecciones en octubre, pero si ha de ser en enero, las ganaremos en enero.

Mark Jefferson era un entrevistador con la suficiente experiencia para ver que era una respuesta ensayada, como si el político hubiera contestado a la pregunta muchas veces y pudiera recitarla maquinalmente. En Gran Bretaña y Estados Unidos era habitual que los políticos se mostraran más relajados con los miembros de la prensa, a muchos de los cuales conocían por su nombre de pila. Jefferson se enorgullecía de ser capaz de presentar un retrato cabal, utilizando tanto las palabras del entrevistado como sus propias impresiones a fin de componer un verdadero artículo periodístico más que una letanía de clichés políticos. Pero aquel hombre era como un autómata.

El ejercicio de su profesión le había enseñado que los políticos del Este estaban acostumbrados a un grado mucho mayor de deferencia por parte de la prensa que los británicos y los norteamericanos, pero esto era diferente. Komárov era rígido y convencional como un maniquí de sastre.

A la tercera pregunta Jefferson comprendió el motivo: Komárov odiaba a los medios informativos y el hecho mismo de ser entrevistado. El inglés probó un estilo más ligero, pero el ruso no mostró el menor asomo de diversión. Que un político se tomara a sí mismo muy en serio no era una novedad, pero aquel hombre era un fanático del amor propio. Las respuestas siguieron saliendo como de un robot.

El británico miró a Kuznetsov con desconcierto. El joven intérprete se había educado en Estados Unidos, de eso no había duda; era bilingüe, mundano y sofisticado, pero seguía tratando a Komárov con devoción perruna. Lo intentó otra vez.

—En Rusia, como usted sabe, gran parte del poder real está en manos del presidente, mucho más que en Estados Unidos o en Gran Bretaña. En los primeros seis meses de ese poder en sus manos, ¿a qué cambios asistiría un observador objetivo? En otras palabras, ¿cuáles serían las prioridades?

La respuesta llegó una vez más como si hablara un tratado de política. Komárov enunció rutinariamente la necesidad de aplastar el crimen organizado, de reformar la anquilosada burocracia, de restaurar la producción agrícola y de fortalecer la moneda. Posteriores preguntas respecto al modo en que esto se conseguiría fueron seguidas de estereotipos desprovistos de sentido. Ningún político de Occidente habría salido impune de aquello, pero Kuznetsov parecía esperar que Jefferson quedara totalmente satisfecho.

Recordando las instrucciones del director de su periódico, Jefferson preguntó a Komárov cómo pensaba impulsar el renacer de la grandeza de Rusia en la comunidad de naciones. Por primera vez el ruso reaccionó. Algo de lo que dijo Jefferson pareció sacudirlo como una descarga eléctrica. Komárov lo miró fijamente y sin parpadear con sus ojos castaños, hasta el punto de que el periodista no pudo sostener la mirada y desvió la vista hacia la grabadora. Ni él ni Kuznetsov advirtieron que el líder de la UFP se había quedado lívido y que dos pequeños puntos rojos brillaban en lo alto de cada pómulo. Sin pronunciar palabra, Komárov se levantó de pronto y abandonó la habitación, entrando en su despacho y cerrando la puerta sin más. Jefferson arqueó inquisitivamente una ceja. Kuznetsov también estaba perplejo, pero su natural urbanidad dominó la situación.

—Estoy seguro de que el presidente no tardará. Habrá recordado alguna cosa urgente que no puede esperar. Volverá tan pronto haya terminado.

Jefferson apagó la grabadora. Tres minutos y una breve llamada telefónica después, Komárov apareció de nuevo, se sentó y contestó a la pregunta en términos muy moderados. Jefferson volvió a poner el aparato en marcha.

Una hora más tarde Komárov indicó que la entrevista había llegado a su fin. Se levantó, saludó rígidamente con la cabeza a Jefferson y se retiró a su despacho. En el umbral hizo señas a Kuznetsov de que le siguiera.

El joven asesor reapareció dos minutos después con expresión de preocupación.

—Me temo que hay un problema con el transporte —dijo mientras acompañaba a Jefferson escaleras abajo—. El coche que le traía ha sido requerido para un asunto inaplazable y todos los demás coches pertenecen a miembros del personal que trabajan hasta muy tarde. ¿Podría usted volver en taxi al National?

—Bien, supongo que sí —dijo Jefferson, deseando haber ido en coche propio—. ¿Le importaría pedirme uno?

—Me temo que ya no atienden llamadas por teléfono —repuso Kuznetsov—, pero permita que le explique cómo hacerlo.

Condujo al pasmado periodista hasta la puerta exterior de acero, y una vez en la calle Kuznetsov señaló hacia el bulevar Kiselny, a unos cien metros de allí.

—Cuando llegue a Kiselny podrá parar un taxi en cuestión de segundos, a esta hora estimo que estará de vuelta en el hotel en quince minutos. Espero que lo comprenda. Ha sido un placer, un verdadero placer, conocerle.

Y dicho esto se fue. Un irritado Mark Jefferson echó a andar hacia la avenida. Iba jugueteando con su grabadora. Finalmente volvió a guardar el aparato en el bolsillo interior de su chaqueta al llegar a Kiselny. Miró a derecha e izquierda en busca de un taxi. No había ninguno, como era de esperar. Frunciendo el entrecejo torció a la izquierda, en dirección al centro de la ciudad, y echó a andar vigilando por si aparecía un taxi.

Los dos hombres con chaqueta de cuero le vieron salir del callejón en dirección a ellos. Uno abrió la puerta trasera del coche y ambos montaron en él. Cuando el inglés se encontraba a diez metros de distancia los dos hombres sacaron sendas automáticas con silenciador. Nadie dijo una palabra y sólo dos balas fueron disparadas. Las dos alcanzaron al periodista en el pecho.

El impacto hizo detener a Jefferson, que a continuación cayó de rodillas al ceder sus piernas. El torso empezó a desplomarse, pero los dos asesinos habían cubierto ya la distancia que los separaba del periodista. Uno lo sostuvo mientras el otro rebuscaba en los bolsillos interiores de la chaqueta, sacando rápidamente la grabadora de uno y la cartera del otro.

Los dos hombres montaron en el coche y se alejaron a toda prisa. Una mujer que pasaba por allí miró el cuerpo tendido y pensó que sería otro borracho, pero al ver la sangre que goteaba se echó a gritar histéricamente. Nadie pudo tomar el número de la matrícula. De todos modos, era falsa.

8

Alguien que estaba en un restaurante cerca de donde había tenido lugar el asesinato oyó gritar a la mujer y, tras mirar afuera, marcó el 03 en el teléfono del local para llamar a una ambulancia.

Los enfermeros pensaron que se trataba de un paro cardíaco hasta que vieron los orificios de bala en la pechera de la chaqueta cruzada y la sangre que había debajo. Llamaron a la policía mientras la ambulancia se dirigía al hospital más próximo.

Una hora después el inspector Vassili Lopatin de la brigada de Homicidios contempló taciturno el cadáver tendido en una camilla de la unidad de traumatología del hospital Botkin, mientras el cirujano del servicio de noche se quitaba los guantes de goma.

—No hay nada que hacer —dijo el cirujano—. Una sola bala directa al corazón, y a quemarropa. Aún está dentro. La tendrá cuando le practiquen la autopsia.

Lopatin asintió. Pues qué bien. En Moscú había pistolas suficientes como para rearmar a todo el ejército y las posibilidades de encontrar el arma homicida, por no hablar de su propietario, eran prácticamente nulas, y él lo sabía. En el bulevar Kiselny había verificado que la mujer que había presenciado el asesinato brillaba por su ausencia. Al parecer había visto a dos asesinos y un coche.

En la camilla, la barba roja color jengibre apuntaba hacia arriba desde el pálido y pecoso cuerpo. La expresión de la cara era de suave sorpresa. Un enfermero cubrió el cadáver con una manta verde haciendo desaparecer el fulgor de aquellos ojos que ya no podían ver.

El cuerpo estaba desnudo. Sobre una mesilla reposaba la ropa del muerto y en una batea metálica varios efectos personales. El detective se aproximó y cogió la chaqueta, mirando la etiqueta de la parte interior del cuello. Palideció. Era un extranjero.

—¿Sabe qué pone aquí? —le preguntó al cirujano.

El médico examinó la etiqueta bordada en la chaqueta.

—L-a-n-d-a-u —leyó despacio y, bajo el nombre del sastre—: Bond Street.

—¿Y aquí? —Lopatin señaló la camisa.

—Marks & Spencer —leyó el cirujano—. Es de Londres —añadió servicial—. Creo que Bond Street también.

Hay más de veinte palabras en ruso para designar los excrementos humanos y las diferentes partes de los genitales masculinos y femeninos. Lopatin las repasó mentalmente todas. «Un turista inglés, santo Dios. Un atraco que se complica, y tiene que pasarle a un turista inglés.»

Revisó los efectos personales. No había demasiado. De calderilla nada, por supuesto; las monedas rusas habían perdido hacía tiempo todo su valor. Un pañuelo blanco pulcramente doblado, una pequeña bolsa de plástico, una sortija con sello y un reloj. Supuso que la mujer al gritar había impedido que los ladrones le quitaran el reloj de la muñeca izquierda o la sortija del dedo meñique.

Pero nada facilitaba una identificación. Y no había cartera. Volvió a las prendas de vestir. Los zapatos llevaban la palabra «Church» en la plantilla; eran típicos zapatos negros con cordones. Los calcetines, gris oscuro, no tenían inscripción, pero las palabras Mark & Spencer aparecían nuevamente en los calzoncillos. La corbata, según el médico, era de una tienda llamada Turnbull and Asser de Jermyn Street; Londres, sin duda.

Con más desesperación que esperanza, Lopatin volvió a la chaqueta. El enfermero había pasado una cosa por alto, algo duro en el bolsillo superior donde algunos hombres guardan las gafas. Sacó el objeto, una tarjeta de plástico duro, perforada.

Era una llave de hotel, no de las antiguas sino de las de estilo ordenador. Por razones de seguridad no llevaba el número de habitación —ahí estaba la gracia, para impedir robos—, pero sí el logotipo del hotel National.

—¿Dónde hay un teléfono? —preguntó.

De no haber sido agosto Benny Svenson, el gerente del National, habría estado en su casa. Pero los turistas abundaban y dos empleados estaban de baja por catarro. Estaba trabajando cuando le avisaron de centralita.

—Es la policía, señor Svenson.

El gerente pulsó el interruptor y le pasaron con Lopatin.

—¿Diga?

—¿Es usted el gerente?

—Sí, yo mismo. ¿Quién habla?

—Inspector Lopatin, de Homicidios, milicia de Moscú.

Svenson tragó saliva. El hombre había dicho Homicidios.

—¿Hay algún turista británico alojado en el hotel?

—Naturalmente. Más de uno. Una docena, creo. ¿Por qué?

—¿Reconoce esta descripción? Un metro setenta de estatura, pelo color jengibre, barba del mismo tono, chaqueta cruzada azul marino, corbata a rayas.

Svenson cerró los ojos y tragó saliva. Oh no, sólo podía ser el señor Jefferson. Se había cruzado con él en el vestíbulo aquella misma tarde.

—¿Por qué lo pregunta?

—Ha sido objeto de un atraco. Está en el Botkin. ¿Conoce ese hospital? El que hay cerca del Hipódromo.

—Sí, por supuesto. Pero usted acaba de decir que es de Homicidios.

—Me temo que ha muerto. Al parecer su cartera y todos los documentos personales han sido robados, pero dejaron una llave de plástico con el logotipo de su hotel.

Tras colgar, Benny Svenson permaneció unos minutos sentado ante su mesa consumido por el horror. En veinte años en el negocio de la hostelería jamás le habían asesinado a un huésped. Su única pasión fuera del trabajo era jugar al bridge, y recordó que uno de sus compañeros habituales trabajaba en la embajada británica. Consultó su agenda privada y buscó el número particular del diplomático.

Eran las doce menos diez y el hombre estaba durmiendo, pero despertó de golpe cuando Svenson le contó la noticia.

—Dios santo, Benny, ¿el periodista? ¿El que escribe en el *Telegraph*? No sabía que estaba en Moscú. Gracias por llamar.

Esto va a causar auténtica conmoción, pensó el diplomático al colgar el auricular. Los problemas de todo ciudadano británico, vivo o muerto, en el extranjero eran competencia del consulado, claro está, pero creyó que antes debía decírselo a una persona. Telefoneó a Jock MacDonald.

Moscú, junio de 1988

Valeri Kruglov llevaba diez meses en Moscú. Existía el riesgo de que un espía reclutado en el extranjero cambiara de opinión a su regreso y decidiera no hacer contactos, destruyendo los códigos, tintas y papeles que se le habían dado.

La agencia reclutadora no podía hacer nada ante esa contingencia, como no fuese denunciar al hombre, pero eso no le reportaría ninguna ventaja, aparte de ser una crueldad. Hacía falta mucha sangre fría para luchar contra una dictadura desde dentro, y no todo el mundo la tenía.

Monk, como era habitual en Langley, no establecía comparaciones entre quienes trabajaban contra el régimen de Moscú y un traidor norteamericano. Este podía traicionar a todo el pueblo americano y a su gobierno democráticamente elegido. Si lo atrapaban, recibiría un trato humanitario y podría contar con los servicios del mejor abogado.

En cambio, un ruso trabajaba contra una tiranía brutal que no representaba a más de un 10 por ciento de la nación. Si era apresado recibiría una paliza y sería ejecutado sin juicio previo, o enviado a un campo de trabajos forzados.

Pero Kruglov había mantenido su palabra. Se había comunicado tres veces a través de buzones falsos con documentos políticos de alto nivel extraídos del Ministerio de Asuntos Exteriores soviético. Esto permitió al Departamento de Estado conocer la posición negociadora de los soviéticos antes incluso de sentarse a negociar. Durante 1987 y 1988 los países satélites del Este estaban en plena revuelta —Polonia ya había escapado, Rumanía, Checoslovaquia y Hungría estaban a punto de estallar— y era de vital importancia saber qué pensaba hacer exactamente Moscú al respecto. Saber hasta qué punto se sentía débil o desmoralizada era de vital importancia. Kruglov se encargó de revelarlo.

Pero en mayo el agente Delfos señaló la necesidad de una entrevista. Tenía algo importante que comunicar y quería ver a su amigo Jason. Harry Gaunt estaba loco de inquietud.

—Lo de Yalta fue una temeridad. Aquí no dormía nadie. Usted salió airoso pero podía haber sido una trampa. Y esto también. De acuerdo, los códigos indican que Kruglov es honrado. Pero puede que le hayan descubierto, que se haya ido de la lengua. Y usted sabe demasiado.

—Pero Harry, en esta época hay cien mil turistas norteamericanos visitando Moscú. No es como en los viejos tiempos. El KGB no puede controlarlos a todos. Si la tapadera es buena, es un hombre entre cien mil. Tendrían que pillarme con las manos en la masa.

»¿Torturarían hoy a un ciudadano americano? La tapadera será perfecta. Soy muy prudente. Hablo ruso pero finjo que no. No soy más que un inofensivo papanatas yanqui en visita turística. No me saldré del papel hasta estar seguro de que no me vigilan. Confíe en mí.

Estados Unidos posee una enorme red de fundaciones interesadas en arte de cualquier clase y procedencia. Una de ellas estaba organizando a un grupo de estudiantes para visitar diversos museos de Moscú, y como punto culminante de la visita el famoso Museo de Arte Oriental en la calle Obukha. Monk se apuntó en calidad de estudiante maduro.

Los papeles y antecedentes del doctor Philip Peters no sólo eran perfectos sino genuinos cuando el grupo aterrizó en Moscú a mediados de junio. Kruglov estaba avisado.

El sempiterno guía ruso de Intourist fue a recibirlos; se hospedaron en el espantoso hotel Rossiya, casi tan grande como Alcatraz pero sin sus comodidades. Al tercer día visitaron el Museo de Arte Oriental. Monk se había aprendido la lección en Estados Unidos. Entre las vitrinas había grandes espacios abiertos donde confiaba poder controlar si alguien seguía a Kruglov.

Vio a su hombre al cabo de veinte minutos. Monk siguió dócilmente al guía y Kruglov se unió a la retaguardia del grupo. Cuando se encaminaba hacia la cafetería se convenció de que no había «sombra».

El Museo de Arte Oriental había abierto recientemente una cafetería, y todas las cafeterías tienen aseos. Tomaron algo por separado, pero Monk miró a Kruglov. Si había sido atrapado por el KGB y sometido a torturas, algo de ello se traslucirías en su mirada. Miedo, desesperación, alerta. Los ojos de Kruglov pestañearon de contento. O era el mejor doble de la historia o todo estaba en orden. Monk se levantó y fue al aseo de caballeros. Kruglov le siguió. Esperaron a que se marchara la única persona que había allí y después se fundieron en un afectuoso abrazo.

—¿Cómo estás, amigo?

—Bien. Estoy bien. Ahora tengo piso propio. Es estupendo disponer de intimidad. Mis hijos pueden ir a verme y yo puedo echarlos por la noche.

—¿Nadie sospechaba nada? Lo digo por el dinero.

—No; yo estuve fuera mucho tiempo. Ahora todo el mundo está dispuesto a dejarse sobornar. Cualquier diplomático importante se ha traído cosas del extranjero. Yo fui un ingenuo.

—Entonces es que algo está cambiando, y nosotros ponemos nuestro granito de arena —dijo Monk—. La dictadura acabará pronto y podrás vivir en libertad. Ya falta poco.

Entraron unos colegiales, orinaron ruidosamente y se fueron. Mientras tanto, los dos hombres se lavaban las manos. Monk, por precaución, dejó el grifo abierto. Era un viejo truco, pero a menos que el micrófono estuviera muy cerca o que quien hablaba levantase la voz, el ruido del agua normalmente frustraba la escucha.

A los diez minutos de charla Kruglov le entregó el paquete que llevaba consigo. Copias de documentos auténticos sacados del despacho del ministro de Asuntos Exteriores, Eduard Shevardnadze.

Se despidieron con un nuevo abrazo y salieron por separado. Monk volvió con su grupo y dos días después regresó en avión a su país. Pero antes dejó el paquete en el puesto de la CIA dentro de la embajada de Estados Unidos.

Los documentos revelaron que la URSS se estaba retirando de casi todos los programas de ayuda al Tercer Mundo, incluida Cuba. La economía se estaba resquebrajando y el fin se presentía próximo. Ya no podían utilizar al Tercer Mundo para chantajear a Occidente. Al Departamento de Estado le encantó saberlo.

Era la segunda visita encubierta de Monk a la URSS. Cuando regresó a Estados Unidos se enteró de que se había ganado un nuevo ascenso. Y también de que Nikolai Turkin, alias Lisandro, iba destinado a Berlín Oriental en calidad de jefe del directorio K dentro del complejo que el KGB tenía en dicha ciudad. Era una posición privilegiada, la única que daba acceso a todos los agentes que la URSS tenía en Alemania Federal.

El gerente de hotel y el jefe de puesto británico llegaron con una diferencia de segundos y fueron conducidos a una pequeña sala donde el inspector Lopatin los esperaba junto al cuerpo cubierto del periodista. Se hicieron las presentaciones oportunas. MacDonald dijo simplemente: «De la embajada.»

Lopatin necesitaba, antes que nada, una identificación definitiva. Eso no fue problema. Svenson había llevado consigo el pasaporte del asesinado y su foto no dejaba lugar a dudas. Svenson completó la identificación echando un vistazo a la cara.

—¿Causa de la muerte? —preguntó MacDonald.

—Un balazo al corazón —dijo Lopatin.

MacDonald examinó la chaqueta azul.

—Aquí veo dos orificios de bala —comentó apaciblemente.

Volvieron a examinar la prenda. Dos orificios de bala, pero sólo uno en la camisa. Lopatin miró nuevamente el cadáver. Sólo una bala en el pecho.

—La otra debió de darle en la cartera y allí se quedó incrustada —dijo, y sonrió lúgubremente—. Al menos esos cerdos no podrán utilizar las tarjetas de crédito.

—Debería volver al hotel —dijo Svenson. Se le veía realmente conmocionado. Si Jefferson hubiera aceptado la limusina que le había ofrecido el hotel...

MacDonald lo acompañó hasta la salida.

—Esto debe de ser terrible para usted —dijo compasivo. El sueco asintió con la cabeza—. Imagino que habrá una esposa en Londres que desea recuperar los efectos personales... ¿Podría usted recogerlos y hacer el equipaje? Le enviaré un coche mañana por la mañana. Muchas gracias.

De vuelta en la sala, MacDonald habló un momento con Lopatin.

—Amigo, aquí veo un problema. Este asunto es muy enojoso. Ese hombre tenía cierta fama, era periodista. Habrá publicidad. Su periódico tiene oficina aquí en Moscú. La noticia traerá cola, y el resto de la prensa extranjera se apuntará también. ¿Y si dejamos que la embajada se ocupe de ese aspecto? Los hechos están claros, ¿no le parece? Un atraco que acaba en asesinato. Es casi seguro que los atracadores le abordaron hablando en ruso, pero él no les entendió y, pensando que oponía resistencia, le dispararon. Una fatalidad. Pero así debió de ocurrir, ¿no cree?

Lopatin estuvo de acuerdo.

—Por supuesto, es lo que pensaba.

—Ya se ocupará usted de buscar a los asesinos, aunque entre nosotros, como profesionales que somos, ambos sabemos que le va a costar sudores. Deje el asunto de la repatriación del cadáver a los de nuestro consulado. Nosotros nos ocuparemos también de la prensa británica. ¿De acuerdo?

—Me parece sensato.

—Sólo necesitaré los efectos personales. Ya no tienen ninguna relación con el caso. La clave será la cartera, si es que aparece algún día; y las tarjetas de crédito, si es que alguien intenta usarlas, aunque lo dudo.

Lopatin contempló la batea con su magro contenido.

—Tendrá usted que firmar —dijo.

—Naturalmente. Prepare el formulario de entrega.

El hospital proporcionó un sobre y a él fueron a parar la sortija de sello, un reloj de oro con correa de piel de cocodrilo, un pañuelo doblado y una pequeña bolsa de plástico. MacDonald firmó el formulario y se llevó las cosas a la embajada.

Ambos ignoraban que los asesinos habían cumplido sus instrucciones pero cometiendo dos errores involuntarios. Se les había ordenado que cogieran la cartera con todos los documentos de identificación, incluido el carnet de identidad, y que recuperaran a toda costa el magnetófono. Ellos no sabían que los británicos no necesitan llevar encima un carnet de identidad dentro del Reino Unido y que sólo utilizan el pasaporte para viajar al extranjero. Es más, el antiguo pasaporte británico es un librillo rígido con tapas duras de color azul que apenas entra en un bolsillo interior y normalmente se deja en el hotel. También olvidaron la delgada llave de plástico que llevaba en el bolsillo superior. Ambas cosas proporcionaron la identificación de la víctima a las dos horas del crimen. Del segundo fallo tampoco se les podía culpar: una de las balas había impactado en la grabadora que colgaba sobre el pecho por dentro de la chaqueta, destruyendo el mecanismo sensible y la minúscula cinta, ahora inutilizable.

El inspector Novikov había concertado su entrevista con el jefe de personal en la sede central del partido para las diez de la mañana del 10 de agosto. Estaba un poco nervioso, pues temía que pudiesen echarlo con cajas destempladas de pura estupefacción.

El señor Zhilin lucía un traje gris oscuro con chaleco y un porte exquisito, acentuado por un bigote de cepillo y unas gafas sin aros. Tenía aspecto de burócrata de tiempos pasados, cosa que en efecto era.

—Tengo poco tiempo, inspector, procure ir al grano.

—Desde luego, señor. Estoy investigando la muerte de un hombre que pensamos podía ser un criminal. Un ladrón. Uno de nuestros testigos cree haberlo visto rondar por este edificio. Naturalmente, me preocupa que pudiera estar intentando entrar aquí por la noche.

Zhilin sonrió escuetamente.

—Lo dudo. Corren tiempos difíciles, inspector, y la seguridad de este edificio es muy rigurosa.

—Me alegro de saberlo. ¿Alguna vez ha visto a este hombre?

Zhilin miró la fotografía por una fracción de segundo y exclamo:

—¡Dios mío, es Zaitsev!

—¿Quién?

—Zaitsev, el hombre de la limpieza. ¿Dice que era un ladrón? Imposible.

—Hábleme de Zaitsev, por favor.

—No hay nada que contar. Fue contratado hace un año. Era un veterano del ejército y parecía de fiar. Venía todas las noches, de lunes a sábado, a limpiar los despachos.

—¿Y últimamente?

—Había desaparecido. Al tercer día tuve que contratar a un sustituto. Una viuda de guerra muy minuciosa.

—¿Cuándo dejó de venir?

Zhilin extrajo una carpeta de un archivador. Daba la impresión de tener fichas para todo.

—Aquí está. Son las hojas de trabajo. Vino como de costumbre el 15 de julio por la noche. Limpió como de costumbre. Se fue como de costumbre poco antes del alba. Pero desde entonces no se le volvió a ver. Ese testigo que menciona usted debió de verle salir de madrugada. Es normal. No estaba robando, estaba haciendo la limpieza.

—Eso lo explica todo —dijo Novikov.

—No exactamente —repuso Zhilin—. Ha dicho que era un ladrón.

—Dos noches después de salir de aquí al parecer participó en un atraco. Un piso de Kutuzovsky Prospekt. Fue identificado. Una semana después lo encontraron muerto.

—Menudo desvergonzado —dijo Zhilin—. Esta ola de crímenes es escandalosa. Ustedes deberían hacer algo al respecto.

Novikov se encogió de hombros.

—Lo intentamos. Pero ellos son muchos y nosotros pocos. Las altas instancias no nos ayudan demasiado.

—Eso cambiará, inspector, ya lo verá. —Zhilin tenía un brillo mesiánico en su mirada—. Dentro de seis meses el señor Komárov será nuestro presidente. Entonces sí cambiarán las cosas. ¿Ha leído sus discursos? Castigar severamente el crimen, eso es lo que siempre proclama. Es un gran hombre. Confío en que usted nos votará.

—Desde luego. Oiga, ¿tiene la dirección del hombre de la limpieza?

Zhilin la anotó en un trozo de papel.

La hija de Zaitsev estaba llorosa pero resignada. Miró la foto y asintió con la cabeza. Después miró hacia el catre pegado a la pared de la salita. Al menos ahora tendrán un poco más de espacio, pensó Novikov. Se lo diría a Volsky, pero estaba claro que allí no había dinero para un funeral. Que se ocupara de ello el ayuntamiento de Moscú. En el depósito de cadáveres, como en el piso, tenían problemas de espacio.

Al menos Volsky podría cerrar un expediente. En cuanto a Homicidios, el asesinato de Zaitsev iría a parar al armario como el otro 97 por ciento sin resolver.

Langley, septiembre de 1988

El Departamento de Estado proporcionó la lista de miembros de la delegación soviética a la CIA por pura rutina. Al debatirse por primera vez la posibilidad de organizar en Silicon Valley una conferencia sobre física teórica y mencionarse la idea de invitar a una delegación de la URSS, muy pocos habían esperado que aceptaran.

Pero hacia finales de 1987 las reformas de Gorbachov empezaban a surtir efecto y en Moscú se vislumbraba una clara relajación de las actitudes oficiales. Para sorpresa de los organizadores del seminario, Moscú accedió a enviar a un pequeño grupo de participantes.

Nombres y detalles fueron a parar a Inmigración, la cual pidió al Departamento de Estado que los verificara. Tan reservada había sido la URSS hasta aquel momento en asuntos científicos que Occidente apenas conocía un puñado de nombres estelares de la ciencia soviética.

La lista de participantes fue entregada a Monk en Langley. Él estaba casualmente disponible. Sus dos agentes en Moscú estaban colaborando estupendamente a través de buzones falsos, y el coronel Turkin se encontraba en Berlín Oriental facilitándoles un completo desglose de las actividades del KGB en Alemania Federal.

Monk pasó la lista con los ocho científicos soviéticos por los controles habituales pero no obtuvo nada. Ninguno de ellos era conocido por la CIA, y, por supuesto, ninguno había sido reclutado. Como Monk era muy tenaz cuando se le presentaba un problema, buscó una última comprobación. Aunque las relaciones entre la CIA y su homóloga nacional, el ala de contraespionaje del FBI, habían sido siempre tensas cuando no de abierto enfrentamiento, y desde el *affaire* Howard más bien esto último, decidió sin embargo probar allí.

No era fácil, pero Monk sabía que el FBI tenía una lista mucho más completa de ciudadanos soviéticos que habían obtenido asilo político en Estados Unidos que la propia CIA. Lo difícil no estaba en si el FBI cooperaría, sino en si los soviéticos dejarían que un científico con algún pariente en Estados Unidos abandonara la URSS. Lo normal era que no, porque tener familia en América era considerado por el KGB un grave problema de seguridad.

De los ocho nombres, dos aparecieron en el registro del FBI sobre peticiones de asilo. Un repaso reveló que uno de los nombres era pura coincidencia; la familia residente en Baltimore no tenía nada que ver con el científico ruso. El otro nombre era muy raro; una refugiada rusa de origen judío que había pedido asilo político en la embajada norteamericana en Viena cuando se encontraba en un campamento de tránsito en Austria y que posteriormente había dado a luz estando en Estados Unidos pero registrado a su hijo bajo otro nombre. La señora Yevgenia Rozina, residente en Nueva York, había registrado a su hijo con el nombre de Iván Ivánovich Blínov. Monk sabía que eso significaba Iván Hijo de Iván. No había duda de que el vástago había nacido fuera del matrimonio. ¿Fruto de una relación en Estados Unidos, en el campamento de tránsito o tal vez anterior? Uno de los nombres de la lista de científicos soviéticos era el profesor Iván Y. Blínov. Era un nombre poco corriente, que Monk no había visto jamás.

Tomó el tren a Nueva York e inició la búsqueda de la señora Rozina.

El inspector Novikov pensó que le daría la buena noticia a su colega Volsky tomando una cerveza después del trabajo. La cantina fue, de nuevo, el lugar adecuado; la cerveza era barata.

—Adivina dónde he estado esta mañana.

—En la cama con una bailarina ninfómana.

—No estaría nada mal. Pero he estado en la sede central de la UFP.

—¿Ese estercolero que tienen en el pasaje del Pescado?

—No, eso es para disimular. Komárov tiene su cuartel general en un chalet muy elegante cerca de Kiselny. Por cierto, la cerveza la pagas tú. Te he resuelto el caso.

—¿Cuál de ellos?

—El del vejete que encontraron cerca de la autopista de Minsk. Era el hombre de la limpieza de la UFP, hasta que se convirtió en ladrón para compensar un poco su sueldo. Aquí están los pormenores.

Volsky echó un vistazo a la solitaria hoja que Novikov le entregó.

—Últimamente los de la UFP no tienen suerte —dijo.

—¿Por qué lo dices?

—El secretario particular de Komárov se ahogó el mes pasado.

—¿Suicidio?

—No. Se fue a nadar y no volvió más. Bueno, exagero. Lo

pescaron río abajo la semana pasada. Tenemos un forense muy espabilado. Encontró un anillo de boda con su nombre.

—¿Y cuándo dice esa joya de forense que el hombre se metió en el agua?

—A mediados de julio.

Novikov reflexionó. Tendría que haber sido él quien invitara a cerveza. Al fin y al cabo, no tardaría en recibir mil libras esterlinas del inglés. Ahora podía permitirse un extra.

Nueva York, septiembre de 1988

Rondaba los cuarenta y era morena, vivaz y guapa. Monk esperaba en el vestíbulo del bloque de apartamentos cuando ella llegó de recoger a su hijo en el colegio. El niño tenía ocho briosos años.

La risa abandonó la cara de Rozina cuando él se presentó como funcionario de Inmigración. Para cualquier inmigrante, aun con los papeles en regla, la palabra inmigración basta para inspirar preocupación, cuando no miedo. No quedaba otro remedio que hacerle pasar.

El chico se aplicó a sus deberes ante la mesa de la cocina del pequeño pero pulcro apartamento mientras ellos hablaban en la salita. La mujer estaba a la defensiva y en guardia.

Pero Monk no era como los rudos y adustos funcionarios que ella había conocido a lo largo de sus esfuerzos para ser admitida en Estados Unidos hacía ocho años. Él era simpático y tenía una sonrisa encantadora, y ella se fue tranquilizando.

—Ya sabe usted cómo es la administración, señora Rozina. Expedientes, expedientes y más expedientes. Si no falta nada, el jefe está contento. ¿Y luego, qué? Nada. A acumular polvo en algún archivo. Pero cuando falta algo, el jefe se pone nervioso. Y entonces mandan a un pobre funcionario para que ultime los detalles.

—¿Qué quiere saber? Mis papeles están en regla. Trabajo como economista y traductora y pago mis impuestos. En fin, no le cuesto nada a Estados Unidos.

—Todo eso lo sabemos, señora. No se trata de ninguna irregularidad en sus papeles. Usted es ciudadana norteamericana. Hasta aquí todo en orden. Es sólo que usted registró al pequeño Iván bajo otro nombre. ¿Por qué hizo eso?

—Le puse el nombre de su padre.

—Claro. Mire, estamos en 1988. Que una pareja no casada tenga un hijo no es ningún problema. Pero un expediente es un expediente. ¿Le importaría decirme cómo se llama el padre? Por favor.

—Iván Yevdokimovich Blínov —dijo la mujer.

Bingo. El nombre de la lista. Difícilmente podía haber dos nombres iguales en toda Rusia.

—Le amaba usted mucho, ¿verdad?

De pronto ella puso cara de estar mirando un recuerdo muy lejano.

—Sí —susurró.

—Hábleme de Iván.

Entre sus diversas habilidades Jason Monk tenía la de conseguir que la gente le abriera el corazón. Durante las dos horas que el muchacho tardó en hacer sus deberes de matemáticas, ella le habló del padre.

Nacido en Leningrado en 1938, era hijo de un catedrático de física y una profesora de matemáticas. El padre sobrevivió de milagro a las sucesivas purgas estalinistas anteriores a la guerra, pero murió durante el bloqueo alemán en 1942. La madre, con el pequeño Vanya de cinco años en brazos, fue rescatada y pudo huir de la ciudad en un convoy de camiones atravesando el lago Ladoga en el verano de 1942. Se instalaron en una pequeña ciudad de los Urales donde el chico creció bajo los cuidados de la madre, que siempre esperó verlo convertido en alguien tan brillante como su padre.

A los dieciocho el joven se trasladó a Moscú para ingresar en el más prestigioso centro de educación superior de la URSS, el Instituto Físico y Tecnológico. Para su sorpresa, fue aceptado. Pese a que sus antecedentes eran modestos, la fama del padre, la dedicación de la madre, tal vez los genes y desde luego sus esfuerzos personales inclinaron la balanza. Detrás de un nombre tan recatado, el instituto era el lugar donde se fraguaban los mejores diseñadores de armas atómicas.

Seis años después, siendo todavía joven, Blínov recibió una oferta para trabajar en una ciudad científica tan secreta que hubieron de pasar años hasta que Occidente tuvo noticia de ella. Para el joven prodigio, Arzamas-16 se convirtió a la vez en un hogar privilegiado y en una prisión.

Las condiciones de vida eran de lujo para lo corriente en la URSS. Un pequeño apartamento, pero para él solo, mejores tiendas que en cualquier otro punto del país, un salario más elevado e ilimitadas posibilidades para la investigación, todo ello a su alcance. Lo que no tenía era el derecho a marcharse de allí.

Una vez al año podían disfrutar de vacaciones en un lugar autorizado, con generosos descuentos. Después había que volver al interior de la alambrada, al correo interceptado, a los teléfonos pinchados y las amistades controladas.

Antes de cumplir los treinta conoció y se casó con Valya, una joven bibliotecaria y profesora de inglés. Ella le enseñó el idioma para que él pudiera leer en el original las publicaciones técnicas que llegaban de Occidente. Al principio fueron felices, pero poco a poco la imposibilidad de tener un hijo fue amargando su existencia.

En otoño de 1977 Iván Blínov estaba en la estación termal de Kislovodsk en el Cáucaso septentrional cuando conoció a Zhenya Rozina.

Ella tenía veintinueve años, diez menos que él, divorciada y natural de Minsk. También sin hijos. Vivaracha, irreverente, oyente habitual de las «voces» (la Voz de América y la BBC) y lectora de atrevidas revistas como *Poland*, impresa en Varsovia y mucho más liberal y versátil que las espantosas y dogmáticas publicaciones soviéticas. El científico quedó prendado de ella.

Acordaron cartearse, pero como Blínov sabía que sus cartas serían interceptadas, le pidió a ella que escribiera a un amigo suyo de Arzamas-16 cuyo correo no era vigilado.

En 1978 volvieron a verse, de mutuo acuerdo, esta vez en un lugar de veraneo a orillas del mar Negro. El matrimonio de Blínov estaba en su recta final. La amistad con Zhenya se convirtió en una tórrida pasión. Volvieron a verse por tercera y última vez en Yalta en 1979, comprobando que aún estaban enamorados pero que su amor era imposible.

Él veía que no podía divorciarse. De haber habido otro hombre en la vida de su esposa todo habría sido distinto. Pero no era así; ella no era guapa. Aunque sí había sido una esposa fiel durante quince años. Pero el amor había muerto y no tenía remedio. Seguían siendo amigos y él no podía ultrajarla con el divorcio, menos aún en la pequeña comunidad donde ambos vivían.

Zhenya no puso reparos, pero por otra razón, algo que no le había dicho antes: si se casaban sería el fin de su carrera. Ella era judía, y con eso bastaba. Había solicitado ya al OVIR, Departamento de Visados y Permisos, autorización para emigrar a Israel. Con Brezhnev en el poder había un nuevo decreto. Se besaron, hicieron el amor y ya no volvieron a verse más.

—El resto ya lo conoce —dijo ella.

—Ese campamento de tránsito, ¿fue donde contactó con nuestra embajada?

—Sí.

—¿Y lo de Iván Ivánovich?

—Seis semanas después de las vacaciones en Yalta supe que estaba encinta. Iván nació aquí, es ciudadano americano. Al menos él podrá vivir en libertad.

—¿Alguna vez le escribió para contárselo?

—¿Con qué objeto? —repuso ella amargamente—. Está casado. Vive en una cárcel de lujo, pero es un preso como cualquier otro. ¿Qué podía hacer yo? ¿Recordarle lo de aquel día? ¿Hacerle anhelar algo que no puede tener?

—¿Le ha hablado a su hijo de su padre?

—Sí. Le he dicho que su padre es un hombre importante y bondadoso que vive muy lejos.

—Las cosas están cambiando —dijo Monk—. Hoy en día podría viajar a Moscú sin problemas. Tengo un amigo que va a menudo a Moscú. Es empresario. Usted podría escribir a ese hombre de Arzamas-16 al que no le censuran el correo y pedirle a Blínov que vaya a Moscú.

—¿Por qué? ¿Para decirle qué?

—Debería saber que tiene un hijo —dijo Monk—. Deje que le escriba el chico. Yo me ocuparé de que el padre reciba la carta.

Antes de acostarse, el niño escribió en correcto aunque imperfecto ruso una carta de dos páginas que empezaba así: «Querido papá...»

Gracie Fields volvió a su embajada a mediodía del día 11. Cuando fue al despacho de MacDonald se encontró al jefe de puesto sumido en lúgubres pensamientos.

—¿Burbuja? —dijo el mayor de los dos. Fields asintió.

Cuando estuvieron en la sala de conferencias A, Fields arrojó sobre la mesa una fotografía de la cara de un viejo muerto. Era una de las que habían tomado en el bosque, parecida al retrato que el inspector Chernov había llevado a la embajada.

—¿Has visto a tu hombre?

—Sí. Y la cosa es bastante preocupante. Era el encargado de la limpieza en la sede de la UFP.

—¿De la limpieza?

—Así es. El invisible hombre de la limpieza. Iba allí cada noche, de lunes a sábado, pero nadie reparaba en él. Llegaba a eso de las diez, limpiaba las oficinas de punta a punta y se iba antes del amanecer. Era un pobre diablo que vivía en un cuchitril. Pero hay más.

Fields le contó la historia de Akópov, el ex secretario particular de Igor Komárov, que había decidido ir a darse un imprudente, y a la postre fatal, baño en el río a mediados de julio.

MacDonald se levantó y empezó a pasearse por la sala.

—Se supone que en nuestro trabajo debemos atenernos a los hechos y nada más que a los hechos —dijo—. Pero permitámonos una pequeña conjetura. Akópov dejó el maldito documento sobre su mesa. El hombre de la limpieza lo vio y le echó un vistazo, no le gustó lo que leyó y decidió robarlo. ¿Tiene sentido?

—Yo diría que sí, Jock. El documento se echa en falta al día siguiente, Akópov es despedido, pero como lo ha visto no puede seguir en este mundo. Y se va a nadar con dos tipos robustos que no le dejan sacar la cabeza del agua.

—Seguramente le empujaron y después lo arrojaron al río —musitó MacDonald—. El viejo no aparece y entonces caen en la cuenta. Se inicia la caza del viejo. Pero él ya ha arrojado el documento al coche de Celia Stone.

—Pero ¿por qué ella, Jock?

—No lo sabremos nunca. Quizá sabía que ella trabajaba en la embajada. Dijo algo sobre entregar el documento al embajador a cambio de la cerveza. Pero ¿qué cerveza?

—En fin, el caso es que dan con él —sugirió Fields—. Le aprietan las tuercas y el viejo canta. Luego lo liquidan y dejan el cadáver en el bosque. ¿Cómo encontraron el piso de Celia Stone?

—Debieron seguir el coche. Desde aquí. Ella no se dio cuenta. Averiguaron dónde vivía, sobornaron a los guardias del bloque, registraron el coche. Como no encontraron nada, subieron al apartamento. Y entonces llegó ella.

—Así que Komárov sabe que su precioso documento ha desaparecido —dijo Fields—. Sabe quién lo cogió y sabe dónde lo arrojó. Pero no que nadie le haya echado un vistazo. Además, Celia podía haberlo tirado a la basura. En Rusia cualquier chiflado envía peticiones a los poderosos. Son como hojas de otoño. Puede que Komárov ignore lo que ha pasado después.

—Ahora ya lo sabe —dijo MacDonald.

De su bolsillo sacó un pequeño magnetófono que había pedido prestado a una mecanógrafa aficionada a la música. Luego introdujo un pequeño casete.

—¿Qué es eso? —preguntó Fields.

—Esto, amigo mío, es la grabación de la entrevista a Igor Komárov. Una hora en cada cara.

—Pero ¿los asesinos no se habían llevado el aparato?

—En efecto. Y también consiguieron atravesarlo con una bala. Encontré fragmentos de metal y plástico en el bolsillo interior derecho de la chaqueta de Jefferson. No fue la cartera lo que tocaron, sino la grabadora. Para que la cinta no pudiera ser reproducida.

—Pero.

—Pero el quisquilloso de Jefferson, el muy jodido, debió pararse en plena calle, sacar su preciada entrevista y meter una cinta nueva en la grabadora. Ésta fue encontrada en una bolsa de plástico especial en el bolsillo del pantalón. Creo que explica su muerte. Escucha.

MacDonald conectó el aparato. La voz del periodista muerto inundó la habitación.

«Señor presidente, en materia de asuntos exteriores, y concretamente en lo relativo a las relaciones con las otras repúblicas de la URSS, ¿cómo piensa garantizar el renacer de la gloria de la nación rusa?»

Tras una breve pausa Kuznetsov empezaba a traducir. Cuando terminaba, había una pausa más larga y luego el sonido de unos pasos sobre la alfombra. Alguien pulsaba el *stop*.

—Alguien salió de la habitación —dijo MacDonald.

El micro volvía a funcionar; oyeron la voz de Komárov respondiendo a la pregunta. No sabían cuánto tiempo había estado parada la grabadora. Pero justo antes del clic se oía a Kuznetsov diciendo: «Estoy seguro de que el presidente no...»

—No lo entiendo —dijo Fields.

—Es ridículamente sencillo, Gracie. Yo traduje esos papeles al inglés. Por la noche, cuando estuve en Vauxhall Cross. Fui yo quien tradujo la frase *«vozrozhdeniye vo slavu russkogo naroda»* como «el renacer de la gloria de la nación rusa», porque eso significa.

»Marchbanks lo leyó. Él debió de mencionar esa frase al director del periódico, quien se la mencionó a Jefferson. A éste le gustó y la sacó a relucir en su entrevista a Komárov. El muy cabrón tuvo que escuchar sus propias palabras dichas por otro. Yo nunca había oído esa expresión anteriormente.

Fields reprodujo el pasaje en cuestión. Cuando Jefferson terminaba, Kuznetsov traducía al ruso. Para «el renacer de la gloria» empleaba las palabras *«vozrozhdeniye vo slavu»*.

—Dios mío —mascullió Fields—. Komárov seguramente creyó que Jefferson había leído todo el documento, y en ruso. Debió de suponer que Jefferson era uno de los nuestros y que lo estaba poniendo a prueba. ¿Crees que lo hizo la Guardia Negra?

—No. Yo diría que Grishin contrató a sus amigos del hampa. Un trabajo rápido. Si hubieran tenido más tiempo se lo habrían llevado de la vía pública y le habrían interrogado a placer. Su misión era silenciarlo para siempre y recuperar esa cinta.

—Y bien, Jock, ¿qué piensas hacer ahora?

—Volver a Londres. Las cartas están sobre la mesa. Nosotros lo sabemos y Komárov sabe que lo sabemos. El jefe dijo que quería pruebas de que el documento no era falso. Tres hombres han muerto ya por causa de esos papeles. No sé qué otras pruebas puede necesitar.

San José, noviembre de 1988

Silicon Valley traza una línea recta entre la sierra de Santa Cruz al oeste y el monte Hamilton al este. Se extiende desde Santa Clara hasta Menlo Park, que eran sus límites en 1988. A partir de entonces se ha ido ensanchando.

El nombre procede de la asombrosa concentración de casi dos mil industrias y centros de investigación dedicados a lo más alto de la alta tecnología.

La cita científica internacional de noviembre de 1988 se celebró en la principal ciudad del valle, San José, antigua misión española y actualmente una gran urbanización de torres resplandecientes. Los ocho miembros de la delegación soviética fueron alojados en el San José Fairmont. Jason Monk se hallaba en el vestíbulo del hotel cuando llegaron.

Los ocho en cuestión iban acompañados de una fuerte escolta. Algunos procedían de la embajada soviética en Nueva York, uno del consulado en San Francisco, y cuatro habían llegado de Moscú. Monk esperó tomando un té con hielo. Vestía un traje de tweed y tenía un ejemplar de *New Scientist* a su lado. Eran cinco en total, evidentemente del KGB en misión protectora.

Antes de ir a Silicon Valley, Monk había mantenido una larga sesión con un importante físico nuclear del laboratorio Lawrence Livermore. El hombre se mostró entusiasmado ante la posibilidad de conocer por fin al físico soviético profesor Blínov.

—Ese individuo es un verdadero enigma. Se ha convertido en una eminencia en sólo diez años —le había dicho el físico americano—. Nos llegaron las primeras noticias de él hace más o menos ese tiempo. Primero triunfó en la URSS, pero los agentes secretos no le dejaban publicar nada en el extranjero.

»Sabemos que obtuvo el premio Lenin, además de un rosario de galardones. Debe de recibir invitaciones a diario para dar conferencias en el extranjero, nosotros le mandamos dos, pero tuvimos que remitirlas al Presídium de la Academia de las Ciencias. Siempre nos decían "es imposible".

»Blínov ha hecho una gran contribución y supongo que esperaba el reconocimiento internacional, todos somos humanos, así que probablemente fue la academia la que declinó las invitaciones. Y ahora viene a Estados Unidos. Va a hablar sobre la física de partículas, y yo estaré allí.

«También yo», había pensado Monk.

Ahora, esperó a que el científico hubiera concluido su discurso. La ovación fue cerrada. Escuchando las conferencias y paseando durante las pausas, tuvo la sensación de que todos hablaban en marciano. No entendía ni jota.

En el hotel, Monk no tardó en convertirse en una figura familiar con su traje de tweed, sus gafas colgando del cuello y un puñado de revistas especializadas bajo el brazo. Hasta los cuatro KGB y un GRU habían dejado de escrutarlo.

La noche anterior a la partida de la delegación soviética, Monk esperó a que el profesor Blínov se hubiera retirado a su habitación y luego llamó a su puerta.

—Sí —dijo alguien en inglés.

—Servicio de habitaciones —dijo Monk.

La puerta se abrió lo que daba de sí la cadena. El profesor se asomó y vio a un hombre con una fuente repleta de fruta coronada por una cinta rosa.

—Yo no he pedido nada.

—Desde luego, señor. Soy el director de noche. Esto es de parte del gerente.

Después de cinco días el profesor Blínov estaba todavía perplejo ante aquella extraña sociedad de consumo ilimitado. Las únicas cosas que reconocía eran las conversaciones científicas y las fuertes medidas de seguridad. Pero una fuente de fruta gratis era una novedad para él. Para no parecer descortés quitó la cadena, cosa que el KGB le había aconsejado no hacer. Quién mejor que ellos para saber de llamadas a medianoche.

Monk entró en la habitación, dejó la fuente, se volvió y cerró la puerta. La alarma saltó a los ojos del profesor.

—Sé quien es usted. Váyase o llamaré a mi escolta.

Monk sonrió y empezó a hablar en ruso.

—Por supuesto, profesor, me iré enseguida. Pero antes tengo algo para usted. Primero léalo y luego llame a quienquiera.

Desconcertado, el científico cogió la carta del chico y se detuvo en la primera línea.

—¿Qué significa este disparate? —protestó—. Se cuela en mi habitación y luego...

—Permita que hablemos cinco minutos nada más. Después me iré sin alborotar. Pero primero escuche, por favor.

—Nada de lo que pueda decir me interesa. Ya me han advertido de cómo las gastan ustedes...

—Zhenya está en Nueva York —dijo Monk.

El profesor se quedó boquiabierto. A sus cincuenta años, tenía el pelo gris y aparentaba más edad. Se agachó y cogió las gafas para leer. Miró a Monk después de ponérselas y se sentó en la cama.

—¿Zhenya? ¿Aquí, en América?

—Después de sus vacaciones en Yalta, ella obtuvo el permiso para irse a Israel. En un campamento de tránsito en Austria contactó con nuestra embajada y nosotros le proporcionamos un visado de entrada en Estados Unidos. Ella había caído en la cuenta de que estaba embarazada. Ahora lea la carta, por favor.

El profesor leyó poco a poco, estupefacto. Al terminar sostuvo en alto las dos hojas de papel crema y miró hacia la pared opuesta. Se quitó las gafas y se frotó los ojos. Lentamente, dos lágrimas resbalaron mejillas abajo.

—Tengo un hijo —susurró—. Santo cielo, tengo un hijo.

Monk se sacó una fotografía del bolsillo y se la tendió. El chico llevaba una gorra de béisbol y lucía una gran sonrisa. Tenía pecas y un diente astillado.

—Iván Ivánovich Blínov —dijo Monk—. Él no le ha visto nunca. Sólo una foto de usted y su madre en el mar Negro. Pero le quiere a rabiar.

—Tengo un hijo —repitió aquel hombre que podía diseñar bombas de hidrógeno.

—También tiene esposa —murmuró Monk.

Blínov meneó la cabeza.

—Valya murió de cáncer el año pasado.

Monk se quedó de piedra. Blínov era libre. Tal vez querría quedarse en Estados Unidos. El plan no era éste. Blínov había hecho una declaración preventiva.

—¿Qué es lo que quieren?

—Queremos que dentro de dos años acepte una invitación para dar una conferencia en Occidente y que se quede aquí. Lo traeremos en avión y vivirá bien. Será catedrático en una distinguida universidad, tendrá una casa grande en las afueras y dos coches. Y Zhenya e Iván estarán con usted. Para siempre. Los dos le quieren mucho y yo creo que usted también a ellos.

—¿Dos años?

—Sí. Dos años más en Arzamas-16. Pero necesitamos saberlo todo, ¿me comprende?

Blínov asintió.

Antes de salir, Monk le hizo memorizar la dirección de Berlín Oriental y aceptar el bote de espuma para el afeitado que contenía el frasquito de tinta invisible para redactar la carta. Era imposible infiltrarse en Arzamas-16. Tendría que haber una única entrevista con su correspondiente entrega, y un año después la huida con todo lo que pudiera reunir.

Mientras se dirigía hacia el vestíbulo, una vocecita le dijo a Jason Monk por dentro: «Eres un cerdo. Deberías haberle dejado quedarse aquí, ahora.» Y otra voz le dijo: «No estás en el departamento de reagrupación familiar, eres un jodido espía y nada más. Ése es tu único cometido.» Y el Jason Monk real se juró que algún día Iván Yevdokimovich Blínov viviría en Estados Unidos con su mujer y su hijo, y que Tío Sam le resarciría minuto a minuto por esos dos años de espera.

La reunión tuvo lugar dos días después en el despacho de sir Henry Coombs en la planta superior de Vauxhall Cross, conocida jocosamente como Palacio de la Luz y la Cultura. El calificativo había sido idea de Ronnie Bloom, un especialista en Oriente, fallecido ya, que había encontrado una vez en Pekín un edificio con ese nombre. El lugar parecía contener muy poca luz y no demasiada cultura, lo que le recordó su propio cuartel general en Century House.

Estaban también presentes dos controladores —países del Este y del Oeste—, Marchbanks como jefe de la sección Rusia, y MacDonald. Fue éste quien informó durante casi una hora, respondiendo de paso a ocasionales preguntas de sus superiores.

A instancias de Coombs, cada uno dio su opinión. Hubo unanimidad: debía suponerse que el Manifiesto Negro había sido efectivamente robado y que era un verdadero anteproyecto de lo que Komárov pretendía hacer cuando llegara a la presidencia: crear una tiranía de partido único con una política agresiva hacia el exterior y de genocidio en el interior.

—¿Querrá poner por escrito todo lo que nos ha dicho, Jock? Para la noche, por favor. Tendré que llevarlo más arriba. Y creo que también deberíamos compartirlo con nuestros colegas de Langley. Sean, ¿se ocupará usted de eso?

El controlador de los países del Oeste asintió. El jefe se puso en pie.

—Un asunto muy preocupante. Hay que atajarlo como sea, por supuesto. Necesitamos luz verde de los políticos para pararle los pies a ese hombre.

Pero lo que de hecho pasó fue que poco antes de terminar agosto sir Henry Coombs recibió una invitación para reunirse con el funcionario público de mayor rango en la sede del Foreign Office.

En calidad de subsecretario permanente, sir Reginald Parfitt no sólo era colega del jefe del SIS sino uno de los llamados Cinco Sabios que, con sus equivalentes en Hacienda, Defensa, Interior y gabinete ministerial, ofrecerían al primer ministro sus recomendados para suceder al jefe del SIS. Ambos hombres tenían una relación amistosa y eran perfectamente conscientes de que regían sobre muy distintas circunscripciones.

—Ese maldito documento que tus amigos sacaron de Rusia el mes pasado... —dijo Parfitt.

—El Manifiesto Negro.

—Sí. Buen título. ¿De tu cosecha, Henry?

—De mi jefe de puesto en Moscú. Nos pareció muy apropiado.

—Desde luego. Bien, lo saben los americanos, pero no lo hemos dicho a nadie más. Y el asunto ha llegado lo más alto que podía llegar. Nuestro propio amo y señor —se refería al ministro de Exteriores— lo hojeó antes de irse de vacaciones a la Toscana. Y lo mismo el secretario de Estado americano. Naturalmente, la repulsa ha sido unánime.

—¿Habrá alguna reacción, Reggie?

—¿Reacción? Oh sí, bueno, ése es el problema. Un gobierno reacciona oficialmente ante otro gobierno, pero no contra un político extranjero en la oposición. Oficialmente, este documento —golpeo con el dedo la copia del manifiesto que tenía sobre el cartapacio— es como si no existiera. Oficialmente no se puede decir que estemos en posesión del mismo, ya que indudablemente es robado. Me temo que la consecuencia de todo ello es que, oficialmente, el gobierno no puede hacer nada.

—Eso, oficialmente —murmuró Henry Coombs—. Pero nuestro gobierno, con su infinita sabiduría, ha previsto la existencia de mi servicio precisamente al objeto de poder actuar, si la ocasión lo requiere, extraoficialmente.

—Por supuesto, Henry. Y sin duda te estarás refiriendo a algún tipo de acción encubierta. —Al pronunciar las dos últimas palabras la expresión de sir Reginald se asemejó a la que pondría si por la ventana se colase algún olor pestilente.

—No sería la primera vez que desestabilizamos a un maníaco peligroso, Reggie. Con mucha discreción.

—Pero con poco éxito, Henry. Y ahí está el problema. Todos nuestros jefes políticos a ambos lados del Atlántico parecen opinar que por más secreto que algo pueda parecer en su momento, al final siempre acaba filtrándose. Nuestros amigos americanos tienen una lista interminable de asuntos que les producen insomnio: Watergate, Irangate, Contragate. Y aquí se recuerdan bien todas aquellas filtraciones, seguidas de las comisiones de investigación y sus malditos informes. Sobornos en el Parlamento, venta de armas a Irak... ¿Me explico, Henry?

—En otras palabras, no tienen huevos.

—Tan vulgar y directo como siempre. Siempre has tenido el don de la frase delicada. Yo no creo que ninguno de los gobiernos haya pensado en ampliar el comercio o los créditos cuando ese hombre llegue al poder, si llega. Pero eso es todo. En cuanto a medidas concretas, la respuesta es no.

Parfitt acompañó al jefe del SIS hasta la puerta. Sus chispeantes ojos azules se clavaron en los del jefe de espías sin una pizca de humor.

—Ah, Henry, y cuando dicen no es que no.

Mientras el sedán con chófer surcaba los muelles del adormecido río Támesis de vuelta a Vauxhall Cross, sir Henry Coombs no pudo sino aceptar la cruda realidad de la decisión intergubernamental. Antiguamente bastaba con un apretón de manos para que la discreción se diera por garantizada. Durante la pasada década —con las filtraciones oficiales convertidas en una de las pocas industrias en expansión— sólo las firmas eran suficientes. Ahora ni en Londres ni en Washington había nadie dispuesto a poner su firma en una orden al servicio secreto para adoptar una medida enérgica que impidiera el progresivo avance de Igor Viktorovitch Komárov.

Vladimir, julio de 1989

El doctor Philip Peters, académico norteamericano, había estado ya una vez en la URSS, aparentemente para deleitarse en su inofensiva pasión por el estudio del arte oriental y las antigüedades rusas. Nada había sucedido, nadie había arqueado una ceja.

Doce meses después seguían llegando turistas a Moscú, y los controles eran todavía más relajados. La pregunta que se le planteaba a Monk era si utilizar de nuevo al doctor Peters. Decidió que sí.

La carta del profesor Blínov no dejaba dudas. Había conseguido una buena cosecha que abarcaba todas las preguntas científicas para las que Estados Unidos necesitaba respuesta. La lista había sido elaborada tras largas discusiones con los más altos estamentos de la ciencia norteamericana incluso antes de que Monk irrumpiera en la habitación del hotel Fairmont e Iván Blínov aceptara el reto. Y ahora el ruso estaba preparado para hacer una entrega. El problema era que le iba a resultar muy difícil ir a Moscú. Y levantaría sospechas.

Pero puesto que Gorky era otra de las ciudades repletas de instituciones científicas, y a sólo noventa minutos en tren desde Arzamas-16, Blínov podía trasladarse allí. Tras las consabidas protestas, el KGB le había ahorrado la sombra que le asignaba siempre que abandonaba la zona de investigaciones atómicas. «Si he ido a California —se decía Blínov—, ¿por qué no puedo ir a Gorky?» Hasta el comisario político podía entenderlo. Libre de vigilancia, podía tomar otro tren hasta la ciudad de Vladimir. Pero nada más. Tenía que estar de regreso al anochecer. La cita tendría lugar el 19 de julio bajo la galería oeste de la catedral de la Asunción, a las doce del mediodía.

Monk estuvo estudiando durante dos semanas la ciudad de Vladimir, ciudad medieval famosa por sus dos suntuosas catedrales. La mayor es la de la Asunción, rica en obras de Rublev, el pintor del siglo XV; la pequeña es la de San Demetrio.

El departamento de investigación de Langley no pudo encontrar ningún grupo de turistas que previese ir a algún punto cercano a Vladimir. Viajar como turista en solitario era muy arriesgado; los grupos daban protección. Finalmente dieron con un clan de entusiastas de la arquitectura religiosa de la vieja Rusia que había organizado una visita a Moscú a mediados de julio, incluyendo excursión en autocar al fabuloso monasterio de la Trinidad-San Sergio en Zagorsk el día 19. El doctor Philip Peters se apuntó.

Con su acostumbrada maraña de rizos entrecanos y su guía turística pegada a la nariz, el doctor Peters visitó durante tres días las soberbias catedrales del Kremlin. Al término del tercer día la guía de Intourist les dijo que estuvieran a las siete y media en el hotel para tomar el autocar a Zagorsk la mañana siguiente.

A las siete y cuarto el doctor Peters envió una nota diciendo que sufría fuertes molestias estomacales y que prefería quedarse en cama. A las ocho en punto salió tranquilamente del Metropol y fue andando hasta la estación de Kazan, donde tomó el tren para Vladimir. Poco antes de las once ponía el pie en la ciudad catedralicia.

Como suponía, la ciudad estaba llena de turistas, pero Vladimir no guardaba secretos de Estado y la vigilancia a los turistas era casi inexistente. Compró un prospecto y deambuló por la catedral de San Demetrio admirando los mil trescientos bajorrelieves de fieras, aves, flores, glifos, santos y profetas que adornaban los muros exteriores.

A las doce menos diez recorrió paseando los trescientos metros que le separaban de la catedral de la Asunción y se acercó a admirar las pinturas murales de Rublev bajo la galería oeste. Oyó una tos a su espalda. «Si le han seguido, soy hombre muerto», pensó.

—Hola profesor, cómo está usted —dijo con calma, sin apartar los ojos de las brillantes pinturas.

—Estoy bien pero muy nervioso —dijo Blínov.

—Y quién no.

—Tengo algo para usted.

—Y yo para usted. Una carta de Zhenya. Otra del pequeño Iván con unos dibujos que hizo en el colegio. Por cierto, creo que ha heredado su inteligencia. El profesor de matemáticas dice que aventaja con mucho a sus compañeros.

Pese a lo asustado que estaba y el sudor que le perlaba la frente, el científico pareció radiante de satisfacción y orgullo paterno.

—Sígame despacio —dijo Monk— y prosiga mirando las pinturas.

Se alejó un poco para poder cubrir visualmente la totalidad de la galería. Una vez a solas, entregó al profesor el paquete de cartas que había traído de Estados Unidos y una segunda lista de tareas elaborada por los físicos nucleares. La lista fue a parar al bolsillo interior de Blínov. Lo que éste tenía para Monk abultaba mucho más; era un fajo de documentos de dos centímetros de grosor que Blínov había fotocopiado en Arzamas-16.

A Monk no le gustó aquello, pero no había más remedio; metió el fajo de papeles por dentro de su camisa y luego se lo pasó a la espalda. Después le estrechó la mano con una sonrisa.

—Valor, Iván Yevdokimovich, ya falta poco. Un año más.

Partieron. Blínov para volver a Gorky y de allí a su jaula dorada, y Monk para coger el tren de regreso a Moscú. Estaba de nuevo en la cama y el envío ya depositado en la embajada de Estados Unidos cuando el autocar volvió de Zagorsk. Todo el mundo se interesó por él, diciéndole que se había perdido la visita de su vida.

El 20 de julio el grupo partió de Moscú sobrevolando el Ártico camino de Nueva York. La misma noche otro reactor llegaba al aeropuerto J. F. Kennedy, pero procedente de Roma. En él viajaba Aldrich Ames, que volvía de tres años en Italia para reanudar sus funciones como espía del KGB en Langley. Su patrimonio se había incrementado espectacularmente.

Antes de partir de Roma Ames había memorizado y luego quemado una carta de nueve páginas con instrucciones de Moscú. En lugar prioritario estaba desenmascarar a cualquier otro agente secreto dirigido por la CIA en el interior de la URSS, con especial hincapié en el KGB, la GRU, el funcionariado estatal o los científicos. Había una posdata. «Centrar la atención en el hombre al que conocemos como Jason Monk.»

9

Agosto no es un buen mes para los clubes masculinos de St. James, Picadilly y Pall Mall. Es el mes de las vacaciones, cuando la mayoría del personal desea estar lejos con sus familias y la mitad de los socios está en sus casas de campo o en el extranjero.

Muchos clubes cierran, y los socios que tienen que quedarse en la capital se encuentran con que han de frecuentar ambientes extraños; un complejo entramado de tratados bilaterales permite a esos socios comer y beber en los pocos clubes que quedan abiertos.

Pero el último día de agosto White's abrió de nuevo sus puertas, y fue allí donde sir Henry Coombs invitó a comer a un hombre quince años mayor que él y uno de sus predecesores en el cargo de jefe del servicio secreto.

A sus setenta y cuatro años sir Nigel Irvine llevaba quince apartado de la acción. Durante los primeros diez había sido «algo de la City», queriendo significar que, al igual que otros antes y después que él, había transformado su experiencia del mundo, sus conocimientos de los pasillos del poder y su astucia natural en una serie de cargos de director que le habían permitido ahorrar para su vejez.

Cuatro años atrás se había retirado por fin a su casa próxima a Swanage, en la isla de Purbeck, condado de Dorset, donde escribía, leía, paseaba por el agreste litoral sobre el canal de la Mancha y, de vez en cuando, iba a Londres en tren a ver a algún viejo amigo. Esos mismos amigos, y algunos bastante más jóvenes, creían que aún estaba en activo. Sus mansos ojos azules ocultaban una mente afilada como una cuchilla.

Quienes le conocían a fondo eran conscientes de que la cortesía que Irvine deparaba a todo aquel que trataba disimulaba una voluntad de hierro que, llegado el caso, podía volverse totalmente implacable. Henry Coombs, pese a la diferencia de edad, era de los que le conocían bien.

Ambos provenían de la tradición de especialistas en Rusia. Tras la jubilación de Irvine la jefatura del SIS había recaído sucesivamente en dos orientalistas y un arabista antes de que Coombs marcara el retorno de alguien experimentado a fuego en la lucha contra la Unión Soviética. Siendo jefe Nigel Irvine, Coombs había demostrado ser un magnífico agente en Berlín, midiendo su sagacidad con la red germano-oriental del KGB y con el propio jefe de espías germano-oriental, Marcus Wolf.

Irvine se contentó con dejar que la conversación siguiera un curso trivial en el atestado bar del piso de abajo, pero no habría sido humano si no se hubiera extrañado de que su ex pupilo le hubiera pedido que fuera en tren desde Dorset hasta el brumoso Londres sólo para comer. No fue hasta que hubieron subido y ocupado una mesa junto a la ventana con vistas a St. James Street que Coombs mencionó el motivo de su invitación.

—Algo se está cociendo en Rusia —dijo escuetamente.

—Yo diría que mucho, y todo malo por lo que leo en la prensa —repuso Irvine.

Coombs sonrió. Sabía que su ex jefe tenía fuentes mucho mejores que la prensa de la mañana.

—No voy a entrar en ello en profundidad —dijo—. Ni ahora ni aquí. Sólo será un resumen.

—Por supuesto —dijo Irvine.

Coombs le habló en líneas generales de lo acontecido en las últimas seis semanas, tanto en Moscú como en Londres. Especialmente en Londres.

—El gobierno no piensa hacer nada al respecto, y es definitivo —dijo—. Las cosas deben seguir su curso, por lamentable que pueda ser. Eso, en cualquier caso, es lo que me dijo nuestro estimado ministro de Asuntos Exteriores hace un par de días.

—Creo que me sobrestima usted si piensa que yo puedo inyectar algo de dinamismo en los mandarines del Foreign Office —dijo sir Nigel—. Estoy viejo y retirado. Como escribe el bardo, sin carrera que correr ni pasión que derrochar.

—Tengo dos documentos que me gustaría examinara —dijo Coombs—. Uno es el informe completo de todo lo sucedido, hasta donde podemos saber, desde el momento en que un valiente pero estúpido viejo robó una carpeta del despacho del secretario privado de Komárov. Podrá juzgar por sí mismo si nuestro dictamen de que el Manifiesto Negro es auténtico le parece acertado o no.

—¿Y el otro?

—El propio Manifiesto.

—Gracias por la confianza. ¿Qué se supone que debo hacer con ellos?

—Llevárselos y leerlos, y darme su opinión.

Mientras el camarero retiraba los vacíos cuencos de arroz con leche, sir Henry Coombs pidió café y dos copas del oporto añejo del club, un Fonseca especialmente bueno.

—Y en el supuesto de que coincida con lo que usted afirma,

que el Manifiesto es abominable y que probablemente es genuino, ¿cuál es el siguiente paso?

—Bueno, me preguntaba si... esas personas que según creo va usted a ver en América la semana próxima...

—Por el amor de Dios, Henry, ni siquiera usted debería saber eso.

Coombs se encogió de hombros restándole importancia, pero en el fondo se alegraba de que su corazonada hubiera funcionado. El consejo iba efectivamente a reunirse, e Irvine estaría allí.

—Por usar la clásica frase, tengo espías por todas partes.

—Me conforta que las cosas no hayan cambiado mucho desde mis tiempos —dijo Irvine—. Está bien, suponiendo que vaya a reunirme con ciertas personas en América, entonces, ¿qué?

—Lo dejo a su consideración. Si cree que los documentos lo merecen, quémelos. Si piensa que deberían cruzar el océano, la decisión es suya.

—Caramba, cuánta intriga.

Coombs sacó un paquete plano y sellado de su maletín y se lo entregó a Irvine. Éste lo guardó en el suyo junto con las compras que acababa de hacer en John Lewis, unos tapices para lady Irvine, que gustaba de coser fundas de cojín en las noches de invierno.

Se despidieron en el vestíbulo y sir Nigel Irvine tomó un taxi para ir a la estación y coger el tren de regreso a Dorset.

Langley, septiembre de 1989

Cuando Aldrich Ames se instaló de nuevo en Washington, su carrera como espía al servicio del KGB tenía por delante cuatro años y medio más que sumar a los nueve anteriores.

Sobrado de dinero, empezó por comprarse una casa de medio millón de dólares y meter en el garaje un flamante Jaguar. Esto con un sueldo de cincuenta mil dólares al año. Nadie advirtió nada raro. Como había dirigido la oficina soviética en la estación de Roma y pese al hecho de que Roma correspondía a Europa Occidental, el propio Ames había seguido siendo parte importante de la división SE. Desde el punto de vista del KGB era de vital importancia que permaneciera allí donde podía tener acceso una vez más a los archivos 301.

Esto presentaba un problema importante. Milton Bearden había regresado también a Langley tras haber supervisado la guerra encubierta contra los soviéticos en Afganistán.

Lo primero que hizo como nuevo jefe de la división SE fue intentar deshacerse de Ames. En esto, como otros antes que él, sólo consiguió sentirse frustrado.

Ken Mulgrew, la quintaesencia del burócrata, había ascendido en el escalafón no operacional hasta un cargo que le colocaba al mando de Personal. En consecuencia, tenía gran influencia en materia de destinos y alojamientos de la plantilla.

Mulgrew y Ames reanudaron enseguida su etílica amistad. De hecho, fue Mulgrew quien frustró los planes de Bearden manteniendo a Ames en la división SE.

Mientras tanto, la CIA había informatizado un gran volumen de sus archivos secretos, confiando sus secretos más íntimos a la más insegura de las herramientas jamás inventadas por el hombre. En Roma, Ames había perseverado hasta convertirse en un especialista en informática. Solamente necesitaba los códigos de acceso para abrir los archivos 301 sin siquiera salir de su despacho. Adiós a las bolsas de plástico llenas de papeles. Tampoco sería necesario firmar ningún papel para examinar los más confidenciales documentos.

La primera vacante que Mulgrew le consiguió a su amigo fue la de jefe europeo del grupo de operaciones externas de la división soviética.

Pero Operaciones Externas sólo se ocupaba de agentes soviéticos que estuviesen fuera de la URSS o del bloque soviético.

Esto no incluía a Lisandro, el guerrero espartano, que se encontraba en Berlín Oriental ocupándose del directorio K del KGB; a Orión, el cazador, dentro del Ministerio de Defensa en Moscú. Delfos, el oráculo, estaba en las altas instancias del Ministerio de Asuntos Exteriores soviético, y el cuarto agente, el que quería cruzar el Atlántico —nombre en clave, Pegaso—, estaba en un centro supersecreto de investigación nuclear entre Moscú y los Urales.

Cuando Ames utilizó su posición para investigar a Jason Monk, que ahora le aventajaba como GS15 mientras él seguía en GS14, no pudo obtener nada. Pero incluso la ausencia de toda referencia a Monk en Operaciones Externas dejaba una cosa clara: cualquier espía de Monk tenía que estar dentro de la URSS. Scuttlebutt y Mulgrew le contaron el resto.

En la oficina se hablaba de que Jason Monk era el mejor, la última gran esperanza de la división. Se decía también que era un solitario, un rebelde, que trabajaba a su manera, arriesgándose cuando le parecía bien y que le habrían tenido que echar hacía tiempo de no ser porque estaba obteniendo resultados en una organización donde cada vez se obtenían menos.

Como todo burócrata, Mulgrew sentía rencor hacia Monk. Le ofendía su independencia, su negativa a llenar formularios por triplicado y, por encima de todo, su aparente inmunidad a las quejas de gente como Mulgrew.

Ames se aprovechó de ese rencor. De los dos, Ames era el que mejor aguantaba la bebida. Él podía seguir pensando pese a los vapores del alcohol, en tanto que Mulgrew se volvía jactancioso y se iba de la lengua.

Así fue como una noche de septiembre de 1989 en que el asunto del solitario virginiano había salido una vez más a relucir, Mulgrew soltó que se había enterado de que Monk controlaba a un agente de campanillas que había reclutado un par de años atrás en Argentina.

No sabía el nombre ni tampoco el nombre en clave. Pero el KGB se encargaría del resto. «De campanillas» indicaba un hombre de rango equivalente a segundo secretario o más. «Un par de años» fue fijado en un período comprendido entre dieciocho meses y tres años.

Investigadas las acreditaciones en Buenos Aires del Ministerio de Asuntos Exteriores, fueron seleccionados diecisiete candidatos. El soplo de Ames acerca de que el hombre no había tenido otro destino en el extranjero redujo la lista a doce.

A diferencia de la CIA, el contraespionaje del KGB carecía de escrúpulos. Empezaron a verificar súbitos aumentos de poder adquisitivo, incluso la compra de un pequeño apartamento...

Aquel primer día de septiembre hacía buen tiempo, soplaba brisa del Canal y entre los acantilados y la lejana costa de Normandía no había otra cosa que las olas de blanca cresta levantadas por el viento.

Sir Nigel subió por el sendero que iba de Durlston Head a St. Alban's Head y respiró el aire salobre. Era su excursión favorita desde hacía años, y resultaba tonificante después de las salas de juntas llenas de humo o de una noche examinando documentos reservados. Le despejaba la cabeza, le ayudaba a descartar lo irrelevante y lo deliberadamente engañoso, y le permitía concentrarse en lo esencial del problema.

Había pasado la noche leyendo los documentos que le había entregado Henry Coombs, y ambos textos le habían impresionado. El trabajo de detective efectuado desde que un vagabundo arrojara algo al interior del coche de la señorita Stone le pareció digno de admiración. Él habría actuado de la misma manera.

Recordaba vagamente a Jock MacDonald como un chiquillo que hacía recados en Century House. Desde luego había llegado lejos. Y ahora estaba convencido de que el Manifiesto Negro no era una broma ni una falsificación.

Eso le llevó al texto en sí. Lo que el demagogo ruso parecía tener en mente para cuando alcanzara el poder le trajo a la memoria un espantoso recuerdo de juventud.

Tenía dieciocho años cuando, en 1943, lo habían aceptado finalmente en el ejército británico, siendo destinado a Italia. Herido en la gran ofensiva de Monte Casino, había sido enviado de nuevo a Gran Bretaña y posteriormente, y pese a su solicitud de incorporarse a una unidad de combate, fue destinado a la inteligencia militar. Como teniente, recién cumplidos veinte años, cruzó el Rin con el Octavo Ejército y se topó con algo que nadie de esa edad, o de ninguna edad, debería ser obligado a contemplar. Un estupefacto mayor de infantería le hizo llamar para que mirara algo que los soldados habían encontrado en el camino. El campo de concentración de Bergen-Belsen ocasionó en hombres mayores que él pesadillas indelebles.

Regresó tierra adentro por St. Alban's Head, siguiendo la senda que llevaba a la aldea de Acton, donde torcería otra vez y enfilaría la vereda hasta Langton Matravers. ¿Qué hacer?, se preguntaba. ¿Qué efectos podía tener cualquier tipo de acción? ¿Quemar los documentos y olvidarlo? Tentador, muy tentador. ¿Llevarlos a Estados Unidos y arriesgarse a quedar en ridículo ante los prohombres con quienes iba a pasar una semana? Parecía preferible desistir.

Abrió la puerta del cercado y cruzó el trecho donde Penny cultivaba frutas y hortalizas en verano. Había una fogata ardiendo sin llama, pero las ascuas estaban vivas y al rojo. Le resultaría muy fácil arrojar los documentos al fuego y acabar con el dilema.

Irvine sabía que Henry Coombs no volvería a mencionar el asunto; no le preguntaría qué había hecho ni buscaría sacarle ningún informe. Efectivamente, nadie sabría nunca de dónde habían salido los documentos, pues ninguno de los dos hombres hablaría. Formaba parte del código. Su esposa le llamó desde la ventana de la cocina.

—Por fin. Hay té en la salita. He ido al pueblo a comprar magdalenas y mermelada.

—Estupendo, me encantan las magdalenas.

—Como si no lo supiera.

Cinco años menor que él, Penelope Irvine había sido en tiempos una mujer hermosísima a la que rondaban pretendientes mucho más ricos que Coombs. Ella, por sus propias razones, había preferido al joven oficial del servicio de inteligencia militar que leía poemas y ocultaba tras una tímida fachada el cerebro de un ordenador. Había habido un hijo, sólo uno, su único hijo muerto tiempo atrás en la guerra de las Malvinas. Procuraban no darle muchas vueltas, salvo en su cumpleaños y en la fecha de su muerte. Durante treinta años ella le había esperado pacientemente mientras él dirigía a sus agentes en el corazón de la URSS o esperaba en las frías sombras del muro de Berlín a que un hombre valiente pero asustado atravesara el puesto de control hacia las luces de Berlín Oeste. Cuando él llegaba a casa, el fuego estaba siempre encendido y había magdalenas para acompañar el té. Con setenta años, él seguía encontrándola hermosa y la quería mucho.

Irvine se sentó, empezó a comer y contempló el fuego.

—Te marchas otra vez —dijo ella pausadamente.

—Creo que debo hacerlo.

—¿Cuánto tiempo?

—Oh, unos días en Londres haciendo preparativos, y luego una semana en América. Después, no sé. Tal vez sea la última vez.

—Bien, por mí no te preocupes. Tengo mucho trabajo en el huerto. ¿Telefonearás cuando puedas?

—Naturalmente. —Tras una pausa, él añadió—: La historia no debe repetirse, sabes.

—Claro que no. Vamos, acaba el té.

Langley, marzo de 1990

Fue el puesto de la CIA en Moscú el primero que hizo sonar la alarma. El agente Delfos había desconectado desde el mes de diciembre. Jason Monk se encontraba en su despacho examinando el tráfico de telegramas a medida que le iban llegando ya descifrados. Primero se inquietó, luego se puso furioso.

Si a Kruglov no le pasaba nada, estaba quebrantando todas las normas. ¿Por qué? Por dos veces la CIA había dejado las oportunas señales de tiza en los sitios apropiados a fin de indicar que había algo en una de las trampillas de Moscú para el Oráculo y que éste debía acudir al escondrijo. Por dos veces las señales habían sido ignoradas. ¿Estaría fuera de la ciudad, destinado súbitamente al extranjero?

En tal caso, Kruglov debería haber dejado señales de «Estoy bien» para tranquilizarlos. Escrutaron las revistas acostumbradas en busca del pequeño anuncio que significaría un mensaje de «Estoy bien» o su contrario: «Tengo problemas, necesito ayuda.» Pero no había nada.

Llegó marzo y parecía que el Oráculo estaba incapacitado por un ataque cardíaco, otra enfermedad o un accidente grave. O muerto. O secuestrado.

Para Monk, siempre receloso, había una pregunta sin responder. Si habían interrogado a Kruglov, era seguro que lo habría dicho todo. Resistirse era inútil, sólo podía prolongar el dolor. Por tanto habría cantado los emplazamientos de los buzones falsos y las señales de tiza que alertaban a la CIA de la necesidad de recoger algún paquete de información.

¿Por qué entonces no aprovechaba el KGB estas señales para pillar *infraganti* a un diplomático norteamericano? Habría sido lo más lógico. Un triunfo para Moscú en un momento en que los necesitaban de veras, pues los otros tantos se los apuntaba Estados Unidos.

El imperio soviético en Europa del Este se desmoronaba. Rumanía había ajusticiado al dictador Ceausescu; Polonia se les había escapado por la tangente; Checoslovaquia y Hungría estaban en plena revuelta, el muro de Berlín había sido derruido en noviembre. Cazar a un espía norteamericano con las manos en la masa habría servido para compensar la racha de humillaciones que estaba sufriendo el KGB. Y sin embargo, nada.

Según Monk eso significaba dos cosas. O la desaparición de Kruglov era un accidente que tendría su explicación más adelante, o el KGB estaba protegiendo una fuente.

Estados Unidos es un país rico en muchas cosas, entre las cuales se cuentan las ONG, organizaciones no gubernamentales. Las hay literalmente a millares. Van desde consorcios hasta fundaciones para investigar hasta los asuntos más peregrinos. Existen centros para el estudio de la política, grupos de expertos, asociaciones para promover tal o cual cosa, consejos para el progreso de lo que sea y fundaciones cuya lista sería interminable.

Algunas se dedican a la investigación, algunas a la beneficencia, algunas a la discusión; otras tienen por objetivo la propaganda, el cabildeo, la publicidad, el incrementar la conciencia pública sobre esto o la abolición de aquello.

Washington acoge por sí sola mil doscientas ONG, y Nueva York tiene mil más. Y no hay una que no tenga fondos. Unas están subvencionadas, al menos en parte, por dinero de los impuestos, otras por legados de personas fallecidas tiempo atrás; aquéllas por la industria y el comercio privados; éstas por quijotescos, filantrópicos o simplemente locos millonarios.

Estas organizaciones sirven de nido a académicos, políticos, ex embajadores, benefactores, entremetidos y maníacos ocasionales. Pero todas tienen dos cosas en común. Admiten su existencia y tienen un cuartel general. Excepto una.

Quizá debido al reducidísimo y cerrado número de socios, la calidad de éstos y su absoluta invisibilidad, en aquel verano de 1999 el Consejo de Lincoln era probablemente la más influyente de todas esas organizaciones.

En una democracia, poder es influencia. Únicamente en las dictaduras puede existir un poder absoluto que arreste, detenga, secuestre, torture, procese y condene legalmente. Por tanto el poder no emanado de los votos radica, en una democracia, en la habilidad para influir en la máquina electoral. Esto se logra mediante la movilización de la opinión pública, las campañas en los medios informativos, el cabildeo persistente o la simple contribución financiera. Pero en su forma más pura dicha influencia puede ser un simple consejo susurrado a los poseedores de cargos elegidos democráticamente por parte de una fuente de incuestionable experiencia, integridad y sabiduría.

El Consejo de Lincoln, negando su propia existencia y tan pequeño como para ser invisible, era un grupo autosuficiente dedicado al estudio, evaluación y discusión de temas de actualidad. Debido a la calidad de sus miembros y su habilidad para tener acceso a la cúspide de los cargos electos, el consejo tenía probablemente más influencia real que cualquier otra ONG. Esta entidad angloamericana tenía sus orígenes en el profundo sentido de la camaradería ante la adversidad que se remonta a la Primera Guerra Mundial, aunque el Consejo no empezó a existir hasta los primeros años ochenta como resultado de una cena en un exclusivo club de Washington recién finalizada la guerra de las Malvinas.

La pertenencia al consejo era por invitación y estaba limitada a aquellas personas que según los otros miembros poseían determinadas cualidades, entre las cuales se contaban larga experiencia, rectitud irreprochable, sagacidad, discreción absoluta y patriotismo probado.

Aparte de eso, los que hubieran detentado cargos públicos debían estar retirados de los mismos a fin de que no pudiese existir ningún tipo de argumento tendencioso, pero los del sector privado podían continuar al timón de sus empresas. No todos los miembros eran ricos, pero al menos dos del sector privado poseían fortunas personales estimadas en mil millones de dólares.

El sector privado cubría la experiencia en comercio, industria, banca, finanzas y ciencia, mientras que el sector público incluía el arte de gobernar, la diplomacia y el servicio al Estado.

En el verano de 1999 había seis miembros británicos, uno de ellos era mujer, y treinta y cuatro americanos, cinco de los cuales eran mujeres.

Por el tipo de experiencia que se suponía iban a aportar a las discusiones colegiales, tendían a ser de mediana edad en adelante. Pocos tenían menos de sesenta años de experiencia vital y el mayor era un octogenario en muy buena forma.

El consejo no recibía su nombre de la ciudad británica de Lincoln, sino del gran presidente americano, y su carácter distintivo debía buscarse en la máxima «el gobierno del pueblo, por el pueblo y para el pueblo jamás desaparecerá de la tierra».

Se reunía una vez al año, según acuerdo alcanzado mediante llamadas telefónicas, y en un lugar de máxima discreción. El anfitrión era siempre uno de los miembros más acaudalados, quienes jamás declinaban tal honor. Cada uno se pagaba su viaje hasta el lugar de la cita, después de lo cual se convertían en invitados del anfitrión.

En la esquina noroccidental del estado de Wyoming hay un valle conocido como Jackson Hole, en honor del primer trampero que tuvo agallas para pasar allí el invierno. Limitado al oeste por los imponentes Tetons y al este por la sierra de Gros Ventre, el valle queda cerrado al norte por el parque Yellowstone. Hacia el sur el río Snake corre entre montañas como un cañón de agua blanca.

Al norte de la pequeña estación de esquí de Jackson, la autopista 191 asciende hasta Moran Junction, pasado el aeropuerto, y luego sigue hasta el Yellowstone. Justo después del aeropuerto se encuentra el pueblo de Moose desde donde una carretera más pequeña lleva a los turistas a Jenny Lake.

Al oeste de esta carretera, en las estribaciones de los Tetons, hay dos lagos: el Bradley, servido por el torrente de Garnet Canyon, y el Taggart, servido por el Avalanche Canyon. Ambos lagos son inaccesibles salvo para los excursionistas. Entre los dos lagos, en un trecho protegido por la pared vertical del Teton Sur, un financiero de Washington llamado Saul Nathanson poseía un rancho de dos hectáreas para pasar las vacaciones.

Su situación garantizaba total aislamiento tanto al dueño como a cualquier invitado. La tierra se extendía de lago a lago a ambos lados del rancho, con pura roca detrás. Los senderos públicos pasaban más abajo del nivel del rancho, que estaba encaramado a una meseta.

El 7 de septiembre los primeros invitados arribaron a Denver, Colorado, donde fueron recogidos por el Grumman privado de Nathanson y transportados al aeropuerto de Jackson. Lejos de la terminal, subieron al helicóptero del financiero para el trayecto de cinco minutos hasta el rancho. El contingente británico había pasado las formalidades de entrada en la costa Este, de modo que tampoco ellos tuvieron que acercarse a la terminal una vez en Denver, pudiendo cambiar de aparato a resguardo de miradas curiosas.

Había veinte cabañas en el rancho, cada una de ellas con dos dormitorios y una sala de estar comunitaria. Como el tiempo era cálido y soleado, con sólo algo de frío tras la puesta de sol, muchos invitados preferían sentarse en la galería.

La comida, que era exquisita, se servía en el gran pabellón que constituía el centro del complejo. Después de las comidas, las mesas eran despejadas y dispuestas de modo que pudieran celebrarse sesiones plenarias.

El personal, sumamente discreto, lo había conseguido el propio Nathanson para la ocasión. Como medida de seguridad, unos guardias privados fingían acampar en las cuestas inferiores que rodeaban el rancho a fin de impedir el paso a cualquier excursionista despistado.

La conferencia de 1999 duró cinco días, y a su término nadie supo que los invitados habían estado allí.

La primera tarde, sir Nigel Irvine deshizo el equipaje, se afeitó, se puso ropa holgada y fue a sentarse en la plataforma de madera situada delante de la cabaña que compartía con un ex secretario de Estado norteamericano. Desde su punto de observación pudo ver a algunos colegas suyos estirando las piernas. Había agradables senderos entre los abetos, abedules y pinos, y uno llevaba hasta la orilla de cada lago.

Divisó al antiguo ministro de Exteriores británico y ex secretario general de la OTAN lord Carrington, su figura enjuta como un pájaro, caminando junto al banquero Charles Price, uno de los más populares embajadores estadounidenses en Londres. Irvine había sido jefe del servicio secreto cuando Peter Carrington estaba en el Foreign Office y era por tanto su superior. El americano de dos metros se perdía por encima del británico. Un poco más allá, Saul Nathanson estaba sentado al sol en un banco con el inversor americano y ex fiscal general Elliot Richardson. A un lado, lord Armstrong, ex secretario del gabinete y jefe del Home Civil Service, estaba llamando a la puerta de la cabaña donde la señora Thatcher estaba aún deshaciendo el equipaje.

Otro helicóptero descendió traqueteando sobre la pista para depositar al ex presidente George Bush, que fue recibido por el ex secretario de Estado Henry Kissinger. Una camarera con mandil llevó té a una de las mesas cercanas al pabellón central; allí estaba otro ex embajador, el británico sir Nicholas Henderson, compartiendo mesa y té con el financiero londinense sir Evelyn de Rothschild.

Nigel Irvine miró el programa para los cinco días. Aquella noche no había nada. Al día siguiente los miembros del consejo se dividirían en sus comités habituales: geopolítico, estratégico y económico. Se reunirían por separado durante dos días. El tercero se dedicaría a escuchar los resultados de las respectivas deliberaciones y a discutirlos. El cuarto día se dedicaría a sesiones plenarias. A petición propia, Irvine tenía asignada una hora hacia el final de esa jornada. El último día de la conferencia trataría de acciones y recomendaciones.

En los espesos bosques que bordean los Tetons un solitario alce macho, presintiendo la llegada de la época de celo, bramó en busca de pareja. Con sus alas ribeteadas de negro un águila pescadora sobrevoló el Snake, graznando de ira al ver que un águila calva invadía su territorio. Al viejo jefe de espías aquel lugar le parecía idílico, sólo estropeado por la maldad del documento que había traído consigo procedente de un despacho en Moscú.

Viena, junio de 1990

Desde diciembre del año anterior el cometido de Ames en Operaciones Externas dentro de la división soviética se había reducido progresivamente. Una vez más estaba mano sobre mano y más lejos que nunca de los archivos 301.

Entonces le cayó el tercer trabajo desde su regreso de Roma: una jefatura de sección para Operaciones Checas. Pero eso no le daba acceso a los códigos para entrar en el corazón secreto de los 301, la sección que contenía las descripciones de espías de la CIA dentro del bloque soviético.

Ames se quejó a Mulgrew, diciéndole que aquello no tenía lógica. Él había dirigido anteriormente todo el brazo del contraespionaje en aquella misma sección. Más aún, necesitaba investigar a aquellos espías de la CIA que, aun siendo rusos, hubieran trabajado en Checoslovaquia a lo largo de su carrera. Mulgrew prometió hacer lo que estuviera en su mano.

En mayo, Mulgrew proporcionó a su amigo el código de acceso que necesitaba y Ames, desde su despacho en la sección checa, pudo sondear en los archivos hasta que dio con Monk.

En junio de 1990 Ames voló a Viena para entrevistarse una vez más con Vlad, alias del coronel Vladimir Mechuláiev. Desde su vuelta a Washington se juzgaba peligroso que Ames se reuniera con diplomáticos soviéticos debido al riesgo de vigilancia por parte del FBI. De ahí Viena.

En su entrevista con Vlad, Ames se emborrachó de tal forma que pese a que acordaron verse de nuevo en octubre, también en Viena, se equivocó de ciudad y voló a Zurich.

Pero en junio consiguió mantenerse lo bastante sobrio para tomar posesión de un buen fajo de dinero en efectivo y para dejar a Mechuláiev extasiado. Ames llevaba consigo tres descripciones.

Una era de un coronel del ejército, probablemente de la GRU, actualmente en el Ministerio de Defensa en Moscú pero que había sido reclutado en Oriente Medio a finales de 1985. Otra era de un científico que vivía en una ciudad de alta seguridad y que había sido reclutado en California. La tercera era de un coronel del KGB, reclutado fuera de la URSS y ahora dentro del bloque soviético pero no en la URSS, que hablaba español.

Tres días después se organizaba la cacería en el cuartel general del Primer Directorio del KGB, en Yazenevo.

«¿No oís su voz, hermanos, a lomos del viento nocturno? ¿No oís cómo os llama? ¿Es que vosotros, sus hijos, no oís la voz de nuestra amada Madre Rusia?

»Pues yo sí la oigo, amigos. La oigo suspirar entre los bosques, la oigo sollozar sobre la nieve. ¿Por qué me hacéis esto?, pregunta. ¿No me han traicionado ya bastante? ¿No he sangrado bastante por vosotros? ¿No he sufrido bastante, que tenéis que hacerme esto?

»¿Por qué me vendéis como una puta a los forasteros y desconocidos, que se lanzan sobre mi doliente cuerpo como aves de rapiña...?»

La pantalla levantada al fondo del enorme pabellón comunitario que formaba la principal sala de reuniones del rancho era la más grande que había. El proyector estaba situado al fondo.

Cuarenta pares de ojos estaban fijos en la imagen del hombre que hablaba ante una gran concentración en Tujovo a principios de verano mientras la sonora oratoria rusa subía y bajaba de intensidad, con la voz del intérprete grabada encima de la banda sonora a modo de tenue contrapunto.

«Sí, hermanos y hermanas, nosotros sí la oímos. Pero los hombres de Moscú con sus abrigos de pieles y sus mujerzuelas no la oyen. Los forasteros y los canallas que se dan un festín con su cuerpo no la oyen. Pero nosotros sí oímos el grito de dolor de nuestra madre, pues somos el pueblo de la Gran Tierra.»

El joven realizador Litvínov había hecho un excelente trabajo. En la película había insertado fotogramas de un patetismo desgarrador: una joven madre rubia, con su bebé al pecho, mirando hacia el podio con cara de adoración; un soldado increíblemente apuesto con las mejillas anegadas en lágrimas; un curtido trabajador de la tierra, con su hoz al hombro y el precio de años de esfuerzos marcado en la cara.

Nadie sabía que esos fotogramas habían sido filmados aparte, utilizando actores. Ni que las masas eran de mentirijillas; desde un punto más elevado otras tomas revelaban a diez mil partidarios flanqueados de Jóvenes Combatientes en actitud de uniformados animadores.

Igor Komárov pasaba súbitamente de un rugido a algo parecido a un susurro, pero los micrófonos captaban igualmente su voz distribuyéndola por el estadio.

«¿Es que nadie vendrá? ¿Es que nadie dará un paso al frente diciendo: Basta, eso no va a suceder? Paciencia, hermanos de Rusia, esperad un poco más hijas de la Rodina...»

La voz crecía de nuevo, pasando gradualmente del murmullo al grito.

«Porque yo sí vengo, madre querida, yo, tu hijo Igor, estoy viniendo...»

La última palabra se perdía casi entre el clamor de las masas que gritaban al unísono: KO-MA-ROV, KO-MA-ROV.

La imagen se desvaneció al ser desconectado el proyector. Hubo una pausa y a continuación un suspiro general.

Con las luces encendidas, Nigel Irvine se situó en la cabecera de la larga mesa rectangular de pino de Wyoming.

—Creo que saben qué es lo que acaban de ver —dijo con calma—. Era Igor Viktorovich Komárov, líder de la Unión de Fuerzas Patrióticas, el partido con más posibilidades de ganar las elecciones presidenciales de enero. Como habrán observado, es un orador de inusitada fuerza y vehemencia, y por supuesto carisma. Sabrán también que en Rusia el ochenta por ciento del poder real está en manos del presidente. Desde los tiempos de Yeltsin las restricciones a ese poder, tal como se dan en nuestras dos sociedades, han sido abolidas. Hoy en día un presidente ruso puede gobernar más o menos a su antojo y aprobar por decreto las leyes que le vengan en gana. Eso podría incluir la restauración del partido único.

—Viendo el estado en que se encuentra el país, ¿sería tan mala idea? —preguntó una ex embajadora americana en Naciones Unidas.

—Quizá no, señora —dijo Irvine—. Pero yo no pedí esta presentación para hablar del posible curso de los acontecimientos tras la elección de Komárov, sino para ofrecer al consejo lo que considero pruebas concluyentes en cuanto al cariz que esos acontecimientos van a tomar. He traído dos documentos de Inglaterra, y una vez aquí he hecho treinta y nueve copias de cada uno.

—Me preguntaba por qué tenía que hacer traer tanto papel —dijo el anfitrión, Saul Nathanson, con una sonrisa.

—Lamento haberle gastado su copiadora, Saul. Bueno, prefería no viajar con esas cuarenta copias desde Inglaterra. No les pediré que los lean ahora sino que cojan una copia de cada uno y las lean en privado. Por favor, lean primero el titulado «Verificación» y después el Manifiesto Negro. Por último, debo informarles que tres hombres han muerto ya a causa de lo que van a leer esta noche. Ambos documentos son de naturaleza tan reservada que me veo en la obligación de pedirles que me los devuelvan para su destrucción antes de marcharme de este rancho.

Toda frivolidad había quedado atrás cuando los miembros del Consejo de Lincoln cogieron sus copias y se retiraron a sus cabañas. Para perplejidad del personal de mantenimiento, nadie se presentó a cenar. La comida fue servida en las respectivas habitaciones.

Langley, agosto de 1990

Las noticias procedentes de los puestos de la CIA en el bloque soviético eran malas y empeoraban por momentos. En julio ya no cabía duda alguna de que algo le había pasado a Orión.

La semana anterior no se había presentado a un «roce» de rutina, cosa que no había sucedido anteriormente. Un roce es un simple ardid que no suele comprometer a nadie. En un momento determinado, y de mutuo acuerdo, una de las dos partes va caminando por la calle. Puede que le sigan o puede que no. Repentinamente deja la acera y entra en un café o un restaurante, cualquier sitio donde haya gente. Justo antes de entrar, el otro hombre ya ha pagado su cuenta y va hacia la puerta del local. Sin establecer contacto visual ambos hombres se rozan. Una mano desliza un paquete no mayor que una caja de cerillas en el bolsillo lateral del otro. Ambos siguen su camino, uno hacia dentro y el otro hacia fuera. Si hay una sombra al acecho, cuando llega a la puerta no queda nada que ver.

Aparte de esto, el coronel Solomin tampoco había acudido a dos trampas pese a las inequívocas marcas de tiza avisando de que había algo que recoger.

La única inferencia posible era que Orión había desconectado, o que lo habían desconectado. Una vez más, el procedimiento de emergencia no había sido puesto en marcha. Fuera lo que fuese, había ocurrido sin previo aviso. Un ataque al corazón, un accidente o un arresto.

De Berlín Oeste llegó la noticia de que Pegaso no había mandado la carta mensual al piso franco de Alemania Oriental. Tampoco habían aparecido señales de vida en la revista rusa de perros.

Habida cuenta de las mayores posibilidades del profesor Blínov para desplazarse por el interior de Rusia desde Arzamas-16, Monk había sugerido que enviara una carta inofensiva una vez al mes a un apartado de correos seguro en Berlín Este. No requería ningún tipo de escritura secreta, tan sólo la firma «Yuri». Blínov echaría la carta en cualquier buzón fuera del complejo de Arzamas-16, y nadie podría seguirle la pista aunque fuese interceptada.

Con el Muro de Berlín hecho trizas, el viejo truco de pasar la carta de contrabando a Occidente ya no era necesario. Por añadidura, se había aconsejado a Blínov la compra de una pareja de spaniels. Esto había recibido la calurosa aprobación de Arzamas-16, pues ¿qué podía ser más inofensivo para el académico viudo que criar spaniels? Cada mes podía así remitir justificadamente un pequeño anuncio al semanario de criadores de perros en Moscú notificando que tenía cachorros, recién nacidos o destetados, en venta. Aquel mes el anuncio no había aparecido en la revista.

Monk estaba desquiciado. Se quejó a sus superiores de que algo iba mal, pero se le dijo que antes de mostrar síntomas de pánico debía esperar un poco más; el contacto se restablecería de un momento a otro. Pero Monk no podía tener paciencia, y empezó a mandar memorándums en el sentido de que creía ver una filtración dentro de Langley.

Los dos hombres que podían haberle tomado en serio, Carey Jordan y Gus Hathaway, se habían jubilado. El nuevo régimen, en su mayoría importado desde 1985, simplemente se mostró molesto. En otro nivel de la estructura, la caza oficial del topo que se remontaba a la primavera de 1986 seguía su lento curso.

•

—Me resulta difícil de creer —dijo un ex fiscal general norteamericano al abrirse la sesión tras el desayuno.

—A mí, en cambio, me resulta difícil no creerlo —replicó el secretario de Estado James Baker—. Esto habrá llegado a nuestros dos gobiernos... ¿Nigel?

—En efecto.

—¿Y no piensan hacer nada?

Los restantes treinta y nueve miembros, sentados en torno a la mesa de conferencias, miraban al ex jefe de espías como si buscaran una garantía de que todo era una pesadilla, una ficción diabólica que acabaría desvaneciéndose.

—El mensaje es que oficialmente no se puede hacer nada —dijo Irvine—. La mitad de lo que contiene el Manifiesto Negro bien podría tener el aval de una parte importante de la población rusa. Se supone que no ocurre así en Occidente. Komárov lo atribuiría a una falsificación, y es posible que de este modo saliera incluso fortalecido ante la opinión pública.

Se produjo un lóbrego silencio.

—¿Puedo decir algo? —preguntó Saul Nathanson—. No como anfitrión sino como miembro ordinario... Mi único hijo murió hace ocho años, en el golfo Pérsico.

Algunos asintieron sombríamente. Doce de los allí presentes habían desempeñado papeles destacados en la creación de la fuerza multinacional que había librado la guerra del Golfo. Desde el otro extremo de la mesa el general Colin Powell miró fijamente al financiero. Dado que el padre era figura destacada, Powell había recibido en persona la noticia de que el teniente Tim Nathanson, de las Fuerzas Aéreas americanas, había resultado muerto en las horas finales del combate.

—Si algún consuelo hubo en esa pérdida —dijo Nathanson—, fue el saber que mi hijo murió combatiendo contra algo realmente malvado. —Hizo una pausa y buscó las palabras—. Soy lo bastante viejo como para creer en el concepto de maldad. Y en que la maldad puede a veces encarnarse en una persona. No tuve edad suficiente para combatir en la Segunda Guerra Mundial. Cuando terminó yo tenía ocho años. Sé que algunos de ustedes participaron en aquella guerra. Por supuesto, lo supe después. Creo firmemente que Adolf Hitler era un ser malvado.

Se produjo un silencio absoluto. Estadistas, políticos, industriales, banqueros, financieros, diplomáticos, son gente acostumbrada a analizar los aspectos prácticos de la vida. Se daban cuenta de que estaban escuchando una declaración muy personal. Saul Nathanson se inclinó y dio unos golpecitos sobre el documento.

—Este manifiesto es pura maldad, el hombre que lo escribió es malvado. No podemos quedarnos de brazos cruzados y ver cómo la historia se repite.

Nada rompió el silencio. Todo el mundo sabía que se refería a un segundo Holocausto, no sólo contra los judíos de Rusia sino contra otras minorías étnicas. El silencio fue interrumpido por el único —la única— ex premier británico.

—Estoy de acuerdo. No es momento para que nos tiemblen las piernas.

Tres de los presentes se llevaron la mano a la boca. La última vez que ella había usado la frase había sido en Aspen, Colorado, el día después de que Saddam Hussein invadiera Kuwait. George Bush, James Baker y Colin Powell habían estado allí. A sus sesenta y tres años lady Thatcher seguía sabiendo expresar claramente sus intenciones.

Ralph Brooke, jefe de Intercontinental Telecomunications Corporation, conocida en todas las bolsas de valores del mundo como InTelCor, se inclinó hacia adelante para hablar.

—Muy bien. ¿Qué podríamos hacer? —preguntó.

—Diplomáticamente hablando, informar a todos los gobiernos de la OTAN e instarles a una protesta —dijo un ex diplomático.

—Entonces Komárov diría que el manifiesto es una burda falsificación, y gran parte de Rusia le creería —dijo otro—. A nadie se le escapa la xenofobia del pueblo ruso.

James Baker se inclinó mirando hacia Irvine y le preguntó:

—Usted ha traído este espantoso documento. ¿Cuál es su consejo?

—Yo no abogo por nada —dijo Irvine—. Pero quiero hacer una advertencia. Si el consejo aprobara, no digo emprendiera sino aprobara, una iniciativa, tendría que ser algo tan secreto que pasara lo que pasase nada pudiera relacionarlo con esta sala.

Treinta y nueve miembros del consejo sabían exactamente de qué estaba hablando. Cada uno de ellos había tenido que ver, directa o indirectamente, en operaciones gubernamentales supuestamente secretas que, una vez fracasadas, se habían desentrañado hasta alcanzar la cúspide del poder.

Se oyó la voz grave y con acento alemán de un ex secretario de Estado americano:

—¿Puede Nigel emprender una operación tan secreta?

Dos miembros dijeron «sí»? al unísono. Siendo jefe del servicio secreto británico, Irvine había estado a las órdenes de Margaret Thatcher y de su ministro de Asuntos Exteriores lord Carrington.

El Consejo de Lincoln nunca aprobaba, ni redactaba, resoluciones formales. Alcanzaba acuerdos, y a partir de éstos cada miembro utilizaba después su influencia para promover el propósito de los mismos dentro de su propio país.

En el asunto del Manifiesto Negro, el acuerdo fue simplemente delegar en una comisión más reducida el deseo de los miembros de que dicha comisión estudiara cuál podía ser el mejor paso. El pleno del consejo acordó únicamente no aprobar, condenar ni hacerse eco de lo que pudiera resultar de ello.

Moscú, septiembre de 1990

El coronel Anatoli Grishin estaba en su despacho del penal de Lefortovo, examinando los tres documentos que acababa de recibir. Su mente era un torrente de emociones encontradas.

Por encima de todas estaba el triunfo. Durante el verano la

gente de contraespionaje del Primer y el Segundo Directorio le había entregado a los tres traidores en rápida sucesión.

El primero de todos, el diplomático Kruglov, descubierto por la conjunción de su actuación como primer secretario en la embajada soviética en Buenos Aires y la compra de un piso por veinte mil rublos poco después de su regreso.

Kruglov lo había confesado todo enfrentado al panel de oficiales del otro lado de la mesa y las bobinas en movimiento de la grabadora. A las seis semanas no tenía más que contar y había sido confinado a una de las peores celdas donde la temperatura incluso en verano, raramente sobrepasaba un grado. Y allí estaba tiritando, a la espera de su destino. En una de las hojas que había sobre la mesa del coronel constaba cuál había de ser ese destino

En julio el profesor de física nuclear había acabado entre rejas. Había muy pocos científicos de su especialidad que hubieran dado conferencias en California, y la lista se redujo rápidamente a cuatro. Un registro inesperado del piso de Blínov en Arzamas-16 había revelado un pequeño frasco de tinta invisible mal escondido en un armario dentro de unos calcetines arrollados.

También él había confesado todo y deprisa; la mera vista de Grishin y su equipo con las herramientas propias de su oficio había bastado para soltarle la lengua. Les había dicho incluso la dirección de Berlín Este a la que mandaba su cartas secretas.

La incursión a esas señas había sido encargada a un coronel del directorio K en Berlín Oriental, pero el inquilino en cuestión había conseguido escapar yéndose hacia la zona occidental de la recién abierta ciudad una hora antes del registro.

Por último, a finales de julio le había tocado el turno al soldado siberiano, descubierto por su rango en la GRU, su destino dentro del Ministerio de Defensa y su servicio en Adén, y la intensa vigilancia en el curso de la cual una redada en su piso había revelado que uno de sus hijos, buscando los regalos de Navidad, había descubierto la minicámara de su padre.

Pyotr Solomin había tenido otro comportamiento ante el dolor y las provocaciones sin cuento. Pero Grishin había conseguido finalmente doblegarlo; siempre lo conseguía. Fue la amenaza de enviar a su esposa e hijos al más duro de los campamentos lo que le hizo ceder.

Cada uno de ellos había explicado cómo habían sido abordados por el norteamericano sonriente, tan ansioso por escuchar sus problemas, tan razonable con sus proposiciones. Fue esto lo que provocaba en Grishin la emoción contraria, pura rabia hacia el escurridizo individuo que ahora sabía se llamaba Jason Monk.

No una ni dos, sino tres veces aquel insolente bastardo había entrado en la URSS, hablado con sus espías y partido otra vez delante de las narices del KGB. Cuantos más detalles sabía de él, más le odiaba Grishin.

Se hicieron las oportunas averiguaciones, por supuesto. Hubo que revisar la lista de pasajeros de aquel crucero en el *Armenia*, pero no apareció ningún seudónimo. La tripulación recordaba vagamente a un tejano que llevaba ropa tejana como la descrita por Solomin de su encuentro en el Jardín Botánico. Podía ser que Jason Monk fuese Norman Kelson, pero no estaba demostrado.

En Moscú los detectives tuvieron más suerte. Todos los turistas americanos que aquel día estaban en la capital fueron investigados según las fichas de solicitud de visado y la relación de grupos de Intourist. Finalmente habían ido a parar al Metropol y al hombre que había tenido el oportuno dolor de estómago que le había hecho perderse la excursión al monasterio de Zagorsk; el mismo día en que el profesor Blínov y Monk se habían encontrado en la catedral de Vladimir; el doctor Philip Peters, un nombre que Grishin no olvidaría.

Cuando los tres traidores hubieron confesado a los interrogadores todo el alcance de lo que el norteamericano les había persuadido para que entregaran, los oficiales del KGB se quedaron lívidos.

Grishin reunió las tres confesiones y telefoneó desde su despacho. Él siempre había valorado en mucho la penitencia final.

El general Vladimir Kryuchkov había sido ascendido de jefe del Primer Directorio a presidente de todo el KGB. Era él quien había dejado las tres sentencias de muerte sobre la mesa de Mijaíl Gorbachov aquella misma mañana en su despacho de la sede del Comité Central en Novaya Ploshad para que las firmara; y él quien las había enviado, debidamente firmadas, al penal de Lefortovo con la indicación «urgente».

El coronel dejó a los condenados treinta minutos en el patio trasero del penal para que tomaran conciencia de lo que les iba a pasar. Si se hacía demasiado deprisa, los reos no tenían tiempo de meditar sobre su final. Cuando el coronel bajó al patio los tres hombres estaban de rodillas en la grava de aquél, donde nunca brillaba el sol.

Primero fue el diplomático. Parecía desesperado y empezó a murmurar *«Nyet, nyet»* cuando el sargento mayor apoyó en su nuca el Makárov de 9 mm. A una señal de Grishin el hombre apretó el gatillo. Hubo un resplandor, seguido de un chorro de sangre y hueso pulverizado, y Valeri Yureyvich Kruglov cayó de bruces.

El científico, educado como ateo, estaba encomendando su alma a Dios Todopoderoso. Apenas parecía haberse dado cuenta de lo ocurrido a tres pasos de él, y también cayó de bruces.

El último fue el coronel Pyotr Solomin. Elevó la vista al cielo, quién sabe si viendo por última vez los bosques y las aguas, ricos en caza y pesca, de su Siberia natal. Cuando sintió el frío acero en la nuca, levantó la mano izquierda en dirección a la pared, donde estaba el coronel Grishin. Su dedo medio estaba erecto.

Grishin gritó ¡Fuego! y acto seguido acabó todo. Luego ordenó que los tres fueran sepultados por la noche en tumbas anónimas, en los bosques próximos a Moscú. Incluso en la muerte no debe haber misericordia. Sus familias no tendrían un sitio donde ir a depositar sus flores.

El coronel se acercó al cuerpo del militar siberiano, se inclinó un momento, se enderezó de nuevo y se alejó a grandes zancadas.

Al entrar en su despacho para terminar el informe, vio que la luz de su teléfono parpadeaba en rojo. Quien le llamaba era un colega que conocía del grupo de investigación del Segundo Directorio.

—Parece que estamos cercando al cuarto hombre —dijo éste—. Ha de ser uno entre dos. Ambos coroneles, ambos en contraespionaje y ambos en Berlín Este. Los tenemos bajo vigilancia. Cuando llegue el momento, ¿querrá saberlo y estar presente en el arresto?

—Déme doce horas —dijo Grishin—, sólo doce horas y allí estaré. Esta vez se trata de una cuestión personal.

Tanto el investigador como el interrogador sabían bien que un agente del contraespionaje sería más difícil de doblegar. Después de varios años en Line K, el hombre debía saber detectar si estaba siendo objeto de contraespionaje. Seguro que no dejaría la tinta invisible metida en unos calcetines ni se compraría un piso.

En los viejos tiempos todo era más fácil. Si se sospechaba de alguien, se le arrestaba y encarcelaba hasta sacarle una confesión o poder demostrar un error. Pero en 1990 las autoridades insistían en tener pruebas de culpabilidad, o al menos evidencias claras antes de recurrir al tercer grado. Lisandro no iba a dejar evidencias; tendrían que atraparlo in fraganti. Eso requería sutileza y tiempo.

Por otro lado, Berlín era una ciudad abierta. El Este era técnicamente sector soviético, pero el Muro había caído. Si presentía que le estaban vigilando, el culpable podía escabullirse con facilidad; bastaba una carrera por el asfalto hasta las luces de Occidente. Después sería demasiado tarde.

10

La Comisión de Proyecto fue restringida a cinco personas. Estaba el presidente del grupo geopolítico, su homólogo en el comité estratégico y el presidente del grupo económico, así como Saul Nathanson, a petición propia, y Nigel Irvine. Éste era quien realmente presidía el comité, los otros le hacían las preguntas.

—Dejemos una cosa en claro desde el principio —empezó Ralph Brooke, del comité económico—. ¿Contempla usted la posibilidad de asesinar a ese Komárov?

—No.

—¿Por qué?

—Porque esas acciones raramente salen bien y en este caso, aunque lo lográsemos, tampoco resolvería el problema.

Irvine recordaba los diversos intentos de la CIA, con todo su dinero y su avanzada tecnología, para liquidar a Fidel Castro. Empezando por cigarros explosivos que él se negó a fumar, siguiendo por un traje de buzo envenenado que se negó a ponerse y acabando por el betún cuyos vapores se suponía podían haberle arrancado la barba de cuajo, todo había sido ridículo. Al final, la Agencia había recurrido a la Mafia, cuyos esfuerzos fueron, si cabe, más desastrosos aún. El pistolero designado por la Cosa Nostra, John Roselli, acabó llevando botas de hormigón en Florida Bay, y Castro siguió soltando discursos de siete horas, razón más que suficiente para asesinarle.

Charles de Gaulle había salido airoso de seis atentados de la OAS, la flor y nata de las unidades de combate francesas; el rey Hussein de Jordania todavía más, y Saddam Hussein a tantos que no se podían contabilizar.

—¿Por qué no lo cree posible, Nigel?

—Yo no he dicho tal cosa. Sólo que es extremadamente difícil. Ese hombre está celosamente protegido. El hombre que manda la brigada de protección y sus guardaespaldas no es ningún tonto.

—Pero si saliera bien, tampoco serviría de nada...

—No. Komárov se convertiría en mártir y otro ocuparía su lugar. Seguramente llevaría a cabo el mismo programa, es decir, el testamento del líder asesinado.

—¿Y luego?

—Todo político en activo está sujeto a la desestabilización. El término norteamericano, Si no me equivoco.

Hubo unas cuantas sonrisas arrepentidas. En su día, el Departamento de Estado y la CIA habían intentado desestabilizar a varios dirigentes izquierdistas extranjeros.

—¿Qué haría falta?

—Presupuesto.

—Eso está hecho —dijo Saul Nathanson—. Diga cuánto.

—Gracias.

—¿Algo más?

—Apoyo técnico. Y un hombre.

—¿Qué clase de hombre?

—Uno que viajara a Rusia e hiciera ciertas cosas. Un hombre realmente completo.

—Eso le incumbe a usted. Si pudiéramos, y digo *si*, desacreditar a ese hombre y privarle del apoyo popular, ¿qué sucedería luego, Nigel?

—En realidad —dijo Irvine—, el principal problema es ése. Komárov es algo más que un charlatán. Es hábil, apasionado y carismático. Comprende y corresponde los instintos del pueblo ruso. Es un icono.

—¿Un qué?

—Un icono. No una pintura religiosa, sino un símbolo. Komárov representa algo. Todas las naciones necesitan algo, persona o símbolo, a lo que adherirse; algo que pueda dar a una masa de gente diversa un sentido de identidad y por tanto de unidad. Sin un símbolo unificador, la gente se pierde en luchas intestinas. Rusia es enorme y tiene muchas etnias diferentes. El comunismo fue brutal, pero le dio unidad. Lo mismo pasó en Yugoslavia; ya vimos cuál fue el resultado una vez derrocado el régimen comunista. Para alcanzar la unidad por voluntad propia debe existir ese símbolo. Ustedes tienen las Barras y Estrellas, nosotros la Corona. En este momento Komárov es el icono del pueblo ruso, y sólo nosotros sabemos cuán agrietado está.

—Entonces ¿qué táctica debemos seguir?

—Como cualquier demagogo, Komárov se aprovechará de sus esperanzas y deseos, de sus amores y odios, pero sobre todo de sus temores. De esa forma los fascinará. Luego conseguirá los votos, y con los votos el poder. Después podrá usar ese poder para construir la máquina que lleve a término los objetivos del Manifiesto Negro.

—Pero ¿y si Komárov es destruido? Será el caos. Puede que la guerra civil.

—Es probable. A menos que podamos introducir en la ecuación un nuevo y mejor icono. Alguien que sea digno de la lealtad del pueblo ruso.

—No existe tal hombre, ni ha existido nunca.

—Lo hubo —dijo Nigel Irvine—. Sí, hace muchos años. Le llamaban el zar de Todas las Rusias.

Langley, septiembre de 1990

El coronel Turkin —agente Lisandro— envió un solo mensaje urgente y personal a Jason Monk. Remitido en una postal donde se veía la terraza del café de la Ópera de Berlín Oriental, el mensaje era simple e inocente: «Espero verte otra vez. Muchos recuerdos, José María.» La postal había sido remitida a un buzón seguro de la CIA en Bonn, y según el matasellos había sido echada en Berlín Oeste a un buzón de correos normal.

Los agentes de la CIA en Bonn ignoraban quién la mandaba; sólo sabían que era para Monk y que éste estaba en Langley. La enviaron allí. Que hubiera sido echada al correo en Berlín Oeste no significaba nada. Turkin la había metido, con sello y todo, por la ventanilla de un coche con matrícula de Berlín Oeste que regresaba a Occidente. Se había limitado a decirle «Bitte» al inquieto conductor y seguir andando. Para cuando la sombra hubo doblado la esquina, ya era demasiado tarde. Luego, el amable berlinés la había echado al buzón.

Actuar así, a la buena de Dios, es poco recomendable. Pero cosas más extrañas han sucedido.

Lo realmente raro era la fecha garabateada encima del mensaje. Estaba equivocada. El matasellos databa del 8 de septiembre, que un alemán o un español habrían escrito así: 8/9/90, primero el día, luego el mes y después el año. Pero la fecha que llevaba la postal parecía haber sido escrita a la americana: 9/23/90. Para Jason eso quería decir: «Necesito que nos veamos a las nueve de la noche del 23 de este mes.» Había que leerlo de derecha a izquierda. Y la firma con nombre español significaba: la cosa es grave y urgente.

Obviamente, el lugar de reunión era el café de la Ópera en Berlín Oriental.

El 3 de octubre debía tener lugar la reunificación definitiva de Berlín a la par que la de Alemania. Dejaba de funcionar el mandato soviético en el sector este. La policía de Berlín Oeste se haría cargo de la situación. El KGB tendría que reducir sus efectivos a una pequeña unidad dentro de la embajada soviética en Unter Den Linden. Parte del enorme montaje debería trasladarse a Moscú. Y Turkin tendría que irse con ellos. Si quería huir, ahora era el momento, pero tenía esposa y un hijo allá en Moscú. El curso acababa de empezar.

Lisandro tenía algo que contar, y quería decírselo en persona a su amigo. Urgentemente. A diferencia de Turkin, Monk conocía la desaparición de Delfos, Orión y Pegaso. A medida que pasaban los días, la inquietud se iba apoderando de él.

Cuando todos los invitados salvo uno hubieron partido, las copias de todos los documentos excepto las personales de sir Nigel fueron incineradas y las cenizas esparcidas al viento.

Irvine partió con su anfitrión, agradeciendo el viaje en el Grumman hasta Washington. Desde el sistema telefónico de seguridad del aparato hizo una llamada al área del distrito de Columbia para concertar un almuerzo con un viejo amigo. Luego se relajó en la mullida butaca de cuero frente a la de Saul Nathanson.

—Sé que habíamos acordado no hacer más preguntas —dijo su anfitrión mientras servía dos vasos de un buen Chardonnay—. Pero ¿puedo hacerle una de índole personal?

—Por supuesto, amigo mío. Lo que no le garantizo es una respuesta.

—De todos modos se la haré. Usted vino a Wyoming confiando en que el consejo aprobaría algún tipo de acción, ¿me equivoco?

—Supongo que así es. Pero pensaba que ya lo habían dicho todo, y mejor que yo.

—Todos nos quedamos verdaderamente perplejos. Pero en torno a esa mesa había siete judíos. ¿Por qué usted?

Nigel Irvine contempló las nubes que pasaban por debajo. Más allá estaban las grandes praderas de trigo, todavía en plena cosecha. Tanta comida... Volvió a imaginar otro lugar, lejano en el espacio y el tiempo: soldados ingleses vomitando al sol, los hombres de los bulldozers con caretas para protegerse del hedor, empujando montones de cadáveres a las zanjas, brazos de esqueletos vivientes surgiendo de las pestilentes literas, fauces humanas pidiendo comida en silencio.

—Realmente no lo sé. Ya he pasado por esto una vez. No quiero que se repita. Supongo que estoy anticuado.

Nathanson rió.

—Anticuado. Muy bien, brindo por eso. ¿Irá usted personalmente a Rusia?

—Bueno, no veo de qué manera podría evitarse.

—Tenga mucho cuidado.

—Saul, en el SIS solíamos tener un dicho. Hay agentes viejos y agentes audaces; pero ninguno que sea viejo y audaz. Tendré cuidado.

Como estaba en Georgetown, su amigo había propuesto un pequeño y agradable restaurante de ambiente francés llamado La Chaumière, a cien metros escasos del Four Seasons.

Irvine llegó el primero, buscó un banco cercano y se sentó a esperar, mientras jóvenes y expertos patinadores entrelazaban caminos en torno al anciano de pelo plateado.

Antiguamente el jefe del SIS era un ejecutivo de tipo más práctico que el director de la CIA, y cuando se trasladaba a Langley lo hacía con sus colegas del servicio secreto, los subdirectores de Operaciones y de Inteligencia, con los que se sentía muy compenetrado. Los tres compartían un vínculo que no siempre era posible con el hombre designado por la Casa Blanca.

Un taxi paró junto al bordillo. Un americano canoso de edad similar se apeó y pagó. Irvine cruzó la calle y le dio un golpecito en el hombro.

—Cuánto tiempo sin verte. ¿Cómo estás, Carey?

El rostro de Carey Jordan esbozó una sonrisa.

—Nigel, ¿qué diantres estás haciendo aquí? ¿A qué viene la comida?

—¿Es una queja?

—Claro que no. Me alegro de verte.

—Entonces te lo contaré dentro.

Era temprano y el restaurante estaba casi vacío. El camarero les preguntó si querían mesa de fumadores o de no fumadores. «Fumadores», dijo Jordan. Irvine arqueó una ceja. Ninguno de los dos fumaba.

Pero Jordan sabía lo que se hacía. Estaban en una ciudad políticamente correcta, y les dieron un reservado en la parte de atrás donde podrían hablar a sus anchas.

El camarero les llevó la carta y una lista de vinos. Los dos pidieron un entrante y después carne. Irvine paseó la mirada por la lista de burdeos y divisó un excelente Beychevelle. El camarero le miró radiante; no era un vino barato y había sido el de la casa durante bastante tiempo. Volvió a los pocos minutos, presentó la etiqueta, obtuvo un sí, descorchó y escanció.

—Bien —dijo Carey Jordan cuando estuvieron a solas—. ¿Qué te trae a este rincón del bosque, la nostalgia?

—No exactamente. Un problema, diría yo.

—¿Tiene algo que ver con esos señores poderosos con los que has estado conversando en Wyoming?

—Ah, Carey, querido amigo, no deberían haberte despedido nunca.

—Lo sé. ¿Cuál es el problema?

—En Rusia está pasando algo grave y nada bueno.

—¿Dónde está la novedad?

—Espera. Es peor de lo que piensas. Las agencias oficiales de nuestros países han recibido aviso de mantenerse aparte.

—¿Por qué?

—Timidez oficial, supongo.

Jordan soltó un bufido:

—Insisto, ¿dónde está la novedad?

—Verás... la idea general la semana pasada era que tal vez alguien debería ir allí a echar un vistazo.

—¿Alguien? ¿Pese a la advertencia?

—Eso parece.

—¿Y qué pinto yo? Hace doce años que no tengo nada que ver.

—Pero sigues teniendo tratos con Langley...

—Ya no hay quien hable con Langley.

—Bien, ahí tienes la respuesta, Carey. El hecho es que necesito un hombre. Alguien que pueda entrar en Rusia. Y sin llamar la atención.

—¿Clandestinamente?

—Me temo que sí.

—¿Contra el FSB?

Cuando Gorbachov, antes de su propio deshaucio, disolvió el KGB, el Primer Directorio pasó a llamarse SVR pero siguió operando como antes desde su cuartel general en Yazenevo; el Segundo Directorio, encargado de la seguridad interna, pasó a llamarse FSB.

—Puede que peor que eso.

Carey Jordan masticó un bocado de arenque, pensó y luego meneó la cabeza.

—No, él no volvería a ir. Seguro que no.

—¿Quién? ¿Quién no querría ir?

—El hombre en que estaba pensando. También lo ha dejado, como yo. Pero no es tan viejo. Era muy bueno. Sangre fría, muy listo, uno entre mil, un espía nato. Lo despidieron hace cinco años.

—¿Aún vive?

—Que yo sepa, sí. Oye, este vino es bueno de verdad. No suelo probar caldos tan buenos.

Irvine levantó su vaso.

—¿Y cómo se llamaba el hombre que ya no querría ir?

—Jason Monk. Hablaba ruso como un ruso. El mejor organizador de agentes que tuve nunca.

—Muy bien, aunque él no quiera ir, háblame de ese Monk.

Y eso fue lo que hizo el ex subdirector de Operaciones.

Berlín Oriental, septiembre de 1990

Era una cálida tarde otoñal y la terraza estaba atestada. El coronel Turkin, con traje ligero de tela y corte alemanes, no llamó la atención al sentarse a una pequeña mesa próxima a la acera en el momento en que una pareja de adolescentes enamorados la dejaba libre. Cuando el camarero se llevó los vasos, Turkin pidió un café, abrió un periódico alemán y se puso a leer.

Precisamente porque había estado en contraespionaje y sabía de vigilancias, se le consideraba un experto en contravigilancia. Por tanto, los observadores del KGB mantuvieron las distancias. Pero estaban allí; un hombre y una mujer, al otro lado de la plaza, sentados en un banco, jóvenes, despreocupados y cada cual con sus auriculares de walkman.

Ambos podían comunicarse con sendos coches aparcados a la vuelta de la esquina para pasar sus observaciones y recibir instrucciones. En los coches estaba el equipo de secuestro, pues la orden de arresto ya había sido dada.

Dos últimas informaciones habían inclinado la balanza en contra de Turkin. En su descripción, Ames decía que Lisandro había sido reclutado fuera de la URSS y que hablaba español. Sólo esto último había hecho que la sección de investigación escrutara toda la zona de Latinoamérica además de España. El candidato alternativo, como se había sabido recientemente, había llegado a su primer destino sudamericano, Ecuador, cinco años atrás. Pero Ames decía que el reclutamiento de Lisandro había tenido lugar seis años atrás.

La segunda y concluyente prueba partió de la brillante idea de investigar todos los registros telefónicos de la sede del KGB en Berlín Oriental la noche de la abortada incursión al apartamento de la CIA, la noche en que el inquilino del piso se había largado una hora antes de la redada.

Los registros revelaron una llamada hecha desde la cabina situada en el vestíbulo al mismo número del apartamento. El otro sospechoso se encontraba en Potsdam esa noche, y el jefe de la abortada incursión había sido el coronel Turkin.

El arresto pudo haberse producido antes, de no ser porque se esperaba a un importante oficial procedente de Moscú. Éste había insistido en estar presente en el arresto y escoltar personalmente al sospechoso hasta la URSS. Inesperadamente, el sospechoso había partido, a pie, y los observadores no habían podido hacer más que seguirle.

Un limpiabotas de aspecto marroquí se paseaba por la acera del café, haciendo señas a los de la primera fila para preguntarles si deseaban que les limpiara los zapatos. Recibió una serie de negativas. Los berlineses del Este no estaban habituados a ver limpiabotas ambulantes en sus cafeterías, y los del Oeste que allí había opinaban que ya eran demasiados los inmigrantes que infestaban su próspera ciudad.

Finalmente el joven consiguió un cliente, se puso su pequeño taburete bajo el trasero y se acuclilló ante el hombre, aplicando enseguida una generosa capa de betún negro a sus robustos zapatos con cordones. Un camarero se acercó para echarlo.

—Ya que ha empezado, déjele que termine —dijo el cliente en un alemán con acento. El camarero se encogió de hombros y se alejó.

—Ha pasado mucho tiempo, Kolya —murmuró el limpiabotas en español—, ¿cómo estás?

El ruso se adelantó para indicar dónde quería más betún.

—No muy bien, creo que hay problemas.

—Cuenta.

—Hace dos meses tuve que hacer una redada en un apartamento que había sido denunciado como buzón de la CIA. Conseguí hacer una llamada a tiempo y el hombre pudo huir. Pero ¿cómo lo supieron? ¿Es que alguien ha... hablado?

—Es posible. ¿Por qué te lo parece?

—Es que hay más. Hace dos semanas, antes de mi postal, llegó un funcionario de Moscú. Sé que trabaja en Análisis. Su mujer es germano-oriental. Hubo una fiesta y el hombre se emborrachó. Alardeó de que en Moscú había habido varios arrestos. Alguien del Ministerio de Defensa y alguien de Exteriores.

Para Monk la noticia fue como un pisotón sobre los zapatos a los que estaba sacando el brillo final.

—Alguien que estaba en la mesa dijo algo como: debéis tener una buena fuente en territorio enemigo. El hombre se tocó la nariz y guiñó un ojo.

—Tienes que salir, Kolya. Ahora, esta misma noche. Cruza la frontera.

—No puedo dejar a Ludmilla y a Yuri. Están en Moscú.

—Hazlos venir aquí. Busca cualquier pretexto. Esto será territorio soviético hasta dentro de diez días. Luego será de Alemania. No podrán venir a buscaros.

—Tienes razón. Antes de diez días cruzaremos, como una familia más. ¿Cuidarás de nosotros?

—Me ocuparé de ello personalmente. No lo demores.

El ruso entregó al supuesto marroquí un puñado de marcos del Este, que podría guardar durante diez días y luego cambiar por marcos federales. El limpiabotas se puso en pie, asintió en señal de agradecimiento y se alejó arrastrando los pies.

Los dos que estaban al otro lado de la plaza oyeron una voz por sus auriculares.

—Ya estamos todos. Adelante con el arresto. Vamos, vamos.

Los dos Tatra checos de color gris doblaron la esquina de la plaza de la Ópera y se arrimaron al bordillo del café. Del primero saltaron tres hombres a la acera, apartaron a codazos a un par de peatones y agarraron a uno de los clientes de la primera fila. Del segundo coche saltaron otros dos hombres que dejaron la puerta de atrás abierta mientras montaban guardia.

Hubo gritos de alarma por parte de la clientela mientras el hombre del traje ligero era empujado sin miramientos hacia la trasera del segundo coche. La puerta se cerró con fuerza y el coche partió rechinando los neumáticos. El equipo de secuestro se precipitó hacia el primer coche y le siguió. Toda la operación duró siete segundos.

A unos cien metros de allí, al final de la manzana, Jason Monk observaba impotente el operativo.

—¿Qué pasó después de lo de Berlín? —preguntó sir Nigel Irvine. Algunos comensales estaban recogiendo sus tarjetas de crédito y saliendo camino del trabajo o el placer. El inglés levantó la botella de Beychevelle, vio que estaba vacía e hizo señas al camarero para que trajera otra.

—¿Tratas de emborracharme, Nigel? —dijo Jordan con una sonrisa irónica.

—Bah, me temo que somos lo bastante viejos y feos para beber como caballeros.

—Imagino que sí. Lo que pasa es que últimamente no suelo probar Château Beychevelle.

El camarero presentó la segunda botella, que fue aceptada por sir Nigel, descorchó y escanció.

—Bien, ¿por qué quieres brindar? —preguntó Jordan—. ¿Por el Gran Juego, o mejor por la Gran Cagada? —añadió amargamente.

—No, brindemos por los viejos tiempos. Y por la claridad. Es lo que más echo en falta, lo que no tienen los jóvenes. La absoluta claridad moral.

—Brindaré por eso. Bien, estábamos en Berlín. Monk volvió más cabreado que un puma con el culo ardiendo. Yo no estaba allí, claro, pero aún hablaba con personas como Milt Bearden. Fuimos colegas mucho tiempo, ya me entiendes.

»Monk iba diciendo por todo el edificio que la división soviética tenía un topo muy bien situado en su interior. Naturalmente, nadie quería oír semejante cosa. Ponlo por escrito, le dijeron. Y eso hizo Monk. Fue un documento realmente espeluznante. Acusaba a todo el mundo de incompetencia consumada.

»Milt Bearden había conseguido por fin echar a Ames de su división soviética. Pero el tipo era como una lapa. Entretanto el director había creado un nuevo centro de contraespionaje. Dentro del mismo estaba el grupo de análisis y dentro de éste la sección URSS. La sección necesitaba un ex agente del directorio de operaciones; Mulgrew propuso a Ames, y sabe Dios que obtuvo el puesto. Ya te imaginas a quién tuvo que dirigirse Monk con sus quejas. Al mismísimo Aldrich Ames.

—Eso debió de conmocionar un poco todo el sistema —murmuró Irvine.

—Dicen que el diablo sabe cuidar de sí mismo, Nigel. Desde el punto de vista de Ames era estupendo poder controlar a Monk Podía arrojar el informe a la basura y lo hizo. De hecho fue más lejos. Acusó a Monk de alarmismo infundado. Dónde estaban las pruebas, le dijo. Al final resultó que hubo una investigación interna. Pero no sobre la existencia de un topo, sino sobre Monk.

—¿Una especie de corte marcial?

Carey Jordan asintió.

—Sí, eso creo. Yo habría apoyado a Jason, pero por esa época no tenía muy buena fama. En fin, la cosa la dirigió Mulgrew. La conclusión a que llegaron fue que Monk había inventado el encuentro en Berlín para impulsar una carrera en declive.

—Qué simpáticos.

—Mucho. Pero en ese momento el directorio de Operaciones era en líneas generales un cúmulo de burócratas. Después de cuarenta años habíamos ganado por fin la guerra fría, el imperio soviético se estaba desmoronando. Debería haber sido momento para vindicaciones, pero todo eran disputas.

—¿Y qué fue de Monk?

—Casi lo echan. Fue degradado a no sé qué vacante en Registros o algo así. Fue como enterrarlo vivo. Debió haber pedido su pensión y largarse para siempre. Pero Monk siempre fue un tío muy tenaz. Aguantó el tipo, convencido de que algún día le darían la razón. Se pudrió en aquel trabajo durante tres largos años, pero al final resultó que sí.

—¿Le dieron la razón?

—Por supuesto. Pero demasiado tarde.

Moscú, enero de 1991

El coronel Anatoli Grishin salió de la sala de interrogatorios y se recluyó en su despacho presa de una furia incontenible.

El grupo de oficiales que había llevado a cabo las preguntas estaba satisfecho pensando que lo tenían todo. Ya no habría más sesiones del comité Monakh. Todo estaba grabado, la historia completa desde que un muchacho enfermó en Nairobi en 1983 hasta el secuestro en la terraza del café de la Ópera en septiembre.

Los hombres del Primer Directorio sabían de algún modo que Monk había caído en desgracia, que estaba acabado. Eso sólo podía significar que ya no controlaba a ningún agente. Habían sido cuatro, pero qué cuatro. Ahora quedaba uno solo con vida pero no por mucho tiempo, se le garantizó a Grishin.

Así pues, el comité fue disuelto definitivamente. Había cumplido su misión. Debería haber sido motivo de regocijo, pero la rabia de Grishin procedía de algo surgido en la última sesión.

Cien metros. Cien miserables metros... El informe del equipo de vigilancia había sido inapelable. En su último día de libertad Nikolai Turkin no había hecho contactos con agentes enemigos. Había pasado el día en el cuartel general, cenado en la cantina y salido después inesperadamente, siendo seguido a una cafetería donde había tomado un café y utilizado los servicios de un limpiabotas.

Los dos hombres que vigilaban a Turkin del otro lado de la plaza habían visto cómo el limpiabotas terminaba su trabajo y se alejaba. Al momento los coches del KGB, con Grishin al lado del conductor del primero, habían doblado la esquina. En ese momento había tenido a Jason Monk a menos de cien metros en territorio controlado por los soviéticos.

En la sala todos los interrogadores se habían vuelto para mirarle. Había dirigido personalmente la operación, parecían decirle, y se le había escapado la presa más importante.

Habría dolor, por descontado. No como persuasión sino como castigo. Grishin se lo juró a sí mismo. Y entonces le desautorizaron. El general Boyárov le había dicho que el presidente del KGB deseaba una ejecución rápida; el presidente temía que la sentencia pudiera ser revocada teniendo en cuenta los cambios que tan rápidamente se sucedían. Ese mismo día iba a llevar la orden al presidente de la nación, y esperaba verla ejecutada a la mañana siguiente.

Los tiempos estaban cambiando, y de qué manera: Grishin y su gente eran objeto de acusaciones por parte de la escoria de la nueva prensa liberada. La prensa, esa escoria que él sabía cómo tratar.

Lo que Grishin no sabía entonces era que en agosto su propio jefe, el general Kryuchkov, encabezaría un golpe de Estado contra Gorbachov y fracasaría. Que, en revancha, Gorbachov fragmentaría el KGB; y que la propia Unión Soviética acabaría desmoronándose en diciembre.

Mientras Grishin meditaba en su despacho aquel día de enero, el general Kryuchkov dejó la orden de ejecución del ex coronel Turkin en la mesa del presidente de la nación. Gorbachov cogió su pluma, se detuvo y la dejó de nuevo sobre el escritorio. El mes de agosto anterior Saddam Hussein había invadido Kuwait. Ahora los reactores americanos estaban acabando con Irak. Era inminente una invasión por tierra. Varios estadistas se proponían interceder, ofreciéndose a sí mismos como mediadores internacionales de paz. Era un papel muy tentador. Uno de ellos era Mijaíl Gorbachov.

—Reconozco que este hombre merece morir por lo que ha hecho —dijo el presidente Gorbachov.

—Así es la ley —dijo Kryuchkov.

—Sí, pero en estos momentos... creo que no sería aconsejable.

Gorbachov se decidió y le devolvió la orden sin firmar.

—Me asiste el derecho a ejercer clemencia, y así lo hago. Siete años de trabajos forzados.

El general se marchó enfurecido. Aquella degeneración no podía continuar, se juró. Tarde o temprano él y otros que opinaban como él tendrían que pasar a la acción.

Para Grishin la noticia fue el último golpe de un día espantoso. Lo único que podía hacer era asegurarse de que Turkin fuese enviado a un campo de trabajo del que nunca pudiera salir con vida.

A principios de los años ochenta los campos de presos políticos habían sido trasladados de la muy accesible Moldavia a la región más septentrional de Perm, lugar de nacimiento del propio Grishin. Una docena de esos campos rodeaban la localidad de Vsesvyatskoye. Los más conocidos por la dureza de su régimen eran los de Perm 35, Perm 36 y Perm 37. Pero a los traidores se les reservaba uno muy especial: Nizhni Tagil era un lugar cuya sola mención hacía temblar incluso a los del KGB.

Los guardias, pese a su conocida rudeza, vivían fuera del recinto. Sus brutalidades sólo podían ejercerse de forma esporádica e institucional; reducción de raciones, incremento del trabajo. Para asegurarse de que los criminales «reeducados» vivían constantemente los hechos reales de la vida, se los mezclaba dentro de Nizhni Tagil con un ramillete de los *zeks* más crueles y violentos de aquellos campos.

Grishin se ocupó de que Turkin fuese enviado a Nizhni Tagil, y bajo el encabezamiento de su impreso de sentencia, el coronel escribió de puño y letra: «Especial. Régimen súper estricto.»

—En fin —suspiró Carey Jordan—. Supongo que recuerdas el final de la saga.

—En gran parte. Pero refréscame la memoria. —Alzó la mano y le dijo al camarero—: Dos cafés solos, por favor.

—Bien, en 1993 el FBI se hizo finalmente cargo de la caza del topo que ya duraba ocho años. Luego dirían que lo habían resuelto ellos solos en un año y medio, pero lo cierto es que gran parte del trabajo de criba y descarte ya estaba hecho, aunque de un modo muy lento.

»A decir verdad, los federales sí hicieron lo que deberíamos haber hecho nosotros. Pasaron de derechos civiles y obtuvieron mandatos judiciales secretos para examinar las cuentas bancarias de los pocos sospechosos que quedaban. Obligaron a los bancos a decir la verdad. Y la cosa funcionó. Se supo que Aldrich Ames era millonario, y eso sin las cuentas que más tarde se descubrieron en Suiza. Su coartada de que su mujer era una rica colombiana resultó falsa, y Ames fue sometido a vigilancia total.

»Registraron su basura, entraron en la casa estando él ausente y asaltaron su ordenador personal. Todo estaba allí, o al menos lo suficiente para atraparlo. Correspondencia con el KGB, comprobantes de cuantiosos pagos de dinero, detalles de buzones falsos en el área de Washington... El 21 de febrero de 1994 (está visto, Nigel, que jamás olvidaré esa fecha) detuvieron a Ames a sólo unas manzanas de su mansión en Arlington. A partir de ahí se supo todo lo demás.

—¿Tú estabas al corriente?

—No. Imagino que el FBI fue lo bastante listo para no decirme nada. Si yo hubiera sabido entonces lo que ahora sé, me habría adelantado a ellos y habría matado a Ames con mis propias manos. Habría ido feliz a la silla eléctrica.

El viejo subdirector de Operaciones miró hacia el otro lado del local, pero sólo estaba mirando una lista de nombres y rostros, todos desaparecidos hacía tiempo.

—Cuarenta y cinco operaciones abortadas, veintidós hombres delatados, catorce de ellos ejecutados. Y todo porque ese asesino en serie por delegación quería tener una casa grande y un Jaguar.

Nigel Irvine no quería entremeterse en aflicciones privadas, pero murmuró:

—Deberías haberlo hecho tú; desde dentro.

—Lo sé, lo sé. Todos lo sabemos ahora. Deberíamos haber controlado sus cuentas y al cuerno los derechos civiles. En la primavera de 1986 Ames había recibido ya más de un cuarto de millón, que había ingresado en un banco local. Deberíamos haber pasado por el detector de mentiras a los cuarenta y uno que tenían acceso a los archivos 301. Habría sido incómodo para los inocentes, pero Ames no hubiera salido impune.

—¿Y Monk? —preguntó el inglés.

Carey Jordan soltó una carcajada. El camarero, que ya tenía ganas de recoger la última mesa ocupada del restaurante, se acercó risueño agitando la cuenta. Irvine le hizo un gesto de que se la dejara a él. Irvine depositó encima una tarjeta de crédito y el camarero se dirigió hacia la caja.

—Sí. Monk. Él tampoco lo sabía. Aquél era el día del Presidente, una festividad de ámbito federal. Supongo que debió de quedarse en su casa. La noticia no apareció hasta la mañana siguiente. Y fue entonces cuando llegó la maldita carta.

Washington, febrero de 1994

La carta llegó el 22, al reanudarse el reparto del correo tras el día festivo, con la primera correspondencia.

Era un sobre blanco, y por el matasellos Monk supo que procedía del servicio postal de Langley, pero dirigida no a su despacho sino a su residencia particular.

Dentro había otro sobre con el membrete de una embajada de Estados Unidos. En la parte frontal, escrito a máquina, se leía: «Sr. Jason Monk, a/c Sala Central de Correo, Cuartel General de la CIA, Langley, Virginia.» Y alguien había escrito a mano: «Véase al dorso.» Monk le dio la vuelta. La misma mano había escrito en el reverso: «Entregada en mano en nuestra embajada, en Vilnius, Lituania. Supongo que conoce a ese tipo.» Puesto que no llevaba sello, el sobre interior tenía que haber llegado a Estados Unidos por valija diplomática.

Dentro había un tercer sobre, de calidad muy inferior, con fragmentos de pulpa de madera visibles en la textura. Estaba dirigida así: «Por favor (subrayado tres veces), hacer seguir hasta el Sr. Jason Monk, de la CIA. De parte de un amigo.» La verdadera carta estaba dentro de este tercer sobre, escrita en un papel tan frágil que casi se deshacía al tacto. ¿Papel higiénico? ¿Las hojas de guarda de un libro de bolsillo barato? Tal vez. Estaba escrita en ruso por una mano temblorosa, y en tinta negra con una plumilla insegura. Éste era el encabezamiento:

«Nizhni Tagil, septiembre de 1994.»

Y continuaba así:

«Mi querido amigo Jason, cuando recibas esto, y si alguna vez te llega, yo estaré muerto. De tifus, sabes. Lo transmiten las pulgas y los piojos. Van a cerrar este campo dentro de muy poco, para borrarlo de la faz de la tierra como si nunca hubiera existido, que no debió.

»A una docena de presos políticos les han concedido una amnistía; en Moscú manda alguien llamado Yeltsin. Uno de los amnistiados es amigo mío, un escritor e intelectual lituano. Creo que puedo confiar en él. Me ha prometido sacar la carta y enviarla cuando llegue a su casa.

»Tendré que tomar otro tren, otra lata de sardinas, hasta un nuevo campo de trabajo, pero no llegaré a verlo. Así que te mando mi despedida y algunas noticias.»

La carta explicaba lo sucedido después del arresto en Berlín Oriental tres años y medio atrás. Nikolai Turkin hablaba de las palizas sufridas en la celda de Lefortovo y de su decisión de confesar todo lo que sabía. Describía la hedionda celda llena de excrementos con sus paredes chorreantes y el frío tenaz; los focos, las preguntas a gritos, los ojos morados y los dientes astillados, cuando la respuesta tardaba en llegar.

Hablaba del coronel Anatoli Grishin, a quien se le había asegurado que Turkin iba a morir. El coronel se había deleitado en jactarse de un triunfo anticipado. Turkin supo con detalle de hombres a los que jamás había conocido: Kruglov, Blínov y Solomin. Se le dijo lo que Grishin le había hecho al siberiano para hacerle hablar.

«Cuando acabaron, rogué para que me llegara la muerte como he hecho muchas veces desde entonces. Muchos se han suicidado, pero supongo que yo siempre confiaba en que si resistía un poco más, tal vez sería libre algún día. Claro que tú no me reconocerías, tampoco Ludmilla ni mi hijo Yuri. Me he quedado sin pelo y sin dientes, y todo mi cuerpo es un cúmulo de heridas.»

Hablaba del largo viaje en un vagón de ganado hasta el campo, recluido junto a criminales del hampa que le pegaban a placer y le escupían en la cara para contagiarle la tuberculosis. Describía el campo propiamente dicho y cómo él había destacado entre los demás por sus raciones más pequeñas y sus trabajos más duros; a los seis meses se había roto la clavícula cargando troncos, pero no le habían dado medicamentos, y al verle la herida los guardias decidieron que en adelante cargaría los troncos sobre el hombro fracturado. Al final escribía:

«No lamento lo que hice, pues aquél era un régimen nefasto. Puede que ahora haya libertad para mi pueblo. Mi esposa ha de estar en alguna parte, espero que sea feliz. Y mi hijo Yuri, que te debe la vida. Gracias. Adiós, amigo mío. Nikolai Ilyich.»

Jason Monk dobló la carta, la dejó sobre una mesa auxiliar, apoyó la cabeza entre las manos y se echó a llorar como un niño. Aquel día no fue al trabajo. No telefoneó para explicar por qué. No contestó al teléfono. A las seis de la tarde, ya oscuro, consultó la guía de teléfonos, luego subió al coche y condujo hasta Arlington.

Llamó con bastante cortesía a la casa que buscaba, y al abrirse la puerta saludó con la cabeza a la mujer, dijo «Buenas noches, señora Mulgrew», y entró, dejándola boquiabierta en el umbral.

Ken Mulgrew estaba en la salita, sin chaqueta y con un gran vaso de whisky en la mano. Mulgrew se dio la vuelta, vio al intruso y dijo:

—¿Qué coño pasa aquí? ¿Cree que...?

Fue lo último que dijo sin resollar dolorosamente durante varias semanas. Monk le golpeó. Le golpeó en la mandíbula con fuerza.

Mulgrew era más corpulento, pero estaba en baja forma y todavía bajo los efectos de un almuerzo regado con exceso. Ese día había ido a la oficina, pero nadie hacía otra cosa que comentar en nerviosos susurros la noticia que corría por todo el edificio cual reguero de pólvora.

Monk le pegó cuatro veces en total, una por cada agente perdido. Además de partirle la mandíbula, le dejó ambos ojos morados y la nariz partida. Luego se fue.

—Eso sí que fueron medidas enérgicas —comentó Nigel Irvine.

—Más no lo podían ser —concedió Jordan.

—¿Qué pasó después?

—Bien, por suerte la señora Mulgrew no llamó a la policía sino a la Agencia. Enviaron a varios muchachos, a tiempo de ver cómo metían a Mulgrew en una ambulancia para llevarlo a la sala de urgencias más cercana. Tranquilizaron a la esposa y ella identificó a Monk. Los muchachos fueron a verle a su casa.

»Monk estaba allí, y le preguntaron qué cojones se había pensado que hacía y él señaló la carta que había en la mesa. No pudieron leerla, claro, estaba en ruso, pero se la llevaron.

—¿Monk fue arrestado? —preguntó el inglés.

—Exacto. Y esta vez lo echaron. Como es lógico, hubo una corriente de solidaridad cuando se conoció la traducción de la carta en la audiencia. Incluso me dejaron interceder por él, por si servía de algo. Pero el resultado estaba cantado. Aun estando reciente el arresto de Ames, no podían tener a espías rencorosos haciendo papilla a sus superiores. Total, le despidieron sin más.

El camarero estaba de vuelta con expresión lastimera, como animándoles a que dejaran libre la mesa. Los dos hombres se levantaron y fueron hacia la puerta. El aliviado camarero saludó con la cabeza y sonrió.

—¿Qué fue de Mulgrew?

—Ironías de la vida, cayó en desgracia un año después, cuando se conoció todo el alcance de lo que Ames había hecho.

—¿Y Monk?

—Se marchó de la ciudad. Por entonces vivía con una chica, pero ella estaba en un cursillo y cuando regresó se separaron. Supe que Monk había cobrado el total de su jubilación, pero que se había ido de Washington.

—¿Sabes adónde?

—Lo último que me dijeron fue que estaba en vuestros pagos.

—¿Londres? ¿Gran Bretaña?

—Frío. En una de las colonias de su majestad.

—Ahora se les llama territorios dependientes. ¿Y en cuál?

—Las islas Turcas y Caicos. Te dije que le encantaba pescar en alta mar, ¿no? Lo último que he sabido es que se había comprado un barco y trabajaba como patrón de alquiler.

Era un precioso día de otoño y Georgetown se veía muy bonito mientras esperaban frente a la acera de La Chaumière a que llegara el taxi para Carey Jordan.

—¿De veras quieres hacerle volver a Rusia, Nigel?

—En principio ésa es la idea.

—No lo hará. Juró que no regresaría nunca a Rusia. Me ha encantado la comida, pero creo que ha sido una pérdida de tiempo. De todos modos, gracias, aunque no creo que vaya. Ni por dinero ni por nada, ni siquiera con amenazas.

Llegó un taxi. Se estrecharon la mano y Jordan subió al coche. Sir Nigel Irvine cruzó la calle y entró en el Four Seasons para hacer varias llamadas.

11

El *Foxy Lady* estaba amarrado para la noche. Jason Monk se había despedido de sus tres clientes italianos, los cuales, aunque no habían cobrado muchas piezas, parecían haber disfrutado de la excursión casi tanto como del vino que habían llevado consigo.

Julius estaba ante la mesa de troceado junto al embarcadero, quitando cabeza y aletas a dos lampugas de modesto tamaño. En el bolsillo de atrás tenía el jornal más su parte de la propina que los italianos habían dejado al marchar.

Monk dejó atrás el Tiki Hut para ir al Banana Boat, cuya entablillada zona de bar-restaurante estaba repleta de bebedores tempraneros. Se acercó a la barra y saludó a Rocky.

—¿Lo de siempre? —sonrió éste.

—Por qué no, soy hombre de costumbres.

Era cliente desde hacía años y el Banana Boat le cogía las llamadas cuando estaba en alta mar. Efectivamente, el número del hotel constaba en las tarjetas que Monk había dejado en todos los hoteles de la isla Providenciales para atraer a posibles clientes.

Mabel, la mujer de Rocky, le llamó.

—Han telefoneado del club Grace Bay.

—Ajá. ¿Algún mensaje?

—No, sólo que les llames.

Mabel le acercó el teléfono que guardaba detrás de la caja registradora. Monk marcó y respondió la recepcionista del club, quien reconoció la voz.

—Hola, Jason, ¿qué tal el día?

—Los he tenido peores, Lucy. ¿Me has telefoneado?

—Sí. ¿Qué haces mañana?

—Eres una chica mala, ¿qué te traes entre manos?

La alegre y corpulenta recepcionista del hotel, cuatro kilómetros playa abajo, lanzó una sonora carcajada.

Los residentes de la isla Providenciales no constituyen un grupo muy numeroso. Dentro de una comunidad que vivía del turismo, única fuente de dólares para los isleños, casi todo el mundo conocía a todo el mundo, isleño o colono, y las bromas festivas ayudaban a pasar el tiempo. Los turcos y caicos eran como siempre habían sido los nativos de las Indias Occidentales cordiales, indolentes y con pocas prisas.

—No empieces, Jason Monk. ¿Estás libre para mañana?

Monk había pensado pasar el día trabajando en el barco, tarea que nunca termina para los propietarios de barcos, pero un chárter era un chárter, y la financiera de Miami propietaria aún de la mitad del *Foxy Lady* nunca se cansaba de cobrar cheques.

—Creo que sí. ¿Todo el día o sólo la mitad?

—La mitad, por la mañana. Digamos a eso de las nueve.

—De acuerdo. Diles dónde pueden encontrarme. Les estaré esperando.

—No se trata de un grupo, Jason. Sólo es un hombre, un tal Irvine. Se lo diré. Adiós.

Jason colgó. Los clientes solitarios eran poco habituales, casi siempre eran dos o más. Sería algún marido cuya esposa no quería ir de pesca; eso también solía ocurrir. Terminó su daiquiri y volvió al barco para decirle a Julius que se encontrarían a las siete para repostar y subir algunos cebos a bordo.

El cliente que apareció a las nueve menos cuarto era mayor que los pescadores habituales; en realidad, un viejo en pantalones color canela, camisa de algodón y un panamá blanco. El hombre le llamó desde la plataforma:

—¿Capitán Monk?

Jason bajó del puente y fue a darle la bienvenida. A juzgar por su acento, sólo podía ser inglés. Julius le ayudó a subir a bordo.

—¿Lo ha probado alguna vez, señor Irvine? —preguntó Monk.

—En realidad no. Es la primera. Soy nuevo en esto.

—Bueno, no se preocupe. Cuidaremos de usted. El mar está bastante calmado, pero si se cansa sólo tiene que decirlo.

Nunca dejaba de sorprenderle la cantidad de turistas que se hacían a la mar con la presunción de que el océano estaría tan sereno como una bañera. Los folletos turísticos nunca muestran la clase de olas que el Caribe produce a menudo.

Sacó el *Foxy Lady* de Turtle Cove y viró a la derecha hacia Sellar's Cut. Más allá de Northwest Point podía haber mar gruesa, tal vez demasiado gruesa para el viejo, pero conocía un lugar frente a Pine Key, en la otra dirección, donde el mar estaba más calmado y según los partes había abundancia de lampugas. Navegó a toda máquina durante cuarenta minutos hasta que divisó una maraña de algas flotantes, a cuya sombra acostumbran descansar estos peces.

Julius preparó cuatro cañas de pescar mientras empezaban a girar a motor parado en torno al lecho de carrizo. Fue en la tercera vuelta cuando obtuvieron el primer aviso. Una de las medianas dio una violenta sacudida, y entonces el sedal empezó a escurrirse de la Penn Senator. El inglés se levantó de bajo el toldo y tomó asiento en la silla especialmente sujeta a la cubierta de popa. Julius le tendió la caña, encajó la empuñadura en su hoyo entre los muslos del cliente y empezó a recuperar los otros tres sedales.

Jason Monk apartó la proa del *Foxy Lady* del carrizal, puso el motor al mínimo y bajó a la cubierta de popa. El pez había dejado de cobrar hilo, pero la caña seguía muy combada.

—Usted tire —dijo Monk con suavidad—. Tire hasta que la caña esté derecha, luego afloje un poco y vaya recuperando hilo.

El inglés lo intentó. Diez minutos después dijo:

—Creo que es demasiado para mí. Estos peces son muy fuertes.

—Bueno, yo lo sacaré si quiere.

—Se lo agradecería.

Monk se deslizó en la silla de popa al tiempo que el cliente la desocupaba para refugiarse bajo la sombra de la toldilla. Eran las diez y media y el calor apretaba. El sol estaba a popa y el agua reflejaba su luz como si de una hoja de cuchillo se tratara.

Monk necesitó diez minutos de fuertes tirones para subir al pez hasta el yugo. Al ver el casco de la embarcación, la lampuga se revolvió en busca de libertad, arrastrando treinta metros más de sedal.

—¿Qué es? —preguntó el cliente.

—Un delfín macho —dijo Monk—. Y bastante grande.

—Vaya, me gustan los delfines.

—No es el cetáceo de hocico alargado. Comparten el nombre pero son diferentes.[1] También se les llama lampugas; se pescan por deporte y su carne es sabrosa.

Julius tenía preparado el arpón, y en cuanto la lampuga estuvo a la distancia oportuna izó la pieza de dieciocho kilos de un solo movimiento.

—Buena pieza, señor —dijo.

—Sí, pero creo que es del señor Monk, no mía.

Monk bajó de la silla, desenganchó el anzuelo de la boca del pez y soltó el sedal. Julius, que se disponía a echar la pieza capturada al cajón de popa, puso cara de sorpresa. Con la lampuga a bordo, lo normal habría sido preparar otra vez las cuatro cañas, no guardarlas.

—Sube y coge el timón —le dijo Monk en voz baja—. Rumbo a casa, velocidad de pesca.

Julius asintió sin comprender y su enjuta figura de ébano trepó por la escala hasta el panel de control superior. Monk se agachó para sacar dos latas de cerveza del refrigerador, las abrió y le ofreció una a su cliente. Luego se sentó sobre el cajón y miró al inglés sentado a la sombra de la toldilla.

—En realidad usted no ha venido a pescar, ¿verdad, señor Irvine? —No era una pregunta sino una afirmación.

1. En inglés se emplea *dolphin* para referirse al *Coryphaena hippurus*. He evitado el término «dorada», como también lo llaman algunos, pues se prestaba a confusión con el *Sparus aurata*, pez de igual orden pero distinta familia. *(N. del T.)*

—A decir verdad, no me apasiona.

—Ya. Y tampoco se llama Irvine. Fue hace muchos años, una visita a Langley del gran jefe del servicio secreto británico...

—Vaya memoria, señor Monk.

—Creo que me suena el nombre de sir Nigel. Bueno, sir Nigel Irvine, por qué no nos dejamos de tonterías. ¿De qué se trata?

—Lamento el engaño. Sólo quería echar un vistazo. Y charlar un poco. En privado. Pocos lugares hay más privados que el mar abierto.

—Bien... ya estamos hablando. ¿De qué?

—Pues de Rusia, me temo.

—Ya, qué gran país. Pero no es mi favorito. ¿Quién le envió aquí?

—Oh, no me ha enviado nadie. Carey Jordan me habló de usted. Estuvimos comiendo en Georgetown hace un par de días. Le manda saludos.

—Qué amable. Déle las gracias cuando vuelva a verlo. Pero usted ya sabrá que lo ha dejado. Me refiero a su trabajo. Yo también lo he dejado. Sea cual sea el motivo de su viaje, está perdiendo el tiempo.

—Oh, sí, es lo que me dijo Carey. No vale la pena, me dijo. Pero ya ve, aquí estoy. El viaje ha sido largo. ¿Le importa que le exponga mi proposición?

—Bueno, el día es caluroso y soleado. Le quedan dos horas de las cuatro que ha alquilado el barco. Hable si lo desea, pero la respuesta sigue siendo no.

—¿Ha oído hablar alguna vez de un tal Igor Komárov?

—Aquí llegan periódicos, señor, dos días tarde, pero llegan. Y escuchamos la radio. Yo no tengo antena parabólica, así que no cojo televisión. Pero sí, he oído hablar de él. Va a ser el siguiente, ¿no?

—Eso dicen. ¿Qué sabe de él?

—Que es el líder de la derecha nacionalista. Suele apelar al patriotismo y esa clase de cosas. Hace llamamientos a las masas.

—¿Hasta qué punto diría que es derechista?

Monk se encogió de hombros.

—No lo sé. Bastante, imagino. Al menos tanto como esos senadores ultraconservadores que tenemos en los estados del Sur.

—Un poco más, me temo. Está tan a la derecha que se ha salido del mapa.

—Bueno, sir Nigel, todo esto me parece muy interesante, pero en este momento mi mayor preocupación es saber si tengo un cliente para mañana y si hay wahoos quince millas al norte de Northwest Point. La ideología del desagradable señor Komárov no me interesa.

—Pues creo que le interesará. Algún día. Yo... nosotros...

unos cuantos amigos y colegas pensamos que habría que pararle los pies y pronto. Necesitamos un hombre que pueda ir a Rusia. Carey dijo que usted era muy bueno... Que usted es el mejor... o lo había sido.

—Ya, bueno, eso fue hace mucho tiempo. —Monk miró a Irvine en silencio durante unos segundos—. Me está diciendo que el asunto ni siquiera es oficial. No son medidas de gobierno, del suyo o del mío.

—Exacto. Nuestros respectivos gobiernos son de la opinión de que oficialmente no se puede hacer nada.

—¿Y usted piensa que yo puedo echar el ancla, cruzar el Atlántico e irme a Rusia para meterme con ese imbécil en nombre de un grupo de quijotes que ni siquiera tiene respaldo oficial?

Se puso en pie, aplastó la lata vacía de cerveza y la arrojó al cubo de los desperdicios.

—Lo siento, sir Nigel. Ha hecho el viaje en vano. Volvamos al puerto. La excursión corre como gentileza de la casa.

Regresó al puente, tomó el timón y puso rumbo a la isla. Diez minutos después de entrar en la laguna, el *Foxy Lady* estaba amarrado en su sitio.

—Se equivoca con lo de la excursión. Yo le contraté de mala fe, pero usted aceptó de buena fe. ¿Cuánto le debo por medio día?

—Ciento cincuenta dólares.

—Y una propina para su joven amigo. —Irvine sacó cuatro billetes de cien dólares de un fajo—. A propósito, ¿tiene trabajo esta tarde?

—No.

—Entonces, ¿se va a su casa?

—Sí.

—Pues yo también iré. Creo que a mi edad es obligado echar un sueñecito después de comer. Pero mientras usted descansa a la sombra hasta que amaine el calor, ¿podría hacer una cosa?

—Nada de pescar —le advirtió Monk.

—Cielos, no. —El viejo hurgó en la bolsa que había traído y extrajo un sobre marrón.

—Dentro hay un documento. No es ninguna broma. Léalo, por favor. Que no lo vea nadie, no lo deje a la vista de nadie. Es mucho más secreto que todo lo que Lisandro, Orión, Delfos o Pegaso le entregaron jamás.

Fue como si hubiera golpeado a Monk en el pecho. Mientras el ex jefe de espías se dirigía muelle arriba en busca de su buggy de alquiler, Monk se quedó plantado con la boca abierta. Al fin meneó la cabeza, se metió el sobre marrón por dentro de la camisa y fue al Tiki Hut por una hamburguesa.

En la cara norte de la cadena de seis islas que componen los Caicos —Occidental, Providenciales, Central, Septentrional, Oriental y Meridional— el arrecife está próximo a la playa y da rápido acceso al mar abierto. En el sur el arrecife queda mucho más lejos, formando un bajío de mil quinientos kilómetros cuadrados que se llama Caicos Bank.

Cuando llegó a las islas, Monk tenía poco dinero y los precios de la parte turística del norte donde se construían los hoteles eran muy altos. A Monk no le quedó gran cosa después de pagar la cuota del embarcadero, el combustible, los costes de mantenimiento, una licencia de negocios y el permiso de pesca. Por un pequeño alquiler pudo conseguir un *bungalow* de madera en la menos elegante Sapodilla Bay, al sur del aeropuerto y cara a la reluciente extensión del Caicos Bank donde sólo podían aventurarse barcos de poco calado. Eso y una maltrecha furgoneta Chevrolet constituían sus posesiones mundanas.

Estaba sentado en el porche viendo cómo el sol se ponía a su derecha cuando un motor se detuvo en el camino de tierra que pasaba por detrás del *bungalow*. La figura esbelta del viejo inglés apareció doblando la esquina. Esta vez su panamá blanco hacía juego con una arrugada chaqueta tropical de alpaca.

—Me han dicho que le encontraría aquí —dijo alegremente.

—¿Quién?

—Esa muchacha tan simpática del Banana Boat.

Mabel había cumplido los cuarenta hacía años. Irvine subió los escalones y señaló con un gesto la mecedora desocupada.

—¿Puedo?

Monk sonrió.

—Por supuesto. ¿Una cerveza?

—Ahora no, gracias.

—Mi daiquiri es bastante malo. No tengo más fruta que lima fresca.

—Ah, eso sí me apetece.

Monk fue a preparar dos daiquiris de lima y luego los llevó al porche. Ambos hombres sorbieron apreciativamente.

—¿Ha podido leerlo?

—Sí.

—¿Y?

—Es vomitivo. Y seguramente falso.

Irvine asintió, haciéndose cargo. El sol iluminó la pequeña joroba de la Occidental al otro lado del Bank. Las aguas bajas se tiñeron de rojo.

—Eso pensábamos nosotros. Era la deducción obvia. Pero valía la pena comprobarlo. Es justo lo que pensó nuestra gente en Moscú. Hacer una rápida comprobación.

Sir Nigel no sacó el informe «Verificación». Se lo fue relatando, paso a paso. Monk, a pesar suyo, mostró interés.

—¿Tres, y los tres muertos? —dijo al final.

—Eso me temo. Parece claro que Komárov quiere recuperar a toda costa ese documento. Y no porque sea una falsificación. Si lo hubiera escrito otra mano, él no se habría enterado nunca. Lo que dice ahí es verdad, es lo que ese hombre pretende hacer.

—¿Y usted cree que se le puede eliminar? ¿Liquidar?

—No, yo dije pararle los pies. No es lo mismo. Liquidarlo, por utilizar esa típica expresión de la CIA, no serviría de mucho.

Le explicó por qué.

—Pero usted piensa que se le puede frenar, desacreditarlo políticamente y para siempre...

—Sí, así lo creo.

Irvine le miró de soslayo. Al cabo, añadió:

—Nunca se olvida, ¿verdad? El aliciente de la cacería. Uno piensa que lo olvidará, pero siempre está ahí, agazapado.

Monk estaba en plena ensoñación, a muchos años y kilómetros de distancia. Salió de su arrobamiento, se levantó y volvió a llenar los vasos.

—Bueno, sir Nigel, tal vez esté en lo cierto. Quizá se le pueda parar los pies. Pero no seré yo quien lo haga. Tendrá que buscarse otro.

—Mis patrones son bastante generosos. Tendría unos honorarios, claro está. A cada uno lo suyo... Medio millón de dólares. Una suma estimulante, incluso en los tiempos que corren.

Monk reflexionó sobre la cifra. Saldar la deuda del *Foxy Lady*, comprar el *bungalow* y un camión decente. La mitad restante para invertirla y sacar un 10 por ciento anual. Meneó la cabeza.

—Escapé de ese maldito país por los pelos. Y me juré que nunca más volvería. La oferta es tentadora, pero no.

—Oh, ya me perdonará, pero la necesidad aprieta. Esto estaba en el estante de mi llave, en el hotel.

Irvine metió la mano en el bolsillo de su chaqueta y le entregó dos finos sobres blancos. Monk sacó de cada uno una solitaria hoja de papel con membrete.

Una era de la financiera de Florida. Decía que debido a ciertos cambios de política empresarial, las facilidades para conceder préstamos a largo plazo en ciertas condiciones ya no se consideraban un riesgo aceptable. En consecuencia, el crédito para la compra del *Foxy Lady* debería ser devuelto en el plazo de un mes; de lo contrario, la compañía no tendría otra alternativa que la recuperación del bien no pagado. Pese a la terminología plagada de eufemismos, el significado de la carta no podía ser más claro.

La otra hoja llevaba el emblema del gobernador británico para las islas Turcas y Caicos. Lamentaba que Su Excelencia, quien no tenía por qué dar razones, tuviese intención de poner fin al permiso de residencia y licencia fiscal de Jason Monk, ciudadano de Estados Unidos, con efectos a partir de un mes desde la fecha de la misiva. El autor firmaba como «humilde servidor» del señor Monk.

Monk dobló las cartas y las dejó sobre la mesa, entre las dos mecedoras.

—Esto es jugar sucio —dijo quedamente.

—Me temo que sí —admitió Nigel Irvine, contemplando el mar—. Pero es lo que hay.

—¿Por qué no se busca otro?

—No quiero a otro. Le quiero a usted.

—Muy bien, haga lo que quiera. Ya he pasado por esto, y puedo sobrevivir otra vez. Pero yo, a Rusia, no vuelvo.

Irvine suspiró. Recogió el Manifiesto Negro.

—Es lo que me dijo Carey. No lo hará por dinero, dijo, ni siquiera con amenazas. Palabras textuales.

—Bien, al menos Carey no se ha vuelto tonto con la edad. —Monk se puso en pie—. En fin, no puedo decir que haya sido un placer. Pero no creo que tengamos nada más que decirnos.

Sir Nigel se levantó también. Parecía triste.

—Supongo que no. Es una lástima. Oh, sólo una cosa más. Cuando Komárov llegue al poder, no estará solo. A su lado tiene a su guardaespaldas privado y jefe de la Guardia Negra. Cuando empiece el genocidio, él será el mandamás, el verdugo nacional.

Le entregó una fotografía. Monk contempló el rostro frío de un hombre unos cinco años mayor que él. El inglés había echado a andar hacia el camino de tierra donde había dejado su buggy.

—¿Quién diablos es? —le gritó Monk.

La voz del viejo jefe de espías atravesó el crepúsculo.

—Ah, ¿ése? El coronel Anatoli Grishin.

El aeropuerto de Providenciales no es la mejor terminal del mundo pero sí un sitio bastante agradable, y sus pequeñas dimensiones hacen que los pasajeros no sufran aglomeraciones ni demoras. Al día siguiente sir Nigel Irvine facturó su única maleta, pasó el control de pasaportes y entró en el área de salidas. El vuelo de la American Airlines para Miami esperaba al sol.

Debido al calor, la mayoría de los edificios tienen aberturas laterales, y sólo una valla de alambre trenzado separaba esa zona de las pistas de asfalto. Alguien había dado la vuelta al edificio y estaba de pie junto a la valla, mirando. Irvine se le acercó. En ese momento llamaron para embarcar y los pasajeros empezaron a desfilar hacia el avión.

—De acuerdo —dijo Jason Monk desde el otro lado de la valla—, ¿cuándo y dónde?

Irvine sacó un billete de avión del bolsillo de su chaqueta y se lo entregó a Monk.

—Providenciales-Miami-Londres. En primera, por supuesto. Dentro de cinco días. Así tendrá tiempo de dejar sus asuntos en orden. Estará fuera unos tres meses. Si las elecciones de enero se celebran, habremos llegado tarde. Si se decide, le estaremos esperando en Heathrow.

—¿Quién, usted?

—Lo dudo. Otras personas.

—¿Cómo me conocerán?

—Le conocerán, descuide.

Una azafata de tierra tiró a sir Nigel de la chaqueta.

—Señor Irvine, por favor, es hora de embarcar.

Irvine agregó:

—Por cierto, la oferta en dólares sigue en pie.

Monk sacó dos sobres oficiales y los sostuvo en alto.

—¿Y estas cartas?

—Oh, quémelas, muchacho. El documento no es falso pero las cartas sí. No queríamos un tipo al borde de la ruina, comprenda.

Estaban a mitad de camino del avión, Irvine en cabeza y la azafata contoneándose detrás, cuando oyeron un grito a sus espaldas.

—¡Oiga, es usted un cabrón y un viejo taimado!

La chica le miró sobresaltada. Irvine sonrió.

—Se hace lo que se puede —dijo.

A su vuelta a Londres, sir Nigel Irvine se abocó a una semana de febril actividad.

Le satisfacía lo que había visto de Jason Monk, y lo que su ex jefe Carey Jordan le había explicado era impresionante, pero diez años fuera de juego era mucho tiempo.

Las cosas habían cambiado. Rusia era muy distinta de la antigua URSS que Monk había conocido brevemente. La tecnología también era distinta, casi todos los lugares habían retomado el nombre anterior a la revolución comunista. Si lo dejaban en Moscú sin haberle puesto al día, Monk podía quedar desconcertado ante tanta transformación, y estaba descartado que pudiera contactar con la embajada norteamericana o la británica para recabar ayuda. Sin embargo, necesitaría un sitio donde ocultarse, algún amigo para un caso de necesidad.

Algunas cosas seguían igual que siempre. Rusia continuaba teniendo un impresionante servicio de seguridad interno, el FSB, heredero del Segundo Directorio del KGB. Anatoli Grishin podía haber abandonado el cuerpo, pero seguro que conservaba contactos en su interior. Pero no era ése el riesgo principal, sino el endémico nivel de corrupción. Con fondos prácticamente ilimitados —de los cuales Komárov y, por tanto, Grishin dispondrían si la mafia Dolgoruki respaldaba su subida al poder— no había ningún tipo de cooperación gubernamental que no pudieran obtener mediante simples sobornos. La hiperinflación había impulsado a todos los empleados del gobierno central ruso a hacer horas extras para el mejor postor. Con dinero en mano se podía comprar la cooperación de cualquier organización estatal de seguridad, o un ejército privado de soldados de las Fuerzas Especiales. Añádase a eso la propia Guardia Negra y los fanáticos Jóvenes Combatientes, más la invisible milicia urbana del hampa, y Komárov dispondría de todo un ejército para seguir la pista del hombre que había ido a enfrentarse a su amo.

De una cosa estaba seguro el viejo jefe de espías; Anatoli Grishin no tardaría en enterarse del regreso de Monk a su coto privado, y eso no le gustaría nada.

Lo primero que hizo sir Nigel fue reunir un pequeño pero fiel y muy profesional equipo de ex soldados de las Fuerzas Especiales británicas.

Tras varias décadas combatiendo el terrorismo del IRA dentro del Reino Unido, librando guerras declaradas en Malvinas y el golfo Pérsico, y otra veintena de guerras no declaradas desde Borneo hasta Omán y desde África hasta Colombia, Gran Bretaña había producido una verdadera reserva de algunos de los combatientes secretos más experimentados del mundo. Muchos de ellos habían abandonado el ejército, y explotaban sus curiosos talentos para salir adelante. Servicio de escoltas, protección de bancos, contraespionaje industrial y asesoría de seguridad eran las actividades naturales donde uno los podía encontrar.

Fiel a su palabra, Saul Nathanson había hecho depositar un ingreso de procedencia ilocalizable en un banco extranjero de propiedad británica donde el secreto era norma inquebrantable. Cuando quisiera, mediante una inocente palabra clave pronunciada en una llamada telefónica, Irvine podía hacer una transferencia a la sucursal de Londres para su disposición inmediata.

Antes de cuarenta y ocho horas tenía ya a seis hombres jóvenes a su entera disposición, dos de ellos con conocimiento del idioma ruso.

Algo que había mencionado Jordan tenía intrigado a Irvine, y siguiendo esa pista uno de los que hablaban ruso voló a Moscú con un fajo de libras. Regresó dos semanas después, y con noticias alentadoras.

A los otros cinco se les encomendaron diversos encargos. Uno viajó a América con una carta de presentación para Ralph Brooke, presidente de InTelCor. El resto fue en busca de los diversos especialistas que Irvine creyó podía necesitar.

Por su parte, él se aplicó al problema que quería resolver personalmente. Cincuenta y cinco años atrás, a su vuelta de Europa tras la convalecencia, Irvine había sido asignado al personal de inteligencia del general Horrocks, que mandaba el XXX Cuerpo de Ejército en su avance por la carretera de Mjimegen en Holanda, tratando de socorrer a los paracaidistas británicos que defendían la cabeza de puente de Arnhem. Uno de los regimientos del XXX Cuerpo era el de granaderos. Entre sus jóvenes oficiales había cierto comandante Peter Carrington, así como el comandante Nigel Forbes, con el que Irvine tuvo relación.

A la muerte de su padre, el comandante Forbes había tomado posesión del título de lord Forbes, primer lord de Escocia. Tras unas cuantas llamadas a Escocia, Irvine consiguió finalmente localizarlo en el Club Army & Navy de Pall Mall, en Londres.

—Ya sé que ha pasado mucho tiempo —dijo una vez le hubo refrescado la memoria sobre su persona—, pero necesito organizar un pequeño seminario. En realidad será bastante privado. Muy privado.

—Entiendo.

—Bien. Estaba buscando algún sitio apartado, algo que no esté muy a mano, donde puedan alojarse una docena de personas. Usted conoce las Highlands. ¿Se le ocurre algún sitio en particular?

—¿Para cuándo lo necesita? —preguntó el noble escocés.

—Para mañana.

—Conque ésas tenemos. Mi casa no sirve, es demasiado pequeña. Hace tiempo le traspasé el castillo a mi hijo. Pero creo que él está fuera. Déjeme comprobarlo.

Llamó al cabo de una hora. Su hijo y heredero, Malcolm, que ostentaba el título de cortesía de señor de Forbes, cumplía cincuenta y tres aquel año y le había confirmado que se marchaba al día siguiente a pasar un mes en las islas griegas.

—Creo que será mejor que ocupen el castillo —dijo lord Forbes—, pero nada de artillería, ¿entendido?

—Por supuesto —dijo Irvine—. Sólo conferencias, pases de diapositivas, esas cosas. Todos los gastos quedarán cubiertos, y con creces.

—Entonces, de acuerdo. Telefonearé a la señora McGillivray y le diré que va a ir usted. Ella se ocupará de todo.

Dicho esto lord Forbes volvió a su interrumpido almuerzo.

Despuntaba apenas el sexto día cuando el vuelo nocturno de British Airways procedente de Miami tomó tierra en la terminal 4 de Heathrow y depositó a Jason Monk junto a otros cuatrocientos pasajeros en el aeropuerto más ajetreado del mundo. Incluso a esa hora de la mañana había miles de pasajeros procedentes de diversos puntos del globo camino del control de pasaportes. Monk había viajado en primera clase y fue de los primeros en llegar al mostrador.

—¿Negocios o placer, señor? —preguntó el funcionario.

—Turismo —dijo Monk.

—Que tenga una agradable estancia.

Monk se guardó el pasaporte y fue hacia la cinta de equipajes. Hubo de esperar casi diez minutos a que llegaran los paquetes. Al salir echó un vistazo a la gente que estaba esperando, muchos de ellos chóferes con carteles de pasajeros o de empresas. En ninguno se leía «Monk».

Como tenía gente detrás, Monk hubo de seguir andando entre las líneas paralelas que formaban un pasadizo hasta la explanada principal, y cuando salía oyó una voz a su espalda:

—¿Señor Monk?

Era un hombre de unos treinta años. Vestía tejanos y chaqueta de cuero, llevaba el pelo corto y parecía estar en espléndida forma física.

—Soy yo.

—Su pasaporte, señor, si es tan amable.

Monk lo sacó y el hombre verificó su identidad. Todo en él reflejaba su calidad de ex soldado y al mirar las manos de gruesos nudillos que sostenían el pasaporte Monk hubiera apostado cualquier cosa a que la carrera militar de aquel individuo no había pasado por la sección de contabilidad. El hombre le devolvió el pasaporte.

—Me llamo Ciaran. Sígame, por favor.

En vez de ir hacia el aparcamiento, el guía cogió la maleta de Monk y se encaminó hacia el autobús de cortesía. Permanecieron en silencio mientras el autobús les llevaba a la terminal 1.

—¿No vamos a Londres? —preguntó Monk.

—No, señor. Vamos a Escocia.

Ciaran tenía los billetes de ambos. Una hora después el vuelo comercial Londres-Aberdeen despegaba hacia las Highlands. Ciaran se sumió en su ejemplar del *Army Quarterly and Defence Review*. Desde luego, su fuerte no era dar conversación. Monk aceptó su segundo desayuno de líneas aéreas en el mismo día y compensó el poco sueño que había conciliado cruzando el Atlántico.

En el aeropuerto de Aberdeen había un transporte esperando, un Land Rover Discovery con otro taciturno ex soldado al volante. Él y Ciaran intercambiaron nueve sílabas, que aparentemente equivalían a toda una conversación.

Monk no conocía las Highlands escocesas en las que se adentraron tras dejar el aeropuerto en las afueras de la ciudad costera de Aberdeen. El anónimo conductor tomó la carretera a Inverness y once kilómetros después se desvió a la izquierda. El rótulo decía simplemente: «Kemnay». Atravesaron el pueblo de Monymusk para tomar la carretera Aberdeen-Alford. Cinco kilómetros más adelante el Land Rover torció a la derecha, cruzó Whitehouse y siguió hacia Keig.

Había un río a la derecha. Monk se preguntó si habría truchas o salmones. Justo antes de Keig el vehículo dejó bruscamente la carretera, pasó un puente y enfiló una avenida. Dos curvas después apareció un pequeño castillo encaramado a un promontorio orientado hacia las colinas. El conductor se dio la vuelta para hablar.

—Bienvenido a Castle Forbes, señor Monk.

La enjuta figura de sir Nigel Irvine, con una gorra plana de tela en la cabeza, blancos mechones de pelo ondeando a cada lado, apareció en el porche de piedra.

—¿Qué tal el viaje? —preguntó.

—Bien.

—Pero cansado, supongo. Ciaran le enseñará su habitación. Tome un baño y duerma un poco. El almuerzo será dentro de dos horas. Tenemos mucho que hacer.

—Usted sabía que iba a venir —dijo Monk.

—Naturalmente.

—Ciaran no ha hecho ninguna llamada.

—Ah, sí, ya le entiendo. Mitch... —señaló al conductor que estaba sacando su equipaje— también estaba en Heathrow. Y en el avión de Aberdeen. En la parte de atrás. Pasó por el aeropuerto de Aberdeen antes que usted, no tuvo que esperar para el equipaje. Llegó al Land Rover cinco minutos antes.

Monk suspiró. No había visto a Mitch en Heathrow, ni después en el avión. La mala noticia era que Irvine tenía razón; realmente había mucho trabajo. La buena era que estaba rodeado de un equipo muy profesional.

—¿Los chicos vendrán conmigo?

—Me temo que no. Cuando llegue allí estará solo. En las próximas tres semanas intentaremos ayudarle a que sobreviva.

El almuerzo consistió en carne picada de cordero con patatas. Sus anfitriones lo llamaron empanada de pastor y lo empaparon en una salsa negra muy especiada. Eran cinco a la mesa; sir Nigel Irvine, el simpático anfitrión; el propio Monk; Ciaran y Mitch que siempre se dirigían a Irvine y Monk como «jefe»; y un hombre bajo y vivaz de pelo blanco y escaso que hablaba inglés con un acento que Monk reconoció como ruso.

—Habrá que hablar en inglés, claro está —dijo Irvine—, porque no hay muchos de nosotros que hablen ruso. Pero durante cuatro horas al día hablará usted en ruso con Oleg, aquí presente. Tendrá que esforzarse hasta que consiga pasar por un verdadero ruso.

Monk asintió. Hacía años que no practicaba el idioma e iba a descubrir hasta qué punto lo tenía oxidado. Pero alguien con talento innato para los idiomas puede siempre recuperar lo sabido con un poco de práctica.

—Bien —prosiguió sir Nigel—. Oleg, Ciaran y Mitch permanecerán aquí. Los demás irán y vendrán. Incluido yo. Dentro de unos días, cuando esté usted instalado, tendré que viajar al sur y seguir con... otros asuntos.

Si Monk pensó que iban a tener un mínimo de consideración con su *jetlag*, estaba equivocado. Después del almuerzo estuvo cuatro horas seguidas con Oleg.

El ruso inventó una serie de situaciones. Primero era un miliciano, deteniendo a Monk en plena calle para pedirle sus papeles, preguntarle de dónde venía, adónde se dirigía y por qué. Luego se convertía en camarero y preguntaba detalles de una complicada comida, y en un ruso de pueblo que preguntaba una dirección a un moscovita. Pasadas las cuatro horas, Monk empezó a notar que recuperaba el idioma.

Pescando en las Caicos, Monk había pensado que estaba en buena forma pese a que su talla de pantalón había aumentado. Se equivocaba. No había amanecido aún el segundo día cuando Mitch y Ciaran fueron a buscarle para una carrera a campo traviesa.

—Empezaremos con algo fácil, jefe —le dijo Mitch, y sólo corrieron ocho kilómetros entre brezales que les llegaban al muslo.

Al principio Monk creyó que iba a morir. Después deseó estar muerto.

Solamente había dos personas de servicio. El ama de llaves —la formidable señora McGillivray, viuda de un corredor de fincas— cocinaba y hacía la limpieza, aceptando con olímpico desdén el ir y venir de expertos con acento inglés. Hector cuidaba del jardín y del huerto, e iba en coche a Whitehouse a comprar víveres. No se presentó ningún repartidor. La señora McGee, como la llamaban los hombres, y Hector vivían en dos pequeños chalets dentro del recinto del castillo.

Un fotógrafo fue a sacarle una serie de fotos a Monk para los distintos documentos que le iban a preparar en otro sitio. Apareció también un peluquero y maquillador que transformó hábilmente su aspecto y le enseñó a hacerlo por sí solo con un mínimo de materiales y nada que no pudiera ser fácilmente comprado o llevado en el equipaje sin despertar sospechas sobre su verdadera utilidad. Una vez transformado su modelo, el fotógrafo tomó nuevas instantáneas de Monk para *otro pazport*. Nigel Irvine había conseguido en alguna parte documentos reales, así como los servicios de un grabador y un calígrafo para modificarlos en función de la nueva identidad.

Monk empleó varias horas ante un plano de Moscú, memorizando la ciudad y sus centenares de nombres, al menos los que le resultaban nuevos. El muelle de Maurice Thorez, que recibía el nombre del líder comunista francés, había recuperado el viejo nombre de puente de Sofía. Todas las referencias a Marx, Engels, Lenin, Dzerdzinsky y los otros notables del comunismo se habían evaporado. Memorizó los cien edificios más destacados y su ubicación, cómo utilizar el nuevo sistema de teléfono y cómo conseguir un taxi al momento haciendo señas a cualquier conductor en cualquier momento del día y en cualquier parte ofreciéndole un dólar.

Pasó varias horas en la sala de proyección junto a un hombre llegado de Londres, inglés pero que hablaba ruso, mirando caras, caras y más caras.

Tuvo que leer libros, discursos de Komárov, periódicos y revistas rusos. Lo peor fue memorizar cincuenta números de teléfono particulares. Los números nunca habían sido su fuerte.

Sir Nigel Irvine volvió la segunda semana. Parecía cansado pero satisfecho. No dijo dónde había estado. Traía algo que uno de sus hombres había comprado tras recorrer todos los anticuarios de Londres. Monk lo sopesó en sus manos.

—¿Cómo diablos se ha enterado de esto? —preguntó.

—No importa. Tengo las antenas largas. ¿Es igual?

—Idéntico. Que yo recuerde, al menos.

—Bien, entonces seguro que funciona.

También traía una maleta, hecha por un hábil artesano. Haría falta un superinspector de aduanas para descubrir el compartimiento interior donde Monk ocultaría dos documentos: el Manifiesto Negro en su original ruso, y el informe de verificación que lo autentificaba, traducido ahora a esa lengua.

A la segunda semana, Jason Monk había recuperado la forma física de sus mejores años. Sus músculos estaban firmes y su vigor había aumentado considerablemente, aunque sabía que nunca podría competir con Ciaran y Mitch, capaces de correr hora tras hora a través de las barreras del dolor y la extenuación hasta ese limbo próximo a la muerte donde sólo la voluntad mantiene al cuerpo en movimiento.

A media semana llegó George Sims. Era de la misma edad que Monk y ex brigada del regimiento SAS. A la mañana siguiente se lo llevó al césped. Ambos iban vestidos de chándal. Sims se dio la vuelta y habló a Monk desde unos cuatro metros.

—Y ahora —dijo con un marcado acento escocés—, le rogaría que intentara matarme.

Monk arqueó una ceja.

—Pero no se haga ilusiones, porque no lo conseguirá.

Tenía razón. Monk se le acercó, hizo una finta y se lanzó sobre él. El escocés se volvió y Monk acabó de espaldas en tierra.

—Un poquitín lento para esa llave —dijo el ex brigada.

Hector estaba en la cocina dejando unas zanahorias recién recogidas para el almuerzo cuando Monk, otra vez boca abajo, quedó frente a la ventana.

—¿Qué diantres están haciendo? —preguntó Hector.

—Fuera de aquí —dijo la señora McGee—. Son los amigos del joven señor, que se están divirtiendo.

En el bosque, Sims enseñó a Monk la Sig Sauer automática de 9 mm de fabricación suiza.

—Creía que utilizaban la Browning de trece tiros —dijo Monk, queriendo demostrar que estaba al corriente.

—De eso hace años. Cambiamos a ésta hace casi una década. Bien, ¿conoce la presa a dos manos y el disparo en cuclillas?

Monk había recibido instrucción sobre armas ligeras en Fort Peary, Virginia, cuando era novato en la CIA. Había sido el primero de la clase, herencia de ir a cazar de pequeño con su padre a los montes Blue Ridge. Pero de eso también hacía muchos años.

El escocés colocó un blanco con un hombre agazapado, caminó quince pasos, se giró y le hizo cinco agujeros en el corazón. Monk le saltó la oreja izquierda al blanco y le rozó el muslo. Gastaron cien balas diariamente durante tres días hasta que al final Monk consiguió impactar tres de cinco en la cara.

—Eso suele pararles los pies —admitió Sims con el tono de quien sabe que no obtendrá mejores resultados.

—Con suerte quizá no tenga que usar estos malditos chismes —dijo Monk.

—Ya, eso dicen todos, señor. Y luego se acaba la buena suerte. Es mejor saber utilizarlos, por precaución.

Al inicio de la tercera semana Monk recibió instrucciones sobre el comunicador. Un hombre sorprendentemente joven llamado Danny llegó de Londres para enseñárselo.

—Es un ordenador portátil perfectamente normal —le dijo.

Y lo era. No mayor que un libro corriente, la tapa se levantaba para acceder a la pantalla de su cara inferior, y el teclado, en dos mitades, se levantaba, se extendía y quedaba de nuevo encajado para convertirse en un teclado grande tipo máquina de escribir. Era la clase de portátil que ocho de cada diez ejecutivos llevan actualmente en sus maletines.

—El disco flexible... —Danny cogió lo que parecía una tarjeta de crédito y se lo mostró a Monk antes de introducirlo en el lateral del ordenador—. Lleva la información normal que necesita un hombre de negocios como el que usted va a ser. Si alguien se lo roba, sólo conseguirá información comercial de nulo interés excepto para el propietario.

—¿Entonces? —preguntó Monk. Se daba cuenta de que el chico era uno de aquellos locos de la informática para quienes las interioridades de un ordenador eran mucho más sencillas que los jeroglíficos egipcios. Monk hubiera preferido los egipcios sin vacilar.

—A ver —dijo Danny, cogiendo otra tarjeta—, ¿qué es esto?

—Una tarjeta Visa —dijo Monk.

—Mire otra vez.

Monk examinó la delgada hoja de plástico con su banda magnética en el reverso.

—Pues parece una tarjeta Visa.

—Puede servir incluso de eso —dijo Danny—, pero no la utilice como tal. Únicamente si se borrara por error. Guárdela en lugar seguro, donde vaya a vivir, preferiblemente oculta de miradas fisgonas, y úsela sólo en caso de necesidad.

—¿Para qué sirve?

—Se llama Virgil y sirve para muchas cosas. Codifica todo cuanto usted quiera mecanografiar. Tiene memorizados un centenar de *one-time pads*. Eso no es de mi especialidad, pero imagino que serán indescifrables.

—Lo son —dijo Monk, contento de oír por fin algo que le sonaba. Eso le hizo sentirse mejor.

Danny extrajo el disquete original e introdujo la Visa.

—Bien, el ordenador va alimentado con una batería de litioión con energía suficiente para alcanzar el satélite. Aunque tenga a mano una toma de corriente, use siempre la pila en caso de oscilaciones en la corriente. Utilice la red eléctrica para recargar la batería. Ahora, póngalo en marcha. —Señaló el interruptor y Monk lo hizo.

—Teclee su mensaje para sir Nigel, en texto claro.

Monk tecleó un mensaje de veinte palabras para confirmar llegada sin problemas y primer contacto establecido.

—Ahora pulse esa tecla de ahí. Dice otra cosa, pero da la orden de codificar.

Monk pulsó la tecla. No pasó nada. Su texto seguía en la pantalla.

—Ahora pulse el *power/off*.

Las palabras se desvanecieron.

—Han desaparecido para siempre —dijo Danny—. Han sido totalmente borradas de la memoria, en el código de un *one-time pad*... Y ahora conecte de nuevo el ordenador.

Monk lo hizo. La pantalla se iluminó pero permaneció en blanco.

—Pulse ésta. Dice otra cosa, pero si inserta a Virgil significa «transmitir/recibir». Ahora déjelo en marcha. Dos veces al día un satélite pasará sobre el horizonte. Está programado para lanzar un mensaje hacia abajo cuando se aproxima adonde usted se encuentre. Tiene la misma frecuencia que Virgil, pero tarda un nanosegundo y está cifrado. Lo que dice es: «¿Estás ahí?» Virgil oye la llamada, identifica la fuente «madre», acusa recibo y transmite su mensaje. Lo llamamos apretón de manos.

—¿Eso es todo?

—No. Si Madre tiene un mensaje para Virgil, *ella* lo transmite. Virgil lo recibirá, en el cógido del *one-time pad*. Madre pasa sobre el horizonte y se desvanece. Para entonces ya habrá comunicado su mensaje a la base receptora, esté donde esté. Yo no lo sé y no necesito saberlo.

—¿He de estar al lado de la máquina mientras hace todo esto? —preguntó Monk.

—Claro que no. Puede estar donde le dé la gana. Cuando regrese, verá que la pantalla aún está brillando. Entonces pulse este botón. No dice «descodificar» pero eso es lo que hace si Virgil está ahí dentro. Lo que hará Virgil es descodificar el mensaje que le envían. Apréndalo y luego pulse *power/off;* lo habrá borrado para siempre.

»Una última cosa. Si realmente quiere destruir el cerebro de Virgil, pulse estos cuatro números seguidos. —Se los enseñó escritos en un trozo de tarjeta—. Nunca pulse esos cuatro números seguidos a menos que quiera convertir a Virgil en una simple tarjeta Visa.

Emplearon dos días para repetir las operaciones una y otra vez, hasta que Monk consiguió hacerlo con los ojos cerrados. Luego Danny se marchó al mundo de chips de silicio en que seguramente vivía.

Hacia el final de su tercera semana en Castle Forbes, todos los instructores afirmaron estar satisfechos, se despidieron de Monk y se marcharon.

—¿Hay algún teléfono por aquí? —preguntó Monk aquella noche mientras él, Ciaran y Mitch estaban en el salón después de la cena.

Mitch levantó la vista del tablero de ajedrez donde estaba siendo apalizado por Ciaran y señaló con la cabeza el teléfono que había en una esquina.

—Privado —dijo Monk.

Ciaran levantó también la cabeza y ambos ex soldados le miraron.

—Claro, jefe —dijo Ciaran—, use el del estudio.

Monk se sentó entre los libros y grabados de caza de lord Forbes y marcó un número de ultramar. La llamada sonó en una cabaña en Corzet, Virginia del Sur, donde el sol empezaba a ponerse tras los Blue Ridge, cinco horas más tarde que en Escocia. A la décima señal una voz respondió «¿Sí?»

—Hola, mamá, soy Jason.

La frágil voz se animó de repente:

—¡Jason! ¿Dónde estás, hijo?

—He estado de viaje, mamá. ¿Y papá?

Desde el ataque su padre pasaba la mayor parte del día en la mecedora, en la pequeña galería, contemplando el pueblo y los montes donde, cuarenta años atrás y capaz de andar todo el día, había llevado a su primer hijo a cazar y pescar.

—Bien. Ahora está en el porche, echando un sueñecito. Hace mucho calor. Ha sido un verano muy largo y caluroso. Le diré que has llamado. Se alegrará. ¿Vendrás a vernos pronto? Hace mucho que no te vemos.

Eran dos hermanos y una hermana. Uno era asesor de seguros; el otro, agente inmobiliario; y la hermana se había casado con un médico rural y tenía familia. Todos vivían en Virginia. Iban a ver a sus padres a menudo. Jason era el único ausente.

—Lo antes que pueda, mamá. Te lo prometo.

—Te vas lejos otra vez, ¿verdad, hijo?

Él sabía lo que quería decir con «lejos». Su madre había sabido lo de Vietnam antes de que a él le encomendaran aquel destino, y solía llamarlo a Washington antes de un viaje al extranjero como si sospechara algo que no tenía modo de saber. Cosas de las madres... A casi cinco mil kilómetros ella presentía el peligro.

—Cuando vuelva iré a visitaros.

—Cuídate mucho, Jason.

Apartó el teléfono y contempló desde la ventana el cielo estrellado de Escocia. Tendría que haber ido más a menudo a casa.

Ahora los dos eran viejos. Si volvía de Rusia buscaría el momento de ir a verlos.

—No te preocupes, mamá. Todo irá bien.

Hubo una pausa, como si ninguno de los dos supiera qué decir.

—Te quiero, mamá. Dile a papá que os quiero mucho a los dos.

Colgó. Dos horas después sir Nigel Irvine leyó la transcripción en su casa de Dorset. La mañana siguiente Ciaran y Mitch llevaron a Monk al aeropuerto de Aberdeen y le acompañaron en su vuelo hacia el sur.

Monk pasó cinco días en Londres, hospedado con sir Nigel en el Montcalm, un hotel tranquilo y discreto detrás de Marble Arch. Durante aquellos días el viejo jefe de espías le explicó con detalle lo que tenía que hacer. Finalmente, no quedó otra cosa que despedirse. Irvine le entregó un trozo de papel.

—Si ese maravilloso sistema de comunicaciones falla alguna vez, aquí hay alguien que podría sacar un mensaje del país. Como último recurso, por supuesto. Bueno, Jason, adiós. Yo no iré a Heathrow. Odio los aeropuertos. Creo que lo logrará. Sí, qué diablos, creo que puede lograrlo.

Ciaran y Mitch lo llevaron a Heathrow y le acompañaron hasta el control de pasaportes. Luego le estrecharon la mano.

—Buena suerte, jefe —dijeron.

Nadie sabía que su aspecto no se parecía al del Jason Monk que había llegado a la terminal 4 un mes atrás. Nadie sabía que no era el que decía su pasaporte. No tuvo problemas para pasar.

Fue un vuelo sin sorpresas. Cinco horas después, con su reloj ajustado a dos horas menos, Monk se aproximó al control de pasaportes en el aeropuerto de Sheremetyevo, Moscú. Su visado, supuestamente solicitado en la embajada rusa en Washington, estaba en regla. Le dejaron pasar.

En la aduana rellenó el extenso formulario de declaración de divisas y puso la maleta sobre la mesa de inspección. El funcionario miró la maleta y luego señaló con un gesto el portafolios.

—Ábralo —dijo en inglés.

Asintiendo sonriente con la cabeza como el típico ejecutivo americano, Monk lo hizo. El funcionario examinó sus papeles y luego sostuvo en alto el ordenador portátil. Asintió varias veces con la cabeza. Luego dijo «Muy bonito» y lo dejó en su sitio. Marcó con tiza los dos bultos, le indicó con un gesto de la cabeza que pasara y atendió al siguiente pasajero.

Monk cogió la maleta y el portafolios, cruzó la puerta de cristal y salió a la tierra que había jurado no volver a pisar jamás.

SEGUNDA PARTE

12

El gran cubo de piedra gris del hotel Metropol estaba donde él lo recordaba, justo enfrente del teatro Bolshoi, al otro lado de la plaza.

Monk se acercó al mostrador de recepción, se presentó y entregó su pasaporte norteamericano. El empleado tecleó en el ordenador los números y las letras hasta que la confirmación apareció en la pantalla. Echó un vistazo al pasaporte, luego miró a Monk, asintió y le sonrió con aire profesional.

La habitación de Monk era la que él había pedido, siguiendo el consejo del soldado de habla rusa que sir Nigel había enviado a Moscú cuatro semanas atrás en viaje de reconocimiento. Estaba en una esquina de la octava planta, con vistas al Kremlin y, lo mejor de todo, una balconada que iba de punta a punta del edificio.

Debido a la diferencia de hora con Londres, era mediada la tarde cuando Monk se instaló y el crepúsculo otoñal era ya lo bastante frío para que quienes estaban en la calle llevasen puesto el abrigo —los que podían permitirse tener uno—. Esa noche Monk cenó en el hotel y se acostó temprano.

A la mañana siguiente había un nuevo empleado en recepción.

—Tengo un problema —le dijo Monk—. Debo ir a la embajada de Estados Unidos para que verifiquen mi pasaporte. No tiene mucha importancia, ya sabe, la burocracia...

—Lamentándolo mucho, señor, hemos de conservar los pasaportes de nuestros visitantes durante su estancia —dijo el empleado.

Monk se inclinó sobre el mostrador y el billete de cien dólares brilló entre sus dedos.

—Comprendo —dijo—, pero verá, el problema es que después de Moscú he de viajar a otros puntos de Europa, y como el pasaporte está a punto de caducar mi embajada necesita hacerme uno nuevo. Sólo estaría fuera un par de horas...

El empleado era joven, recién casado y con un niño en camino. Pensó cuántos rublos podría conseguir por cien dólares en el mercado negro. Miró a derecha e izquierda.

—Perdone un momento —dijo, y desapareció tras el tabique de cristal que separaba la recepción del complejo de oficinas.

Regresó a los cinco minutos. Con el pasaporte.

—Normalmente sólo los devolvemos a la salida —dijo—. Tendrá usted que entregármelo a menos que se marche del hotel.

—Mire, como ya le he dicho, en cuanto la sección de visados acabe con él, se lo traigo. ¿Cuándo termina usted su servicio?

—A las dos de la tarde.

—Bien, si no lo tengo para entonces, sus colegas lo recibirán a media tarde.

El pasaporte fue en una dirección y el billete de cien dólares en la otra. Ahora los dos eran cómplices. Sonrieron y se dijeron adiós.

De vuelta en su habitación, Monk colgó el cartel de «No molestar» y cerró con llave. En el cuarto de baño el disolvente descrito en la etiqueta como colirio salió de su bolsa de aseo y Monk llenó un cuenco con agua caliente.

Los prietos rizos grises del doctor Philip Peters desaparecieron para dar paso al cabello rubio de Jason Monk. El bigote cedió a la maquinilla de afeitar y las gafas ahumadas que disimulaban los débiles ojos del académico fueron a parar a una papelera del vestíbulo.

El pasaporte que extrajo de su portafolios estaba a su nombre y con su propia fotografía, y llevaba el sello de entrada del funcionario de inmigración del aeropuerto, copiado del que había traído el soldado de Irvine de su anterior misión pero con la fecha correcta. Dentro de la hoja de guarda había un duplicado del impreso de declaración de divisas, también con el sello falsificado del mostrador correspondiente.

A media mañana Monk fue a la planta baja, cruzó el atrio abovedado y salió por la puerta del lado contrario a la recepción. Junto al Metropol había una fila de taxis y Monk subió a uno, hablando ya en perfecto ruso.

—Olympic Penta —dijo.

El taxista conocía el hotel, asintió y se puso en camino.

El complejo olímpico, construido para los Juegos de 1980, está ubicado al norte de la ciudad, junto al Sadovaya Spasskaya o calle del jardín de circunvalación. El estadio se destacaba aún sobre los edificios circundantes y a su sombra quedaba el hotel Penta, construido por alemanes. Monk se hizo dejar frente a la marquesina, pagó al taxista y entró en el vestíbulo. Cuando el taxi se hubo alejado, salió del hotel e hizo a pie el resto del camino. Estaba a sólo cuatrocientos metros.

Toda el área al sur del estadio había degenerado en ese ambiente de monotonía que prevalece cuando la conservación y el mantenimiento se convierten en un problema. Los bloques de la era comunista que habían albergado una docena de embajadas, oficinas y restaurantes tenían una pátina de polvo estival que se convertiría en corteza con el frío inminente. Las calles eran un baile de papeles y pedazos de porespán.

Junto a la calle Durova había un enclave cuyos jardines y edificios presentaban un espíritu diferente, de cuidado y atención. Protegidos por barandillas había tres edificios principales: un hostal para viajeros de otras provincias del país, una magnífica escuela construida a mediados de los noventa y el lugar de culto propiamente dicho.

La principal mezquita de Moscú había sido erigida en 1905, unos doce años antes de la subida de Lenin, y llevaba la impronta de la elegancia prerrevolucionaria. Había ido languideciendo a lo largo de setenta años de comunismo, al igual que las iglesias cristianas perseguidas por el Estado ateo. Tras la caída del comunismo una generosa donación de Arabia Saudí había hecho posible un programa de ampliación y restauración en cinco años. El hostal y la escuela databan de ese programa a mediados de los noventa.

La mezquita no había cambiado de dimensiones, seguía siendo un edificio bastante pequeño de color blanco y azul claro, con ventanas diminutas, y al que se entraba por una puerta de roble tallado. Monk se despojó de los zapatos, los dejó en una de las casillas que había a la izquierda y entró.

Como en todas las mezquitas, el interior era completamente abierto y desprovisto de sillas o bancos. Ricas alfombras donadas también por Arabia Saudí cubrían la totalidad del suelo; sobre el espacio central, una galería sostenida por pilares daba la vuelta completa al templo. Conforme a la fe islámica, no había imágenes ni cuadros. Algunas paredes tenían paneles con diversas citas del Corán.

La mezquita satisfacía las necesidades espirituales de la comunidad musulmana residente en Moscú, excluyendo los diplomáticos que en su mayoría acudían a la embajada de Arabia Saudí. Pero en Rusia hay diez millones de musulmanes, y en su capital dos mezquitas públicas. Como no era viernes, apenas había unas docenas de fieles.

Monk buscó un sitio junto a la pared cerca de la entrada, se sentó cruzando las piernas y observó. Los hombres eran casi todos viejos; azeríes, tártaros, ingush, osetes. Todos vestían traje, raído pero limpio.

A la media hora un anciano que estaba frente a Monk se levantó y fue hacia la puerta. Al reparar en él, una expresión de curiosidad cruzó por su cara. El rostro bronceado, el pelo rubio, la falta de un rosario de cuentas... Primero dudó y luego se sentó de espaldas a la pared. Debía de tener bastante más de setenta años, y tres medallas ganadas en la Segunda Guerra Mundial colgaban de su solapa.

—La paz sea contigo —murmuró.

Monk asintió con la cabeza.

—¿Eres de esta religión? —preguntó el anciano.

—Pues no, he venido a ver a un amigo.

—Ah. ¿Alguien especial?

—Sí. Un amigo de hace mucho. Perdimos el contacto, y esperaba poder encontrarlo aquí. O a alguien que pudiera conocerle.

El anciano asintió.

—La nuestra es una comunidad pequeña. Hay muchas como ésta. ¿A cuál pertenecía tu amigo?

—Es checheno —dijo Monk. El anciano asintió otra vez y luego se puso lentamente en pie.

—Espera —dijo.

Regresó diez minutos después con alguien que había ido a buscar fuera. Señaló hacia Monk con la cabeza, sonrió y se fue. El recién llegado era más joven pero no mucho.

—Me han dicho que busca a uno de mis hermanos —empezó el checheno—. ¿Puedo ayudarle?

—Es posible —dijo Monk—. Le estaría muy agradecido. Nos conocimos hace años. Y ahora que estoy de visita en la ciudad me encantaría verle otra vez.

—¿Y cómo se llama?

—Umar Gunáyev.

Algo centelleó en los ojos del viejo.

—No conozco a nadie que se llame así —dijo.

—Ah, qué desilusión —dijo Monk—, porque le había traído un regalo.

—¿Cuánto tiempo piensa quedarse?

—Me gustaría estar aquí un rato más contemplando su hermosa mezquita —contestó Monk.

El checheno se puso en pie.

—Preguntaré si alguien ha oído hablar de ese hombre —dijo.

—Gracias. Soy una persona muy paciente.

—La paciencia es una virtud.

Pasaron dos horas antes de que llegaran, y eran tres, todos jóvenes. Avanzaron sigilosamente, sus pies con calcetines no hacían el menor ruido sobre las mullidas alfombras persas. Uno se quedó en la puerta, se arrodilló y se apoyó en los talones con las manos sobre los muslos. Aparentaba estar rezando, pero Monk sabía que no iba a dejar pasar a nadie.

Los otros dos fueron a sentarse a ambos lados de Monk. Lo que tenían debajo de la chaqueta lo llevaban oculto. Monk miró al frente. Las preguntas llegaron en breves susurros para no molestar a los fieles que estaban delante de ellos.

—¿Habla ruso?

—Sí.

—¿Y pregunta por uno de nuestros hermanos?

—Sí.

—Usted es un espía ruso.

—Soy norteamericano. En mi chaqueta está mi pasaporte.

—Índice y pulgar —dijo el hombre. Monk sacó su pasaporte

con la punta de los dedos y lo dejó caer a la alfombra. El otro se inclinó, lo recogió y examinó sus páginas. Luego asintió con la cabeza y se lo devolvió. Habló en checheno con el otro hombre. Monk supuso que le estaba diciendo que cualquiera podía conseguir un pasaporte norteamericano. El que estaba a su derecha asintió y siguió preguntando.

—¿Por qué busca a nuestro hermano?

—Nos conocimos hace muchos años, en tierras lejanas. Se olvidó algo allí. Me prometí que si alguna vez venía a Moscú se lo devolvería.

—¿Lo trae encima?

—En este portafolios.

—Ábralo.

Monk abrió los pestillos y levantó la tapa. Dentro había una caja plana de cartón.

—¿Quiere que le llevemos eso?

—Les estaría muy agradecido.

El que estaba a la izquierda dijo algo más en checheno.

—No, no es una bomba —dijo Monk en ruso—. Si lo fuera y alguien la abriera ahora, yo también moriría. Adelante, abra la caja.

Los hombres se miraron, luego uno se inclinó y levantó la tapa de la caja. Contemplaron su contenido.

—¿Es eso?

—Sí. Lo dejó olvidado.

El que estaba a su izquierda cerró la caja y la sacó del portafolios. Se puso en pie.

—Espere aquí —dijo.

El hombre que estaba en la puerta le vio salir pero no movió un dedo. Monk y sus dos escoltas esperaron un par de horas más. Había pasado la hora de comer. Monk empezaba a anhelar una hamburguesa doble.

Tras las pequeñas ventanas la luz empezaba a extinguirse cuando regresó el mensajero. No dijo nada, sólo hizo un gesto con la cabeza a sus dos compañeros y luego señaló hacia la puerta.

—Venga —dijo el checheno que estaba acuclillado a la derecha de Monk. Se levantaron los tres. En el vestíbulo recuperaron sus respectivos zapatos y se los pusieron. El que había estado en la entrada se situó detrás de los tres. Monk fue sacado del recinto en dirección a la calle Durova, donde un BMW grande esperaba junto al bordillo. Antes de dejarle entrar en el coche, fue expertamente cacheado por detrás.

Monk ocupó el centro del asiento trasero con un checheno a cada flanco. El tercer hombre subió al lado del conductor. El BMW arrancó y se dirigió a la carretera de circunvalación.

Monk había calculado que aquellos hombres no se atreverían a profanar la mezquita ejerciendo la violencia en su interior, pero en un coche propio era otro cantar. Monk conocía a suficientes hombres como los que le rodeaban para saber que todos eran peligrosos.

Pasado un kilómetro, el que iba delante metió la mano en la guantera y extrajo unas gafas oscuras muy ceñidas. Le indicó a Monk que se las pusiera. Eran mejor que una venda, pues los cristales estaban pintados de negro. Monk hizo el trayecto a ciegas.

En el centro mismo de Moscú, al cabo de una calle lateral en que sería más prudente no adentrarse, hay un pequeño bar llamado Kashtan; significa «castaño» en ruso y lleva allí muchos años. Cualquier turista que se acerque a la entrada se encontrará con un joven fornido que le sugerirá que vaya a otra parte a tomar café. La milicia rusa ni siquiera se molesta en aproximarse allí.

Ayudaron a Monk a bajar del coche y le quitaron las gafas negras tras cruzar la puerta del bar. Nada más entrar, el murmullo de la conversación en checheno cesó de golpe. Veinte pares de ojos observaron en silencio cómo era conducido a un cuarto privado al otro lado de la barra. Si Monk no salía vivo de aquel cuarto, nadie habría visto nada. Por primera vez, el mayor de sus acompañantes, el que había estado sentado a la entrada de la mezquita mientras sus subordinados hacían el interrogatorio, habló.

—Siéntese —dijo—. ¿Café?

—Gracias. Solo, con azúcar.

El café era bueno. Monk sorbió el humeante líquido, apartando la vista del espejo, convencido de que estaba siendo observado desde detrás del mismo. Al dejar la taza se abrió la puerta y entró Umar Gunáyev.

Había cambiado. Ya no llevaba el cuello de la camisa por fuera, y su traje no era barato. Era de diseño italiano, y la corbata debía proceder de Jermyn Street o de la Quinta Avenida.

El checheno había madurado en aquellos doce años, pero a sus cuarenta era extrañamente apuesto, cortés y distinguido. Saludó con varias inclinaciones de cabeza a Monk, sonrió en silencio, se sentó y puso la caja de cartón encima de la mesa.

—Me han entregado su regalo —dijo. Abrió la tapa y extrajo el contenido, poniendo el gambiah yemení a la luz y pasando la yema del dedo por el filo—. ¿Es esto?

—Uno de los árabes lo dejó en el suelo —dijo Monk—. Pensé que podría utilizarlo como abrecartas.

Esta vez Gunáyev sonrió realmente divertido.

—¿Cómo ha sabido mi nombre?

Monk le habló de las fotos de carnet que los británicos pedían a los rusos que llegaban a Omán.

—Y desde entonces, ¿qué más ha sabido de mí?

—Muchas cosas.

—¿Buenas o malas?

—Interesantes.

—Cuénteme.

—Supe que el capitán Gunáyev, tras diez años en el Primer Directorio, se cansó de tanta broma racista y de que le estuviera vedado un ascenso. Que abandonó el KGB para ejercer otra profesión, también secreta pero diferente.

Gunáyev rió. Los tres acompañantes se relajaron. El jefe había establecido el espíritu de la reunión.

—Secreta pero diferente. Es verdad. ¿Y luego?

—Luego supe que Gunáyev había acabado convirtiéndose en jefe supremo de todo el hampa chechena al oeste de los Urales.

—Quizá. ¿Algo más?

—Supe que el tal Gunáyev es un hombre fiel a la tradición, aunque no un viejo. Que sigue aferrado a los criterios atávicos del pueblo checheno.

—Sabe usted muchas cosas, amigo mío. ¿Y cuáles son esos criterios del pueblo checheno para un norteamericano?

—Me han dicho que ante la degeneración dominante, los chechenos se siguen rigiendo por su código del honor; que pagan sus deudas, las buenas y las malas.

Los tres hombres que estaban detrás de Monk se pusieron tensos. ¿Se estaba burlando de ellos el norteamericano? Miraron a su líder. Gunáyev asintió finalmente con la cabeza.

—Todo lo que ha oído es correcto. ¿Qué quiere de mí?

—Protección y un sitio donde vivir.

—En Moscú hay hoteles.

—No son muy seguros.

—¿Es que alguien quiere matarle?

—Aún no, pero pronto.

—¿Quién?

—El coronel Anatoli Grishin.

Gunáyev se encogió de hombros quitándole importancia.

—¿Le conoce? —preguntó Monk.

—He oído hablar de él.

—¿Y lo que ha oído le gusta?

Gunáyev repitió el gesto.

—El hace su trabajo. Yo hago el mío.

—En Estados Unidos —dijo Monk—, si usted quisiera desaparecer yo podría ayudarle. Pero no estoy ni en mi ciudad ni en mi país. ¿Usted puede hacerme desaparecer en Moscú?

—¿Temporal o permanentemente?

Monk sonrió.

—Preferiría temporalmente.

—Muy bien. ¿Es eso lo que quiere?

—Si es conservando la vida, sí. Y lo prefiero.

Gunáyev se levantó y habló a sus tres matones.

—Este hombre me salvó la vida. Ahora es mi invitado. Nadie debe tocarle. Mientras esté aquí será uno de los nuestros.

Los tres hombres rodearon a Monk, ofreciéndole la mano, sonriendo y presentándose. Aslan, Magomed, Sharif.

—¿Le buscan ya? —preguntó Gunáyev.

—No, no lo creo.

—Debe de estar hambriento. Aquí la comida es horrible. Iremos a mi despacho.

Como todos los caciques mafiosos, el líder del clan checheno tenía dos personalidades. La más pública era la de un próspero negociante que controlaba una veintena de empresas en alza. En el caso de Gunáyev, su especialidad era la propiedad inmobiliaria. Durante los primeros años se había limitado a adquirir en Moscú buenos solares urbanizables por el simple método de comprar o matar a los burócratas que, a medida que el comunismo se desmoronaba y la propiedad se volvía accesible a la adquisición pública, acaparaban las ventas de esos terrenos. Habiendo obtenido ilícitamente el derecho a la propiedad de esos solares urbanizables, Gunáyev pudo sacar partido de la oleada de proyectos de urbanización organizados por los magnates rusos y sus socios occidentales. Gunáyev proporcionaba los solares edificables y garantizaba mano de obra no huelguista, mientras los norteamericanos y europeos occidentales levantaban bloques de oficinas y rascacielos. La propiedad se convirtió así en una aventura compartida, como lo eran las ganancias y las rentas que proporcionaban las oficinas. Con procedimientos similares, el checheno consiguió el control de seis de los principales hoteles de la ciudad, ensanchando el campo de sus aplicaciones al acero, el cemento, la madera y los ladrillos. Si uno quería restaurar, reconvertir o edificar, tenía que hacer negocios con una empresa subsidiaria controlada por Umar Gunáyev.

Ésa era la faceta pública de la mafia chechena. El lado menos visible, como ocurre con toda el hampa moscovita, seguía estando en el mercado negro y la malversación de fondos. Los bienes estatales rusos como el oro, los diamantes, el gas y el petróleo eran simplemente comprados en rublos, al tipo oficial e incluso así a precios tirados. Puesto que los «vendedores» eran burócratas, no había problema en comprar. Exportados al extranjero, esos bienes eran vendidos después por dólares, libras o marcos alemanes a los precios del mercado mundial. Una parte del precio de venta podía luego ser nuevamente importada, convertida en una montaña de rublos al tipo extraoficial y empleada para comprar nuevos envíos y pagar los sobornos de rigor. El balance era siempre positivo.

Al principio, antes de que lo comprendieran del todo, algunos funcionarios públicos y banqueros se negaban a cooperar. La primera advertencia era verbal, la segunda implicaba cirugía ortopédica, y la tercera era de efectos permanentes. El funcionario que salía airoso de la primera advertencia normalmente se avenía a respetar las reglas del juego. A finales de los años noventa la violencia contra los miembros del funcionariado no solía ser necesaria, pero para entonces el crecimiento de los ejércitos privados significaba que todo cabecilla mafioso tenía que estar a la altura de sus rivales, por si acaso. Entre todos los que empleaban la violencia nadie podía hacer sombra a la presteza y despreocupación con que actuaban los chechenos si sospechaban que se les estaba contrariando.

Desde finales del invierno de 1994 un nuevo factor había entrado en la ecuación. Poco antes de Navidad, Boris Yeltsin había emprendido aquella absurda guerra contra Chechenia, aparentemente para derrocar al presidente Dudáyev, quien proclamaba su independencia respecto de Rusia. Si la guerra hubiera sido una operación rápida, tal vez habría funcionado. De hecho, el supuestamente poderoso ejército ruso recibió una paliza por parte de la mal pertrechada guerrilla chechena, que se limitó a parapetarse en los montes del Cáucaso y seguir la batalla.

En Moscú cualquier asomo de duda que la mafia chechena hubiera podido sentir hacia el estado ruso se desvaneció. La vida cotidiana para los chechenos que se atenían a la ley se volvió imposible. Viendo que todo el mundo les retiraba el apoyo, los chechenos se convirtieron en un clan compacto y furiosamente leal dentro de Moscú, mucho más impenetrable que el hampa georgiana, armenia o de los nativos rusos. Dentro de aquella comunidad el jefe del hampa se convirtió en un héroe a la vez que en un líder de la resistencia. A finales del otoño de 1999 este líder no era otro que el ex oficial del KGB, Umar Gunáyev. Sin embargo, en su papel de empresario, Gunáyev seguía circulando libremente y viviendo como el multimillonario que era. Su «despacho» era en realidad toda la planta superior de uno de sus hoteles, edificado en colaboración con una cadena americana, próximo a la estación Helsinki.

El trayecto hasta el hotel se efectuó en la limusina de Umar Gunáyev, un Mercedes a prueba de balas y de bombas. Tenía chófer y guardaespaldas propios, y los tres que habían estado en el bar iban detrás en un Volvo. Los dos automóviles entraron en el aparcamiento subterráneo del hotel, y después de que los del Volvo registraran la zona, Gunáyev y Monk fueron hasta un ascensor rápido que los llevó a la décima planta y ático. La corriente eléctrica del ascensor fue desconectada después.

En el vestíbulo de la décima planta había más guardias, pero al fin tuvieron un poco de intimidad en el apartamento del líder checheno. Un camarero de blanco les llevó comida y bebida a una orden de Gunáyev.

—Tengo algo que enseñarle —dijo Monk—. Espero que lo encuentre interesante, incluso educativo.

Abrió su portafolios y accionó los dos botones de control para liberar la falsa base. Gunáyev observaba con interés. Las posibilidades de aquel maletín excitaban claramente su admiración.

Monk le pasó primero la traducción rusa del informe de verificación. Eran treinta y tres páginas entre cubiertas de cartulina. Gunáyev arqueó una ceja.

—¿Es necesario?

—Su paciencia se verá recompensada. Se lo ruego.

Gunáyev suspiró y empezó a leer. A medida que se adentraba en el texto su concentración fue en aumento. La lectura le llevó veinte minutos. Al cabo, dejó nuevamente el informe sobre la mesa.

—Así que este manifiesto no va en broma, es auténtico. ¿Y qué?

—Es su futuro presidente el que habla —dijo Monk—. Son sus intenciones para cuando detente el poder, lo que ocurrirá dentro de muy poco.

Deslizó el manifiesto de tapas negras sobre la mesa.

—¿Treinta páginas más?

—No, cuarenta. Pero más jugosas aún. Déme ese gusto.

Gunáyev echó un rápido vistazo a las primeras diez páginas, los planes para el Estado de partido único, la renovación del arsenal nuclear, la reconquista de las repúblicas perdidas y el nuevo archipiélago Gulag de campos de trabajo. Entonces achicó los ojos y leyó más despacio.

Monk sabía a qué punto había llegado. Recordó las frases mesiánicas que había leído frente a las aguas de Sapodilla Bay en las islas Turcas y Caicos.

«La definitiva y total exterminación de todos los chechenos de la tierra rusa... la destrucción de los criminales para que no puedan levantar cabeza nunca más... la reducción de la patria tribal a una tierra de pastos... no dejar piedra sobre piedra ni ladrillo sobre ladrillo... los osetes, dagomanes e ingush serán testigos del proceso y aprenderán a tener el debido respeto a sus nuevos amos rusos...»

Gunáyev leyó hasta el final y luego dejó el documento sobre la mesa.

—Lo han intentado antes —dijo—. Lo intentaron los zares, y Stalin, y también Yeltsin.

—Sí, con espadas, metralletas y cohetes. Pero ¿y los rayos gamma, el ántrax, los gases venenosos? El arte de la exterminación se ha modernizado.

Gunáyev se puso en pie, dejó su chaqueta sobre la silla y fue hasta la ventana con vistas a los tejados de Moscú.

—¿Quiere que lo elimine? —preguntó.

—No.

—¿Por qué no? Se puede hacer.

—No serviría.

—Normalmente funciona.

Monk se explicó. Un país en pleno caos, sumido en el abismo, una probable guerra civil. O bien otro Komárov, tal vez su mano derecha, Grishin, subiendo al poder tras una oleada de atropellos.

—La moneda tiene dos caras —dijo—. El hombre de ideas y palabras, y el hombre de acción. Si mata a uno, el otro se hará cargo de todo. Y la destrucción de su pueblo seguirá su curso.

Gunáyev se apartó de la ventana y se acercó a Monk con la cara tensa.

—¿Qué quiere de mí, americano? Viene a Moscú como el desconocido que una vez me salvó la vida. Bien, eso se lo debo. Luego me enseña esta basura. ¿Qué tengo que ver yo?

—Eso depende sólo de usted. Fíjese, Gunáyev. Posee usted una gran fortuna, un poder inmenso, puede decidir sobre la vida o la muerte de cualquiera. Tiene la potestad de lavarse las manos y dejar que ocurra lo que va a ocurrir.

—¿Y por qué debería evitarlo?

—Porque una vez existió un muchacho. Un chico menudo y harapiento que creció en una aldea pobre del norte del Cáucaso entre familiares, amigos y vecinos que pagaron de su bolsillo para mandarlo a la universidad y de allí a Moscú para que se convirtiera en un gran hombre. La pregunta es: ¿ese chico murió en el camino para convertirse en un autómata al que sólo mueve la riqueza? ¿O el chico recuerda todavía a su pueblo?

—Dígamelo usted.

—No, la elección es suya.

—¿Y cuál es la suya, americano?

—Muy fácil. Puedo salir de aquí, tomar un taxi hasta Sheremetyevo y regresar a casa. Allí se está muy bien, el clima es estupendo, un sitio seguro. Puedo decirles a ellos que no se molesten; que no importa, que aquí ya nadie se preocupa por nada, todos están comprados. Y que caigan las tinieblas.

El checheno tomó asiento y contempló cierto pasado remoto. Finalmente dijo:

—¿Cree usted que puede pararle los pies?

—Existe una posibilidad.

—¿Y después qué?

Monk le explicó lo que sir Nigel Irvine y sus patronos tenían en mente.

—Usted está loco —dijo Gunáyev con rotundidad.

—Puede. ¿Cuál es la alternativa? Komárov y el genocidio a cargo de su bestia negra; el caos y la guerra civil; o bien lo otro.

—Y si le ayudo, ¿qué necesitará?

—Esconderme, pero a plena vista. Moverme sin que me reconozcan, ver a las personas que he venido a ver.

—¿Piensa que Komárov sabe que está aquí?

—Seguro. Hay un millón de informadores en esta ciudad. Usted ya lo sabe. No se priva de ellos. Todo se puede comprar. Ese hombre no es ningún idiota.

—Pero él puede comprar todos los órganos del Estado. Ni siquiera yo puedo hacerme con todo.

—Como habrá leído, Komárov ha prometido el mundo entero a sus socios patrocinadores, la mafia Dolgoruki. Muy pronto ellos serán el Estado. ¿Qué les pasará a ustedes?

—Está bien. Puedo ocultarle, aunque no sé por cuánto tiempo. Dentro de nuestra comunidad nadie podrá encontrarle, hasta que yo lo diga. Pero no puede vivir aquí. Es demasiado obvio. Tengo varios pisos francos. Tendrá que irse mudando de uno a otro.

—Los pisos francos me gustan para dormir —dijo Monk—. Para moverme necesitaré papeles. Falsificaciones de primera categoría.

Gunáyev meneó la cabeza.

—Nosotros no falsificamos documentos. Compramos los auténticos.

—Lo olvidaba. Todo se consigue con dinero, ¿no?

—¿Qué más necesita?

—Para empezar, esto. —Monk escribió varias cosas en una hoja y se la entregó.

Gunáyev repasó la lista. Nada era problemático. Llegó a la última línea.

—¿Para qué diantre necesita esto?

Monk se lo explicó.

—Usted sabe que poseo la mitad del Metropol —suspiró Gunáyev.

—Bueno, procuraré usar la otra mitad.

El checheno no entendió el chiste.

—¿Cuánto tardará Grishin en saber que está usted en Moscú?

—Depende. Dos días, tal vez tres. Cuando empiece a moverme no podré evitar dejar alguna pista. La gente habla.

—Está bien. Le asignaré cuatro hombres. Le cubrirán la retaguardia y se ocuparán de la mudanza. El jefe es uno de los que ya conoce. El que iba delante en el Volvo, Magomed. Es muy bueno. Déle una lista de lo que necesita y él se lo proporcionará... Por cierto, sigo pensando que está loco.

A medianoche Monk estaba de vuelta en su habitación del Metropol. Al fondo del corredor había un espacio junto a los ascensores con cuatro butacas de piel. Dos de ellas estaban ocupadas por hombres leyendo diarios en silencio, y así seguirían durante toda la noche. A primera hora de la mañana, dos maletas fueron entregadas en la habitación de Monk.

Muchos moscovitas, y desde luego todos los extranjeros, suponen que el patriarca de la Iglesia ortodoxa rusa vive en unos suntuosos aposentos dentro del monasterio medieval de Danilovsky, con sus blancos muros almenados y su complejo de abadías e iglesias. Esta creencia errónea es fomentada cuidadosamente. Dentro del monasterio, en uno de los grandes edificios administrativos guardado por soldados cosacos de lealtad inquebrantable, el patriarca tiene efectivamente sus oficinas y éstas constituyen el corazón y el núcleo del patriarcado de Moscú y Todas las Rusias. Pero él no vive allí.

De hecho vive en una casa bastante modesta en el número 5 de Chisti Pereulok (callejón Limpio), una estrecha calleja lateral en el límite del distrito central de la ciudad. Allí es atendido por su séquito de clérigos, que consta de secretario particular, ayuda de cámara, dos sirvientes y tres monjas que cocinan y hacen la limpieza. Hay también un chófer siempre a punto y dos guardias cosacos. El contraste con el esplendor del Vaticano o la magnificencia del palacio del patriarca ortodoxo griego no podría ser mayor.

A principios de 1999 seguía ostentando el cargo Alexei II, elegido diez años atrás poco antes de la caída del comunismo. Con poco más de cincuenta años, Alexei se convirtió en el heredero de una Iglesia desmoralizada y denigrada intestinamente, y perseguida y corrompida desde el exterior.

Lenin, que aborrecía a los curas, comprendió ya en los primeros tiempos que el comunismo sólo tenía un rival en el corazón y la mente de la enorme masa del campesinado ruso, y decidió destruirlo. Empleando una brutalidad y una corrupción sistemáticas, él y sus sucesores casi lo consiguieron. Pero Lenin e incluso Stalin se resistieron a una exterminación completa del clero y la Iglesia, temerosos de provocar una reacción que ni el NKVD habría podido controlar. Tras los primeros pogroms con la consabida quema de iglesias, robo de tesoros y ahorcamiento de curas, el Politburó trató de acabar con la Iglesia a base de desacreditarla. Se adoptaron numerosas medidas. Los aspirantes de mayor inteligencia fueron proscritos de los seminarios, que estaban controlados por el NKVD y posteriormente por el KGB. Sólo los estudiantes más aplicados de la periferia soviética —Moldavia en el oeste, Siberia en el este— eran aceptados. El nivel educativo era bajo y la calidad del clero se fue degradando.

La mayoría de las iglesias fueron cerradas dejando que se derruyeran. Las que quedaban abiertas eran utilizadas básicamente por personas de edad avanzada o provecta, es decir, gente inofensiva. Los sacerdotes que oficiaban tenían que informar regularmente al KGB, convirtiéndose así en informadores contra sus propios feligreses. Una persona joven que solicitase ser bautizada era delatada por el sacerdote a quien se lo pedía. A raíz de eso se quedaría sin su plaza de instituto o una oportunidad de entrar en la universidad, y sus padres serían probablemente desahuciados de su piso. Prácticamente nada escapaba al control del KGB. La casi totalidad del clero, aun los no directamente implicados, quedó manchada por la sospecha pública.

Los defensores de la Iglesia señalaban que la alternativa era la exterminación total y que, por tanto, mantener la Iglesia viva era un factor más importante que todas las humillaciones.

Lo que el manso, tímido y retraído patriarca Alexei II heredó fue un colegio de obispos impregnado de colaboracionismo con el Estado ateo, y un clero pastoral desacreditado entre los fieles.

Había excepciones, curas ambulantes sin parroquia que predicaban y eludían el arresto, o no lo lograban y eran enviados a los campos de trabajo. Había ascetas que se retiraban a los monasterios para mantener viva la fe a base de oración y abnegación, pero éstos casi nunca tenían contacto con las masas.

La secuela de la debacle comunista propició un gran renacimiento que aspiraba a poner la Iglesia y la palabra del Evangelio nuevamente en el centro de las vidas del pueblo ruso, tradicionalmente muy religioso.

En cambio fueron las confesiones nuevas, vigorosas, vibrantes y dispuestas a predicar al pueblo allá donde éste vivía y trabajaba, las que experimentaron la vuelta a la religión. Se multiplicaron los pentecostalistas y llegaron los misioneros americanos —baptistas, mormones, adventistas del Séptimo Día—. La reacción de la jefatura ortodoxa rusa fue implorar a Moscú que prohibiera los cultos extranjeros.

Los defensores argumentaban que una profunda reforma de la jerarquía ortodoxa era inviable porque los niveles inferiores eran también escoria. Los sacerdotes procedentes del seminario tenían poco calibre, empleaban el lenguaje arcaico de las Escrituras, eran pedantes o excesivamente didácticos en sus sermones y no sabían hablar en público de forma no dogmática. Sus sermones tenían audiencias escasas y muy entradas en años.

La oportunidad perdida fue enorme, pues mientras el materialismo dialéctico había resultado un falso dios y la democracia capitalista no satisfacía al cuerpo, por no hablar del alma, la apetencia de comodidades por parte del pueblo era profunda. En vez de enviar a sus mejores predicadores a tareas misioneras, de proselitismo y divulgación de la palabra de Dios, decían los críticos, la Iglesia ortodoxa permaneció encerrada en los obispados, monasterios y seminarios esperando al pueblo. Pocos acudieron.

Si tras la caída del comunismo hacía falta una autoridad enérgica e inspirada, el erudito Alexei II no era el hombre adecuado. Su elección fue un compromiso entre las diversas facciones episcopales; un hombre que, como esperaban los jerarcas, iba a dar poca guerra. Sin embargo, pese a la carga que heredaba y su propia falta de carisma personal, Alexei II no carecía de cierto olfato reformista. Hizo tres cosas importantes.

Su primera reforma fue dividir el territorio de Rusia en cien obispados, cada uno de ellos más pequeño que los vigentes hasta entonces. Ello le permitió nombrar nuevos y jóvenes obispos de entre los mejores y más motivados sacerdotes, los menos intoxicados por la colaboración con el difunto KGB. Luego visitó todas las sedes, fomentando un contacto directo con el pueblo, insólito hasta entonces.

En segundo lugar silenció los exabruptos antisemitas del arzobispo de San Petersburgo y dejó claro que todo obispo que optara por predicar a sus fieles un mensaje de odio al hombre por encima del amor a Dios tendría que abandonar su cargo. El arzobispo Ioann murió en 1995, sin haber dejado de denostar a los judíos y a Alexei II.

Por último, y pese a una considerable oposición, dio su aprobación personal al padre Gregor Rusakov, el joven y carismático sacerdote que rehusaba tenazmente aceptar tanto una parroquia propia como la disciplina de los obispos por cuyo territorio se movía en misión pastoral itinerante.

Muchos patriarcas habrían condenado al sacerdote rebelde y prohibido su acceso al púlpito, pero Alexei II había declinado tomar ese camino prefiriendo arriesgarse a dar rienda suelta al cura nómada. Con su emotiva oratoria, el padre Gregor llegaba a los jóvenes y a los agnósticos, algo que los obispos no lograban.

Una noche de principios de noviembre de 1999, el apacible patriarca se vio interrumpido en sus plegarias poco antes de medianoche por la noticia de que un emisario de Londres había traído una carta, esperaba fuera y solicitaba audiencia. El patriarca iba vestido con una sencilla sotana gris. Se puso en pie y cruzó la planta de su pequeña capilla privada para coger la carta de manos de su secretario personal.

La misiva llevaba el membrete del obispado de Londres, en Kensington, y Alexei reconoció la firma de su amigo el arzobispo Anthony. No obstante, su perplejidad ante el modo en que su colega se ponía en contacto con él le hizo fruncir el entrecejo. La carta estaba en ruso, lengua que el obispo Anthony hablaba y escribía correctamente. Éste pedía a su hermano en Cristo que recibiera de inmediato a un hombre que portaba noticias concernientes a la Iglesia, noticias muy confidenciales y preocupantes.

El patriarca dobló la carta y miró a su secretario.

—¿Dónde está?

—En la acera, Su Santidad. Ha venido en taxi.

—¿Es un sacerdote?

—Sí, Santidad.

El patriarca suspiró.

—Hazle entrar. Puedes volverte a la cama. Le recibiré en mi estudio dentro de diez minutos.

El guardia cosaco que hacía el turno de noche recibió una orden susurrada de parte del secretario y abrió la puerta de la calle. Miró el coche gris de la Compañía Central de Taxis y al sacerdote vestido de negro que esperaba al lado.

—Su Santidad le recibirá, padre —dijo. El sacerdote asintió y a continuación pagó al taxista.

Una vez dentro de la casa fue conducido a una pequeña sala de espera. A los diez minutos entró un sacerdote rollizo que murmuró:

—Venga conmigo, por favor.

El visitante fue llevado a una habitación que sin duda era el estudio de un erudito. Aparte del icono que había en un rincón de la pared de escayola blanca, el cuarto no tenía más adorno que las estanterías donde hileras de libros reflejaban la luz de la lámpara que había sobre el escritorio. Detrás de la mesa estaba el patriarca Alexei, quien indicó con un gesto a su invitado que tomara asiento.

—Padre Máxim, ¿querrá traernos alguna cosa? ¿Café? Sí, café para dos y unas pastas, por favor. ¿Tomará usted la comunión por la mañana, padre? ¿Sí? Entonces tenemos tiempo de comer alguna pasta antes de medianoche.

El rollizo ayuda de cámara se retiró.

—Bien, hijo mío, ¿cómo está mi amigo Anthony?

No había nada extraño en la sotana negra del visitante, ni tampoco en la chistera negra que acababa de quitarse para descubrir su pelo rubio. La única cosa rara era que no llevaba barba. Casi todos los curas ortodoxos la llevan, pero no todos los ingleses.

—Temo que no puedo decírselo, Santidad, pues no me ha sido presentado.

Alexei miró a Monk sin comprender. Señaló la carta que tenía delante.

—¿Y esto? Me parece que no le entiendo.

Monk inspiró hondo.

—Primero, Santidad, debo confesarle que no soy un sacerdote de la Iglesia ortodoxa. Tampoco la carta es del obispo Anthony, aunque el papel sí es auténtico y la firma una buena falsificación. El objeto de esta irrespetuosa pantomima es que necesitaba verle. A usted en persona, en privado y con el máximo secreto posible.

Los ojos del patriarca centellearon de alarma. ¿Estaba frente a un loco? ¿Un asesino, quizá? Abajo había un guardia cosaco armado, pero ¿llegaría a tiempo? Procuró mantener expresión impasible. Su ayuda de cámara regresaría en un momento. Quizá entonces podría escapar.

—Explíquese por favor —dijo.

—En primer lugar, señor, soy norteamericano de nacimiento, no ruso. Segundo, vengo en nombre de un grupo de personas de Occidente, personas discretas y respetuosas de Dios, que únicamente desean ayudar a Rusia y su Iglesia. Tercero, he venido a traerle noticias que según esas personas usted podría juzgar importantes y preocupantes. Por último, vengo a requerir su ayuda. Tiene usted ahí un teléfono. Puede usarlo para pedir socorro. No se lo impediré. Pero antes de que me denuncie, le ruego que lea lo que traigo aquí.

Alexei frunció el entrecejo. Desde luego, aquel hombre no parecía un maníaco, y había tenido tiempo de sobra para matarle. ¿Dónde estaba ese tonto de Máxim con el café?

—Muy bien. ¿Qué trae para mí?

Monk metió la mano bajo su sotana y sacó dos delgadas carpetas que dejó sobre la mesa. El patriarca echó un vistazo a las cubiertas, una gris y la otra negra.

—¿De qué tratan?

—La gris debería leerse primero. Es un informe que demuestra más allá de toda duda razonable que la negra no es una falsificación ni una broma ni un truco.

—¿Y la negra?

—Es el manifiesto privado y personal de un tal Igor Viktorovich Komárov, quien al parecer será el próximo presidente de Rusia.

Llamaron a la puerta. El padre Máxim entró con una bandeja de café, tazas y galletas. El reloj de la pared dio las doce campanadas.

—Demasiado tarde —suspiró el patriarca—. Máxim, me has dejado sin pastas.

—Lo siento muchísimo, Santidad. Es que el café... He tenido que moler más y...

—Es sólo una broma, Máxim. —Miró a Monk. El hombre parecía fuerte y en buena forma. Si era un asesino, sin duda podía matarlos a los dos—. Vete a la cama, Máxim. Que descanses.

El ayuda de cámara hizo una breve reverencia y se retiró.

—Bueno —dijo el patriarca—, ¿y qué dice el manifiesto del señor Komárov?

El padre Máxim cerró la puerta al salir, confiando en que nadie hubiera reparado en el respingo que tuvo al oír el nombre de Komárov. Ya en el pasillo miró en todas direcciones. El secretario se había acostado, las hermanas no aparecerían hasta dentro de varias horas, el cosaco estaba abajo. Se arrodilló junto a la puerta y pegó la oreja al ojo de la cerradura.

Alexei II leyó primero el informe de verificación, como se le había sugerido. Monk tomó su café.

—Una historia impresionante —dijo el patriarca al terminar—. ¿Por qué lo hizo?

—¿El viejo?

—Sí.

—Nunca lo sabremos. Como ve, ha muerto. Asesinado, sin duda. A ese respecto el informe del profesor Kuzmin es incontestable.

—Pobre hombre. Rezaré por él.

—Lo que sí podemos asumir es que vio algo en estas páginas que le desasosegó hasta el punto de arriesgarse y finalmente ofrendar su vida con el fin de revelar las intenciones secretas de Igor Komárov. Por favor, Santidad, lea ahora el Manifiesto Negro.

Una hora después el patriarca de Moscú y Todas las Rusias se apoyó en el respaldo de su sillón y quedó mirando un punto sobre la cabeza de Monk.

—No puede ir en serio —comentó finalmente—. Es imposible que pretenda hacer todo esto. Es diabólico. Estamos en Rusia, a punto de inaugurar el tercer milenio de Cristo. Esto ya está superado.

—Como hombre de Dios, usted debe de creer en las fuerzas del mal, ¿no, Santidad?

—Por supuesto.

—Y en que a veces esas fuerzas pueden tomar forma humana. Hitler, Stalin...

—¿Es usted cristiano, señor...?

—Monk. Supongo que lo soy. Y malo.

—Y quién no. En fin, sabrá entonces lo que el cristianismo opina al respecto.

—Santidad, dejando aparte los pasajes relativos a los judíos, los chechenos y las otras minorías étnicas, estos planes harían retroceder a su Iglesia a los tiempos más oscuros, como herramienta, cómplice o víctima del estado fascista, tan impío a su modo como lo fue el comunista.

—Si es que esto es verdad.

—Lo es. Los hombres no persiguen y matan por una mera falsificación. La reacción del coronel Grishin fue demasiado rápida para que ese documento no haya salido del despacho del secretario Akópov. Si hubiera sido falso, no se habrían molestado por su desaparición. Pero para ellos se trata de algo de incalculable valor.

—¿Qué ha venido a pedirme, señor Monk?

—Una respuesta. ¿Luchará la Iglesia Ortodoxa de Todas las Rusias contra ese hombre?

—Rezaré, trataré de obtener consejo...

—Y si la respuesta, no como patriarca sino como cristiano, como hombre y como ruso, es que no tiene alternativa. Entonces ¿qué?

—Entonces no tendré alternativa. Pero ¿cómo luchar contra él? Las presidenciales de enero no ofrecen dudas.

Monk se levantó, cogió los dos documentos y se los metió dentro de la sotana. Cogió su sombrero.

—Santidad, en breve le visitará un hombre. Otro occidental. Aquí tiene su nombre. Recíbale, por favor. Él le sugerirá lo que se puede hacer.

Le entregó una tarjeta de visita.

—¿Necesita coche? —preguntó Alexei.

—No, gracias. Iré andando.

—Que Dios le acompañe.

Monk lo dejó de pie junto a su icono, con expresión de profunda preocupación. Al cruzar la planta creyó oír el crujir de una pisada sobre la alfombra, pero cuando miró atrás el pasillo estaba vacío. Abajo encontró al cosaco, que le acompañó hasta la salida. En la calle el viento era frío. Se encasquetó la chistera, se inclinó contra el viento y volvió andando al Metropol.

Al amanecer una figura rolliza salió a hurtadillas de la casa del patriarca y recorrió varias manzanas hasta el vestíbulo del Rossiya. Aunque llevaba un teléfono portátil bajo su traje oscuro, sabía que las cabinas públicas eran más seguras.

El hombre que contestó en la casa del bulevar Kiselny era uno de los guardias nocturnos, pero recibió el mensaje.

—Dígale al coronel que soy el padre Máxim Klimovsky. ¿Lo ha anotado? Sí, Klimovsky. Dígale que trabajo en la residencia privada del patriarca. Debo hablar con el coronel. Es urgente. Volveré a llamar a este número a las diez de la mañana.

La voz que le respondió a la hora convenida sonaba serena pero autoritaria.

—Sí, padre, soy el coronel Grishin.

En la cabina el rollizo sacerdote sostenía el auricular con mano húmeda, la frente perlada de sudor.

—Mire, coronel, usted no me conoce. Pero soy un ferviente admirador del señor Komárov. Anoche un hombre visitó al patriarca. Traía unos documentos. Se refirió a uno de ellos como el Manifiesto Negro... ¿Oiga?, ¿está usted ahí?

—Mi querido padre Klimovsky, creo que deberíamos vernos —dijo la voz.

13

En el extremo sudoriental de Staraya Ploschad está la plaza Slavyansky, donde se encuentra una de las más pequeñas, antiguas y hermosas iglesias de Moscú.

La iglesia de Todos los Santos de Kulishki fue construida originalmente en madera en el siglo XIII, cuando la capital comprendía únicamente el Kremlin y unos cuantos acres alrededor. Tras un incendio fue reconstruida en piedra a finales del XVI y principios del XVII y permaneció abierta hasta 1918.

Moscú era conocida entonces como la Ciudad de las Veinte Veces Veinte Iglesias, pues había más de cuatrocientas. Los comunistas clausuraron el 90 por ciento de ellas y destruyeron las tres cuartas partes. Entre las que quedaron abandonadas pero intactas estaba la de Todos los Santos de Kulishki. Tras la caída del comunismo en 1991, la pequeña iglesia fue sometida a cuatro años de meticulosa restauración a manos de un equipo de artesanos, hasta que pudo volver a abrir sus puertas como lugar de culto.

Fue allí adonde el padre Klimovsky se dirigió el día siguiente a su llamada telefónica. No llamó la atención puesto que iba vestido con la chistera y la larga sotana negra propias de un sacerdote ortodoxo, y había varios de ellos dentro y alrededor de la iglesia

El padre cogió una vela votiva, la encendió y fue hasta la pared a la derecha de la entrada, donde se quedó mirando los murales restaurados en actitud de rezo y contemplación.

En mitad del templo, un sacerdote residente estaba entonando la liturgia ante un pequeño grupo en ropa de paisano que iba dando las respuestas. Pero junto a la pared de mano derecha, detrás de una serie de arcos, no había nadie salvo el solitario sacerdote.

El padre Máxim miró nerviosamente su reloj. Pasaban cinco minutos de la hora convenida. Ignoraba que le habían visto desde el coche aparcado al otro lado de la plazoleta, y tampoco había reparado en los tres hombres que se apeaban del vehículo al entrar él en la iglesia. Ignoraba que habían comprobado si alguien le seguía; él no sabía nada de estas cosas ni de cómo se hacían.

Oyó el ligero crujido de un zapato sobre las losas de piedra, detrás de él, y notó que un hombre se situaba a su lado.

—¿Padre Klimovsky?

—Sí.

—Soy el coronel Grishin. Creo que tiene algo que decirme.

Miró de soslayo. El hombre era más alto que él, delgado, con abrigo oscuro. El hombre se volvió y le miró. El sacerdote sostuvo su mirada con recelo. Tenía la esperanza de estar haciendo lo correcto, de que no lo iba a lamentar. Asintió y tragó saliva.

—Primero dígame por qué, padre. ¿Por qué esa llamada?

—Ya le he dicho, coronel, que soy partidario del señor Komárov desde hace años. Su política y sus planes para Rusia me parecen admirables.

—Me alegra saberlo. ¿Y qué ocurrió anteanoche?

—Un hombre fue a ver al patriarca. Yo soy su ayuda de cámara. El hombre iba vestido como un sacerdote ortodoxo, pero era rubio y no llevaba barba. Hablaba en perfecto ruso, pero podría ser extranjero.

—¿Se le esperaba?

—No. Eso fue lo raro. Llegó sin previo aviso, en mitad de la noche. Yo estaba en la cama. Me dijeron que me levantara y preparase café.

—De modo que el extranjero fue recibido...

—Sí, eso también fue muy extraño. El aspecto occidental del hombre, la hora de su llegada... El secretario debería haberle dicho que concertara una cita como es debido. Nadie entra así en casa del patriarca en mitad de la noche. Pero al parecer traía una carta de presentación.

—Ya, y usted les sirvió el café.

—Sí, y cuando me marchaba oí preguntar a Su Santidad sobre el manifiesto del señor Komárov.

—Y eso le intrigó.

—Sí. De modo que cerré la puerta y escuché con la oreja pegada a la cerradura.

—Muy astuto, padre. ¿Y qué fue lo que dijeron?

—No mucho. Hubo largos períodos de silencio. Miré por el ojo de la cerradura y vi que Su Santidad estaba leyendo algo. Tardó casi una hora.

—¿Y después?

—El patriarca parecía muy inquieto. Le oí decir algo y luego empleó la palabra «diabólico». Después dijo: «Esto ya está superado.» El desconocido hablaba en voz baja, apenas podía oírle. Pero capté unas palabras: «el Manifiesto Negro». Lo dijo el desconocido. Eso fue antes de que Su Santidad se pasara una hora leyendo...

—¿Algo más?

Aquel hombre, pensó Grishin, era un charlatán; nervioso, sudaba al calor de la iglesia pero no por ese motivo. Sin embargo, lo que tenía que decir era bastante convincente, pese a que él, el sacerdote, no comprendía en absoluto el alcance de su significado.

—Un poco. Oí la palabra «falsificación» y luego el nombre suyo.

—¿El mío?

—Sí, el extranjero dijo algo sobre que su reacción había sido demasiado rápida. Luego hablaron de un viejo y el patriarca dijo que iba a rezar por él. Oí las palabras «el mal» varias veces, y luego el desconocido se dispuso a marchar. Tuve que salir corriendo por el pasillo, de modo que no le vi irse, sólo oí cerrarse la puerta de la calle.

—¿No vio ningún coche?

—No. Me asomé desde una ventana superior, pero el hombre se fue a pie. Al día siguiente Su Santidad estaba muy alterado. Estaba pálido y se pasó horas en su capilla. Por eso pude salir para telefonearle a usted. Espero haber obrado bien.

—Amigo mío, ha obrado perfectamente. Existen fuerzas antipatrióticas que tratan de divulgar mentiras sobre nuestro gran estadista, que pronto será el presidente de Rusia. ¿Es usted un ruso patriótico, padre Klimovsky?

—Deseo ver el día en que podamos purificar a Rusia de toda esta basura que denuncia el señor Komárov. De esta escoria extranjera. Por eso apoyo al señor Komárov con toda mi alma.

—Me alegra oírlo, padre. Créame, la Madre Rusia tiene puestas sus esperanzas en gente como usted. Creo que le espera un gran futuro. Una cosa más. Ese desconocido... ¿sabe usted de dónde venía?

La vela casi se había consumido. Otros dos feligreses estaban ahora a unos metros a su izquierda, contemplando las imágenes sagradas y orando.

—No. Se marchó a pie, pero el guardia me dijo que había llegado en un taxi. Uno gris, de los de la Compañía Central.

Un sacerdote yendo a Chisti Pereulok a medianoche. En el libro de registro habría constancia. Y también del punto de recogida. El coronel agarró del antebrazo al de la sotana, notó cómo sus dedos se hundían en la carne blanda y el sobresalto del cura. Ahora estaban frente a frente.

—Escuche, padre. Ha hecho lo que debía y en su momento será recompensado. Pero hay algo más, ¿comprende usted?

El padre Klimovsky asintió.

—Quiero que anote todo cuanto ocurre en esa casa. Quién entra, quién sale. Sobre todo obispos o desconocidos. Cuando tenga algo, llámeme. Diga solamente «Máxim» y espere un tiempo. Eso es todo. Las reuniones serán aquí, a esta hora. Si le necesito, haré que le entreguen una carta en mano. Una postal con una hora anotada. Si usted no puede llegar a esa hora sin levantar sospechas, telefonee y proponga otra. ¿Lo ha entendido?

—Sí, coronel. Haré lo que pueda por usted.

—Bien. Ya veo que un día tendremos obispo nuevo en esta zona. Ahora es mejor que se vaya. Yo saldré dentro de un rato.

El coronel Grishin siguió mirando aquellas imágenes que desdeñaba y reflexionó sobre lo que había oído. Aquel imbécil de la sotana podía no saber de qué estaba hablando, pero sus palabras sonaban muy verosímiles.

De modo que alguien había regresado tras meses de silencio y estaba en Moscú clandestinamente; enseñando el documento pero sin dejar copia. Para crear enemigos, por supuesto. Para tratar de influir en los acontecimientos políticos. Fuera quien fuese, había calculado mal con el primado. La Iglesia carecía de poder. Grishin recordó la mofa de Stalin: «¿Cuántas divisiones tiene el Papa?» Pero ese desconocido podía causarles problemas, ya que tenía una copia del manifiesto. La cuestión era encontrarle y liquidarlo, y de tal manera que no quedara nada del desconocido ni del documento.

A la postre, la cosa podía resultar más sencilla de lo que Grishin esperaba.

En cuanto a su nuevo informador, no había ningún problema. Sus años de experiencia en contraespionaje le habían enseñado a reconocer y evaluar a los informadores. El sacerdote era un cobarde capaz de vender a su abuela por una promoción. Grishin había notado la chispa de ambición que había suscitado su alusión a un obispado.

Mientras salía de la iglesia pasando entre los dos hombres que había apostado a la entrada, pensó que tendría que buscar entre los Jóvenes Combatientes un amigo realmente guapo para el cura traidor.

La *razzia* de los cuatro hombres con pasamontañas fue rápida y eficaz. Al término de la misma el encargado de la Compañía Central de Taxis supuso que no merecía la pena informar a la milicia. En la anarquía generalizada de Moscú ni siquiera el mejor detective podía hacer nada para dar con los asaltantes, si es que alguno lo intentaba. Informar que no habían robado ni dañado nada representaría un torrente de formularios y varios días perdidos haciendo declaraciones que irían a parar a un polvoriento archivador.

Los cuatro hombres irrumpieron simplemente en la oficina de la planta baja, la cerraron, echaron las cortinas y exigieron ver al director. Como todos portaban armas, nadie opuso resistencia, suponiendo que se trataba de un atraco. Pero no; lo único que exigieron al ponerle al director una pistola entre los ojos eran las hojas de trabajo de tres noches consecutivas. El que parecía el jefe las examinó hasta que dio con algo que pareció interesarle. Aunque el encargado no podía ver las hojas porque en ese momento estaba de rodillas, mirando hacia el rincón, la anotación se refería a una recogida y un destino registrados alrededor de la medianoche.

—¿Quién es el conductor cincuenta y dos? —le espetó el jefe de los asaltantes.

—No lo sé —graznó el encargado. Como recompensa, recibió un golpe en la cabeza con el cañón de una pistola—. ¡Tiene que estar en las fichas de personal! —gimió.

Le hicieron sacar la lista de personal. El conductor 52 era Vassili. Su dirección correspondía al extrarradio. Después de decirle que si se le ocurría avisar a Vassili, pasaría rápidamente a ocupar un largo cajón de madera, el jefe arrancó una hoja del libro de registro y se marchó con sus hombres.

El encargado se acarició la cabeza, tomó una aspirina y pensó en Vassili. Si el tipo era lo bastante idiota como para hacer enfadar a hombres como aquellos, entonces se merecía una visita. Estaba claro que Vassili había defraudado a alguien que tenía muy mal genio, o sido grosero con la novia de éste.

En el Moscú de 1999, pensó, o sobrevivías o le amargabas la vida a gente peligrosa. El encargado pretendía sobrevivir. Volvió a abrir la oficina y reanudó su trabajo.

Vassili estaba almorzando salchichas y pan de centeno cuando llamaron al timbre. Segundos después su mujer entraba en la habitación con el semblante pálido y dos hombres detrás. Ambos portaban armas e iban enmascarados. Vassili abrió la boca y un trozo de salchicha se le cayó al suelo.

—Oigan, yo no tengo dinero, soy pobre... —empezó.

—Calla —dijo uno de ellos mientras el otro hacía sentar bruscamente a la temblorosa mujer. Vassili se encontró ante una hoja del libro de registro.

—¿Eres el taxista cincuenta y dos de la Compañía Central? —preguntó el hombre.

—Sí, pero que...

Un dedo enguantado en negro señaló una línea de la hoja.

—Hace tres noches, una carrera hasta Chisti Pereulok. A eso de las doce. ¿Quién era?

—¿Cómo lo voy a saber?

—No te pases de listo o te arranco los huevos. ¡Piensa!

Vassili pensó. No se acordaba.

—Un sacerdote —dijo el pistolero.

—Ah, sí, ahora me acuerdo... Chisti Pereulok, un callejón perdido. Tuve que consultar el plano. Estuve esperando diez minutos hasta que le dejaron entrar. Luego pagó y yo me marché.

—Descripción.

—Mediana estatura, complexión mediana... Cuarenta y pico años... No sé, todos los curas parecen iguales. No, un momento, ése no llevaba barba.

—¿Extranjero?

—No lo creo... Hablaba correctamente el ruso.

—¿Lo habías visto antes?

—Nunca.

—¿Le has vuelto a ver?

—No. Me ofrecí para ir a recogerle, pero él dijo que no sabía cuánto tardaría. Mire, si le ha pasado algo yo no tengo nada que ver...

—Una cosa más. ¿Dónde lo recogiste?

—Pues en el Metropol. Es lo que hago siempre. Turno de noche a la salida del Metropol.

—¿Llegó por la acera o salió del hotel?

—Del hotel.

—¿Cómo lo sabes?

—Yo estaba el primero de la fila, de pie junto al coche. Hay que andarse con ojo si no quieres que un mamón se te adelante. Así que estaba esperando la salida del siguiente turista. Salió él. Sotana negra, sombrero alto. Recuerdo que pensé: ¿qué hace un cura en un sitio como éste? Entonces él miró los taxis y vino directo hacia mí.

—¿Solo o acompañado?

—Solo.

—¿Dijo algún nombre?

—No, sólo la dirección. Pagó en rublos.

—¿Hablasteis de algo?

—Ni una palabra. Sólo dijo adónde quería ir y luego nada. Cuando llegamos dijo: «Espere aquí.» Y al regresar preguntó cuánto era. Nada más... Os juro que no le puse la mano encima...

—Sigue con tu almuerzo —dijo el interrogador, y le empujó la cara hacia el plato. Luego se marcharon.

El coronel Grishin escuchó el informe con expresión imposible. El hombre había salido del Metropol a las once y media. Podía haber estado dentro, tal vez de visita, o podía haber pasado por el vestíbulo procedente de la otra entrada. Pero valía la pena comprobarlo.

Grishin tenía varios informadores en el cuartel general de la milicia de Moscú. El de mayor rango era un general de división del Presídium. El más útil de todos era el empleado de mayor rango en la sección de registros. Para este cometido uno era demasiado importante y el otro no salía de sus ficheros. El tercero era un inspector de Homicidios llamado Dimitri Borodin.

El detective entró en el hotel antes de la puesta de sol y pidió ver al gerente, un austriaco que llevaba trabajando en Moscú ocho años. El detective le enseñó el carnet de la milicia.

—¿Homicidios? —preguntó el gerente con cara de preocupación—. Espero que no le haya sucedido nada a ninguno de nuestros huéspedes.

—No se preocupe. Es pura rutina —dijo Borodin—. Necesito ver la lista completa de huéspedes de hace tres noches.

El gerente se sentó a su mesa y tecleó la información en su ordenador.

—¿La quiere impresa? —preguntó el austriaco.

—Sí, por favor.

Borodin empezó a repasar las columnas. A juzgar por los nombres, había solamente una docena de rusos entre los seiscientos huéspedes. El resto era de una docena de países de Europa Occidental, Estados Unidos y Canadá. El Metropol era caro; sólo para turistas y hombres de negocios. Borodin había recibido instrucciones de buscar la palabra «padre» antes del nombre del huésped. No la encontró.

—¿Aloja a algún sacerdote de la Iglesia ortodoxa? —preguntó. El gerente dio un respingo.

—No, que yo sepa... Quiero decir, nadie se ha registrado como tal.

Borodin examinó todos los nombres sin éxito.

—Tendré que quedarme la lista —dijo al fin.

El gerente se alegró de verle marchar.

El coronel Grishin no pudo estudiar por sí mismo la lista hasta la mañana siguiente. A las diez un camarero le llevó a su despacho su café y vio que el jefe de seguridad de la UFP estaba lívido y tembloroso. Preguntó tímidamente si el coronel se encontraba mal, pero fue despedido con un irritado gesto de la mano.

Al quedarse a solas, Grishin se miró las manos sobre el cartapacio y trató de controlar el temblor. En él no era extraña la cólera, y cuando le sobrevenía solía llegar al borde de perder el control.

El nombre estaba en la tercera página de la lista impresa, en la mitad inferior. «Dr. Philip Peters, académico norteamericano.»

Conocía ese nombre. Durante diez años había esperado verlo otra vez. En dos ocasiones, diez años atrás, había escrutado los archivos de la sección de Inmigración del Segundo Directorio, al que el Ministerio de Exteriores pasaba copias de todas las solicitudes de visado para visitar la URSS. Dos veces había encontrado aquel nombre. En las dos había obtenido la fotografía que acompañaba el impreso de solicitud; los prietos rizos grises, las gafas ahumadas que ocultaban unos débiles ojos que nada tenían de débiles.

En los sótanos de Lefortovo había puesto aquellas fotografías ante las narices de Kruglov y el profesor Blínov, y ellos habían confirmado que se trataba del hombre que los había abordado en los aseos del Museo de Arte Oriental y en la catedral de Vladimir.

Y muchas veces se había jurado que si el hombre con aquella cara y aquel seudónimo regresaba a Rusia, él le ajustaría las cuentas. Y ahora había vuelto; pensando tal vez que pasados diez años podría salir impune de la crasa insolencia, la insultante presunción de volver al territorio gobernado por Anatoli Grishin.

Se levantó, y buscó un viejo expediente en un armario. Cuando lo encontró extrajo otra fotografía, una ampliación de una más pequeña que les había proporcionado hacía tiempo Aldrich Ames. Al disolverse el comité Monakh, un contacto del Primer Directorio se la había entregado a modo de recuerdo. Un souvenir sarcástico. Pero él había guardado la foto como un tesoro.

La cara era más juvenil de lo que debía ser ahora, pero la mirada seguía siendo franca. Tenía los cabellos rubios y desgreñados, no llevaba bigote ni gafas ahumadas. Pero era el mismo rostro, el del joven Jason Monk.

Grishin hizo dos llamadas telefónicas y dejó bien claro a sus interlocutores que no admitía demoras. Del contacto en la oficina de Inmigración del aeropuerto quería saber cuándo había llegado aquel hombre, de dónde y si había abandonado el país. A Borodin le ordenó que regresara al Metropol y averiguara cuándo se había registrado el doctor Peters, si había partido y, si no, cuál era su habitación.

Obtuvo ambas respuestas a media tarde. El doctor Peters había llegado en el vuelo de British Airways procedente de Londres siete días atrás, y si había abandonado el país no había sido desde Sheremetyevo. Por Borodin supo que el doctor Peters había hecho una reserva previa desde una conocida agencia de viajes londinense y se había registrado el mismo día de su llegada; no se había ido y su habitación era la 841. Sólo había una cosa extraña, añadió Borodin: el pasaporte del doctor Peters no aparecía por ninguna parte. Debería haber estado en recepción, pero alguien lo había sacado de allí. Todo el personal negaba saber nada al respecto.

A Grishin no le sorprendió. Sabía lo que podía conseguirse en Moscú con unos cuantos dólares. El pasaporte empleado para entrar habría sido destruido. Monk debía tener ahora otra identidad, pero entre los seiscientos huéspedes del Metropol nadie lo notaría. Cuando quisiera irse del hotel lo haría sin pagar; se evaporaría, se borraría del mapa. Y el hotel cancelaría la pérdida.

—Dos cosas más —le dijo a Borodin, que estaba aún en el hotel—. Consiga una llave maestra y dígale al gerente que si el doctor Peters se entera de esto, él pasará los próximos diez años moliendo sal. Invente la historia que quiera.

Grishin decidió que aquél no era trabajo para sus guardias negros. Eran fácilmente reconocibles, y el asunto podía terminar en una protesta por parte de la embajada norteamericana. Mejor que lo hicieran delincuentes normales que no despertaran sospechas. Dentro de la mafia Dolgoruki había un equipo especializado en allanamientos difíciles.

Por la tarde, tras repetidas llamadas a la habitación 841 para asegurarse de que no había nadie, dos hombres penetraron en ella con una llave maestra. Un tercero esperaba sentado en una de las butacas de piel al fondo del pasillo por si el ocupante de la habitación regresaba. Efectuaron un registro a conciencia, pero no encontraron nada de interés. Ni pasaporte ni carpetas ni portafolios ni papeles personales. Dondequiera que estuviese, Monk lo llevaba todo encima. La habitación fue dejada tal como la habían encontrado.

Del otro lado del pasillo, el checheno que ocupaba la habitación de enfrente abrió su puerta unos milímetros, vio entrar y salir a los hombres y fue a informar por su teléfono móvil.

A las diez de la noche Jason Monk entró en el vestíbulo del hotel como quien ha salido a cenar y desea acostarse pronto. No se acercó a recepción, pues tenía en el bolsillo su llave de plástico. Ambas puertas estaban vigiladas por observadores, dos en cada entrada, y cuando Monk entró en un ascensor, dos de los centinelas se lanzaron al ascensor contiguo. Otros dos fueron por la escalera.

Monk recorrió el pasillo hasta su habitación, llamó a la puerta de enfrente, le pasaron una maleta y se metió en la 841. Los dos gángsters que habían tomado el segundo ascensor aparecieron en el pasillo a tiempo de ver cerrarse la puerta. Poco después, la otra pareja llegó por la escalera. Mantuvieron una breve conversación. Dos de ellos se apostaron en las butacas desde donde podían vigilar el pasillo, y sus compañeros bajaron para informar.

A las diez y media vieron salir a un hombre de la habitación de enfrente y dirigirse a los ascensores. No tomaron nota. No era la habitación que vigilaban.

A las once menos cuarto sonó el teléfono de Monk. Era de mantenimiento, para preguntar si necesitaba más toallas. Monk dijo que no, dio las gracias y colgó.

Con el contenido de la maleta, Monk hizo los últimos preparativos y se dispuso a marchar. A las once en punto salió al estrecho balcón e intentó cerrar la puerta de cristal desde fuera. Como no lo consiguió la aseguró con un trozo de fuerte cinta adhesiva.

Con un cabo de gruesa cuerda atado a su cintura se deslizó hasta la habitación 741 de la planta inferior. De allí saltó los cuatro parapetos que le separaban de la ventana de la 733.

A las once y diez, un empresario sueco se hallaba desnudo sobre su cama sobándose el miembro mientras veía una película porno, cuando unos toques en la ventana le dejaron paralizado.

Teniendo que escoger, presa del pánico, entre un albornoz y el botón de pausa, eligió primero el albornoz y luego el mando a distancia. Convenientemente cubierto, se levantó y se acercó a la ventana. Fuera había un hombre haciendo gestos de que le dejara entrar. Desconcertado, el sueco levantó el pestillo. El hombre entró en la habitación y le habló con el empalagoso acento de los norteamericanos del Sur.

—Muy amable, amigo, sí señor. Imagino que se está preguntando qué hacía en su balcón...

En eso llevaba razón. El sueco no tenía la más ligera idea.

—Bien, se lo diré. Ha sido una cosa extrañísima. Estaba en la habitación de al lado, y había salido a fumar un puro porque no quería hacerlo dentro y, fíjese lo que son las cosas, la puerta se ha cerrado con el viento. Pensé que no me quedaba otro remedio que saltar aquí y ver si usted era tan amable de dejarme pasar.

Fuera hacía frío, el fumador iba totalmente vestido y tenía un portafolios en la mano, no hacía viento y la puerta del balcón no se cerraba sola, pero al sueco no le importó.

Su invitado espontáneo seguía dándole las gracias y expresando sus disculpas cuando salió al pasillo y le deseó al sueco las buenas noches.

El empresario, que comerciaba en artículos de tocador, volvió a cerrar las ventanas, echó las cortinas, se desnudó, pulsó el *play y* volvió a su barato entretenimiento.

Monk anduvo por el pasillo de la séptima planta, bajó por la escalera y subió al Volvo de Magomed que le esperaba junto al bordillo.

A medianoche tres hombres entraron en la habitación 741 con una pequeña maleta, utilizando otra vez la llave maestra. Estuvieron dentro veinte minutos.

A las cuatro de la mañana un artefacto que, como se supo después, contenía un kilo de explosivo plástico detonó justo debajo del techo de la 741. Los forenses deducirían que había sido colocado en lo alto de una pirámide de muebles sobre la cama, y que había explotado precisamente bajo el centro de la cama de la habitación de arriba.

La habitación 841 resultó totalmente destrozada. El colchón y el cobertor habían quedado convertidos en una capa casi carbonizada de tela y plumón, que se había posado sobre el resto de los enseres. Debajo había fragmentos de madera del armazón de la cama, del armario y la cómoda, trozos de cristal de los espejos y lámparas, y numerosos fragmentos de huesos humanos.

Acudieron cuatro servicios de urgencias. Las ambulancias llegaron y se fueron enseguida, pues no había nada salvo los histéricos ocupantes de otras tres habitaciones del mismo pasillo. Sin embargo ninguno de ellos hablaba ruso, y los de las ambulancias tampoco hablaban otro idioma. Al ver que no había heridos, dejaron a los ocupantes a merced del director de noche. Por su parte, los bomberos tampoco tuvieron trabajo, pues aunque el contenido de las dos habitaciones afectadas estaba chamuscado por la candencia de la explosión, nada estaba realmente ardiendo. El equipo de forenses estuvo muy ocupado embolsando hasta la última migaja de escombros, parte de ellos humanos, para su posterior análisis.

Homicidios estuvo representado, cumpliendo órdenes de un general, por el detective Borodin. Con sólo un vistazo Borodin comprobó que en la habitación no había nada mayor que la palma de una mano y un peligroso agujero de un metro de diámetro en el suelo, aunque sí había algo en el cuarto de baño.

La puerta había sido evidentemente cerrada, pues había quedado pulverizada. El tabique se había derrumbado hacia el interior del baño debido a la onda expansiva.

Bajo los escombros había un maletín, carbonizado y muy rasguñado. Sin embargo, su contenido estaba intacto. Aparentemente, en el momento de la explosión debía de haber estado en el lugar más protegido del cuarto, contra la pared interior del cuarto de baño entre el retrete y el bidet. El agua de los destrozados sanitarios había empapado el maletín, pero su contenido había sobrevivido. Borodin comprobó que no le viera nadie y luego se guardó los dos documentos en la chaqueta.

El coronel Grishin los tuvo en su mesa a la hora del café. Veinticuatro horas pueden cambiar cualquier estado de ánimo. Grishin los contempló con profunda satisfacción. El uno estaba en ruso, el Manifiesto Negro; el otro era un pasaporte norteamericano a nombre de Jason Monk.

—Uno para entrar —se dijo— y otro para salir. Pero esta vez, amigo, no vas a salir.

Dos cosas más sucedieron aquel día, pero ninguna atrajo la menor atención. Un turista británico que, según su pasaporte, se llamaba Brian Marks arribó al aeropuerto de Sheremetyevo en el vuelo de la tarde procedente de Londres, y otros dos ingleses entraron en un Volvo por la frontera con Finlandia.

Por lo que se refería a los funcionarios del aeropuerto el recién llegado era uno más entre cien y parecía no hablar ruso. Pero al igual que los demás pasó los diversos controles y salió finalmente para subir a un taxi que lo llevaría al centro de Moscú.

Apeándose del taxi en una esquina, el inglés se aseguró de que nadie le seguía y luego siguió a pie hasta el pequeño hotel de segunda categoría donde tenía reservada una habitación individual.

Su impreso de declaración de divisas incluía una modesta cantidad de libras esterlinas, que iba a tener que declarar nuevamente a su partida, o bien enseñar recibos oficiales de cambio de moneda, así como un talonario de cheques de viaje a los que se aplicaría la misma norma. Su impreso de declaración no mencionaba los fajos de billetes de cien dólares que llevaba adheridos a la parte posterior de cada muslo. Su apellido no era realmente Marks, pero la similitud con Marx había divertido al grabador que le había hecho el pasaporte. Dada la elección, había preferido conservar el nombre de pila auténtico, Brian. Era de hecho el mismo ex soldado conocedor del ruso y antiguo miembro de las Fuerzas Especiales, a quien sir Nigel Irvine había mandado en misión de reconocimiento el mes de septiembre.

Después de instalarse, Marks puso en marcha sus diversas tareas. Alquiló un coche pequeño en una agencia occidental y exploró uno de los suburbios más apartados de la ciudad, el barrio de Vorontsovo al sur de la capital.

Durante dos días, a intervalos irregulares para no llamar la atención, acechó y observó un edificio en particular, un amplio almacén al que acudían constantemente durante el día grandes camiones.

De noche observó el edificio a pie, pasando por delante bastantes veces, siempre agarrado a una botella de vodka. En las contadas ocasiones en que se cruzó con otro transeúnte se limitó a hacer eses como cualquier borracho; nadie le prestó la menor atención.

Lo que vio le agradó. La valla de alambre trenzado que cerraba el paso no sería un obstáculo. El espacio para entrada y salida de camiones estaba cerrado por la noche, pero había una pequeña puerta con candado en la parte trasera del almacén, y un solo guardia patrullaba de vez en cuando a pie cuando estaba oscuro. Dicho de otro modo, el edificio era un blanco fácil.

En el mercado de coches de segunda mano, donde uno podía comprar cualquier cosa, desde una ruina de cacharro hasta una limusina casi nueva recién robada en Occidente, compró varias matrículas de Moscú y diversas herramientas incluyendo unas tenazas para partir cerrojos.

En el centro de la ciudad adquirió una docena de baratos pero fiables relojes Swatch, unas cuantas pilas, rollos de cable eléctrico y cinta aislante. Cuando estuvo seguro de que podía encontrar el almacén con absoluta precisión a cualquier hora del día o la noche y volver al centro de la ciudad por una veintena de rutas distintas, regresó a su hotel a esperar al Volvo que venía de San Petersburgo.

La cita con Ciaran y Mitch era en el MacDonald's de la calle Tverskaya.

Los otros dos miembros de las Fuerzas Especiales habían tenido un lento pero tranquilo viaje hacia el sur.

El Volvo había sido sometido a ciertas transformaciones en un garaje al sur de Londres. Los dos neumáticos delanteros habían sido sustituidos por neumáticos viejos que contenían cámaras de aire. Previamente, cada cámara había sido rajada. Dentro de las cámaras se habían introducido gránulos de explosivo plástico Semtex del tamaño de un dedo pulgar. Una vez emparchadas, las cámaras habían sido metidas nuevamente en los neumáticos e hinchadas.

Con el girar de las ruedas, el amasijo de explosivo, extraordinariamente estable cuando no está conectado a un detonador de mercurio, se había transformado en una piel que revestía el interior de cada cámara. De esta forma, tras ser embarcado con destino a Estocolmo, el Volvo había viajado tranquilamente mil kilómetros hasta Moscú vía Helsinki. Los detonadores iban en la cara inferior de una caja de puros habanos, supuestamente comprados en el transbordador pero de hecho preparados en Londres.

Ciaran y Mitch se hospedaron en hoteles distintos. Brian los acompañó en el Volvo a un solar abandonado cerca del mercado de coches, donde alzaron el coche con el gato, y los dos neumáticos de repuesto que los previsores turistas habían traído con ellos sustituyeron a los dos delanteros. Nadie les prestó atención; los ladrones de coches moscovitas estaban siempre destripando vehículos en la zona contigua al mercado. Tardaron sólo unos minutos en desinflar y sacar las cámaras, meterlas en una bolsa de viaje y regresar al hotel.

Brian se llevó los tubos de caucho rasgados y los fue echando en distintos contenedores de basura, mientras Ciaran y Mitch reunían sus cosas.

Los mil doscientos gramos de explosivo plástico fueron divididos en doce pequeños paquetes del tamaño de un paquete de cigarrillos. A esto se añadió un detonador, una pila y un reloj, con los cables que conectaban los componentes debidamente. Por fin, unieron las bombas unas a otras mediante cinta de plástico dura.

—Menos mal que no utilizamos esa mierda de arenque ahumado —dijo Mitch mientras trabajaban.

Semtex-H, el más popular de los derivados explosivos plásticos del RDX, siempre fue producido en Checoslovaquia, y bajo el comunismo se consiguió privarlo de todo olor, lo que lo convirtió en el preferido de los terroristas. A raíz de la debacle comunista el presidente checo Vaclav Havel accedió a la petición de Occidente de variar la fórmula y añadir un aroma particularmente fétido a fin de que el material explosivo fuese detectable. El olor era similar al del pescado podrido, de ahí la referencia de Mitch.

Mediados los años noventa, los aparatos de detección se habían vuelto tan sofisticados que eran capaces incluso de localizar la variedad inodora. Pero el caucho caliente tiene su propio olor similar, lo que explicaba la utilización de los neumáticos como medio de transporte. De hecho el Volvo no había sido sometido a esa clase de prueba, pero sir Nigel era partidario de extremar la prudencia, cosa que Ciaran y Mitch aprobaban.

La incursión a la fábrica tuvo lugar seis días después de que el coronel Grishin recibiera el Manifiesto Negro y el pasaporte de Jason Monk.

El Volvo, con sus nuevos neumáticos delanteros y su también nueva y falsa matrícula de Moscú, fue conducido por Brian. Si alguien los paraba, era él quien hablaría en ruso.

Aparcaron a tres calles de su objetivo e hicieron el resto a pie. La valla de alambre trenzado de la parte posterior no fue obstáculo para las tenazas especiales. Los tres británicos recorrieron agachados los quince metros de cemento intermedios y desaparecieron en las sombras que arrojaba una pila de bidones de tinta.

Un cuarto de hora después el guardia nocturno efectuó su ronda habitual. Oyó un sonoro borboteo procedente de un trecho en sombra, dio media vuelta y dirigió su linterna hacia el lugar. Vio a un borracho sentado contra la pared del almacén, agarrado a una botella de vodka. No tuvo tiempo de averiguar cómo se había colado en el recinto, pues al dar la espalda a los bidones de tinta no llegó a ver la figura con mono negro que emergió de entre los mismos y le golpeó en la cabeza con un tubo de plomo. Para el guardia nocturno apenas hubo un destello de fuegos artificiales y luego oscuridad total.

Brian ató los tobillos, las muñecas y la boca del hombre con cinta gruesa mientras Ciaran y Mitch arrancaban el candado de la puerta. Acto seguido arrastraron al guardia inconsciente hasta el interior, lo dejaron junto a la pared y cerraron la puerta.

Entre las vigas del techo de la cavernosa fábrica ardía una ristra de bombillas flojas que arrojaba una luz difusa al interior. Gran parte del suelo estaba ocupado por grandes carretes de papel prensa y un montón de bidones de tinta. Pero el centro de la fábrica contenía lo que ellos estaban buscando; tres enormes prensas de *offset*.

Sabían que el segundo guardia estaría resguardado en su cálida garita de cristal, cerca de la puerta principal, viendo la televisión o leyendo el periódico. Brian se deslizó sigilosamente entre las máquinas para ocuparse de él. Cuando estuvo listo salió de nuevo a la parte posterior y montó guardia junto a la ruta de salida.

Ciaran y Mitch no desconocían las tres máquinas que tenían ante ellos. Eran prensas Baker-Perkins, hechas en Estados Unidos y difíciles de reemplazar en Rusia. Para ello sería necesario un largo viaje por mar desde Baltimore hasta San Petersburgo.

Fingiéndose ejecutivos de la prensa finlandesa que estudiaban la posibilidad de instalar prensas Baker-Perkins, los dos hombres habían realizado una gira de cortesía por las instalaciones de una empresa de Norwich, Inglaterra, que empleaba esa misma maquinaria. Luego, un especialista jubilado había completado su instrucción tras cobrar una buena suma.

Sus objetivos eran de cuatro tipos. Las prensas eran alimentadas por bobinas gigantes de papel prensa de 90 gramos, y la tecnología sofisticada de los portabobinas permitía que a medida que una bobina se agotaba otra la reemplazara sin interrupción. Los portabobinas eran el primer objetivo, y había uno para cada máquina. Ciaran empezó a colocar sus pequeñas bombas en el sitio preciso para que los portabobinas no volvieran a funcionar nunca.

Mitch se encargó del mecanismo de entintado. Eran máquinas *offset* dotadas con bobinas de cuatro colores, y el suministro de la cantidad exacta de cuatro tintas coloreadas en el momento justo del proceso dependía de un mezclador alimentado por cuatro grandes bidones de distintos colores. Después de dar cuenta de estas dos cosas, los saboteadores se ocuparon de las prensas propiamente dichas.

Las partes que escogieron para las bombas restantes fueron el armazón principal y los soportes de los cilindros de impresión, uno para cada máquina.

Estuvieron veinte minutos dentro de la imprenta. Luego Mitch consultó su reloj y le hizo un gesto a Ciaran. Era la una de la madrugada y los dispositivos de relojería estaban puestos para la una y media. Cinco minutos más tarde estaban otra vez fuera arrastrando al guardia, ahora consciente pero incapaz de oponer resistencia. En el exterior tendría más frío, pero estaría a salvo de la onda expansiva. El otro guardia, tendido en el piso de su despacho, estaba demasiado lejos para resultar herido.

A la una y diez estaban ya en el Volvo y arrancando. A la una y media, la distancia a que se encontraban les impidió oír la serie de descargas con que las prensas, los portabobinas y los entintadores saltaron en pedazos.

Tan discretas fueron las explosiones que los adormecidos habitantes del barrio de Vorontsovo apenas se sobresaltaron. Nadie avisó a la policía hasta que el guardia que estaba afuera cojeó trabajosamente hasta la verja delantera del edificio y pulsó el botón de alarma con el codo.

Los guardias descubrieron que los teléfonos funcionaban todavía y llamaron al capataz de la fábrica, cuyo teléfono particular estaba en la oficina. El capataz llegó a las tres y media y examinó los daños con expresión de horror. Después llamó al señor Kuznetsov.

El jefe de propaganda de la Unión de Fuerzas Patrióticas llegó a las cinco y escuchó el relato del director de la fábrica. A las siete telefoneó al coronel Grishin.

Previamente a esa hora el coche de alquiler y el Volvo habían sido ya abandonados cerca de la plaza Manege; el primero fue encontrado y devuelto a la agencia. El Volvo, que estaba abierto y con las llaves en el encendido, probablemente sería robado al amanecer, como así ocurrió.

Los tres ex soldados desayunaron en el insalubre bar del aeropuerto y embarcaron en un vuelo con destino a Helsinki, el primero de la mañana, una hora después.

Mientras ellos salían de Rusia, el coronel Grishin estaba examinando la imprenta destrozada, al borde del ataque de nervios. Habría una investigación; él se encargaría de organizarla, y ay del que hubiera colaborado en aquello. Pero su ojo profesional le decía que los autores eran expertos, y dudaba que pudiera dar con ellos.

Kuznetsov estaba desolado. Durante los dos últimos años el semanario *Probudis* (¡Despierta!) había llevado cada sábado las palabras y proyectos de Igor Komárov a cinco millones de hogares rusos. La idea de crear un importante periódico controlado enteramente por la UFP había sido suya, así como la revista mensual *Rodina* (Madre Patria).

Estos dos vehículos, un batiburrillo de concursos fáciles con grandes premios, confesiones sentimentales y propaganda racial, habían llevado la palabra del líder a todos los rincones del país y contribuido en grado sumo a su popularidad electoral.

—¿Cuándo podrán reanudar la producción? —le preguntó al jefe de la imprenta.

El hombre se encogió de hombros.

—Cuando tengamos prensas nuevas —dijo—. Éstas no se pueden arreglar. Quizá dos meses.

Kuznetsov se quedó lívido. Todavía no se lo había contado al gran jefe. La culpa era de Grishin, se decía, debería haber habido más vigilancia. Pero una cosa era segura; ese sábado no habría *Probudis* y tampoco edición especial de *Rodina*, tal vez hasta dentro de ocho semanas como mínimo. Y para entonces las presidenciales ya se habrían celebrado.

Tampoco el inspector Borodin tuvo una mañana agradable, aunque había entrado de muy buen humor en el despacho de la brigada de homicidios en la sede de la milicia moscovita.

Sus acciones a lo largo de la semana anterior no habían pasado inadvertidas para sus colegas, aunque sí continuaban sin explicación. De hecho la explicación era sencilla; su entrega de dos valiosos documentos al coronel Anatoli Grishin tras la explosión de una bomba en el Metropol había aportado un sustancioso plus a su anticipo del mes.

Interiormente sabía que era inútil proseguir las investigaciones sobre lo ocurrido en el hotel. Los trabajos de restauración habían empezado ya, los agentes de seguros eran casi con seguridad extranjeros que asumirían la responsabilidad, el huésped norteamericano había muerto y el misterio era total. Si Borodin sospechaba que sus pesquisas, ordenadas por Grishin en persona, acerca del norteamericano habían tenido algo que ver con su casi inmediata muerte, no sería él quien sacara el tema a relucir.

Igor Komárov se convertiría sin duda en el próximo presidente de la Federación Rusa antes de dos meses, el segundo hombre más poderoso del país sería el coronel Grishin, y habría sustanciosas recompensas para los que le hubieran servido lealmente durante los años de oposición.

A la oficina no dejaban de llegar noticias sobre la destrucción de las prensas de la UFP. Borodin lo achacaba a los comunistas de Ziugánov o a matones a sueldo de algún grupo mafioso, por oscuros motivos. Estaba aireando sus teorías cuando sonó el teléfono.

—¿Borodin? —dijo una voz.

—Detective Borodin al habla, diga.

—Soy Kuzmin.

Rastreó en su memoria pero no consiguió recordarlo.

—¿Quién?

—Profesor Kuzmin, del laboratorio de medicina forense, Segundo Instituto Médico. ¿Me ha mandado usted los especímenes del atentado contra el Metropol? El expediente lleva su nombre.

—Ah, sí, estoy al mando de la investigación.

—Pues es usted un imbécil.

—No le comprendo...

—Acabo de terminar mi examen de los restos del cuerpo encontrado en esa habitación, aparte de un montón de fragmentos de madera y cristal que no tienen nada que ver conmigo —dijo el irascible forense.

—¿Y cuál es su problema, profesor? El hombre está muerto, ¿no?

La voz del otro extremo de la línea empezó a chillar de ira.

—Claro que lo está. De lo contrario no lo tendría hecho papilla en mi laboratorio, ¿no cree?

—Pues sigo sin ver el problema. Llevo años en Homicidios y jamás he visto a nadie más muerto.

La voz del forense dominó su furia y adoptó el tono halagador de quien está hablando con un niño corto de entendederas.

—La cuestión, mi querido Borodin, es *quién* es el muerto.

—El turista norteamericano, por supuesto. Tiene usted sus huesos.

—Sí, tengo unos huesos, detective Borodin. —La voz subrayó la palabra «detective» dando a entender que el policía sería incapaz de encontrar el lavabo sin ayuda de un perro amaestrado—. También esperaba tener restos de tejido, músculo, cartílago, piel, pelo, uñas, entrañas... hasta unos gramitos de tuétano. Pero ¿qué tengo? Huesos, nada más que huesos.

—No entiendo. ¿Qué tienen de malo los huesos?

El profesor perdió finalmente la paciencia y explotó. El detective hubo de apartarse el auricular de la oreja.

—¡Los puñeteros huesos no tienen nada de malo! ¡Son preciosos! Lo han sido durante unos veinte años, el período que según mis cálculos lleva muerto su antiguo propietario. Lo que intento meter en su cerebro de serrín es que alguien se tomó la molestia de destrozar un esqueleto anatómico, como el que todo estudiante de medicina tiene en una esquina de su habitación.

Borodin abrió y cerró la boca como si fuera un pez.

—¿El norteamericano no estaba en la habitación? —preguntó.

—Cuando estalló la bomba, no —contestó el doctor Kuzmin—. ¿Y quién era, si se puede saber? O, puesto que seguramente está vivo, ¿quién es?

—No lo sé... Un académico yanqui.

—Lo ve, otro intelectual. Como yo. Pues ya puede decirle que me gusta su sentido del humor. ¿Adónde quiere que envíe mi informe?

Lo último que Borodin podía desear era ver aquel informe sobre su mesa, y dio el nombre de cierto general de división de la milicia.

El general de división lo recibió aquella misma tarde. Telefoneó al coronel Grishin para darle la noticia y de ese modo perdió una gratificación.

Al anochecer el coronel Grishin había movilizado a su numeroso ejército privado de informadores. Millares de réplicas de la foto de Jason Monk, la de su pasaporte, fueron distribuidas a la Guardia Negra y los Jóvenes Combatientes, que se lanzaron por centenares a las calles de la capital en busca del hombre. La operación fue de mayor envergadura que cuando la caza de Leonid Zaitsev, el viejo hombre de la limpieza desaparecido.

Otras copias fueron a manos de los jefes de clan de la mafia Dolgoruki con orden de localizar y apresar a Monk. Los informadores de la policía y el servicio de inmigración fueron puestos en alerta. Se ofrecía una recompensa de cien mil millones de rublos por el fugitivo, una suma que quitaba el aliento.

Contra semejante cerco de ojos y oídos el norteamericano no tendría nada que hacer, le dijo Grishin a Igor Komárov. La red de informadores podía acceder a todos los rincones de Moscú, a todos los escondrijos y refugios, a todas las grietas y oquedades. Si no se encerraba dentro de su embajada, donde ya no representaría ningún peligro, lo encontrarían.

Grishin estaba casi en lo cierto. Existía un lugar donde los rusos no podían entrar: el mundo cerrado a cal y canto de los chechenos. Jason Monk estaba en el interior de ese mundo, en un piso franco encima de una tienda de especias, protegido por Magomed, Aslan y Sharif y más allá una barrera de gente anónima que podía ver venir a un ruso desde un kilómetro y comunicarlo en una lengua casi críptica.

De todos modos, Monk había establecido ya su segundo contacto.

14

De todos los soldados de Rusia, en activo o retirados, el único que en términos de prestigio valía lo que doce de ellos juntos era el general del ejército Nikolai Nikoláiev.

A sus setenta y tres años y a sólo unos días de cumplir los setenta y cuatro, seguía teniendo una figura imponente. De un metro ochenta y dos de estatura, iba siempre totalmente erguido; su blanca cabellera, su cara colorada curtida por los años y su inconfundible bigote sobresaliendo en dos desafiantes puntas a cada lado del labio superior, le hacían conspicuo en cualquier reunión.

Había sido tanquista toda su vida, jefe de infantería mecanizada, había servido en todos los escenarios y en todos los frentes durante una trayectoria de cincuenta años, y para los millones de hombres que habían estado bajo su mando a lo largo de medio siglo constituía toda una leyenda.

Era del dominio público que Nicoláiev podía haberse retirado con el grado de mariscal, de no haber sido por su costumbre de hablar claro a políticos y oportunistas.

Al igual que Leonid Zaitsev, el Conejo, del que no podía acordarse pero al que una vez había palmeado la espalda estando en un campamento en los alrededores de Potsdam, el general había nacido cerca de Smolensko, al oeste de Moscú. Pero once años antes que Conejo, en el invierno de 1925, hijo de un ingeniero.

Todavía recordaba el día en que pasando por delante de una iglesia con su padre, éste había cometido el descuido de persignarse. El hijo le había preguntado qué hacía. Sobresaltado y temeroso, su padre le había hecho jurar que no se lo diría a nadie. Era la época en que otro joven soviético había sido declarado oficialmente héroe por delatar a sus padres al NKVD por proferir observaciones contrarias al partido. Los padres habían muerto en los campos de trabajo, pero el hijo se había convertido en un modelo a seguir para la juventud soviética. Pero el joven Kolya amaba a su padre y jamás dijo una palabra. Más adelante se enteró del significado de aquel gesto, pero aceptó lo que le decían sus maestros: que los sentimientos religiosos eran mamarrachadas.

Tenía quince años cuando el 22 de junio de 1942 la *blitzkrieg* de Hitler irrumpió por el oeste. Smolensko sucumbió antes de un mes al avance de los tanques alemanes y el chico tuvo que huir como todos los demás. Sus padres no lo lograron, y Kolya no volvió a verlos.

Como era un chico fuerte y robusto, llevó a cuestas a su hermana de diez años a lo largo de más de cien kilómetros, hasta que una noche saltaron a un tren con rumbo al este. Ellos no lo sabían, pero se trataba de un tren especial. Como tantos otros, transportaba una factoría desmontada de carros blindados fuera de la zona de peligro hacia la seguridad de los montes Urales.

Ateridos de frío y hambrientos, los niños permanecieron sobre el techo del vagón hasta que el tren se detuvo en Chelyabinsk, en las estribaciones de los Urales. Fue allí donde los ingenieros reconstruyeron íntegra la factoría, que se llamó Tankogrado.

No había tiempo para escuelas. Galina fue a un orfelinato y Kolya empezó a trabajar en la factoría, donde permaneció durante casi dos años.

En el invierno de 1942 los soviéticos estaban sufriendo numerosísimas pérdidas en hombres y tanques alrededor de Jarkov y Stalingrado. Las tácticas eran tradicionales y mortíferas. No había tiempo ni talento para sutilezas; hombres y tanques eran arrojados a las bocas de las armas alemanas sin pensar en las pérdidas. Así había sido siempre en la historia militar rusa.

En Tankogrado la consigna era producir y producir sin descanso; hacían turnos de dieciséis horas y dormían debajo de los tornos. Lo que construían era el KV1, que recibía el nombre por el mariscal Klimenti Voroshílov, una nulidad como militar pero uno de los aduladores preferidos de Stalin. El KV1 era un tanque pesado, el principal carro de combate soviético en esa época.

Hacia la primavera de 1943 los soviéticos estaban reforzando el cerco en torno a la ciudad de Kursk, un enclave que se adentraba ciento cincuenta kilómetros en las líneas alemanas. En junio, el muchacho de diecisiete años recibió la misión de acompañar a un tren cargado de tanques KV1 rumbo al oeste, descargarlos en la cabeza de línea, entregarlos y volver a Chelyabinsk. Lo hizo todo salvo lo último.

Los nuevos tanques estaban ya alineados junto a la vía cuando el jefe del regimiento al que estaban destinados llegó por el andén. Era sorprendentemente joven, un coronel de apenas veinticinco años, barbudo, ojeroso y extenuado.

—¡No tengo conductores, joder! —le gritó al funcionario de la fábrica que estaba al mando del envío. Luego se volvió al fornido joven de pelo rubio—: ¿Sabes conducir estos trastos?

—Sí, camarada, pero debo regresar a la factoría.

—Ni hablar. Si sabes conducir, estás reclutado.

El tren se alejó humeando hacia el este. El soldado raso Nikolai Nikoláiev se vio metido dentro de la carlinga de un KV1, con una camisola de algodón basto rumbo a la ciudad de Projorovka. La batalla de Kursk empezó dos semanas más tarde.

Aunque se la suele llamar «batalla» de Kursk, de hecho fueron una serie de sangrientas escaramuzas que abarcaron todo el enclave por espacio de dos meses. Al final, Kursk se convirtió en la mayor batalla de carros de combate que el mundo haya visto nunca, antes o después. Intervinieron seis mil tanques de ambos bandos, dos millones de hombres y cuatro mil aviones. Fue la batalla donde se demostró finalmente que los Panzer alemanes no eran invencibles. Pero casi.

El ejército alemán estaba desplegando entonces su propia arma estrella, el Tiger, con su temible cañón de 88 mm en la torreta que, gracias a sus proyectiles perforantes, podía apartar cualquier cosa de su camino. El KV1 llevaba un cañón más pequeño, de 76 mm, aunque el nuevo modelo entregado por Nikolai tenía la versión ZIS-5 de mayor alcance.

El 12 de julio los rusos lanzaron un contraataque, y la clave fue el sector de Projorovka. El regimiento de Nikolai se había quedado con sólo seis KV1 cuando el jefe creyó avistar cinco Panzer alemanes Mark IV y dio orden de atacar. Los rusos avanzaron en línea hasta la cresta de una loma y bajaron a un valle poco profundo; los alemanes estaban en la loma opuesta. El joven coronel se equivocaba acerca de los Mark IV; eran Tiger. Los alemanes acabaron uno a uno con los seis KV1 utilizando sus proyectiles perforantes. El carro de Nikolai recibió dos impactos. El primer obús arrancó toda la oruga de un lado y abrió un boquete en el casco. Desde su asiento de conductor, Nikolai notó que el tanque se estremecía y luego se quedaba quieto. El segundo proyectil rozó la torreta y salió desviado hacia la colina. Pero el impacto bastó para matar a cuatro de los cinco tripulantes. Maltrecho, magullado y temblando, Nikolai intentó salir de su tumba viviente al oler el combustible diesel derramándose sobre el metal caliente. Los cadáveres le obstaculizaban la huida. El oficial y el artillero yacían sobre la recámara del cañón; de su boca, nariz y orejas salía una mezcla de sangre y mucosidad. Por la brecha abierta en el casco, Nikolai vio que los Tiger pasaban de largo entre el humo de los otros KV1 en llamas. Para su sorpresa, comprobó que la torreta aún funcionaba. Sacó un proyectil, lo introdujo trabajosamente en la recámara y cerró el mecanismo. Era la primera vez que lo hacía, pero se lo había visto hacer a otros. Normalmente se precisaban dos hombres. Medio mareado por el golpe recibido en la cabeza y por el hedor a combustible, Nikolai hizo girar la torreta, aplicó el ojo a la mira telescópica, localizó un Tiger a poco más de trescientos metros y disparó. Resultó que el carro elegido era el último de los cinco. Los cuatro Tiger de delante no se dieron cuenta. Nikolai volvió a cargar, localizó un nuevo blanco y disparó otra vez. El Tiger encajó el proyectil en el hueco entre la torreta y el casco, y explotó. Nikolai oyó una especie de estampido bajo sus pies, y las llamas empezaron a correr por la hierba a medida que encontraban nuevos charcos de combustible. Tras la segunda andanada, los Tiger restantes advirtieron que estaban siendo atacados por detrás y dieron la vuelta. Nikolai inmovilizó al tercero dándole en pleno flanco. Los otros dos completaron su giro y se lanzaron hacia él. Entonces supo que era hombre muerto. Se agachó para salir por la hendidura del costado de su KV1 justo antes de que el disparo del Tiger arrancase de cuajo la torreta en que había estado hacía un momento. La munición empezó a explotar. Nikolai notó que se le chamuscaba la camisola y se lanzó rodando por la hierba alta lejos del tanque. Entonces sucedió algo que no esperaba y que tampoco vio. Diez SU-152 estaban coronando la loma y los Tiger decidieron que era hora de retirarse. Quedaban dos de los cinco. Embistieron hacia la loma opuesta y ganaron la cima. El primer Tiger en llegar desapareció por la otra ladera. Nikolai notó que alguien le ponía en pie. Era un coronel del Ejército Rojo. El valle estaba repleto de carros destrozados, seis rusos y cuatro alemanes. El suyo estaba rodeado por tres Tiger destrozados.

—¿Esto lo has hecho tú? —preguntó el coronel.

Nikolai apenas pudo oír sus palabras. Le zumbaban los oídos y se sentía mal. Asintió con la cabeza.

—Ven conmigo —dijo el coronel.

Detrás de la loma había un pequeño camión GAZ. El coronel condujo durante unos doce kilómetros. Llegaron a un campamento. Delante de la tienda principal había una mesa larga cubierta de mapas, y una docena de oficiales de alta graduación alrededor. El coronel detuvo el camión, se apeó, se dirigió hacia la mesa y saludó. El general de mayor graduación levantó la vista.

Nikolai estaba sentado en el lado del acompañante. Vio que el coronel hablaba y que los oficiales miraban hacia el camión. Luego el de mayor graduación levantó un brazo haciéndole señas. Nikolai, temiendo las consecuencias de haber dejado escapar dos Tiger, se bajó del camión y se acercó a la mesa. Tenía la camisola chamuscada, la cara renegrida y apestaba a petróleo y cordita.

—¿Tres Tiger? —dijo el general Pável Rótmistrov—. ¿Por detrás? ¿Y desde un KV1 averiado?

Nikolai se quedó inmóvil como un idiota sin saber qué decir. El general sonrió y se volvió hacia un sujeto rechoncho de ojos de cerdo e insignia de comisario político.

—¿No cree que eso merece un poco de metal?

El comisario asintió en silencio. El camarada Stalin lo habría aprobado. Sacaron una caja de la tienda. Rótmistrov impuso al joven de diecisiete años la medalla de Héroe de la Unión Soviética. El comisario, que no era otro que Nikita Jruschov, asintió de nuevo contemplando la escena.

Nikolai Nikoláiev recibió orden de presentarse en un hospital de campaña, donde le curaron las quemaduras de manos y cara con una pomada olorosa, y regresar después al cuartel general. Allí le esperaba la graduación de teniente y un pelotón formado por tres KV1. A continuación fue enviado nuevamente a primera línea.

Aquel invierno, con el saliente de Kursk, muchos kilómetros a sus espaldas y los Panzer en retirada, Nikolai fue nombrado capitán de una compañía de flamantes carros de asalto recién salidos de fábrica. Eran los IS-II, siglas de Iosef Stalin. Equipados con un cañón de 122 mm y un blindaje más grueso, se los conocía como «matatigres».

En la operación Bagration, Nikoláiev obtuvo su segunda medalla al Héroe de la Unión Soviética por su extraordinario valor personal, y en las afueras de Berlín, bajo las órdenes del mariscal Chuikov, la tercera.

Ése era el hombre al que Jason Monk, cincuenta y cinco años después, había ido a ver.

Si el viejo general hubiera sido un poco más comprensivo con el Politburó habría conseguido su bastón de mariscal y una bonita dacha para su jubilación en Peredelkino, a orillas del Moscova, como el resto de los peces gordos, todo gratis por cortesía del Estado. Pero él siempre les decía lo que pensaba, y a ellos no siempre les gustaba oírlo. De modo que se hizo construir un modesto chalet para la vejez junto a la carretera de Minsk, camino de Tujovo, una zona repleta de campamentos militares donde podría estar cerca de los restos de su amado ejército.

No se había casado —«no es vida para una chica», solía decir de sus diversos destinos en las más áridas avanzadas del imperio soviético— y a sus setenta y tres años vivía con un leal ayuda de cámara, ex brigada y mutilado de un pie, y un wolfhound irlandés que conservaba los cuatro.

Monk había localizado su humilde morada limitándose a preguntar a los habitantes de las comunidades vecinas dónde vivía Tío Kolya. Años atrás, al entrar en su mediana edad, el general había sido apodado así por sus oficiales más jóvenes, y el mote había prosperado. Su pelo y su bigote habían encanecido prematuramente, de modo que parecía bastante viejo para ser el tío de todos ellos. Para los periódicos era el general del ejército Nikoláiev, pero todos los ex soldados del país le conocían como Tío Kolya.

Como Monk conducía aquella tarde un coche del Ministerio de Defensa e iba vestido de coronel del Estado Mayor, los lugareños no vieron motivo para no decirle dónde vivía Tío Kolya.

Era noche cerrada y hacía un frío glacial cuando Monk llamó a la puerta poco después de las nueve. Acudió el mayordomo cojo y, al ver el uniforme, le franqueó el paso.

El general Nikoláiev no esperaba ninguna visita, pero el portafolios y el uniforme de oficial del Estado Mayor le causaron algo más que una suave sorpresa. Estaba sentado en su butaca favorita junto a la lumbre, leyendo una biografía militar y resoplando con sorna de vez en cuando. Los conocía a todos, sabía qué habían hecho y, lo más embarazoso, qué no habían hecho, sin importar lo que afirmaran ahora cuando ganaban dinero escribiendo historias inventadas.

Alzó los ojos cuando Volodya anunció que tenía una visita de Moscú.

—¿Quién es usted? —rezongó.

—Alguien que necesita hablar con el general Nikoláiev.

—¿De Moscú?

—De allí vengo, sí.

—Pues ya que está aquí, mejor que vaya al grano. —El general miró el maletín y añadió—: ¿Papeles del ministerio?

—No exactamente. Son papeles, pero de otra procedencia.

—Fuera hace frío. Tome asiento. Bien, hable. ¿Qué le trae por aquí?

—Le seré absolutamente sincero. Este uniforme era para que me recibiera en su casa. No pertenezco al ejército ruso, no soy coronel y tampoco pertenezco a ningún Estado Mayor. En realidad soy norteamericano.

El ruso le miró desde su butaca durante unos segundos como si no diera crédito a sus oídos. Luego las puntas de su bigote erizado se crisparon de rabia.

—Usted es un impostor —le espetó a Monk—, un miserable espía. No quiero impostores ni espías en mi casa. Salga de aquí inmediatamente.

Monk no se movió.

—Me iré, no se preocupe. Pero como nueve mil kilómetros es una larga distancia para estar apenas treinta segundos, ¿le importaría responder a una sola pregunta?

El genera Nikoláiev lo fulminó con la mirada:

—Sólo una. ¿Cuál?

—Hace cinco años, cuando Boris Yeltsin le pidió que abandonara su retiro para mandar la ofensiva contra Chechenia y la destrucción de Grozny, se dice que usted examinó los planes de ataque y que al entonces ministro de Defensa Pavel Gráchev le dijo: «Yo mando soldados, no carniceros. Esto es trabajo para matarifes.» ¿Es cierto eso?

—¿El qué?

—¿Ocurrió así? Me ha permitido hacer una pregunta.

—De acuerdo, sí. Y yo tenía razón.

—¿Por qué lo dijo?

—Eso ya son dos preguntas.

—Me quedan otros nueve mil kilómetros hasta mi casa.

—Está bien. Porque el genocidio no es misión para soldados. Y ahora váyase.

—Ese libro que está leyendo es basura.

—¿Cómo lo sabe?

—Lo he leído. Una tontería detrás de otra.

—Cierto. ¿Y qué?

Monk metió la mano en su portafolios y sacó el Manifiesto Negro. Lo abrió por la página que había marcado. Luego se lo entregó al general.

—Ya que tiene tiempo de leer basura, ¿por qué no echa un vistazo a algo realmente repulsivo?

La ira del general rivalizaba ahora con su curiosidad.

—¿Propaganda yanqui?

—No. El futuro de Rusia. Eche una ojeada. Esta página y la siguiente.

El general gruñó al coger el documento que se le ofrecía. Leyó rápidamente las dos páginas señaladas. Su rostro enrojeció de ira.

—¡Menuda basura! —exclamó—. ¿Quién ha escrito esta mierda?

—¿Le suena el nombre de Igor Komárov?

—No sea idiota. Pues claro que sí. Será presidente el próximo mes de enero.

—¿Buen o mal presidente?

—¿Cómo quiere que lo sepa? Están todos podridos.

—¿Así que él no es mejor o peor que los demás?

—Más o menos.

Monk le relató los hechos del 15 de julio anterior, tratando de condensar al máximo lo sucedido pues temía perder la atención del viejo general o, peor aún, agotar su paciencia.

—No le creo —dijo el general—. Se presenta en mi casa con una historia extravagante...

—Si tan extravagante es, entonces no han muerto tres personas por culpa de ese documento. Y sin embargo es así. ¿Sale usted esta noche?

—Pues no. ¿Por qué?

—Entonces ¿por qué no deja las memorias de Pavel Gráchev y lee el programa de Igor Komárov? Algunos trozos le gustarán; el refortalecimiento del ejército, por ejemplo. Aunque no para defender la patria rusa. No existe amenaza externa contra ella. Es para formar un ejército capaz de perpetrar un genocidio. Tal vez no le gustan los judíos, los chechenos, los georgianos, los ucranios, los armenios, pero ellos también iban en los tanques, ¿lo recuerda? Estuvieron en Kursk y Bagration, en Berlín y Kabul. Lucharon a su lado. ¿Por qué no invierte unos minutos en ver lo que Komárov les tiene preparado?

El general Nikoláiev miró a aquel norteamericano veinticinco años más joven que él y luego gruñó.

—¿A los yanquis les gusta el vodka?

—Sí, cuando hace mucho frío y están en medio de Rusia.

—Allí hay una botella. Sírvase.

Mientras el anciano leía, Monk se sirvió un buen vaso de Moskovskaya y pensó en los datos que había recibido en Castle Forbes.

—Es probablemente el último de los generales rusos con un tradicional sentido del honor —le había explicado el tutor ruso, Oleg—. No es ningún tonto y nada le da miedo. Hay diez millones de veteranos que todavía harían caso a Tío Kolya.

Terminada la guerra y tras un año de ocupación en Berlín, el joven mayor Nikoláiev fue enviado de nuevo a Moscú, y en el verano de 1950 fue designado jefe de uno de los siete regimientos acorazados con destino en Extremo Oriente, a orillas del río Yalu.

Con la guerra de Corea en su apogeo y los americanos arrollando a los norcoreanos, Stalin empezó a pensar en lanzar sus nuevos tanques contra los americanos. Dos cosas se lo impedían: los consejos de sus asesores y su propia paranoia. Los IS-4 eran tan ultrasecretos que su descripción nunca había sido revelada, y Stalin temía que uno de ellos cayera, intacto, en manos del enemigo. En 1951 Nikoláiev fue destinado a Potsdam con el grado de teniente coronel. Contaba sólo veinticinco años.

A los treinta mandó un regimiento de Operaciones Especiales durante la insurrección de Hungría. Fue en dicha ocasión cuando consiguió enfurecer al entonces embajador soviético Yuri Andrópov, que acabaría siendo presidente del KGB durante quince años y primer secretario del PCUS. El coronel Nikoláiev se negó a usar sus carros para reprimir a los civiles que se manifestaban en las calles de Budapest.

—Hay un setenta por ciento de mujeres y niños —le dijo al embajador y artífice del aplastamiento de la revuelta—. Nos arrojan piedras, y las piedras no pueden contra los tanques.

—¡Necesitan una lección! —gritó Andrópov—. Utilice las ametralladoras.

Nikoláiev sabía lo que las ametralladoras pueden hacer con una masa de civiles en un espacio cerrado: Smolensko en 1941. Sus padres se contaban entre las víctimas.

—Si quiere hágalo usted —le dijo a Andrópov.

Un general consiguió poner calma en la tensa situación, pero la carrera de Nikoláiev colgaba de un hilo. Andrópov era de los que no perdonan.

Durante la primera mitad de los sesenta estuvo en puestos de avanzada en las riberas de los ríos Amur e Issuri, con China al otro lado de la corriente, mientras Jruschov decidía si dar o no una lección a Mao Tse Tung sobre la guerra con tanques.

Cayó Jruschov, Brezhnev subió al poder, la crisis amainó y Nikoláiev pudo abandonar felizmente los helados yermos de la frontera manchur para regresar a Moscú.

En 1968, durante la sublevación de Praga, mandó como general de división la que fue mejor unidad de toda la operación. Nikoláiev se ganó la imperecedera gratitud de las fuerzas aerotransportadas, las VDV, al sacar a una de sus unidades del atolladero. Una compañía demasiado exigua había sido cercada por los checos en el centro de Praga, y Nikoláiev dirigió personalmente una compañía de carros para sacarlos de la ciudad.

Estuvo cuatro años enseñando en la academia Frunze, de donde saldría una nueva generación de oficiales tanquistas que le adoraban, y en 1973 fue asesor de Siria en materia de combate con blindados. Era el año de la guerra del Yom Kippur. Aunque se suponía que debía estar en la sombra, conocía tan bien los tanques soviéticos que él mismo planeó y organizó un ataque contra la Séptima Brigada Acorazada israelí en los Altos del Golán. Los sirios no pudieron con los israelíes, pero las tácticas fueron brillantes. La Séptima Acorazada sobrevivió, pero temporalmente los sirios los mantuvieron a raya; resultó ser una de las raras ocasiones en que los tanques árabes les dieron algún problema.

Después de lo de Siria fue invitado a formar parte del Estado Mayor para organizar operaciones contra la OTAN. Luego, en 1979, Afganistán. Nikoláiev tenía cincuenta y tres años cuando se le ofreció el mando del 40º Ejército. Aquello supuso su ascenso de teniente general a coronel general.

Nikoláiev estudió los planos, estudió el terreno, estudió a la gente del lugar y escribió un informe diciendo que la ocupación sería una sangría, que no tenía sentido y que crearía un Vietnam soviético. Era la segunda vez que hacía enfurecer a Andrópov. Lo mandaron de nuevo a la soledad: instrucción de reclutas. Los generales que fueron a Afganistán consiguieron sus medallas y su gloria... temporalmente. También consiguieron millares de cadáveres soviéticos.

—Esto es una basura. No me creo una palabra.

El viejo general lanzó el documento al regazo de Monk.

—Tiene usted agallas, yanqui. Se atreve a irrumpir en mi país, en mi propia casa... trata de llenarme la cabeza de embustes perniciosos...

—Dígame, general, ¿qué opina de nosotros?

—¿Cómo nosotros?

—Sí, de los americanos, de los occidentales. Yo no voy por libre. Me han enviado. ¿Y por qué? Si Komárov fuese tan buena persona y un gran líder para el futuro, ¿qué coño podría importarnos a nosotros?

El viejo le miró a los ojos, no tanto sorprendido por el exabrupto, que había oído muchísimas veces, como por la vehemencia de aquel hombre.

—Sé que me he pasado la vida luchando contra ustedes.

—No, general, lo que hacía era oponerse a nosotros al servicio de regímenes políticos que han hecho cosas terribles...

—Éste es mi país. Cuidado con lo que dice.

Monk se inclinó para tocar el Manifiesto Negro:

—Ni Jruschov ni Brezhnev ni Andrópov, esto es diferente a todo...

—¡Si es que es verdad, americano! —exclamó el viejo militar—. Cualquiera podría haberlo escrito.

—Entonces lea esto. Es la historia veraz de cómo llegó a nuestro poder. Un viejo soldado dio la vida para sacarlo del país.

Entregó al general el informe de verificación y acto seguido le sirvió un generoso vaso de vodka. El viejo general lo apuró de un solo trago, al estilo ruso.

No fue hasta el verano de 1987 cuando alguien bajó de un estante el informe redactado por Nikoláiev en 1979, le quitó el polvo y se lo dio al ministro de Asuntos Exteriores. En enero de 1988 el ministro Edvard Shevardnadze dijo al mundo: «Nos retiramos.»

Nikoláiev recuperó por fin su grado de coronel general, para supervisar la retirada. El comandante en jefe del 40º Ejército era entonces el general Gromov, quien sin embargo hubo de acatar el plan global de Nikoláiev por orden de sus superiores. Sorprendentemente, el 40º Ejército consiguió salir sin apenas víctimas, pese a que los mujaidines les pisaban los talones.

La última columna soviética cruzó el puente de Amu Darya el 15 de febrero de 1989. Nikolai Nikoláiev cerró la marcha junto a sus hombres, cuando podía haber salido previamente en un avión del Estado Mayor. Viajó a solas en el asiento posterior de un jeep GAZ descubierto con el chófer delante. Nadie más. Era la primera vez que se retiraba. Se sentó bien erguido con su uniforme de campaña y sin charreteras que delataran su rango. Pero los hombres reconocieron su cabellera blanca y las puntas de su bigote erizado. Los soldados estaban hartos de Afganistán y se alegraban de volver a casa pese a la derrota. Al norte del puente empezaron a oírse vítores. Los soldados se acercaron al verle y salieron de los transportes blindados para aclamarlo. Entre ellos había hombres de las VDV aerotransportadas que sabían lo de Praga. Los camiones BMD eran conducidos en su mayoría por ex soldados de las divisiones acorazadas, y ellos también aplaudieron y le vitorearon. Él tenía entonces sesenta y tres años e iba hacia su retiro, una vida de clases, memorias y reuniones. Pero seguía siendo Tío Kolya y los estaba conduciendo a casa.

A lo largo de cuarenta y cinco años en las unidades acorazadas había hecho tres cosas que lo convirtieron en leyenda. Había prohibido las novatadas a los nuevos reclutas, causa de centenares de suicidios, en todas las unidades a su mando; los demás generales siguieron su ejemplo. Había bregado encarnizadamente con el *establishment* político para mejorar las condiciones de sus hombres. Y había insistido en la instrucción intensiva para que todas las unidades que mandaba, desde el pelotón a la división, fueran las mejores en el frente cuando llegara el momento de demostrarlo.

Gorbachov le concedió el rango de general del ejército y luego perdió el poder.

—¿Qué quiere de mí, americano?

El general dejó el informe de verificación y miró hacia la lumbre.

—Si todo esto es verdad, ese hombre es un canalla. ¿Y qué se supone que debo hacer yo? Soy viejo, llevo once años retirado, estoy fuera de combate...

—Ellos todavía existen —dijo Monk, poniéndose en pie y devolviendo los documentos a su maletín—. Son millones de veteranos. Algunos sirvieron a sus órdenes, otros le recuerdan, la mayoría ha oído hablar de usted. Le escucharán si usted les habla.

—Oiga, yanqui. Mi tierra ha sufrido más de lo que usted puede comprender. Esta patria mía está anegada en la sangre de sus hijos. Y ahora me viene con que nos espera algo peor. Lo lamento si es verdad, pero no puedo hacer nada.

—¿Y el ejército? Es el que se encarga de estas cosas. ¿Qué hay del ejército, su ejército?

—Ya no es mío.

—Es tan suyo como de cualquier otra persona.

—Es un ejército vencido.

—No, vencido no. Fue el régimen comunista el que perdió. No los soldados, sus soldados. Y ahora hay un hombre que quiere reconstruir el ejército. Pero para otros propósitos. Agresión, invasión, esclavitud, masacre...

—Nada me obliga a actuar.

—¿Tiene usted coche, general?

El hombre levantó la vista, sorprendido.

—Naturalmente. Uno pequeño. Me basta y me sobra.

—Vaya a Moscú. A los jardines Alexandrovsky, a la gran roca de granito rojo. Pregúnteles a sus hombres qué les gustaría que hiciese. No a mí. A ellos.

Monk se marchó. Al amanecer estaba en otro piso franco con sus guardaespaldas chechenos. Fue la noche en que Ciaran y Mitch volaron las prensas.

Entre las muchas instituciones históricas y arcanas que existen todavía en Gran Bretaña, pocas lo son más que el llamado College of Arms, cuya existencia se remonta al reinado de Ricardo III. Sus miembros más importantes son los *kings of arms* o reyes de armas, y los *heralds*.

En la Edad Media los heralds —heraldos— tuvieron como misión transmitir mensajes, como su nombre indica, entre los señores de la guerra al amparo de la bandera blanca. Entre una guerra y otra, su misión era muy distinta. En tiempos de paz era costumbre que los caballeros y los nobles se reunieran para celebrar guerras de mentirijillas en torneos y justas. Como los caballeros solían llevar armadura, a menudo con la visera bajada, los heraldos que tenían como tarea anunciar el siguiente torneo podían tener problemas para identificar al hombre oculto por el yelmo. Para solucionar el problema, los nobles llevaban un emblema en sus escudos. De este modo el heraldo, al ver un escudo con el signo del oso sabía que el *earl* de Warwick estaba metido allí dentro. Los heraldos se convirtieron así en expertos y árbitros del quién es quién y, lo más importante, de quién tenía derecho a llamarse qué cosa. Podían rastrear los árboles genealógicos de la aristocracia hasta varias generaciones. No se trataba de mero esnobismo El título nobiliario venía acompañado de fincas, castillos, granjas y señoríos. El equivalente moderno podría ser demostrar la propiedad legal de las acciones mayoritarias de General Motors. Ello llevaba implícito una gran riqueza y un inmenso poder. Como los nobles solían dejar a su muerte una manada de descendientes, algunos legítimos y muchos no, era normal que se produjeran disputas sobre quién era el legítimo heredero, disputas que a menudo terminaban en guerra. Los heraldos, como conservadores del archivo, eran los árbitros que decidían en materia de alcurnia y sobre quién tenía o no derecho «a portar armas», entendiendo por ello un escudo de armas donde se describía la estirpe en lenguaje pictórico.

Hoy día, el College of Arms sigue siendo el árbitro de estas rivalidades, inventa escudos de armas para el banquero o el industrial recién «ennoblecido» y, por una módica cantidad, traza el árbol genalógico de cualquier persona hasta donde alcanzan los registros.

Lógicamente, los heraldos son académicos empapados en esa extraña ciencia con su lengua y sus emblemas franco-normandos, el dominio de los cuales requiere muchos años de estudio. Algunos se especializan en estirpes de la nobleza europea, vinculada a la aristocracia británica por los matrimonios entre miembros de una misma familia.

Investigando discreta pero diligentemente, sir Nigel Irvine averiguó que había un experto mundial en la dinastía rusa de los Romanov. Se decía del doctor Lancelot Probyn que sabía más cosas sobre los Romanov de las que éstos habían sabido nunca. Tras presentarse por teléfono como un diplomático retirado que preparaba un estudio para el Foreign Office sobre posibles tendencias monárquicas en Rusia, sir Nigel le invitó a tomar el té en el Ritz.

El doctor Probyn resultó ser un hombre bajo y amable que hablaba de su especialidad con buen humor y ninguna pomposidad.

—Me pregunto —dijo el viejo jefe de espías cuando llegaron los emparedados de pepino con el Earl Grey— si se podría contemplar el asunto de la sucesión de los Romanov.

El cargo de Clarenceux King of Arms, para dar a Probyn su glorioso título, no está muy bien pagado, y el doctor no estaba habituado a tomar el té en el Ritz. Su actitud hacia los emparedados fue de verdadera aplicación.

—Verá, el linaje de los Romanov sólo es mi afición, no mi verdadero trabajo.

—No obstante, tengo entendido que es usted una gran autoridad en la materia.

—Muy amable de su parte. ¿Cómo puedo ayudarle?

—¿Qué hay de la sucesión? ¿Hay algo claro al respecto?

El doctor Probyn acabó con el último emparedado y miró las pastas con avidez.

—En absoluto. Es un auténtico embrollo. Los supervivientes de la vieja familia están muy desperdigados. Hay supuestos herederos por todas partes. ¿Por qué lo pregunta?

—Supongamos —dijo cautamente sir Nigel— que por alguna razón el pueblo ruso decidiera que desea restaurar la monarquía constitucional en la persona de un descendiente del zar.

—Permítame. —El doctor Probyn deslizó en su boca el último fragmento de una pasta de chocolate y tomó un sorbo de té—. Buenas pastas —dijo.

—Me alegro.

—Bien, en el muy improbable supuesto de que eso llegara a suceder, creo que tendrían un problema. Como usted sabe, el zar Nicolás, junto con la zarina Alexandra y sus cinco hijos, fue ajusticiado en Yekaterimburgo en 1918. Con ello se cerraba la línea directa. Todos los pretendientes actuales son de línea indirecta, algunos de los cuales se remontan al abuelo de Nicolás.

—Así que no hay nadie que pueda reclamar la herencia de manera irrebatible.

—Exacto. Podría darle una explicación más detallada en mi despacho. Allí tengo todas las listas. Son realmente grandes, montones de nombres, hay ramas por todas partes.

—Pero en teoría, ¿podrían los rusos instituir de nuevo la monarquía?

—¿Está hablando en serio, sir Nigel?

—Bien, se trata sólo de una hipótesis.

—En ese caso todo es factible. Cualquier monarquía puede escoger convertirse en república expulsando al rey. O a la reina. Grecia lo hizo. Y cualquier república puede optar por instituir una monarquía constitucional. De modo que sí, existe esa posibilidad.

—Pero el problema sería el candidato, ¿no?

—Desde luego. El general Franco decidió crear una legislación que permitiera restaurar la monarquía en España después de su muerte. Eligió al nieto de Alfonso XIII, el príncipe Juan Carlos, el actual rey. Pero en ese caso no había otros pretendientes al trono. El linaje estaba claro.

—¿Hay contrademandas en la estirpe Romanov?

—Muchas.

—¿Alguien que destaque en especial?

—No se me ocurre. Tendría que estudiarlo detenidamente. Hace mucho que nadie me pregunta sobre esto.

—¿Le importaría hacerlo? —preguntó sir Nigel—. He de salir de viaje. ¿Qué le parece si nos vemos a mi regreso? Le telefonearé a su despacho.

En los tiempos en que el KGB era sólo una enorme organización de espionaje, represión y control, con un único presidente, sus tareas eran tan diversas que hubo que subdividirlo en directorios y departamentos. Entre ellos estaban el Octavo Directorio y el Decimosexto Directorio, ambos encargados de la vigilancia electrónica, la interceptación radiofónica, la intervención de teléfonos y el espionaje por satélite. Venían a ser el equivalente soviético de la Agencia de Seguridad Nacional y la Organización Nacional de Reconocimiento americanas, o del GCHQ británico (Cuartel General de Comunicaciones del Gobierno).

Para los veteranos del KGB como el presidente Andrópov, la obtención de información por vía electrónica era algo muy sofisticado y, como tal, difícilmente comprensible, pero al menos se le reconocía su importancia. En una sociedad donde la tecnología llevaba años de retraso respecto a Occidente salvo en cuestiones relacionadas con lo militar o el espionaje, las mejores y más modernas instalaciones iban siempre a parar al Octavo Directorio.

Después que Gorbachov decidiera demoler el monolítico KGB, el Octavo Directorio y el Decimosexto fueron amalgamados para convertirse en la Agencia Federal para Comunicación e Información del Gobierno, o FAPSI.

FAPSI contaba ya con los más avanzados ordenadores, los mejores matemáticos y criptoanalistas del país, y toda la tecnología de interceptación que se podía comprar con dinero. Tras la caída del comunismo, este excepcionalmente costoso departamento topó con un problema de primer orden: conseguir fondos.

Al introducirse las privatizaciones, FAPSI acudió literalmente al mercado libre en busca de capital. Ofrecía a los nuevos empresarios rusos la posibilidad de interceptar, esto es, robar, el tráfico comercial de sus rivales de dentro y fuera del país. Durante al menos cuatro años antes de 1999, una empresa comercial podía perfectamente contratar los servicios de ese departamento gubernamental para controlar los movimientos de un extranjero en Rusia, siempre y cuando dicho individuo hiciera una llamada telefónica, enviara un fax, telegrama o télex, o transmitiera mensajes por radio.

El coronel Anatoli Grishin calculaba que Jason Monk, allá donde estuviese, tendría que establecer algún tipo de comunicación con quienquiera lo hubiese enviado a Rusia. No podía hacerlo a través de su embajada, que estaba sometida a vigilancia, a menos que fuera por teléfono, en cuyo caso la llamada podía ser localizada tarde o temprano. Por consiguiente, razonaba Grishin, tenía que haber traído o conseguido en Moscú algún tipo de transmisor.

—En su lugar —dijo el científico de mayor rango en FAPSI, a quien Grishin había consultado por una tarifa sustanciosa—, yo utilizaría un ordenador. Los hombres de negocios lo hacen.

—¿Un ordenador capaz de transmitir y recibir mensajes? —preguntó el coronel.

—Naturalmente. Un ordenador puede hablar a un satélite, y vía satélite un ordenador puede hablar con otro ordenador. De eso se trata la autopista de la información, el internet.

—Debe de haber un tráfico inmenso.

—Así es. Pero nuestros ordenadores pueden hacerlo Es cuestión de filtrar. El noventa por ciento del tráfico informático es pura palabrería, un idiota hablando con otro. El nueve por ciento es comercial, empresas hablando de productos, precios, contratos, fechas de entrega. Y el uno por ciento restante es gubernamental.

—¿Hasta qué punto está codificado ese tráfico?

—Todo el gubernamental lo está, y la mitad del comercial. Pero podemos descifrar casi todo lo comercial.

—¿Dónde podría estar transmitiendo mi amigo americano?

El funcionario de FAPSI había pasado su vida laboral en el mundo de lo secreto y sabía que era mejor no pedir más detalles.

—Probablemente entre el tráfico comercial —dijo—. Del uno por ciento gubernamental conocemos la fuente. Tal vez no podríamos descifrarlo, pero sabemos que procede de tal o cual embajada, legación o consulado. ¿Su hombre está en alguno de éstos?

—No.

—Entonces seguro que utiliza satélites comerciales. Las máquinas del gobierno americano tienen como principal finalidad vigilarnos y escucharnos. También llevan tráfico diplomático. Pero ahora hay docenas y docenas de satélites comerciales; las empresas alquilan tiempo y se comunican con todas las sucursales distribuidas por el mundo.

—Creo que mi hombre está transmitiendo desde Moscú. Y recibiendo también.

—Lo último no nos ayuda mucho. Un mensaje transmitido por satélite sobre suelo ruso puede ser recibido desde Arkángel hasta Crimea. Es cuando transmite que podemos cazarlo.

—Entonces, Si una empresa comercial rusa le encargara encontrar al emisor, ¿podría usted hacerlo?

—Tal vez. Los honorarios serían elevados, según la cantidad de hombres y tiempo de ordenador asignados, y el número de horas al día que hubiera que mantener la vigilancia.

—Veinticuatro horas al día —dijo Grishin—, y todos los hombres que tenga a su disposición.

El hombre de FAPSI le miró. Eso significaba millones de dólares.

—¿De verdad?

—Hablo en serio.

—¿Quiere los mensajes?

—No; sólo la localización de quien los envía.

—Eso es más difícil. Si interceptamos el mensaje, podemos estudiarlo y emplear todo el tiempo necesario para descifrarlo. Pero el emisor sólo estará en línea durante un nanosegundo.

El día siguiente a la entrevista de Monk con el general Nikoláiev, FAPSI captó una cresta de eco. El contacto de Grishin llamó al coronel a la sede de la UFP.

—Ha estado conectado —dijo.

—¿Tiene el mensaje?

—Sí, y no es comercial. Está empleando un *one-time pad*. Es indescifrable.

—Vaya suerte —dijo Grishin—. ¿Desde dónde transmitía?

—Moscú.

—Fabuloso, un sitio muy pequeño. Necesito el edificio en concreto.

—Tenga paciencia. Creemos saber el satélite que ha utilizado. Probablemente es uno de los dos aparatos de InTelCor que nos sobrevuelan diariamente. Había uno en el horizonte a esa hora. Podemos concentrarnos en ellos a partir de ahora.

—Pues hágalo —dijo Grishin.

Monk había conseguido despistar durante seis días al ejército de vigilantes que Grishin había lanzado a las calles de Moscú. El jefe de seguridad de la UFP estaba anonadado. Aquel hombre tenía que comer. O estaba escondido en algún lugar muy pequeño y temía salir de allí, en cuyo caso era inofensivo; o andaba por ahí disfrazado haciéndose pasar por ruso, con lo cual no tardaría en descubrirse; o se había escabullido tras su único contacto con el patriarca ortodoxo. O bien le protegía alguien; alguien que le alimentaba, que le daba un sitio donde dormir, le paseaba, le disfrazaba, le guardaba. Pero ¿quién? Ése era el enigma que se le escapaba a Anatoli Grishin.

Sir Nigel Irvine voló a Moscú dos días después de hablar con el doctor Probyn en el Ritz. Iba acompañado de un intérprete, pues aunque había llegado a desenvolverse más o menos bien en ruso, lo tenía demasiado oxidado para utilizarlo en conversaciones delicadas.

El hombre que le acompañaba era el ex militar y experto en ruso, Brian Marks, sólo que éste llevaba ahora su verdadero pasaporte, a nombre de Brian Vincent.

Una vez en el aeropuerto moscovita, el funcionario del control de pasaportes comprobó los dos nombres en su ordenador, pero ninguno apareció como visitante reciente.

—¿Van juntos? —preguntó. Uno de los dos era claramente mayor que el otro, delgado, canoso y, según su pasaporte, de setenta y cinco años; el otro no llegaba a los cuarenta, vestía traje oscuro y parecía en buena forma física.

—Soy el intérprete del caballero —dijo Vincent.

Al funcionario de inmigración no le interesaban los problemas de los británicos con su idioma. Muchos empresarios necesitaban intérprete. Podían contratarse en las agencias de Moscú; pero había magnates que se traían intérprete propio. Era normal.

Se registraron en el National, el mismo hotel donde se había hospedado el pobre Jefferson. Esperando a sir Nigel y depositado allí veinticuatro horas antes por un hombre de tez olivácea que resultó ser checheno, había un sobre. Se lo entregaron junto con la llave de la habitación.

El sobre contenía un trozo de papel en blanco. Caso de haber sido interceptado o perdido, no habría pasado nada. Lo escrito no estaba en el papel, sino en el interior del sobre.

Una vez abierto el sobre en dos y plano sobre la mesa, Brian Vincent lo calentó ligeramente con una cerilla de la caja de cortesía que había sobre la mesita auxiliar. En marrón claro, empezaron a aparecer siete cifras, un número de teléfono particular Cuando lo hubo memorizado, sir Nigel ordenó a Vincent que quemara el papel y arrojara las cenizas al váter. Luego ambos cenaron en el hotel y esperaron a que fuesen las diez.

Contestó personalmente la llamada el patriarca Alexei II, pues era su teléfono privado, el que tenía sobre el escritorio. Muy pocas personas poseían ese número, y las conocía bien a todas.

—¿Sí? —dijo con cautela.

La voz que le habló no le resultaba conocida, hablaba ruso pero no era ruso.

—¿Patriarca Alexei?

—¿Quién es?

—No nos conocemos, Santidad. Sólo soy el intérprete del caballero que me acompaña. Hace unos días usted tuvo la bondad de recibir a un padre que venía de Londres.

—Lo recuerdo.

—Él dijo que vendría otro hombre para hablar de cosas muy importantes con usted. Lo tengo aquí a mi lado. Quiere saber si usted le recibirá.

—¿Ahora, esta noche?

—Es esencial hacerlo con la mayor prontitud, Santidad.

—¿Por qué?

—En Moscú hay personas que pueden reconocer a este caballero. Podría ser sometido a vigilancia. Necesitamos la máxima discreción.

—Muy bien. ¿Dónde están? —dijo tras unos instantes el nervioso prelado.

—A quince minutos en coche. Preparados para salir.

—Dentro de media hora, entonces.

Esta vez, prevenido, el guardia cosaco abrió la puerta de la calle sin preguntar y un excitado pero muy curioso padre Máxim condujo a los dos visitantes al estudio privado del patriarca. Sir Nigel había aprovechado la limusina ofrecida por el National, y le dijo al chófer que esperara allí.

Alexei II llevaba nuevamente una sotana gris claro con un sencillo pectoral pendiendo de una cadena al cuello. Saludó a los visitantes y les rogó que se sentaran.

—Permítame en primer lugar que me disculpe por tener que hablar a través de un intérprete, ya que lamentablemente mi ruso es insuficiente —dijo sir Nigel.

Vincent tradujo. El patriarca asintió con una sonrisa.

—Y yo, ay, no hablo inglés —contestó—. Ah, padre Máxim. Deje el café sobre la mesa, por favor. Ya nos serviremos. Puede retirarse.

Sir Nigel empezó por presentarse, aunque sin mencionar que en tiempos había sido un importante funcionario de inteligencia que luchó contra la URSS. Se limitó a decir que era un veterano del Servicio Exterior británico (era casi cierto), ahora retirado, pero que había sido convocado para estas negociaciones.

Sin nombrar el Consejo de Lincoln, Irvine explicó que el Manifiesto Negro había sido enseñado privadamente a hombres y mujeres de enorme influencia, los cuales en su totalidad habían quedado desconcertados tras su lectura.

—Tan desconcertados sin duda como usted, Santidad.

Alexei asintió lúgubremente.

—He venido, por tanto, para hacerle ver que la actual situación nos implica a todos, a las personas cabales de dentro y fuera de Rusia. En Inglaterra había un poeta que decía: «Ningún hombre es una isla; todos formamos parte del todo.» Si Rusia cayese de nuevo en las garras de un criminal, sería una tragedia para los occidentales, para el pueblo ruso y, sobre todo, para la Santa Iglesia.

—No dudo de sus palabras —dijo el patriarca—, pero la Iglesia no puede implicarse en la política.

—Abiertamente no. Sin embargo, sí debe luchar contra el mal. La Iglesia siempre está implicada cuando se trata de moral, ¿me equivoco?

—Claro que no.

—Y la Iglesia tiene derecho a buscar protección contra aquellos que querrían destruirla y destruir su misión en la tierra, ¿no es cierto?

—Sin duda.

—Así pues, la Iglesia puede exhortar a los fieles en contra de una línea de acción que favorecería el mal y la perjudicaría, ¿no?

—Si la Iglesia habla claramente contra Igor Komárov y él gana igualmente las elecciones, la Iglesia habrá cavado su propia tumba —dijo Alexei II—. Así es como lo verán los cien obispos, y votarían abrumadoramente por permanecer en silencio. No puedo hacer nada.

—Pero puede que haya otro camino —dijo sir Nigel. Durante unos minutos explicó a grandes rasgos una reforma constitucional que dejó al patriarca boquiabierto.

—No puede decirlo en serio, sir Nigel —dijo al cabo—. ¿Restaurar la monarquía, traer un nuevo zar? Imposible.

—Examinemos la situación —sugirió Irvine—. Sabemos que las alternativas que se le plantean a Rusia son muy poco prometedoras. De un lado está el caos, la desintegración, quién sabe si una guerra civil al estilo de Yugoslavia. No habrá prosperidad sin estabilidad. Rusia parece un barco en plena galerna sin ancla ni timón. No tardará en irse a pique, partidas las cuadernas, ahogada la tripulación.

»Del otro tenemos la dictadura, una tiranía terrible en nada parecida a las que el doliente pueblo ruso ha tenido que sufrir a lo largo de su historia. ¿Qué alternativa escogería usted?

—No puedo escoger —dijo el patriarca—, las dos son terribles.

—Entonces recuerde que un monarca constitucional es siempre un baluarte contra el despotismo del tirano. Son incompatibles: o rey o tirano. Todas las naciones necesitan un símbolo al que adherirse cuando los tiempos van mal, un símbolo que pueda unirlos más allá de fronteras lingüísticas o de clan. Komárov se está erigiendo en ese símbolo, ese icono nacional. Nadie votará contra él y a favor del vacío. Hace falta un icono alternativo.

—Pero predicar la restauración... —replicó el patriarca.

—No estaría predicando contra Komárov, que es lo que usted teme hacer —argumentó el inglés—. Sería predicar la estabilidad, un icono que está por encima de la política. Komárov no podría acusarlo de meterse en política, de estar contra él, aunque privadamente pudiera sospechar lo que se esconde detrás. Y luego están los otros factores...

Diestramente, Nigel Irvine fue tentando al patriarca. La unión de Iglesia y trono, la restauración completa de la Iglesia ortodoxa en toda su pompa, el retorno del patriarca de Moscú y de Todas las Rusias a su palacio dentro del Kremlin, la reanudación de créditos por parte de Occidente a medida que volviera la estabilidad.

—Lo que me dice tiene mucha lógica —dijo Alexei II cuando lo hubo pensado—. Pero yo he leído el Manifiesto Negro. Sé lo peor. Mis hermanos en Cristo, la asamblea de obispos, no han visto el documento y podrían mostrarse escépticos. Publíquelo, y media Rusia estaría incluso de acuerdo... No, sir Nigel, yo no tengo un concepto exagerado de mi rebaño.

—¿Y si fuera otro quien hablara? No una voz oficial sino una voz fuerte y persuasiva, con el tácito respaldo de su Santidad...

Se refería al rebelde padre Gregor Rusákov, a quien el patriarca había tenido el valor de darle autorización para predicar. El padre Rusákov había sido expulsado de joven de varios seminarios. Era demasiado inteligente para el gusto del KGB, y demasiado ardiente también. Así, se había retirado a un monasterio en Siberia y tomado las órdenes sagradas antes de convertirse en sacerdote ambulante, sin parroquia, predicando donde podía y escabulléndose de la policía secreta.

Lo atraparon, naturalmente, y lo condenaron a cinco años de trabajos por manifestaciones antisoviéticas. En el juicio rehusó utilizar los servicios del abogado del Estado, defendiéndose a sí mismo con tal brillantez que obligó a los jueces a reconocer que estaban violando la constitución.

Su liberación tras la amnistía para sacerdotes decretada por Gorbachov demostró que no había perdido un ápice de su ardor. Volvió a predicar pero también a fustigar a los obispos por su timidez y su corrupción, ofendiendo de tal manera a algunos que muchos acudieron al patriarca para rogarle que lo hiciera encerrar otra vez.

Vestido como un párroco corriente, Alexei II acudió a uno de sus mítines. «Ojalá —pensó mientras escuchaba sin ser reconocido entre la multitud—, pudiera poner todo ese fuego, toda esa pasión, toda esa oratoria al servicio de la Iglesia.» Porque el padre Gregor atraía a multitudes. Hablaba el lenguaje del pueblo, la sintaxis de los trabajadores. Podía salpicar su sermón del lenguaje carcelario aprendido en el campo de trabajo; podía hablar el lenguaje de los jóvenes, conocía los nombres de los ídolos de la música pop, sabía lo que le costaba a un ama de casa cuadrar las cuentas, sabía lo que el vodka podía hacer en personas con problemas. Con treinta y cinco años era célibe y asceta, pero sabía más de los pecados de la carne que lo que podían enseñarle en un seminario. Dos populares revistas juveniles lo habían propuesto incluso a sus lectores como *sex-symbol.*

De modo que Alexei no corrió a la milicia para pedir un arresto, sino que invitó a cenar a aquel contestatario empedernido en el monasterio Danilovsky, donde tomaron una cena frugal sentados a una mesa de madera. Alexei sirvió la cena y hablaron toda la noche. Alexei le expuso la tarea, la lenta reforma de una Iglesia que había hecho el juego demasiado tiempo a la dictadura, tratando de reencontrar su papel pastoral entre los ciento cuarenta millones de cristianos rusos. Al amanecer habían llegado a un pacto. El padre Gregor accedió a predicar la búsqueda de Dios en casa y en el trabajo pero también el retorno a la Iglesia, por más defectuosa que ésta pudiera ser. La silenciosa mano del patriarca permitió un buen número de cosas. Una importante cadena de televisión cubría semanalmente los masivos mítines del padre Gregor, y de este modo sus sermones llegaban a millones de personas a las que no podría haberse dirigido en carne y hueso. Hacia el verano de 1999 el sacerdote era ya ampliamente considerado el mejor predicador de toda Rusia, incluido Igor Komárov.

El patriarca permaneció un rato en silencio.

—Hablaré con el padre Gregor sobre la vuelta del zar —dijo al fin.

15

El viento traía las primeras nieves a la plaza Slavyansky, como siempre a fines de noviembre, anunciando el frío cortante que no tardaría en llegar.

El rechoncho sacerdote inclinó la cabeza al viento y cruzó la verja exterior, el pequeño patio, y entró en la cálida atmósfera de Todos los Santos de Kulishki, que olía a incienso y ropa húmeda.

Una vez más fue observado por los ocupantes de un coche; cuando tuvieron la certeza de que nadie le seguía, el coronel Grishin entró en el templo.

—Me ha llamado —dijo el coronel, los dos de pie apartados de los pocos feligreses y fingiendo contemplar las pinturas murales.

—Anoche hubo una visita. De Inglaterra.

—De América, ¿no? ¿Está seguro que no era americano?

—Seguro, coronel. Poco después de las diez Su Santidad me dijo que recibiera a un caballero de Inglaterra y le dejara pasar. El hombre llegó con su intérprete, mucho más joven. Yo mismo los acompañé hasta el estudio. Luego les llevé una bandeja con café.

—¿Qué hablaron?

—Cuando yo estaba en la habitación, el inglés viejo estaba disculpándose por no hablar bien el ruso. El joven lo traducía todo. Luego el patriarca me dijo que dejase el café y me marchara.

—¿Escuchó detrás de la puerta?

—Lo intenté. Pero por lo visto el inglés joven había colgado su bufanda sobre el tirador. De este modo ni podía ver ni casi oír. Entonces apareció el cosaco haciendo su ronda, y tuve que irme de allí.

—Ese caballero inglés ¿mencionó su nombre?

—Mientras yo estaba allí, no. Quizá mientras preparaba el café. Por culpa de la bufanda no podía ver nada. Y lo que oí no parecía tener sentido.

—Oigámoslo, padre.

—El patriarca sólo alzó la voz en una ocasión. Le oí decir: «¿Traer al zar?» Parecía muy asombrado. Luego bajaron la voz.

El coronel se quedó mirando las pinturas de la Madonna con el niño en brazos como si le hubieran dado un bofetón. Lo que acababa de oír podía no tener sentido para aquel cura imbécil, pero para él sí lo tenía.

Con un monarca constitucional como jefe de Estado no habría cargo de presidente. El jefe de Gobierno sería el primer ministro, líder del partido en el gobierno pero sujeto a la Duma. Eso estaba a años luz de la dictadura de partido único prevista por Igor Komárov.

—¿Su aspecto? —preguntó quedamente.

—De mediana estatura, pelo ralo, plateado, entre setenta y setenta y cinco años.

—¿No sabe de dónde venía?

—Bueno, fue diferente del americano. Llegó en coche y éste le esperó. Yo les acompañé hasta la salida. El vehículo seguía allí. No era un taxi sino una limusina. Anoté la matrícula cuando se marcharon.

Entregó un papelito al coronel.

—Bien hecho, padre Máxim. Esto no lo olvidaré.

Los detectives de Anatoli Grishin no tardaron mucho. Una llamada al Registro de Automóviles bastó para tener el número de matrícula en una hora; la limusina era propiedad del hotel National.

Kuznetsov, el jefe de propaganda, hizo de chico de los recados. Su casi perfecto inglés americano podía convencer a cualquier empleado ruso de que era realmente norteamericano. Se presentó en el National después del almuerzo y se dirigió al conserje.

—Hola, perdone, ¿habla usted inglés?

—Sí, señor. Lo hablo.

—Estupendo. Oiga, anoche estuve cenando en un restaurante no muy lejos de aquí y en la mesa de al lado había un caballero inglés. Nos pusimos a hablar. Cuando se fue, se dejó esto olvidado en la mesa. —Sacó un encendedor. Era de oro, caro, un Cartier.

El conserje se quedó pasmado.

—¿Sí, señor?

—Bueno, corrí tras él pero llegué demasiado tarde. Se había ido en coche... un Mercedes negro y largo. El portero del restaurante me dijo que podía ser de aquí. Conseguí anotar la matrícula...

Le entregó un trozo de papel.

—Pues sí, señor. Es de los nuestros. Disculpe un momento. —El conserje comprobó en sus libros el movimiento de la noche anterior.

—Debió de ser el señor Trubshaw. ¿Quiere que le entregue el encendedor?

—No hace falta. Lo dejaré en recepción y que ellos lo pongan en su casilla.

Con un alegre gesto de despedida, Kuznetsov se dirigió a la recepción. Guardó el encendedor en el bolsillo.

—Hola, qué tal. ¿Podría decirme el número de habitación del señor Trubshaw?

La chica rusa era guapa y morena y de vez en cuando hacía horas extras con norteamericanos. Enseñó su sonrisa y dijo:

—Un momento, señor.

Tecleó el nombre en el ordenador y meneó la cabeza.

—Lo siento. El señor Trubshaw y su compañero se han ido esta mañana.

—Vaya por Dios. Esperaba pillarle a tiempo. ¿Sabe si ha salido de Moscú?

La chica tecleó unas cifras.

—Sí, señor. Esta mañana le confirmamos el vuelo. Regresó a Londres en el avión del mediodía.

Kuznetsov no sabía exactamente para qué quería localizar el coronel Grishin al misterioso señor Trubshaw, pero a su vuelta informó de todo. Grishin utilizó a su contacto en la sección de visados del Ministerio del Interior. Los detalles le fueron enviados por fax, y la foto que acompañaba la solicitud a través de la embajada soviética en Kensington Palace Gardens le llegó por mensajero.

—Haga ampliar esta fotografía —le dijo a su subalterno.

La cara del caballero inglés no le sonaba de nada. Pero creía conocer a alguien a quien tal vez sí le sonara.

En un punto de la calle Tverskaya, donde la autopista de Minsk ha cambiado dos veces de nombre, está el gran Arco de la Victoria y a un lado la calle Maroseyka. Hay dos grandes bloques de pisos ocupados por antiguos miembros del KGB, pensionistas que viven de su retiro con ciertas comodidades. Entre ellos había en 1999 uno de los más formidables ex jefes de espías rusos, el general Yuri Drozdov. En el apogeo de la guerra fría Drozdov había dirigido todas las operaciones del KGB en la costa oriental de Estados Unidos, antes de ser requerido en Moscú para dirigir el ultrasecreto directorio de Ilegales. Los «ilegales» son espías que van a territorio enemigo sin cobertura diplomática, en calidad de empresarios, académicos o lo que sea, para dirigir a los elementos valiosos que han reclutado allí. Si un ilegal es descubierto, la consecuencia no es la expulsión del país sino el arresto y posterior juicio. Drozdov había organizado a los ilegales del KGB durante años.

Grishin había coincidido brevemente con Drozdov cuando éste, ya en su última época, había encabezado el reducido grupo que se ocupó de analizar la marea de información que Aldrich Ames les facilitaba. Y el coronel había sido el principal interrogador de los espías así delatados.

No se cayeron simpáticos. Drozdov prefería la sutileza y la habilidad a la fuerza bruta, mientras que Grishin, que no había salido de la URSS salvo para una breve y vergonzosa expedición a Berlín Este, desdeñaba a los del Primer Directorio que se habían «contagiado» de las maneras occidentales. No obstante, Drozdov accedió a recibirlo en su apartamento de la calle Maroseyka. Grishin le enseñó la foto ampliada.

—¿Le ha visto alguna vez? —preguntó.

Para su perplejidad, el viejo jefe de espías echó la cabeza atrás y lanzó una carcajada.

—¿Si le he visto? Personalmente no. Pero esa cara está grabada en la memoria de toda la gente de mi generación que alguna vez trabajó en Yazenevo. ¿No sabe quién es?

—Si lo supiera, no estaría aquí.

—Bien, pues le llamábamos el Zorro. Nigel Irvine. Dirigió operaciones contra nosotros en los años sesenta y setenta, y luego fue el jefe del SIS británico durante seis años.

—¿Un espía?

—Un maestro de espías, un director de espías —le corrigió Drozdov—, que no es lo mismo. Y uno de los mejores. ¿Por qué le interesa?

—Ayer estuvo en Moscú.

—No me diga. ¿Y para qué?

—No lo sé —mintió Grishin.

Drozdov se lo quedó mirando. No le creía.

—Bueno, ¿y qué tiene que ver con usted, si ya no trabaja en esto? Usted dirige a esos matones disfrazados de negro de Komárov, ¿no?

—Soy el jefe de Seguridad de la Unión de Fuerzas Patrióticas —precisó Grishin muy tieso.

—Que viene a ser lo mismo —murmuró el viejo general, acompañando a Grishin hacia la puerta.

»¡Si vuelve Irvine, dígale que se pase a tomar una copa! —le gritó al coronel cuando se iba. Luego murmuró «Gilipollas», y cerró la puerta.

Grishin advirtió a sus informadores en Inmigración que necesitaba saber si Nigel Irvine, o señor Trubshaw, intentaba visitar de nuevo Moscú.

Al día siguiente el general Nikolai Nikoláiev concedió una entrevista a *Izvestia*, el periódico de mayor tirada del país. Para *Izvestia*, la ocasión era una especie de exclusiva, puesto que el viejo militar nunca concedía entrevistas. En apariencia el motivo de la entrevista era el próximo septuagésimo cuarto aniversario del general, y empezaba con preguntas respecto a su salud. Nikoláiev se irguió en su silla con respaldo de piel en la sala privada del club de oficiales de la academia Frunze y le dijo al periodista que su salud era óptima.

—Aún conservo los dientes —espetó—. No necesito gafas y aún puedo andar más que un mequetrefe como usted.

El reportero, que tenía poco más de cuarenta años, le creyó. La fotógrafa, de unos veinticinco, le miró con temor reverencial. Había oído hablar a su abuelo de un joven oficial de tanques entrando en Berlín cincuenta y tantos años atrás.

La conversación derivó hacia el estado del país.

—Deplorable —soltó Tío Kolya—. Una calamidad.

—Imagino —apuntó el periodista— que votará usted a la UFP y a Igor Komárov en las próximas elecciones.

—A ése jamás —replicó el general—. Un hatajo de fascistas, eso es lo que son. No los quiero ver ni en fotografía.

—Es curioso —dijo el reportero—, yo habría pensado...

—Mire, joven, ni por un momento me he tragado esa bazofia de falso patriotismo que vende Komárov. Yo sé lo que es patriotismo, muchacho. He visto hombres desangrarse y morir por la patria. Uno acaba sabiendo distinguir, ¿no le parece? Ese Komárov no es un verdadero patriota, su programa es una auténtica mierda.

—Ya —dijo el periodista, que estaba totalmente perplejo—, pero es obvio que mucha gente piensa que sus proyectos para Rusia...

—¿A una carnicería le llama proyecto? —siseó Tío Kolya—. ¿Es que no hemos tenido ya suficientes matanzas en este país? Yo he pasado por todo eso y no quiero que se repita. Ese hombre es un fascista. Oiga, hijo, he luchado toda mi vida contra los fascistas. Luché en Kursk, en la operación Bagration, al otro lado del Vístula, hasta en el maldito búnquer... Un fascista es un fascista, aquí o en Alemania, y son todos unos... —Podría haber empleado cualquiera de las cuarenta palabras que en ruso designan los genitales, pero habiendo una mujer delante se contentó con decir *merzavtsi* (villanos).

—Pero ¿no cree que Rusia necesita una limpieza a fondo? —protestó el periodista sin entender nada.

—Oh, sí, hay inmundicia por todas partes. Pero en general no es mierda de las minorías étnicas, sino pura mierda autóctona rusa. ¿Qué me dice de los políticos corruptos y de los burócratas aliados con el hampa?

—Komárov dice que acabará con el gansgsterismo...

—Ese imbécil de Komárov está financiado por el hampa, ¿es que no lo ve? ¿De dónde cree que proviene todo su dinero? Con él en el poder este país será un juguete del hampa. Se lo digo yo, joven, nadie que haya vestido con orgullo el uniforme de este país debería encargar el cuidado de la Madre Patria a esos matones de negro de su guardia personal.

—¿Qué deberíamos hacer, entonces?

El viejo general cogió un ejemplar del periódico del día y señaló la última página.

—¿Vio ayer noche por la tele a este cura?

—¿El padre Gregor, el predicador? Pues no...

—Creo que él ha dado en el clavo. Y creo que nosotros hemos estado equivocados durante muchos años. Hay que recuperar a Dios y el zar.

La entrevista causó sensación, y no por lo que se decía en ella, sino por *quién* lo decía. El militar más respetado de Rusia había hecho una denuncia que iba a ser leída por todos los oficiales y soldados del país, y una gran parte de los veinte millones de veteranos.

La entrevista apareció también en el semanario *Nuestro Ejército*, el sucesor de *Bandera Roja*, que llegaba a todos los cuarteles de Rusia. Extractos de la misma fueron incluidos en los noticiarios de televisión y repetidos en las emisoras de radio. Después de aquello el viejo general declinó conceder más entrevistas.

En la casa del bulevar Kiselny Kuznetsov se enfrentó casi lloroso a un pétreo Igor Komárov.

—No lo entiendo, señor presidente, es que no lo entiendo... Si hay algún personaje en todo el país a quien yo habría supuesto partidario incondicional de la UFP y de usted mismo, ése era el general Nikoláiev.

Igor Komárov —y Anatoli Grishin, que estaba contemplando la nieve por la ventana— le oyó en absoluto silencio.

El jefe de propaganda regresó a su despacho para continuar llamando a los medios informativos a fin de intentar minimizar los perjuicios. No era tarea fácil. Era casi imposible desautorizar a Tío Kolya por senil, pues ése no era el caso. Su única defensa consistía en decir que el general no había entendido las cosas. Pero las preguntas sobre la financiación de la UFP eran cada vez más difíciles de sortear.

Habría sido providencial dedicar el número siguiente de *Despierta* y la edición mensual de *Patria* a hacer una reivindicación en toda regla de la postura del partido. Pero por desgracia ambas publicaciones habían sido silenciadas, y las nuevas prensas de *offset* sólo acababan de salir de Baltimore.

En el despacho del presidente el silencio fue interrumpido finalmente por el propio Komárov.

—Nikoláiev ha leído el Manifiesto Negro, ¿verdad?

—Así lo creo —dijo Grishin.

—Primero las prensas, luego las reuniones secretas con el patriarca, ahora esto... ¿Qué diablos está pasando?

—Nos están saboteando, señor presidente.

La voz de Komárov era engañosamente queda, demasiado. Pero su rostro estaba lívido y unos puntitos rojos brillaban en sus dos mejillas. Como el difunto secretario Akópov, Anatoli Grishin había presenciado también los violentos arrebatos del líder ultraderechista. Hasta él los temía. Cuando Komárov habló otra vez, su voz fue apenas un susurro.

—Cuento con usted, Anatoli, que se convertirá en el número dos de toda Rusia, para evitar que me saboteen. ¿Quién está orquestando todo esto?

—Un inglés llamado Irvine y un americano llamado Monk.

—¿Sólo dos? ¿Nadie más?

—Es obvio que tienen respaldo, señor presidente, y que poseen el manifiesto. Lo están enseñando por ahí.

Komárov se levantó de su mesa, cogió una pesada regla cilíndrica de ébano y empezó a darse en la palma de la mano izquierda. Su voz fue subiendo de volumen.

—Pues encuéntrelos y suprímalos, Anatoli. Averigüe cuál es el siguiente paso, e impídalo. Ahora escuche con atención. El dieciséis de enero, dentro de sólo cinco semanas, ciento diez millones de votantes ejercerán su derecho de elegir nuevo presidente de Rusia. Y quiero que me voten a mí.

»Con una participación del setenta por ciento, habrá setenta y siete millones de votos. Yo quiero cuarenta. Necesito una victoria en la primera vuelta. Hace una semana podría haber calculado sesenta millones. Ese mierda de general me ha quitado ¡diez!

La palabra «diez» se elevó casi en un grito de ira. Komárov empezó a aporrear con la regla la superficie de su escritorio. De pronto se lanzó a despotricar enfurecido contra sus perseguidores, utilizando la regla para golpear su propio teléfono hasta que la baquelita se agrietó. Grishin permanecía rígido; en el pasillo se respiraba un silencio de muerte mientras el personal esperaba inmovilizado.

—¡Y ahora un cura poseso empieza a enredar las cosas clamando por el retorno del zar! ¡En esta tierra no habrá más zar que yo! ¡Y cuando yo gobierne todos sabrán lo que significa la palabra disciplina! ¡Iván el Terrible les parecerá un niño de pecho! —Mientras gritaba, seguía descargando la regla sobre el destrozado teléfono, contemplando los fragmentos del aparato como si fuera el mismísimo pueblo ruso desobediente, sometido al suplicio del *knut* en bien de la disciplina.

Al extinguirse el grito final de «niño de pecho», Komárov dejó la regla en su escritorio. Inspiró hondo varias veces y recuperó la compostura. Su voz se normalizó, pero sus manos temblaban de tal forma que hubo de apoyar los diez dedos sobre la mesa para sosegarlas.

—Esta noche daré un mitin en Vladimir, el mayor de toda la campaña —dijo—. Será radiado mañana a todo el país. A partir de ahí me dirigiré a la nación cada noche hasta el día de los comicios. El dinero está solucionado, de eso me encargo yo, y la publicidad es cosa de Kuznetsov. —Desde el escritorio extendió un brazo y apuntó con el índice hacia la cara de Grishin—. Su cometido, Anatoli Grishin, es sólo uno: ¡ponga fin al sabotaje! —exclamó.

Komárov se derrumbó en su sillón y movió la mano para despedir a Grishin. Éste, sin decir palabra, cruzó la alfombra hasta la puerta y salió del despacho.

En la época del comunismo había un único banco, el Narodny o Banco del Pueblo. Con la irrupción del capitalismo, los bancos surgieron como setas hasta que hubo más de ocho mil.

Muchos fueron efímeros y quebraron rápidamente, llevándose

en su caída el dinero de sus depositarios. Otros se evaporaban de la noche a la mañana con las mismas consecuencias. Los supervivientes aprendieron el negocio casi sobre la marcha y a base de intuición, pues la experiencia bancaria en un estado comunista era casi inexistente. Por otra parte, la banca no era una ocupación segura. En diez años más de cuatrocientos banqueros habían sido asesinados, normalmente por no ceder por completo a las exigencias de los gángsters de préstamos sin aval u otras formas de cooperación ilegal.

A finales de los años noventa el negocio había quedado reducido a unos cuatrocientos bancos más o menos fiables, y Occidente parecía dispuesto a hacer tratos con los cincuenta más importantes. La banca estaba centrada en San Petersburgo y principalmente en Moscú. En irónica imitación del crimen organizado, la banca se había aglutinado también, y los llamados Diez Mejores detentaban el 80 por ciento de los negocios. En algunos casos, el nivel de inversiones era tan elevado que solamente los consorcios formados por dos o tres bancos podían acometer la empresa.

Los principales bancos en el invierno de 1999 eran el Most Bank, el Smolensky y, sobre todo, el Moskovsky Federal. Y fue precisamente a la oficina central de éste adonde se dirigió Jason Monk en la primera semana de diciembre. El sistema de seguridad era parecido al de Fort Knox.

Dados los riesgos a que su oficio los exponía, los directores de los principales bancos tenían brigadas privadas de protección muy superiores a las de cualquier presidente norteamericano. Al menos tres habían hecho mudarse a sus familias a Londres, París y Viena respectivamente, y viajaban cada día a sus despachos en Moscú en reactores privados. Cuando estaban en Rusia, sus escoltas se contaban por centenares. Para proteger todas las sucursales se requerían miles de personas.

Conseguir una entrevista personal con el presidente del Moskovsky Federal sin una cita previa era, cuando menos, insólito. Pero Monk lo consiguió. Llevaba consigo algo igualmente insólito. Tras un cacheo a fondo y una inspección de su portafolios en la planta baja de la torre, se le permitió subir escoltado a la recepción de ejecutivos, tres plantas por debajo de la suite personal del presidente. Allí, la carta que traía fue examinada por un afable joven ruso que hablaba inglés a la perfección. Pidió a Monk que aguardara y traspuso una puerta de madera maciza que se abría mediante un código de teclado numérico. Dos guardias armados vigilaron a Monk mientras transcurrían los minutos. Para sorpresa de la recepcionista, el ayudante volvió y dijo a Monk que le siguiera. Cruzada la puerta fue registrado una vez más y sometido a un escáner electrónico mientras el afable ruso le pedía disculpas.

—Lo comprendo —dijo Monk—, son tiempos difíciles.

Dos plantas más arriba le hicieron pasar a otra antesala antes de entrar en el despacho privado de Leonid Grigorievich Bernstein.

La carta de Monk estaba sobre el cartapacio. El banquero era bajo y grueso, de pelo gris crespo, ojos penetrantes e inquisidores, y llevaba un exclusivo traje gris marengo de Savile Row. Se puso en pie y le tendió la mano a Monk. Luego le indicó que tomara asiento. Monk reparó en que el joven afable se había quedado al fondo de la habitación, con el inequívoco bulto bajo la axila izquierda. Tal vez hubiera estudiado en Oxford, pero Bernstein se había asegurado de que el joven completara sus estudios en Quantico.

El banquero señaló la carta.

—¿Cómo va todo en Londres? ¿Acaba usted de llegar, señor Monk?

—No; estoy aquí hace unos días.

La carta era de una elegante textura en tono crema, con las cinco flechas extendidas que traen a la memoria los cinco hijos originales de Mayer Amschel Rothschild de Frankfurt. El papel era absolutamente auténtico. Sólo la firma de sir Evelyn de Rothschild al pie del texto era falsificada. Pero es raro el banquero que no reciba a un emisario personal del presidente de N. M. Rothschild de St. Swithin's Lane.

—¿Sir Evelyn está bien? —preguntó Bernstein.

Monk pasó a hablar en ruso.

—Que yo sepa sí —dijo—, pero no es él quien ha firmado esta carta. —Oyó un leve roce detrás de él—. Y le agradecería que su amiguito no me metiera una bala en la nuca. No llevo chaleco antibalas y preferiría conservar la vida. Además no llevo encima nada peligroso y tampoco he venido a buscar problemas.

—¿Entonces a qué ha venido?

Monk le explicó los hechos a partir del 15 de julio.

—Tonterías —dijo Bernstein al fin—; en mi vida había oído tantas tonterías. Conozco a Komárov. Le conozco porque me conviene. Para mi gusto es demasiado derechista, pero si cree que insultar a los judíos es una novedad, entonces no sabe nada de Rusia. Todo el mundo lo hace, pero la gente necesita bancos.

—Una cosa son insultos, señor Bernstein, pero lo que traigo aquí augura mucho más que eso.

Bernstein lo miró con suspicacia.

—¿El manifiesto, lo tiene encima?

—Sí.

—Si Komárov y sus gorilas supieran dónde se encuentra, ¿qué cree que pasaría?

—Komárov me haría matar. Sus hombres me buscan por toda la ciudad.

—Tiene usted agallas...

—Acepté este trabajo porque después de leer el documento consideré que valía la pena.

Bernstein tendió una mano.

—Enséñemelo.

Monk le pasó primero el informe de verificación. El banquero estaba habituado a leer documentos complejos a gran velocidad. Lo terminó en diez minutos.

—Tres hombres, ¿eh?

—El viejo de la limpieza, el secretario Akópov que cometió la torpeza de dejárselo sobre el escritorio, y Jefferson, el periodista de quien Komárov creyó erróneamente que lo había leído.

Bernstein pulsó un botón de su interfono.

—Ludmilla, abre el archivo de noticias de agencia del mes de julio y primeros de agosto. A ver si los diarios locales publicaron algo sobre Akópov y un periodista inglés llamado Jefferson. Del primero comprueba también las necrológicas.

Miró la pantalla de su ordenador portátil mientras las microfichas iban apareciendo. Luego gruñó.

—Sí, están todos muertos. Y el próximo será usted, señor Monk, si le cazan.

—Procuraré que no sea así.

—Bien, ya que ha corrido el riesgo, echaré un vistazo a lo que el señor Komárov nos tiene preparado.

Extendió el brazo. Monk le entregó la carpeta negra. Bernstein empezó a leer. Leyó varias veces una página, volviendo a ella a medida que avanzaba en el texto. Sin levantar la vista, dijo:

—Déjenos solos, Ilya. No pasa nada, muchacho, márchese.

Monk oyó cerrarse la puerta. El banquero alzó finalmente la vista y miró a Monk.

—Esto no puede ir en serio.

—¿La exterminación completa? No sería la primera vez que alguien lo intenta.

—Oiga, en Rusia hay un millón de judíos.

—Lo sé. Y sólo el diez por ciento puede permitirse salir del país.

Bernstein se puso en pie y fue a la ventana orientada hacia los tejados blancos de Moscú. El cristal tenía un ligero tinte verdoso; era de doce centímetros de grosor y capaz de parar un proyectil anticarro.

—No me lo puedo creer.

—Nosotros pensamos que va en serio.

—¿Nosotros?

—Las personas que me han enviado, gente muy influyente pero temerosa de lo que pueda hacer ese hombre.

—¿Es usted judío, señor Monk?

—No, señor.

—Tiene suerte. Komárov ganará las elecciones, ¿no es cierto? Las encuestas lo dan como seguro.

—Las cosas podrían cambiar. El otro día fue denunciado por el general Nikoláiev. Eso podría traer consecuencias. Espero que la Iglesia ortodoxa intervenga de una forma u otra. Quizá se le pueda parar.

—La Iglesia, bah. Poco amiga de los judíos, señor Monk.

—Ya, pero Komárov también tiene planes para ella.

—Entonces ¿es una alianza lo que busca?

—Algo parecido. Iglesia, ejército, bancos, minorías étnicas. Todo ayuda. ¿Ha visto los reportajes sobre el cura itinerante, clamando por el regreso del zar?

—Sí. Bobadas, en mi opinión. Claro que mejor un zar que un nazi. ¿Qué quiere usted de mí, señor Monk?

—¿Yo? Nada. La decisión es suya. Usted es el presidente del consorcio de cuatro bancos que controla los dos canales independientes de televisión. ¿Tiene usted el Grumman en el aeropuerto?

—Sí.

—Sólo son dos horas de vuelo hasta Kiev.

—¿Por qué Kiev?

—Podría ir usted a Babi Yar.

Leonid Bernstein giró en redondo.

—Ya puede usted marcharse, señor Monk.

Monk recogió los dos documentos y los introdujo en el estrecho maletín de piel.

Sabía que se había pasado. Babi Yar es un barranco a las afueras de Kiev. Entre 1941 y 1943 cien mil civiles fueron ametrallados al borde de ese barranco y sus cadáveres cayeron en él. Había algunos comisarios y oficiales comunistas, pero el 99 por ciento eran judíos de Ucrania. Monk estaba ya en la puerta cuando Bernstein habló de nuevo.

—¿Conoce Baby Yar, señor Monk?

—No.

—¿Y qué ha oído decir?

—Que es un lugar desolador.

—Yo sí he estado en Babi Yar. Es un lugar terrible. Buenos días, señor Monk.

La oficina del doctor Lancelot Probyn en el College of Arms de Queen Victoria Street era pequeña y desordenada. Todos los espacios horizontales estaban ocupados por montones de papeles que no parecían responder a orden alguno pero que probablemente sí lo tenían para el genealogista.

Al entrar sir Nigel Irvine, el doctor Probyn se puso en pie de un brinco, lanzó al suelo toda la casa de Grimaldi y rogó a su invitado que se instalara en la silla de ese modo desocupada.

—Bueno, ¿cómo tenemos la sucesión? —preguntó Irvine.

—¿Al trono de los Romanov? No muy bien, tal como yo suponía. Hay uno que podría reclamarlo pero no quiere, otro que va detrás de ello pero que está excluido, y luego un norteamericano a quien no se ha consultado pero que de todas formas no tiene posibilidades.

—Caramba, sí que están mal las cosas —dijo Irvine.

Al doctor le brillaban los ojos. Se notaba que estaba en su elemento, en su universo de linajes y matrimonios entre parientes.

—Empecemos por los fraudes —dijo—. ¿Se acuerda de Anna Andersen? Aquella mujer que toda su vida aseguró ser la gran duquesa Anastasia, superviviente de la masacre de Yekaterimburgo. Todo mentiras. Ha muerto, pero las pruebas de ADN han demostrado por fin que era una impostora.

»Hace unos años murió otro pretendiente en Madrid, el autoproclamado gran duque Alexei. Resultó un timador de Luxemburgo. Eso nos deja con tres candidatos que la prensa menciona de vez en cuando, y casi siempre con escasa precisión. ¿Ha oído hablar del príncipe Georgi?

—Pues no.

—Bien, no importa. Se trata de un muchacho a quien su ambiciosa madre, la gran duquesa María, ha ido vendiendo por toda Europa y Rusia durante años. Ella es hija del difunto gran duque Vladimir.

»El propio Vladimir podría haber reclamado el trono como tataranieto de un emperador reinante, aunque no habría tenido fuerza pues su madre no pertenecía a la Iglesia ortodoxa en el momento de nacer él, lo cual es una de las condiciones.

»En fin, su hija María no podía ser elegida sucesora de Vladimir, aun cuando éste no dejó de afirmar lo contrario. La ley paulina, sabe usted.

—Refrésqueme la memoria.

—La promulgó el zar Pablo I. La sucesión, salvo en circunstancias excepcionales, sólo es por línea masculina. Las hijas no cuentan. Todo muy sexista, pero así era y sigue siendo. La gran duquesa María es en realidad princesa María, y su hijo Georgi no pertenece a la estirpe. La ley paulina especificaba asimismo que tampoco cuentan los hijos varones de las hijas. Así que no tienen derecho a reclamar nada.

—Ha mencionado usted un norteamericano...

—Es una historia realmente extraña. Antes de la revolución el zar Nicolás tuvo un tío, el gran duque Pablo, hermano menor de su padre. Al llegar al poder, los bolcheviques asesinaron al zar, a su hermano y a su tío Pablo. Pero éste tenía un hijo, primo del zar. Por casualidad este jovencito, el gran duque Dimitri, había estado envuelto en el asesinato de Rasputín. Debido a ello se encontraba exiliado en Siberia y eso le salvó la vida. Huyó a Shanghai y luego a América.

—No lo sabía —dijo Irvine—. Prosiga.

—Pues bien, Dimitri se casó y tuvo un hijo, Pablo, que sirvió como mayor del ejército norteamericano en Corea. Él se casó a su vez y tuvo dos hijos varones.

—Yo diría que es una línea bastante directa. ¿Me está sugiriendo que el verdadero heredero podría ser norteamericano? —preguntó Irvine.

—Hay quienes lo piensan, pero se engañan —dijo Probyn—. Verá, Dimitri se casó con una plebeya norteamericana, y su hijo Paul hizo otro tanto. Según la regla 188 de la casa imperial, no puedes desposar a alguien de rango inferior y esperar que tu descendencia te suceda. Esta norma sufrió después ciertas modificaciones, pero sin incluir los grandes duques. Así pues, el matrimonio de Dimitri fue morganático. El hijo que luchó en Corea no puede sucederle y tampoco los dos nietos por un segundo matrimonio con una plebeya.

—O sea que no cuentan.

—Eso creo. En realidad, tampoco es que hayan mostrado demasiado interés. Viven en Florida, creo.

—¿Quién nos queda, entonces?

—El último candidato, el que por línea de sangre puede tener más fuerza. El príncipe Semyon Romanov.

—¿Pariente del zar asesinado? ¿No hay hijas ni plebeyas de por medio? —preguntó Irvine.

—Exacto, pero tenemos que remontarnos mucho tiempo atrás. Imagine cuatro zares. Nicolás II sucedió a su padre Alejandro III. Éste sucedió a su padre Alejandro II cuyo padre era Nicolás I. Ahora bien, Nicolás I tuvo un segundo hijo, el gran duque Nicolás que, naturalmente, no llegó a zar. El hijo de éste fue Pedro, el de Pedro fue Cirilo, y el de éste Semyon.

—Veamos, desde el zar asesinado hay que volver tres generaciones atrás hasta el bisabuelo, luego a un hijo menor y después cuatro generaciones hacia adelante para llegar a Semyon.

—Exacto.

—Es como estirar una media, doctor Probyn.

—En cierto modo así es, pero esa misma impresión le daría cualquier árbol genealógico. Técnicamente es lo más cerca que podemos llegar de la línea directa. Sin embargo, esto es sólo sobre el papel. Existen ciertas dificultades de orden práctico.

—¿Por ejemplo?

—Para empezar, Semyon tiene más de setenta años. Aunque llegara al trono, no duraría mucho tiempo. Segundo, no tiene hijos, de modo que su linaje moriría con él y Rusia volvería al punto de partida. Tercero, él ha dicho repetidas veces que no le interesa y que renunciaría al cargo aunque se lo ofrecieran.

—De poco nos sirve —admitió sir Nigel.

—Hay más. Siempre ha sido un poco calavera, le gustan los coches rápidos, ir a la Riviera y tener líos con chicas jóvenes, por lo general sirvientas. Eso ha arrojado tres matrimonios rotos. Y lo peor es que, según he oído decir, hace trampas al backgammon.

—Santo Dios. —Sir Nigel se sintió desconcertado. Tirarse a la servidumbre podía pasar, pero hacer trampas al backgammon...—. ¿Dónde vive Semyon?

—En Normandía. Tiene una granja con manzanos para elaborar calvados.

Irvine reflexionó. El doctor Probyn le observó compasivamente.

—Semyon ha declarado públicamente que renuncia a tener parte en la restauración de la monarquía, ¿equivale eso a una renuncia legal?

El doctor Probyn resopló.

—Yo diría que sí. A menos que llegara a plantearse realmente una restauración. Entonces quizá opinaría otra cosa. Imagine la de coches y muchachas que podría tener a su alcance.

—Pero sin Semyon, ¿qué más da? Cuál es el quid de la cuestión, por usar la frasecita.

—Mi querido amigo, el quid de la cuestión es que, si el pueblo ruso quiere, puede escoger como monarca a quien le dé la gana. Así de sencillo.

—¿Existen precedentes de elegir a un extranjero?

—En abundancia. Mire, los ingleses lo hemos hecho en tres ocasiones. Cuando Isabel I murió soltera, si no virgen, invitamos a Jaime VI de Escocia a convertirse en Jaime I de Inglaterra. Tres reyes más tarde, expulsamos a Jaime II e invitamos al holandés Guillermo de Orange a que tomara posesión del trono. Al morir la reina Ana sin descendencia, le pedimos a George de Hanover que viniera como Jorge I. Y eso que apenas hablaba una palabra de inglés.

—¿Los del continente han hecho lo mismo?

—Desde luego. Los griegos dos veces. En 1833, tras liberarse del yugo turco invitaron a Otto de Baviera a ser rey de Grecia. Como no valía gran cosa, lo derrocaron en 1862 y pidieron al príncipe Guillermo de Dinamarca que ocupara el trono. Se convirtió en Jorge I de Grecia. Luego, en 1924 proclamaron la república, restauraron la monarquía en 1935 y finalmente volvieron a abolirla en 1973. Parece que no se aclaran.

»Hará unos doscientos años los desesperanzados suecos decidieron invitar al napoleónico general Bernadotte a que fuera su soberano. La cosa les salió bastante bien, todavía tienen allí a sus descendientes.

»Por último, en 1905 el príncipe Carlos de Dinamarca aceptó convertirse en Haakon VII de Noruega, y sus descendientes también siguen. Si necesita un monarca para un trono vacío, no descarte seleccionar un buen intruso antes que a un aborigen inepto.

Sir Nigel volvió a quedarse en silencio, pensativo. El doctor Probyn había llegado ya a la conclusión de que sus gestiones no eran del todo académicas.

—¿Puedo hacerle una pregunta? —dijo el heraldo.

—Adelante.

—Si el asunto de la restauración llegara a darse en Rusia, ¿cuál sería la reacción de Estados Unidos? Quiero decir, ellos controlan los dólares, son la única superpotencia que queda.

—Los americanos son tradicionalmente antimonárquicos —reconoció Irvine—, pero no son tontos. En 1913 Estados Unidos fue crucial a la hora de exiliar al kaiser alemán. Eso condujo a un caótico vacío de poder en la república de Weimar, vacío que vino a ocupar Adolf Hitler con los resultados ya conocidos. En 1945 el Tío Sam no quiso acabar con la casa imperial nipona. ¿Resultado? Durante cincuenta años Japón ha sido la democracia más estable de Asia, un país anticomunista y amigo de América. Creo que Washington aceptaría que los rusos decidieran ir por esa vía, son ellos quienes tienen la palabra.

—Pero habría de ser una decisión de todo el pueblo ruso. ¿Un plebiscito?

Sir Nigel asintió con la cabeza.

—Creo que sí. No sería suficiente con la Duma, existen demasiadas acusaciones de corrupción. Tendría que ser una decisión a nivel nacional.

—¿En quién está pensando, pues?

—Ahí está el problema, doctor Probyn. En nadie. Por lo que usted me ha dicho, un *playboy* o un pretendiente ambulante no servirían. Mire, examinemos qué características debería reunir un zar. ¿Le importa?

Los ojos del heraldo centellearon.

—Eso es mucho más divertido que mi trabajo. Vamos a ver: edad.

—¿Entre cuarenta y sesenta años? No es cometido para adolescentes ni para ancianos. Maduro, pero no de la tercera edad. ¿Qué más?

—Tiene que haber nacido príncipe de una casa reinante, y comportarse como tal —dijo Probyn.

—¿Una casa real europea?

—Por supuesto. No creo que los rusos acepten a un africano, un árabe o un asiático.

—No. Entonces caucásico.

—Debería tener un hijo legítimo vivo y ambos tendrían que convertirse a la Iglesia ortodoxa.

—Eso no es imposible, doctor.

—Pero sí endiabladamente difícil —dijo Probyn—. Su madre debería haber sido miembro de la Iglesia ortodoxa en el momento de dar a luz.

—Bien. ¿Algo más?

—Sangre real en ambas partes de su parentesco, y preferiblemente ruso al menos por una de las ramas...

—Y además oficial o ex oficial del ejército. El respaldo del cuerpo de oficiales ruso sería vital. No sé qué pensarían de un jurado de cuentas.

—Olvida usted una cosa —dijo Probyn—. Debería hablar correctamente el ruso. Jorge I llegó hablando únicamente alemán, y Bernadotte sólo hablaba francés. Pero esa época ha quedado atrás. Hoy en día un monarca debe poder hablar a su pueblo. Los rusos difícilmente aceptarían discursos en italiano.

Sir Nigel se levantó y sacó un trozo de papel del bolsillo de su chaqueta. Era un suculento cheque.

—Oiga, esto es mucho dinero...

—Estoy seguro de que el College tiene sus gastos, querido doctor Probyn. Mire, ¿puede hacerme un favor?

—Si está en mi mano.

—Eche un vistazo por ahí. Repase las casas reales de Europa. A ver si hay algún hombre que encaje en el modelo que necesitamos.

Ocho kilómetros al norte del Kremlin, en el suburbio de Kashenkin Lug, está emplazado el complejo de televisión desde donde son transmitidos todos los programas de alcance nacional. A cada lado de la avenida Akademika Koroleva se encuentran el Centro de Televisión Nacional y el Centro de Televisión Internacional. Unos trescientos metros más allá la aguja de la torre de Ostankino se eleva hacia el cielo; es el punto más alto de la capital. La televisión estatal, en su mayor parte bajo control del gobierno, es emitida desde aquí, así como los dos canales independientes o comerciales de televisión que incluyen publicidad para financiarse. Los edificios están compartidos, pero en diferentes niveles.

Boris Kuznetsov llegó en uno de los Mercedes con chófer de la UFP. Llevaba consigo el vídeo del impresionante mitin que Igor Komárov había protagonizado en Vladimir dos días atrás.

Grabado y editado por el joven y genial director Litvínov, había aparecido como un triunfo. Ante una multitud entregada, el líder de la UFP había denostado al predicador itinerante que clamaba por el retorno a Dios y el zar, y tratado con sarcasmo las declaraciones del viejo general.

—¡Hombres del ayer con esperanzas del ayer —exclamaba Komárov ante sus partidarios—, pero vosotros y yo, amigos míos, debemos pensar en el mañana, pues el mañana nos pertenece!

Al mitin habían asistido cinco mil personas, triplicadas por la hábil realización de Litvínov. Pero emitido a toda la nación, pese a lo caro que resultaba comprar una hora de máxima audiencia, el mitin no llegaría sólo a cinco mil rusos sino a un tercio del país.

Kuznetsov fue conducido directamente al despacho del jefe de programación de la mayor cadena comercial, un hombre de quien era amigo personal y que era partidario de Komárov y la UFP. Kuznetsov dejó el vídeo sobre el escritorio de Anton Gurov.

—Fue maravilloso —dijo entusiasmado—. Yo estuve presente. Te va a encantar.

Gurov jugueteaba con su bolígrafo.

—Y aún tengo mejores noticias para ti —prosiguió Kuznetsov—. Un importante contrato, dinero fresco. El presidente Komárov desea dirigirse cada noche a la nación desde ahora hasta el día de las elecciones. Piénsalo, Anton, el mejor contrato comercial que esta cadena haya conseguido jamás. Eso te haría sumar puntos, ¿eh?

—Boris, me alegro de que hayas venido personalmente. Me temo que ha surgido una dificultad.

—Oh, si es algo técnico sin duda lo resolverás, ¿no?

—No es exactamente técnico. Mira, tú sabes que yo apoyo a Kómarov incondicionalmente, ¿de acuerdo?

Como planificador de programas de televisión, Gurov sabía exactamente qué papel jugaba la cobertura informativa de ese medio, el más persuasivo de toda sociedad moderna, en la fase previa de unas elecciones.

Sólo Gran Bretaña, con la BBC, seguía intentando una cobertura política imparcial. En los demás países de Occidente y Europa del Este, los gobiernos venían utilizando sus televisiones públicas para apoyar el régimen en el poder.

En Rusia, la red de televisión estatal había llevado a cabo una extensa cobertura de la campaña del presidente en funciones Iván Markov, mientras que sólo mencionaba de pasada a los otros dos candidatos.

Esos dos candidatos, descolgados ya los de menor peso, eran Guennadi Ziugánov por la neocomunista Unión Socialista e Igor Komárov por la Unión de Fuerzas Patrióticas.

El primero estaba teniendo problemas de financiación para su campaña; el segundo parecía disfrutar de una verdadera cornucopia de rublos. Con estos fondos Komárov había comprado publicidad al estilo norteamericano pagando tiempo de pantalla en los dos canales comerciales de televisión. Con ese sistema podía asegurarse de que no le cortaran, editaran ni censuraran. Gurov dedicaba espacios de máxima audiencia para las proyecciones completas de los discursos y mítines de Komárov. No era ningún tonto, y se daba cuenta de que si Komárov ganaba habría muchos despidos entre el personal de la televisión estatal. Aquellos que supieran estar en su lugar, se beneficiarían de traslados y ascensos.

Kuznetsov le miró perplejo. Algo andaba mal.

—El caso es, Boris, que ha habido una especie de cambio de política a nivel de junta. Yo no tengo nada que ver, entiéndeme. Sólo soy el chico de los recados. Esto viene de mucho más arriba.

—¿Qué cambio de política, Anton? ¿De qué estás hablando?

Gurov se rebulló incómodo en su sillón y maldijo al director general que le había endilgado aquella ingrata tarea.

—Probablemente sabrás que nosotros, como todas las grandes empresas, dependemos de los bancos. A la hora de la verdad, ellos son los que tienen la fuerza. Los bancos mandan. Normalmente nos dejan campo libre. Los ingresos son buenos. Pero... ahora nos han cerrado el grifo.

Kuznetsov estaba pasmado.

—Caramba, Anton, lo siento mucho. Debe de ser terrible para ti.

—Para mí no, Boris.

—Pero si la cadena está quebrando, si todo se ha torcido...

—Sí, bueno, parece que no es exactamente eso lo que dijeron. La emisora podrá sobrevivir, pero a cambio de pagar un precio.

—¿Un precio?

—Oye, Boris, esto no tiene nada que ver conmigo. Si por mí fuera, yo pondría a Igor Komárov las veinticuatro horas del día, pero...

—Pero ¿qué? Suéltalo de una vez.

—De acuerdo. Nuestra cadena no proyectará más discursos ni mítines de Komárov. Ésa es la orden.

Kuznetsov se puso en pie con el rostro enrojecido.

—¿Es que te has vuelto loco, coño? Recuerda que nosotros compramos ese tiempo, pagamos por él. Esto es una cadena comercial. No podéis rechazar nuestro dinero.

—Por lo visto, sí.

—Pero esto ya estaba pagado.

—Al parecer han devuelto el dinero.

—Iré a la competencia. No sois la única cadena comercial de esta ciudad. Yo siempre te había preferido a ti, Anton. Pero se acabó.

—Boris, los propietarios son los mismos bancos.

Kuznetsov se sentó. Le temblaban las piernas.

—¿Qué demonios está pasando?

—Sólo puedo decirte una cosa: alguien ha sido sobornado. Yo tampoco entiendo nada. Pero la junta así lo dictó ayer mismo. O dejamos de emitir al señor Komárov durante los próximos treinta días o los bancos se retiran.

Kuznetsov le miró.

—Teníamos contratado mucho tiempo de pantalla. ¿Qué vas a emitir en su lugar? ¿Danzas cosacas?

—No; eso es lo más extraño. La cadena hará la cobertura de los mítines del cura ese.

—¿Qué cura?

—El predicador. Ese que sermonea sobre el retorno a Dios.

—Dios y el zar... —murmuró Kuznetsov.

—Eso.

—El padre Gregor.

—El mismo. Yo no lo entiendo, pero...

—Estáis locos. Ese tipo no tiene un rublo en el bolsillo.

—A eso iba. El dinero ya ha sido ingresado. Así que lo sacaremos en las noticias y en el espacio de hechos y sucesos. Ese cura tiene un programa increíble. ¿Quieres verlo?

—No, no me interesa el programa de ese palurdo.

Dicho esto, Kuznetsov se marchó hecho una furia. No tenía la menor idea de cómo iba a darle la noticia a su jefe. Pero la sospecha que había albergado durante tres semanas acababa de convertirse en certeza absoluta. Kómarov y Grishin habían intercambiado miradas al comunicarles él lo de las prensas y luego lo del general Nikoláiev. Ellos sabían algo que él ignoraba. Pero una cosa sí sabía; algo estaba yendo catastróficamente mal.

Aquella noche en el otro extremo de Europa, sir Nigel Irvine vio interrumpida su cena. El camarero del club le pasó el teléfono.

—El doctor Probyn, sir Nigel.

La aflautada voz del heraldo le llegó desde su despacho:

—Creo que tengo a su hombre.

—¿Mañana a las diez en su despacho? Estupendo.

Irvine devolvió el teléfono al camarero, que esperaba de pie.

—Creo que esto merece un oporto, Trubshaw. El más añejo del club, por favor.

16

Como otros muchos cuerpos de policía, la milicia rusa tiene dos ramificaciones: por un lado la policía federal; por el otro la policía local, estatal o regional. En Rusia las regiones o comarcas se denominan *oblasts*, de las cuales la más extensa es la de Moscú, un territorio que comprende toda la capital de la República Federal más el campo circundante. Viene a ser como el Distrito de Columbia pero añadiendo un tercio de Virginia y otro tercio de Maryland.[1]

De ahí que Moscú albergue, aunque en diferentes edificios, tanto la milicia federal como la milicia de Moscú. A diferencia de lo que ocurre en Occidente, el Ministerio del Interior ruso tiene también a su disposición un ejército de ciento treinta mil soldados armados y pertrechados.

Poco después de la caída del comunismo, la epidemia de crimen organizado fue tan manifiesta, generalizada y escandalosa que Boris Yeltsin se vio forzado a ordenar la formación de divisiones en las policías federal y de Moscú Oblast a fin de poner freno a la mafia.

La tarea de los federales consistía en luchar contra el crimen en toda la nación, pero dado que la mafia estaba concentrada en Moscú —dedicada sobre todo a delitos de tipo económico— el Departamento Contra el Crimen Organizado de Moscú, GUVD, acabó siendo casi tan grande como su homólogo federal.

El GUVD había tenido éxitos moderados hasta mediados los noventa, cuando su jefatura fue asumida por el general de policía Valentin Petrovsky, quien se convertía así en el general de mayor graduación del cuerpo colegiado que dirigía el departamento.

Petrovsky venía destinado de la ciudad industrial de Nizny Novgorod, donde se había granjeado fama de hombre duro e insobornable. Como un moderno Eliott Ness, heredaba una situación similar a la del Chicago de Al Capone. Pero, a diferencia del jefe de los Intocables, Petrovsky tenía más potencia de fuego y menos derechos civiles a tener en cuenta.

Empezó su reinado despidiendo a una docena de oficiales im-

1. Aproximadamente la extensión de Aragón. *(N. del T).*

portantes a los que calificó de «demasiado próximos» al tema en cuestión, esto es, el crimen organizado. «¡Demasiado próximos! —aulló el enlace del FBI en la embajada de Estados Unidos—. ¡Los tenían en la puta nómina!»

Petrovsky organizó después una serie de pruebas para ver quién aceptaba sobornos entre los principales inspectores. Los que respondieron mandando a paseo al sobornante consiguieron un ascenso y un aumento de sueldo. Cuando hubo reunido una fuerza operacional fiable y honesta, declaró la guerra al crimen organizado. Su brigada antibandas acabó siendo temida entre la gente del hampa, y Petrovsky fue apodado Molotok (martillo).

Como todo policía honrado, no siempre ganaba. El cáncer estaba demasiado arraigado. La mafia tenía amigos en todos los puestos importantes. Demasiados gángsters habían ido a juicio para salir al poco con una sonrisa en los labios.

La reacción de Petrovsky fue no andarse con remilgos a la hora de hacer prisioneros. Para respaldar a sus detectives, tanto la brigada antibandas federal como la urbana contaban con tropas armadas. Los de la policía federal recibían el nombre de OMON; y las Fuerzas de Intervención Rápida, SOBR.

Al principio, Petrovsky encabezaba personalmente las redadas de las SOBR para evitar filtraciones. Si los gángsters se entregaban se los sometía a un juicio, pero si alguno empuñaba armas o intentaba destruir pruebas o escapar, Petrovsky acababa con él por la vía sumaria.

Hacia 1998 comprobó que el mayor grupo mafioso, aparentemente inexpugnable, era la banda Dolgoruki de Moscú, que controlaba gran parte de Rusia al oeste de los Urales, un clan inmensamente rico y capaz de comprar toda la influencia que necesitara. A finales de 1999 Petrovsky llevaba dos años enzarzado en una guerra sin cuartel contra la mafia Dolgoruki y era odiado por ese motivo.

En su primera entrevista Umar Gunáyev había asegurado a Monk que en Rusia no le haría falta falsificar documentos; que con dinero podía comprar los auténticos. A primeros de diciembre Monk puso a prueba aquella presunción.

Lo que tenía en mente era su cuarta entrevista privada con un notable ruso, bajo identidad supuesta. Pero la carta del arzobispo Anthony de la Iglesia ortodoxa en Londres había sido confeccionada en esa ciudad, así como la que se suponía procedente de la Casa de Rothschild. El general Nikoláiev no le había pedido ninguna clase de identificación; el uniforme del estado mayor había bastado. El general Valentin Petrovsky, que vivía bajo amenazas diarias de asesinato, estaba vigilado día y noche.

Monk no preguntó al líder checheno cómo ni dónde había conseguido los papeles. Pero parecían auténticos. Llevaban la foto de

Monk con el pelo corto y rubio y lo identificaban como un coronel de la policía perteneciente a la plantilla personal del primer subjefe del directorio del Crimen Organizado, Ministerio del Interior. Como tal, Petrovsky no le conocería personalmente; sería un colega de la milicia federal.

Una cosa que no cambió tras la caída del comunismo fue la costumbre rusa de reservar bloques enteros de pisos para funcionarios importantes de la misma profesión. Mientras que en Occidente los políticos y los funcionarios del Estado suelen vivir en domicilios de su propiedad esparcidos por los barrios residenciales, en Moscú suelen vivir agrupados en bloques de propiedad estatal y alquiler gratuito.

Ello se debe principalmente a que el estado poscomunista heredó esos bloques de pisos del viejo Comité Central y decidió crear residencias de favor. Muchos de esos bloques estaban, y están, situados en la parte norte de Kutuzovsky Prospekt donde vivieron en tiempos Brezhnev y gran parte del Politburó. Petrovsky residía en un piso de la penúltima planta de un edificio que compartía con otra docena de oficiales de la policía. Meter a hombres de la misma profesión en un solo edificio tenía al menos una ventaja. Un ciudadano de a pie se habría vuelto loco con tantas medidas de seguridad; los generales de la policía, en cambio, comprendían su absoluta necesidad.

El coche que Monk conducía esa noche, milagrosamente adquirido o «tomado en préstamo» por Gunáyev, era un genuino Chaika negro de la milicia del MVD. Se detuvo ante la barrera que daba al patio interior del bloque. Un guardia del OMON le indicó por señas que bajara la ventanilla, mientras un segundo guardia cubría el vehículo con su metralleta. Monk se identificó y contuvo el aliento. El guardia examinó su pase, asintió con la cabeza y se dirigió a la garita para hacer una llamada. Luego regresó.

—El general Petrovsky pregunta qué le trae por aquí.

—Dígale al general que traigo unos papeles del general Chebokariov. Es un asunto urgente —dijo Monk. Había nombrado al hombre que habría sido su superior.

Hubo una segunda llamada telefónica. El guardia del OMON hizo una seña a su colega y éste subió la barrera. Monk aparcó y luego entró en el edificio.

En la recepción de planta baja había un guardia, que le franqueó el paso, y otros dos al salir del ascensor en el octavo piso. Le cachearon, examinaron su maletín y sus credenciales. Uno de ellos habló por un interfono. La puerta se abrió diez segundos después. Monk sabía que había sido observado por una mirilla.

Había un sirviente de chaqueta blanca cuyo porte parecía indicar que podía ofrecer algo más que canapés si la ocasión lo requería. Luego el ambiente familiar se hizo patente. Una niña salió corriendo de la salita, miró a Monk y dijo: «Te presento a mi muñeca». Sostenía en alto una muñeca rubia en camisa de dormir. Monk sonrió.

—Es preciosa. ¿Cómo se llama?

—Tatiana.

Apareció una mujer próxima a la cuarentena, sonrió en señal de disculpa y se llevó a la niña. Detrás de ella surgió un hombre en mangas de camisa, enjugándose la boca como cualquier ciudadano interrumpido en mitad de su almuerzo.

—¿Coronel Sorokin?

—Señor.

—Una hora un poco intempestiva, ¿no le parece?

—Lo lamento. Las cosas se han precipitado un poco. Puedo esperar mientras termina su cena, si lo prefiere.

—No es necesario. Estaba acabando. Además, ahora emiten dibujos animados por la tele, así que por mí mejor. Acompáñeme.

Petrovsky le llevó a un estudio contiguo al vestíbulo. Con mejor luz Monk pudo ver que el azote de criminales no era mayor que él y sí igual de fornido.

Tres veces —con el patriarca, el general y el banquero— había empezado diciendo que su identidad era falsa y eso no le había ocasionado mayores problemas. En esta ocasión calculaba que podía acabar muerto. Monk abrió su maletín. Los guardias lo habían registrado y sólo habían visto dos carpetas con rótulos en ruso, sin leer una palabra. Monk le entregó el documento gris, el informe de verificación.

—Aquí tiene, mi general. Pensamos que se trata de algo realmente inquietante.

—¿Puedo leerlo después?

—La verdad es que esto podría exigir una acción inmediata.

—Vaya, qué lata. ¿Bebe usted?

—De servicio no, señor.

—Veo que están mejorando en el MVD. ¿Café?

—Gracias. Ha sido un día muy ajetreado.

El general sonrió.

—¿Y cuál no lo es?

Llamó al sirviente y pidió café para dos. Luego se puso a leer. El sirviente dejó el café y se retiró. Al rato el general Petrovsky levantó los ojos.

—¿De dónde diablos ha salido esto?

—Del servicio secreto británico.

—¿Cómo?

—No se trata de una provocación. Ha sido verificado a conciencia. Puede usted comprobarlo mañana. N. I. Akópov, el secretario que se dejó el manifiesto en la mesa, está muerto. Y también el hombre de la limpieza, Zaitsev. Y también el periodista inglés, que en realidad no sabía nada.

—Lo recuerdo —dijo Petrovsky pensativo—. Parecía un ajuste

de cuentas, pero sin móvil. Muy extraño tratándose de un periodista extranjero. ¿Cree usted que fueron los guardias negros?

—O asesinos Dolgoruki, contratados al efecto.

—¿Y dónde está ese misterioso Manifiesto Negro?

—Aquí, general. —Monk tocó su maletín.

—¿Lleva usted una copia encima?

—Sí.

—Pero según esto el documento fue a parar a la embajada británica y luego a Londres. ¿Cómo lo ha conseguido?

—Me fue entregado.

El general Petrovsky le miró con recelo.

—¿Y cómo diablos consigue el MVD una copia de esto...? Usted no es del MVD. ¿De dónde coño ha salido? ¿Del SVR, del FSB? —Aquellas siglas respondían al Servicio Exterior de Inteligencia y al Servicio Federal de Seguridad, sucesores del Primer y Segundo Directorios del antiguo KGB.

—De ninguno de los dos, señor. Soy americano.

El general Petrovsky no mostró miedo alguno sino que lo miró fijamente en busca de un indicio de amenaza, ya que su familia estaba en el cuarto de al lado y Monk podía ser un asesino a sueldo. Pero al parecer aquel impostor no llevaba armas encima.

Monk contó cómo había llegado la carpeta negra a la embajada, de allí a Londres y luego a Washington; y que apenas la habían leído un centenar de personas de los dos gobiernos. No mencionó el Consejo de Lincoln; si el general Petrovsky deseaba creer que Monk venía en representación del gobierno de Estados Unidos, eso no podía perjudicarlo.

—¿Cuál es su verdadero nombre?

—Jason Monk.

—¿De veras es americano?

—Sí, señor.

—Pues habla muy bien el ruso. Veamos, ¿qué hay en ese manifiesto?

—Entre otras cosas, la sentencia de muerte de Komárov para usted y la mayoría de sus hombres.

En el silencio subsiguiente Monk pudo oír en ruso las palabras «Así me gusta» a través de la pared. Eran Tom y Jerry en la televisión. Tatiana se desternillaba de risa. Petrovsky tendió la mano.

—Déjeme ver —dijo.

Empleó media hora en la lectura de las cuarenta páginas. Luego se lo devolvió.

—Tonterías.

—¿Por qué?

—Komárov no saldría impune de todo esto.

—De momento lo ha conseguido. Un ejército privado con material ultramoderno y excelentes pagas, un bien entrenado cuerpo de Jóvenes Combatientes, y dinero suficiente para ahogarse en él.

Los padrinos Dolgoruki hicieron un trato con él hace dos años: doscientos cincuenta millones de dólares a cambio de campear a sus anchas en este país.

—No tiene pruebas.

—El manifiesto es una prueba, cuando alude a recompensar a quienes proporcionen fondos. Los Dolgoruki querrán su parte del pastel: el territorio de todos sus rivales. Exterminados los chechenos y proscritos los armenios, georgianos y ucranios, eso no será problema. Pero querrán más: vengarse de quienes los han perseguido, empezando por las brigadas antibanda.

»Necesitarán carne de cañón para sus nuevos campos de trabajo; para extraer el oro, la sal y el plomo. ¿Quién mejor que los jóvenes que usted manda, los SOBR y el OMON? Y, por supuesto, usted no vivirá para verlo.

—Puede que no lo consiga.

—Cierto, general, puede que no. Su estrella está decayendo. El general Nikoláiev cargó contra él hace unos días.

—Sí, lo vi. Me llevé una buena sorpresa. ¿Ha tenido usted algo que ver?

—Quizá.

—Muy listo.

—Las cadenas comerciales de televisión han dejado de sacarlo en pantalla. Sus publicaciones han parado la producción. Las últimas encuestas de opinión le dan un sesenta por ciento contra el setenta del mes pasado.

—¿Lo ve, señor Monk? Puede que no gane, después de todo.

—Pero ¿y si gana?

—Yo no puedo interferir en unas elecciones presidenciales. Soy un general, de acuerdo, pero en el fondo sólo soy un policía. Debería usted acudir al presidente en funciones.

—Está paralizado de miedo.

—En eso tampoco puedo ayudar.

—Si Komárov piensa que no puede vencer, es capaz de intentar un golpe.

—Si alguien intenta eso, señor Monk, el Estado sabrá defenderse.

—¿Ha oído hablar alguna vez del *sippenhaft*, general?

—El inglés no es mi fuerte.

—Es alemán. ¿Me da su número de teléfono?

Petrovsky señaló al aparato con un gesto de cabeza. Monk memorizó el número, recogió sus papeles y los metió en el maletín.

—Esa palabra alemana, ¿qué significa?

—Cuando una parte del cuerpo de oficiales alemán intentó acabar con Hitler, éste ordenó colgarlos de cuerdas de piano. Sus esposas e hijos fueron a parar a campos de concentración por la ley del *sippenhaft*.

—Ni los comunistas hicieron algo así —le espetó Petrovsky—.

Las familias perdieron sus pisos y sus plazas escolares. Pero no fueron a los campos.

—Ese hombre está loco. Pese a su fachada de cortesía, es un desequilibrado. Y Grishin cumplirá sus mandatos. ¿Puedo irme ahora?

—Será mejor que se marche antes de que lo haga arrestar.

Monk estaba junto a la puerta.

—Yo de usted, tomaría ciertas precauciones. Si él gana, o cree que puede perder, usted tendrá que luchar por su esposa y su hija.

Dicho esto, se fue.

El doctor Probyn parecía un colegial nervioso. Muy ufano, mostró a sir Nigel una gráfica de casi un metro cuadrado claveteada a la pared. Era evidente que la había hecho él mismo.

—¿Qué le parece? —dijo.

Sir Nigel miró la lista sin comprender. Nombres, montones de nombres, unidos por líneas verticales y horizontales.

—El metro de Mongolia pero sin traducir —sugirió.

Probyn soltó una carcajada.

—No está mal. Tiene ante usted las partes entrelazadas de cuatro casas reales europeas. Danesa, griega, británica y rusa.

—Explíquese —le rogó Irvine. Probyn cogió un rotulador rojo, uno azul y uno negro.

—Empecemos por arriba. Los daneses. Son la clave de todo.

—¿Por qué los daneses?

—Deje que le cuente una historia verídica, sir Nigel. Hace ciento sesenta años hubo un rey de Dinamarca que tenía varios hijos. Aquí están.

Señaló la parte superior de la lista, donde aparecía el nombre del rey de Dinamarca y debajo, en una línea horizontal, los de sus descendientes.

—Bien, el mayor de los chicos fue príncipe de la Corona y sucedió a su padre. Eso no nos interesa. Pero el más pequeño...

—El príncipe Guillermo acabó convirtiéndose en Jorge I de Grecia. Lo mencionó usted la última vez que estuve aquí.

—Espléndido —dijo Probyn—, buena memoria. Pues ahí lo tiene otra vez; ha ido a Atenas y se ha convertido en rey de Grecia. ¿Y qué hizo? Pues casarse con la gran duquesa Olga de Rusia y engendrar al príncipe Nicolás, príncipe de Grecia pero étnicamente medio danés y medio ruso, o sea, Romanov. Bien, dejemos a Nicolás para después, todavía soltero.

Subrayó a Nicolás en azul, por Grecia, y señaló nuevamente a los daneses.

—El viejo rey también tuvo hijas, y dos de ellas supieron arreglárselas muy bien. Dagmar viajó a Moscú para ser emperatriz de

Rusia; se cambió el nombre por María, abrazó la fe ortodoxa y dio a luz a Nicolás II de Todas las Rusias.

—Que fue asesinado con toda su familia en Yakaterimburgo.

—Exacto. Pero fíjese en la otra. Alejandra de Dinamarca fue a Inglaterra y se casó con nuestro príncipe, que se convirtió en Eduardo VII. Engendraron al que sería Jorge V. ¿Lo ve?

—Así pues, el zar Nicolás y el rey Jorge eran primos.

—En efecto. Sus madres eran hermanas. En la Primera Guerra Mundial el zar de Rusia y el rey de Inglaterra eran primos. Cuando el rey Jorge hablaba del zar como del «primo Nicky», lo hacía con absoluta precisión.

—Sólo que eso acabó en 1918.

—Efectivamente. Pero mire ahora la dinastía británica.

El doctor Probyn rodeó con un mismo círculo rojo al rey Jorge y la reina Alejandra. Su rotulador rojo descendió una generación para poner en un círculo al rey Jorge V.

—Éste tuvo cinco hijos. John murió de niño, los otros crecieron. Aquí los tiene: David, Albert, Enrique y Jorge. El que nos interesa es el último, el príncipe Jorge.

El rotulador describió una línea desde Jorge V hasta su cuarto hijo, el príncipe Jorge de Windsor.

—Bien, él murió de accidente de avión en la Segunda Guerra Mundial, pero tuvo dos hijos varones, que viven todavía. Ahí los tiene, pero el que nos interesa es el más pequeño.

El rotulador rojo bajó a la línea inferior para rodear al príncipe inglés.

—Ahora sigamos la línea en dirección contraria —dijo Probyn—. Su padre era el príncipe Jorge, su abuelo el rey Jorge, pero su bisabuela era la hermana de la madre del zar. Dos princesas de Dinamarca, Dagmar y Alejandra. Este hombre está ligado a la casa Romanov por matrimonio.

—Mmm. De eso hace mucho —dijo sir Nigel.

—Pero hay más. Fíjese en esto.

Puso dos fotografías sobre el escritorio: dos rostros barbudos y sombríos mirando directamente a la cámara.

—¿Qué opina?

—Que podrían ser hermanos.

—Pues no lo son. Se llevan ochenta años. Éste es el difunto zar Nicolás II; el otro es el príncipe inglés. Fíjese en las caras, sir Nigel. No son típicamente británicas; bueno, el zar era medio ruso y medio danés. Tampoco son típicamente rusas. Son caras danesas; es la sangre danesa que procede de las dos hermanas, Dagmar y Alejandra.

—¿Es eso? ¿Vínculo por matrimonio?

—Pues no. Aún falta lo mejor. ¿Se acuerda del príncipe Nicolás?

—¿El que dejábamos para después? ¿El príncipe de Grecia que en realidad era medio danés y medio ruso?

—El mismo. Bien, el zar Nicolás tenía una prima, la gran duquesa Elena. ¿Qué hizo ella? Ir a Atenas y casarse con Nicolás. Él es medio Romanov y ella lo es al ciento por ciento. Por tanto, su prole es tres cuartas partes rusa y Romanov. Y además, ella era la princesa Marina.

—Que vino a Inglaterra...

—Y se casó con el príncipe Jorge de Windsor. De modo que estos dos hombres, sus hijos, tienen tres octavas partes de Romanov, y hoy día eso es lo máximo que se puede conseguir. Eso no significa sin embargo que haya una reclamación lineal; todo es demasiado complicado, recuerde la ley paulina. Pero el vínculo por matrimonio es por vía paterna y el de sangre por vía materna.

—¿Sirve eso para los dos hermanos?

—Sí, y hay algo más. La madre de ambos, Marina, era miembro de la Iglesia ortodoxa en el momento de ambos partos. Eso es condición imprescindible para la jerarquía ortodoxa.

—¿Se aplica eso a los dos hermanos?

—Desde luego que sí. Y ambos sirvieron como oficiales en el ejército británico.

—¿Qué pasa entonces con el hermano mayor?

—Usted mencionó la edad, sir Nigel. El mayor tiene ahora sesenta y cuatro años, así que está descartado. El más joven cumplió cincuenta y siete este año. Prácticamente tiene todos los requisitos que usted necesita. Príncipe de una casa reinante, primo de la reina, un solo matrimonio, un hijo varón de veinte años, casado con una condesa austriaca, acostumbrado a todas esas ceremonias, pleno aún de vigor, y ex militar. Pero lo increíble es que estuvo en el Cuerpo de Inteligencia, que hizo todo el curso de lengua rusa y que prácticamente es bilingüe.

El doctor Probyn se apartó radiante de su gráfica multicolor. Sir Nigel contempló la cara en la fotografía.

—¿Dónde vive actualmente?

—Los días laborables, aquí en Londres. Los fines de semana, en su casa de campo en Debrett.

—Quizá debería ir a hablar con él —murmuró sir Nigel—. Una última cosa, doctor. ¿Hay algún otro hombre que cumpla tan apropiadamente todos los requisitos?

—En este planeta no —contestó el heraldo.

Aquel fin de semana, previa cita convenida, sir Nigel viajó al oeste de Inglaterra para visitar al más joven de los príncipes en su casa de campo. Fue recibido con cortesía y escuchado con seriedad. Por último, el príncipe le acompañó hasta el coche.

—Si la mitad de lo que me dice es cierto, sir Nigel, lo encuentro realmente extraordinario. Naturalmente, he seguido los acontecimientos de Rusia a través de los medios informativos. Pero esto... Debo reflexionar sobre ello, consultar seriamente con mi familia y, por supuesto, pedir una entrevista privada con su majestad la reina.

—Puede que no llegue a ocurrir, señor. Puede que nunca haya un plebiscito. O que la respuesta del pueblo sea la contraria.

—Entonces habrá que esperar hasta ese día. Que tenga buen viaje, sir Nigel.

En la tercera planta del hotel Metropol hay uno de los mejores restaurantes típicos de Moscú. El Boyarsky Zal (Sala de los Boyardos) recibe su nombre del cuerpo de aristócratas que en su tiempo flanqueaban al zar y, cuando se sentía débil, gobernaban en su lugar. El local tiene bóvedas y paneles y está decorado con una soberbia ornamentación que recuerda una época ya pretérita. Excelentes vinos rivalizan con el vodka; las truchas, salmones y esturiones proceden de los ríos; las liebres, venados y jabalíes, de las estepas rusas.

Fue allí adonde Nikolai Nikoláiev fue llevado la noche del 21 de diciembre por su único pariente vivo para celebrar el septuagésimo cuarto cumpleaños del general.

Galina, la hermana pequeña que él había llevado a horcajadas por las calles en llamas de Smolensko, se había hecho maestra y en 1956, a la edad de veinticinco años, se había casado con otro maestro llamado Andreiev. Su hijo Misha nacía a finales de aquel mismo año.

En 1963 ella y su marido habían resultado muertos en accidente automovilístico, uno de esos estúpidos casos en que un borracho se te echa encima. El coronel Nikoláiev se había desplazado en avión desde el mando de Extremo Oriente para asistir al funeral. Pero había algo más, una carta de su hermana escrita dos años antes.

«Si alguna vez nos ocurriera algo a mí y a Iván —escribía la hermana—, te ruego que cuides del pequeño Misha.» Nikoláiev estuvo durante el entierro junto a un niño de siete años recién cumplidos que se negaba a llorar.

Como los padres habían sido empleados del Estado —bajo el régimen comunista todo el mundo era empleado del Estado— su piso pasó a otras manos. El entonces coronel, que contaba treinta y siete años, no tenía piso en Moscú. Cuando estaba de permiso vivía en los alojamientos para solteros del club de oficiales. El comandante del club accedió a que el muchacho se quedara con él a título provisional.

Terminado el funeral, Nikoláiev llevó al chico a la sala de comedor, pero ninguno de los dos tenía mucho apetito.

—¿Qué diablos voy a hacer contigo, Misha? —preguntó como hablando consigo mismo.

Después arropó al niño en su cama y echó unas cuantas mantas en el sofá para dormir él. Al rato oyó que el niño se había echado a llorar. Para ocupar la mente en otras cosas, encendió la radio y oyó que acababan de asesinar a Kennedy en Dallas.

Si algo comportaba lucir las medallas de un triple héroe era que quien las llevaba se veía revestido de cierto poder. Normalmente los chicos van a la prestigiosa academia militar Najimov a los diez años, pero en este caso las autoridades decidieron hacer una excepción. Pequeño y asustado, Misha fue equipado con un uniforme de cadete e inscrito en la academia. Su tío regresó a Extremo Oriente para completar su misión.

El general Nikoláiev había hecho lo que estaba en su mano, visitando a Misha cuando estaba en casa de permiso y, trasladado al Estado Mayor, comprando un piso en Moscú donde el joven podía alojarse durante las vacaciones.

A los dieciocho años Misha Andreiev era ya teniente y, naturalmente, había optado por los blindados. Un cuarto de siglo después era ya un hombre de cuarenta y tres años, general al mando de una división blindada de elite en las afueras de Moscú.

Los dos hombres llegaron al restaurante poco después de las ocho; tenían mesa reservada. Víktor, el jefe de camareros, había servido en tanques; corrió hacia ellos con la mano extendida.

—Me alegro de verle, general. Usted no se acordará de mí. Fui artillero con la 131ª Maikop en Praga, en el sesenta y ocho. Su mesa es esa de ahí, de cara a la galería.

Varias cabezas se volvieron para ver qué ocurría. Los hombres de negocios americanos, suizos y japoneses los miraron con curiosidad. Entre los pocos comensales rusos corrió el rumor: «Ése es Tío Kolya.»

Víktor había preparado dos vasos de vodka Moskovskaya a cuenta de la casa. Misha Andreiev brindó por su tío y el único padre del que tenía memoria.

—*Za nashe zdorovye*. Que cumplas otros setenta y cuatro.

—Bobadas. Salud.

Bebieron el vaso de un solo trago, esperaron, y gruñeron cuando el licor descendió hasta su estómago.

Encima del bar del Boyarsky Zal hay una galería desde donde los comensales escuchan serenatas de canciones tradicionales. Esa noche los cantantes eran una rubia escultural vestida de princesa Romanov y un hombre de esmoquin poseedor de una timbrada voz de barítono.

Cuando terminaron la balada que estaban interpretando a dúo, el cantante se destacó en solitario. La orquesta que tocaba al fondo de la galería hizo una pausa, y la rica y profunda voz atacó *Kalinka*, la famosa canción de amor del soldado a la chica que ha dejado en casa.

Los rusos dejaron de hacer ruido con los cubiertos, y los extranjeros les imitaron. La potente voz del barítono llenó el restaurante: «Kalinka, Kalinka, Kalinka mayá...»

Cuando los últimos acordes se extinguieron en el silencio general, los rusos se pusieron en pie para brindar por el hombre de bigote plateado que estaba de espaldas a los tapices. El cantante hizo el saludo militar y recibió aplausos. Víktor estaba junto a un grupo de seis ejecutivos japoneses.

—¿Quién es el viejo? —preguntó uno de ellos en inglés.

—Un héroe de guerra, de la Gran Guerra Patriótica —respondió Víktor.

El que hablaba inglés lo tradujo para los demás.

—Ah —dijeron, y levantaron sus copas—. *Kapei.*

Tío Kolya asintió radiante, levantó su vaso a la salud de todos y bebió.

La comida era buena; trucha y pato, con tinto de Armenia y después café. Según la lista de precios del Boyarsky, le estaba costando al general de división el salario de un mes. Pero creía que su tío se lo merecía.

Probablemente hasta que tuvo treinta años y hubo conocido a algunos oficiales realmente ineptos, Misha Andreiev no empezó a preguntarse por qué su tío se había convertido en una leyenda entre los tanquistas. Poseía algo que los malos oficiales no tenían nunca: una preocupación genuina por los hombres que servían a sus órdenes. Para cuando consiguió su primera división y su primera insignia roja, el general Andreiev, contemplando la escabechina en Chechenia, reconoció que Rusia sería muy afortunada si volvía a tener otro Tío Kolya.

El sobrino no había olvidado lo ocurrido cuando tenía diez años. Entre 1945 y 1965, ni Stalin ni Jruschov habían juzgado oportuno erigir un cenotafio a los muertos que la guerra ocasionó en Moscú. Estaban más interesados en sus respectivos cultos a la personalidad, pese a que ninguno de los dos habría estado en lo alto del mausoleo de Lenin para recibir el saludo el Primero de Mayo de no haber sido por los millones que murieron entre 1941 y 1945.

Pero luego, en 1966, con Jruschov fuera, el Politburó había dispuesto finalmente la construcción de un cenotafio y el encendido de una llama eterna a la memoria del soldado desconocido. Aun así, no se utilizó un espacio abierto. El monumento quedó medio escondido bajo los árboles de los jardines Alexandrovsky, cerca del Kremlin, de modo que ninguno de los que formaban la interminable cola para ver los restos embalsamados de Lenin pudiera llegar a verlo.

Tras el desfile del Primero de Mayo de ese año, cuando el entonces muchacho de diez años había mirado con ojos como platos los enormes carros, los cañones y los cohetes, las tropas al paso de la oca y los gimnastas danzantes cruzando la plaza Roja, su tío le había cogido de la mano para llevarlo por la calle Kremlev entre los jardines y el Manege.

Bajo los árboles había una losa plana de granito rojo pulimentado. Junto a ella ardía una llama dentro de un cuenco de bronce. En la losa estaba inscrito: «Tu tumba es anónima; tu hazaña, inmortal.»

—Quiero que me prometas una cosa, Misha —dijo el coronel.

—Sí, tío.

—Hay un millón de ellos entre Moscú y Berlín. Ignoramos dónde yacen, y en muchos casos quiénes eran. Pero lucharon a mi lado y eran buenos. ¿Lo comprendes?

—Sí, tío.

—Por más dinero, ascensos u honores que te ofrezcan jamás, nunca traicionarás a estos hombres.

—Te lo prometo.

El coronel levantó lentamente la mano hasta la visera de su gorra. El cadete le imitó. Un grupo de provincianos que pasaba por allí, tomando helados, se quedó mirándolos. Su guía, cuyo trabajo era decirles lo grande que había sido Lenin, se los llevó visiblemente desconcertado hacia el mausoleo.

—El otro día leí tu entrevista en *Izvestia* —dijo Misha Andreiev—. Armó bastante revuelo en la base.

El general Nikoláiev le miró intensamente.

—¿No te gustó?

—Me sorprendió, eso es todo.

—Pues lo dije en serio.

—Ya. Es lo que sueles hacer.

—Komárov es un majadero, muchacho.

—Si tú lo dices, tío. De todos modos, parece que ganará. Quizá deberías haberte mordido la lengua...

—Soy demasiado viejo para eso.

El general Nikoláiev pareció sumirse en sus pensamientos mientras miraba a la princesa Romanov que cantaba en la galería. Los extranjeros creyeron reconocer *Those were the days*, que no es una canción occidental sino una vieja balada rusa. Entonces el general cogió el antebrazo de su sobrino.

—Oye, si alguna vez me ocurriera algo...

—Bah, no seas bobo, nos enterrarás a todos nosotros.

—Escucha, si ocurriera algo quiero que me entierres en Novodevichi. ¿De acuerdo? No quiero una mísera ceremonia civil. Quiero obispo y todos los aditamentos que hagan falta. ¿Entendido?

—¿Obispo, tú? Pensaba que no creías en esas cosas.

—No seas tonto. Nadie que haya visto caer un proyectil ochenta y ocho alemán a menos de dos metros sin que llegue a explotar duda de que haya alguien allá arriba. Yo tuve que fingir, como hacíamos todos. Afiliación al partido, cursos de adoctrinamiento, iba todo incluido, y todo era una mierda. Bien, queda claro lo que quiero. Y ahora terminemos el café y vayámonos. ¿Tienes coche?

—Sí.

—Estupendo, porque los dos estamos achispados. Puedes llevarme a casa.

El tren nocturno procedente de Kiev, la capital de la república independiente de Ucrania, corría rumbo a Moscú entre la helada oscuridad.

En el sexto coche-cama, compartimiento 2B, dos ingleses jugaban al gin rummy. Brian Vincent consultó su reloj.

—Media hora para la frontera, sir Nigel. Será mejor acostarse.

—Supongo que sí —dijo Nigel Irvine. Totalmente vestido, trepó a la litera superior y se subió la manta hasta la barbilla.

—¿Quedo bien? —preguntó.

El ex soldado asintió con la cabeza.

—Déjeme a mí el resto, señor.

Hubo una breve parada en la frontera para que subieran los funcionarios rusos. Los ucranios habían examinado ya sus pasaportes durante el trayecto. Diez minutos después oyeron que alguien llamaba al compartimiento. Vincent abrió la puerta.

—*Da?*

—*Pazport, pozhaluysta.*

Había sólo una tenue luz azul en el compartimiento y aunque la luz del pasillo era amarilla y más brillante, el ruso tuvo que esforzarse.

—No visado —dijo.

—Son pasaportes diplomáticos. No necesitan visado.

El ucranio señaló la palabra escrita en la cubierta de cada pasaporte.

—Diplomático —dijo.

El ruso asintió, un poco avergonzado de su memez. Tenía instrucciones del FSB en Moscú, que había radiado una alerta a todos los puntos de entrada en busca de un nombre y una cara.

—El viejo —dijo indicando el segundo pasaporte.

—Está en la litera de arriba —dijo el joven diplomático—. Como puede ver, es muy viejo. No se encuentra bien. ¿Es preciso molestarle?

—¿Quién es?

—Es el padre de nuestro embajador en Moscú. Por eso le acompaño. Va a ver a su hijo.

El ucranio señaló a la figura que yacía en la litera.

—El padre del embajador —dijo.

—Gracias, entiendo el inglés —dijo el ruso. El hombre calvo y de cara redonda cuya fotografía aparecía en el pasaporte no guardaba ningún parecido con la descripción que le habían dado. Ni siquiera el nombre. Ni Trubshaw ni Irvine. Sólo lord Asquith.

—Debe de hacer mucho frío en el pasillo —dijo Vincent—. Le

ruego que acepte este presente en señal de amistad. De la bodega de nuestra embajada en Kiev.

El vodka era de excepcional calidad, fuera del alcance de cualquier bolsillo. El ucranio asintió, sonrió y dio un codazo al ruso. Este gruñó, selló los dos pasaportes y se fue.

—No he oído nada debajo de todas estas mantas, pero creo que ha ido bien —dijo sir Nigel cuando la puerta se hubo cerrado. Se deslizó de la litera superior.

—Resumiendo —dijo Vincent—, cuantos menos encuentros como éste, mejor.

Empezó a destruir los dos documentos falsos en el lavabo. Los fragmentos bajarían por el agujero del retrete y se esparcirían sobre la nieve de la Rusia meridional. Como ex miembro de las Fuerzas Especiales, Vincent había estado en situaciones realmente difíciles. Pero siempre había habido compañeros, un arma, granadas, algo con que luchar.

El mundo en que le había metido sir Nigel —aunque por unos cuantiosos honorarios— era un mundo de engaño y desinformación, de humo y espejos sin fin, y le dejó con ganas de beberse un vodka doble. Por fortuna había una segunda botella de aquel licor especial en su bolsa.

—¿Le apetece un vodka, sir Nigel?

—No. Me sienta mal al estómago y me quema la garganta. Pero le acompañaré con otra cosa.

Descorchó un frasco plateado de bolsillo que llevaba en el maletín y sirvió una medida en la copa de plata adjunta. Lo levantó mirando a Vincent y bebió un sorbo. Era el oporto añejo que Trubshaw le había conseguido en el club St. James.

—Me parece que usted disfruta con todo esto —dijo el ex sargento Vincent.

—Muchacho, hacía años que no me lo pasaba tan bien.

El tren los dejó en la estación central de Moscú al amanecer. La temperatura era de quince grados bajo cero.

Por más inhóspita que una estación pueda parecerles a quienes corren en busca de la lumbre de su hogar, son lugares más cálidos que las calles. Cuando sir Nigel y Vincent descendieron del expreso de Kiev, la explanada de la estación de Kursk estaba repleta de moscovitas pobres, hambrientos y ateridos de frío. Se apiñaban cuanto podían alrededor de las locomotoras calientes, buscaban aprovechar la menor oleada de calor que emergía de un bar o simplemente se tumbaban en el suelo tratando de sobrevivir una noche más.

—Manténgase cerca de mí, señor —musitó el ex sargento mientras iban hacia la barrera que los separaba de la explanada. Cuando se dirigían hacia la parada de taxis, una multitud de indigentes se aproximó extendiendo las manos, envueltas las cabezas en pañuelos, las caras sin afeitar, hundidos los ojos.

—Santo Dios —murmuró sir Nigel—, qué espanto.

—No intente darles nada, o provocará un altercado —le advirtió su guardaespaldas.

Pese a su edad, sir Nigel portaba su propia maleta y su portafolios, dejando a Vincent con una mano libre. El ex miembro de las Fuerzas Especiales la llevaba metida bajo la axila izquierda, indicando que tenía un arma y que la usaría si era necesario. De este modo consiguieron abrirse paso entre los indigentes y salir a la acera, donde unos pocos taxis esperaban sin demasiadas esperanzas. Mientras apartaba una mano suplicante, sir Nigel oyó que una voz le espetaba:

—¡Extranjero! ¡Maldito extranjero!

—Es porque creen que somos ricos —le dijo Vincent—. Si somos extranjeros, somos ricos.

El griterío los acompañó hasta la acera.

—¡Extranjero de mierda! ¡Verás cuando gobierne Komárov!

Una vez en el interior del taxi, Irvine se apoyó en el respaldo y musitó:

—No sabía que las cosas estaban tan mal. La última vez sólo fui del aeropuerto al National y viceversa.

—Estamos en pleno invierno, sir Nigel. Todo es peor en invierno.

Mientras dejaban la explanada delantera, un camión de la milicia se interpuso en su camino. Dos policías de aspecto tenebroso con gruesos abrigos y *shapkas* de pieles iban sentados en la cabina. El camión pasó de largo y los dos ingleses pudieron ver su parte trasera.

Con el vaivén, los faldones de lona del camión dejaron ver fugazmente hileras de pies, las raídas plantas de varios pies humanos; cuerpos paralizados de frío, puestos como maderos uno encima del otro.

—Fiambres —dijo escuetamente Vincent—. La recogida de la mañana. Cada noche mueren unos quinientos en los portales y los muelles.

Tenían habitación reservada en el National, pero no querían registrarse hasta la tarde. Así, hasta esa hora pasaron el tiempo en las mullidas butacas de piel del salón para residentes del hotel Palace.

Dos días antes Jason Monk había realizado una breve transmisión en clave desde su ordenador portátil modificado. Un mensaje breve y al grano. Había visto al general Petrovsky y todo parecía ir bien; los chechenos seguían paseándole por la ciudad, ya disfrazado de sacerdote, ya de oficial de policía, ya de vagabundo; el patriarca estaba dispuesto a recibir a su invitado inglés por segunda vez.

El mensaje, tras llegar al cuartel general de InTelCor, había sido retransmitido a sir Nigel Irvine en Londres. Sólo éste poseía la réplica del *one-time pad* para descifrar la clave. Era el mensaje que había hecho viajar a Irvine de Heathrow a Kiev y de allí en tren a Moscú.

Pero el mensaje también había sido captado por FAPSI, que ahora trabajaba casi por entero para el coronel Grishin. El director de FAPSI conferenció con Grishin mientras el tren Kiev-Moscú cruzaba la noche helada.

—Por poco no le cogemos —dijo el director—. Estaba en el Arbat, mientras que la última vez transmitió cerca de Sokolniki. O sea que va cambiando de sitio.

—¿El Arbat? —preguntó el coronel, incrédulo y molesto. El barrio de Arbat está a menos de quinientos metros de los muros del Kremlin.

—Hay otra cosa sobre la que debo prevenirle, coronel. Si está usando la clase de ordenador que pensamos, no tiene necesariamente que estar presente para enviar o recibir un mensaje. Puede programarlo y luego marcharse.

—Usted limítese a encontrar el aparato —le ordenó Grishin—. En un momento u otro tendrá que ir a ver lo que hay, y cuando lo haga, yo le estaré esperando.

—Si hace dos transmisiones más, o una sola que dure medio segundo, habremos localizado la fuente. En un radio de una manzana, y puede que el edificio en concreto.

Lo que ninguno de los dos sabía era que, según el plan de sir Nigel, Monk tendría que hacer al menos tres nuevas transmisiones a Occidente.

—Ha vuelto, coronel Grishin.

La voz del padre Máxim por el teléfono sonó aguda y agitada. Eran las seis de la tarde, fuera estaba oscuro y hacía un frío endemoniado. Grishin estaba en su despacho de la casa del bulevar Kiselny y se disponía a marchar cuando el telefonista, al oír la palabra «Máxim», pasó directamente la llamada al jefe de seguridad.

—Tranquilícese, padre Máxim, ¿quién ha vuelto?

—El inglés. El viejo caballero inglés. Ha estado con Su Santidad durante una hora.

—No es posible...

Grishin había dado mucho dinero tanto al departamento de Inmigración del Ministerio del Interior como al aparato de contraespionaje del FSB para que le pusieran sobre aviso, y nadie le había dicho nada.

—¿Sabe dónde se hospeda?

—No; pero vino en la misma limusina de la anterior ocasión.

«El National —pensó Grishin—. El muy imbécil ha ido al mismo hotel.» Todavía le dolía haber perdido al viejo jefe de espías la última vez porque «el señor Trubshaw» había actuado con intachable diligencia. Pero en esta ocasión no iba a cometer errores.

—¿Dónde está usted?

—En la calle, con mi teléfono portátil.

—No es seguro. Vaya al sitio acostumbrado y espéreme.

—Debería volver, coronel. Me van a echar de menos.

—Escuche, imbécil, telefonee y diga que se encuentra mal. Dígales que ha ido a la farmacia a buscar un medicamento. Pero vaya donde le he dicho y espere.

Colgó con brusquedad, levantó de nuevo el auricular y ordenó a su suplente, un ex comandante del directorio de la Guardia Fronteriza, KGB, que se presentara inmediatamente en su despacho.

—Traiga diez hombres, los mejores, vestidos de paisano. Y tres coches.

Un cuarto de hora después enseñó una fotografía de sir Nigel a su subalterno.

—Es éste. Seguramente va acompañado de un hombre más joven, pelo oscuro, corpulento. Están en el National. Quiero a dos en el vestíbulo, cubriendo los ascensores, la recepción y la entrada. Dos en la cafetería del sótano. Dos a pie en la calle, y cuatro en dos coches. Si llega el inglés, dejen que entre y luego me avisan. Si está en el hotel, no quiero que salga sin que yo me entere.

—¿Y si sale en coche?

—Síganle, a menos que esté claro que va hacia el aeropuerto. Entonces disponga un accidente. No debe llegar al aeropuerto.

—Muy bien, coronel.

Cuando el hombre se marchó para dar instrucciones a su equipo, Grishin telefoneó a otro experto que tenía en nómina, un antiguo ratero especializado en hoteles, que se decía capaz de abrir cualquier cerradura de los hoteles moscovitas.

—Coge tus cosas y ve al hotel Intourist, instálate en el vestíbulo y ten el móvil encendido. Quiero que tomes una habitación para mí, esta noche. Ya te llamaré cuando te necesite.

El hotel Intourist está situado a unos doscientos metros del National, doblando la esquina de la calle Tverskaya.

El coronel Grishin llegó a la iglesia de Kulishki treinta minutos después. El inquieto sacerdote le estaba esperando con la frente perlada de sudor.

—¿Cuándo llegó?

—A las cuatro, sin avisar. Pero Su Santidad debía de estar esperándole. Me pidió que le hiciera pasar enseguida. Con su intérprete.

—¿Cuánto rato estuvieron juntos?

—Aproximadamente una hora. Les serví un samovar de té, pero se interrumpieron mientras yo estaba en la habitación.

—¿Escuchó detrás de la puerta?

—Lo intenté, coronel, pero no era fácil. El servicio de limpieza estaba cerca, las dos monjas. Y también su secretario particular, el archidiácono.

—¿Qué consiguió oír?

—No demasiado. Hablaron mucho de un príncipe. El inglés proponía al patriarca un príncipe extranjero para alguna cosa. Oí la frase «la sangre de los Romanov» y «muy conveniente». El viejo habla quedo, aunque eso da igual; yo no sé inglés. Por suerte el intérprete habla más alto.

»El inglés era el que más hablaba. Su Santidad escuchaba. Les vi estudiar una especie de plano. Después tuve que irme. Luego llamé a la puerta y entré otra vez para preguntar si querían que les llenara el samovar. El patriarca estaba escribiendo una carta. Dijo que no y me despidió.

Grishin se quedó pensativo. La palabra «príncipe» encajaba, aunque el ayuda de cámara no supiera dónde.

—¿Algo más?

—Sí, hubo una última cosa. Al marcharse, la puerta se abrió un poco. Yo les esperaba fuera con sus abrigos. Oí que el patriarca decía: «Intercederé ante nuestro presidente en funciones a la primera ocasión.» Eso lo oí con claridad, fue la única frase completa que pude oír.

Grishin sonrió al padre Máxim.

—Me temo que el patriarca está conspirando con extranjeros contra nuestro futuro presidente. Es muy triste, porque no les servirá de nada. Estoy seguro de que Su Santidad tiene buenas intenciones, pero se equivoca. Después de las elecciones no habrá que pensar más en estas tonterías. Pero a usted, amigo mío, sí que no lo olvidaré. Cuando estuve en el KGB aprendí a diferenciar un traidor de un patriota. A los traidores se les puede perdonar en un momento dado. Por ejemplo, el patriarca. Pero un verdadero patriota siempre obtiene su recompensa.

—Muchas gracias, coronel.

—¿Algún día tiene libre?

—Sí, una tarde a la semana.

—Cuando pasen las elecciones, venga a cenar a uno de nuestros campamentos. Los jóvenes combatientes son muchachos rudos pero de buen corazón. Y por supuesto están en muy buena forma. Todos tienen de quince a diecinueve años. A los mejores los llevamos a la Guardia Negra.

—Eso sería muy... agradable.

—Y naturalmente pasadas las elecciones pienso sugerir al presidente Komárov que los guardias negros y los jóvenes combatientes necesitan un capellán honorario. Para lo cual será necesario el rango de obispo.

—Es usted muy amable, coronel.

—Tendrá ocasión de comprobarlo, padre Máxim. Y ahora regrese a la residencia. Manténgame informado. Será mejor que coja esto. Ya sabrá usted qué hacer con ello.

Cuando el religioso se hubo ido, Grishin ordenó a su chófer que le llevara al National. Ya iba siendo hora, pensó, de que el occidental entremetido y el maldito americano aprendieran cómo las gastaban en el Moscú moderno.

17

El coronel Grishin ordenó a su chófer que aparcara cien metros más allá de Okhotny Ryad, en el lado noroccidental de la plaza Manege, donde está situado el hotel National. Desde el coche vio los dos vehículos de su equipo de vigilancia aparcados cerca de unas galerías comerciales, frente a la fachada del hotel.

—Espere aquí —le dijo al chófer y se apeó.

Sólo eran las siete de la tarde pero estaban ya a casi veinte grados bajo cero. Tres o cuatro figuras encorvadas pasaron a toda prisa. Cruzó la calzada y tocó con los nudillos en la ventanilla del conductor de uno de los coches de vigilancia. La ventanilla crujió en el frío al ser accionada eléctricamente desde dentro.

—Sí, mi coronel.

—¿Dónde está?

—Supongo que dentro, lo estaba antes de llegar nosotros. No ha salido nadie que se le parezca.

—Llame al señor Kuznetsov. Dígale que le necesito aquí.

El jefe de propaganda llegó a los veinte minutos.

—Necesito que haga otra vez de turista americano —dijo Grishin. Sacó una fotografía del bolsillo y se la mostró a Kuznetsov.

—Ése es el hombre que busco —le dijo—. Pruebe con los nombres de Trubshaw e Irvine.

Kuznetsov regresó a los diez minutos.

—Se ha registrado bajo el nombre de Irvine. Está en su habitación.

—¿Número?

—Dos cinco dos. ¿Eso es todo?

—De momento sí.

Grishin volvió a su coche y utilizó el teléfono móvil para llamar al ganzúa profesional que había apostado a la vuelta de la esquina en el vestíbulo del Intourist.

—¿Estás listo?

—Sí, coronel.

—Permanece a la escucha. Cuando yo dé la orden, has de registrar la habitación dos cinco dos. No te lleves nada, pero registra a fondo. Uno de mis hombres está en el vestíbulo. Él te acompañará.

—Entendido.

A las ocho, uno de los dos hombres que Grishin había apostado en el vestíbulo salió del hotel. Hizo una seña a sus compañeros que esperaban en un coche al otro lado de la calle y luego se marchó.

Minutos después aparecieron dos siluetas con gruesos abrigos de invierno y gorros de piel. Grishin pudo ver mechones de pelo blanco asomar por uno de los gorros. Los hombres torcieron a la izquierda, calle arriba en dirección al Bolshoi.

Grishin telefoneó a su ratero particular.

—Acaba de salir del hotel. La habitación está libre.

Uno de los coches de Grishin empezó a seguir lentamente a los dos hombres de a pie. Otros dos vigilantes, que habían estado en la cafetería de la planta baja, salieron del hotel y fueron tras los ingleses. Había cuatro andando por la calle y cuatro más en los coches. El chófer de Grishin dijo:

—¿Los cogemos, coronel?

—No, antes quiero ver adónde van.

Cabía que Irvine tomase contacto con el norteamericano, con Monk. En tal caso Grishin los atraparía a todos.

Los ingleses se detuvieron en el semáforo donde la calle Tverskaya parte de la plaza. Esperaron el verde y cruzaron. Segundos después el ratero doblaba la esquina de Tverskaya.

Era un hombre muy experimentado y siempre se hacía pasar por un ejecutivo extranjero, prácticamente la única casta que podía permitirse pagar los hoteles caros de Moscú. Su abrigo y su traje eran de Londres, ambos robados, y su aire de confiada desenvoltura engañaría a cualquier empleado de hotel.

Grishin le vio entrar por la puerta giratoria y desaparecer en el interior. Nigel Irvine, como había advertido el coronel, no llevaba portafolios. Caso de tener uno, estaría en su habitación.

—Adelante —le dijo al chófer.

El Mercedes se apartó del bordillo y se situó a unos cien metros de los ingleses.

—Sabe que nos están siguiendo, ¿verdad? —dijo Vincent con naturalidad.

—Dos transeúntes delante, otros dos detrás y un coche por la acera opuesta —dijo sir Nigel.

—Me impresiona, señor.

—Muchacho, puedo estar viejo y canoso, pero aún creo reconocer a una sombra cuando es así de grande y torpe.

Debido a su poder, omnímodo, el ex Segundo Directorio nunca se había molestado en disimular cuando actuaba en las calles de Moscú. A diferencia del FBI en Washington o del M15 en Londres, el arte del disimulo nunca había sido su especialidad.

Tras pasar frente al iluminado esplendor del teatro Bolshoi y luego frente al más pequeño teatro Maly, los dos peatones se aproximaron a una calle secundaria, la callejuela del Teatro.

Había un portal justo antes de doblar la esquina, y un pordiosero intentaba dormir pese al frío cortante. Sir Nigel se detuvo. Delante y detrás de ellos, los guardias negros fingieron contemplar unos escaparates vacíos.

En el portal, mal iluminado por las farolas de la calle, el pordiosero se movió y alzó la vista. No estaba borracho pero era viejo, y la cara que asomaba bajo la bufanda de lana estaba arrugada por los años, el trabajo y las privaciones. En la solapa del raído sobretodo lucía varias condecoraciones. Un par de ojos hundidos y extenuados miraron al extranjero.

En sus anteriores visitas a Moscú, Nigel Irvine se había ocupado de estudiar las medallas rusas. Reconoció una de ellas.

—¿Stalingrado? —preguntó en voz baja—. ¿Estuvo en Stalingrado?

El bulto lanudo en torno a la cabeza del anciano asintió lentamente.

—Stalingrado —graznó el hombre que había combatido en aquel durísimo invierno de 1942 contra el Sexto Ejército de Von Paulus por cada ladrillo y cada sótano de la ciudad.

Sir Nigel metió la mano en el bolsillo del pantalón y sacó un billete. Cincuenta millones de rublos, unos treinta dólares americanos.

—Comida —dijo en ruso—, sopa caliente. Un trago de vodka. Por Stalingrado.

Se enderezó y siguió andando, con cara de enfado. Vincent le alcanzó. Los perseguidores se apartaron de los escaparates y reanudaron su seguimiento.

—Santo cielo, ¡en qué han acabado! —dijo Irvine a nadie en particular, doblando hacia el callejón.

La radio del coche de Grishin crepitó al emplear uno de sus hombres el comunicador manual.

—Han torcido. Van a un restaurante.

El Silver Age es otro de los restaurantes típicos al viejo estilo ruso, y está situado en un callejón a espaldas de los teatros. Antiguamente había sido la casa de baños central, con paredes cubiertas de mosaicos en los que se representaban escenas rústicas de tiempos históricos. Al entrar, los dos visitantes notaron la diferencia de temperatura respecto al frío de la calle.

El restaurante estaba abarrotado y apenas quedaban mesas libres. El *maître* se les acercó enseguida.

—Me temo que estamos desbordados, caballeros —dijo en ruso—. Es una fiesta particular. Lo siento mucho.

—Veo que hay una mesa vacía —replicó Vincent en el mismo idioma—. Mire, esa de allí.

Había en efecto una mesa para cuatro contra la pared de atrás. El *maître* frunció el entrecejo. Comprendía que eran extranjeros, y que seguramente pagarían en dólares.

—Tendré que preguntarle al anfitrión de la cena —les dijo, y se alejó rápidamente.

Habló con un hombre apuesto de tez olivácea que estaba rodeado de compañeros en la mesa más grande de la sala. El hombre miró a los dos turistas que estaban junto a la puerta y asintió con la cabeza.

El *maître* volvió.

—Dice que sí. Síganme, por favor.

Sir Nigel Irvine y Vincent tomaron asiento codo con codo en la banqueta de la pared. Irvine miró hacia la mesa grande y dio las gracias con un gesto de cabeza al anfitrión de la fiesta privada. El hombre le devolvió el gesto.

Pidieron pato con salsa y dejaron que el camarero les sugiriera un excelente tinto de Crimea.

Fuera, en el callejón, los cuatro hombres de Grishin habían cerrado la calle por sus dos extremos. El Mercedes del coronel se acercó a la entrada del callejón. Grishin bajó y conferenció brevemente con sus hombres. Luego volvió al Mercedes y utilizó el teléfono.

—¿Cómo va eso? —preguntó.

Desde el pasillo de la segunda planta del National oyó una voz decir: «Aún estoy con la cerradura.»

De los cuatro hombres que había apostado dentro del hotel, quedaban dos. Uno estaba ahora al fondo del pasillo, cerca de los ascensores. Su tarea consistía en ver si alguien salía al segundo piso y giraba hacia el pasillo de la 252. Si eso ocurría tenía que adelantarlos y silbar una melodía para alertar al ladrón y que éste pudiera abandonar la puerta a tiempo.

Su colega aguardaba frente a la 252 con el ratero, el cual estaba aplicado a lo que mejor sabía.

—Avísame cuando estés dentro —dijo Grishin.

Diez minutos después la cerradura produjo un leve chasquido y cedió.

Grishin fue informado.

—Todos los papeles, todos los documentos. Haz fotos y luego déjalo como estaba —dijo.

El registro de la habitación de sir Nigel fue rápido y concienzudo. El ladrón empleó diez minutos en el cuarto de baño, luego salió y negó con la cabeza. Los cajones de la cómoda sólo contenían la previsible colección de corbatas, camisas, calzoncillos y pañuelos. Los de la mesilla de noche estaban vacíos; así como la pequeña maleta que había en lo alto del armario y los bolsillos de los dos trajes que había en su interior.

El ratero se agachó y musitó un satisfecho «Aaaah». El portafolios estaba debajo de la cama, justo en el centro para quedar fuera de la vista. El ladrón lo arrastró con una percha. Los números de la combinación le llevaron tres minutos.

Cuando levantó la tapa sintió frustración: había un sobre de plástico con cheques de viaje que normalmente se habría agenciado. Pero tenía otras órdenes. Una cartera con varias tarjetas de crédito y una factura del White's Club de Londres. Un pequeño frasco plateado cuyo licor despedía un aroma con el que no estaba familiarizado. Los bolsillos interiores del maletín contenían el billete de vuelta en avión de Moscú a Londres y un plano de Moscú. Escudriñó este último para ver si había algún lugar señalado, pero no encontró ninguno.

Lo fotografió todo con una cámara de bolsillo. El guardia que le acompañaba informó de los hallazgos al coronel Grishin.

—Tiene que haber una carta —dijo la metálica voz desde la calle, a quinientos metros de la habitación.

El ladrón volvió a examinar el portafolios y localizó el doble fondo. Había un sobre alargado de color crema que contenía una hoja de papel del mismo color, con el membrete en relieve del Patriarcado de Moscú y Todas las Rusias. Para asegurarse, lo fotografió tres veces.

—Poned todo en orden y marchaos —dijo Grishin.

Dejaron el portafolios exactamente como estaba antes, con la carta de nuevo en su sobre y éste en el compartimiento del doble fondo. Vuelto a cerrar, con los números en la misma secuencia, el portafolios fue empujado bajo la cama. Cuando la habitación recobró la apariencia de que nadie había entrado en ella, los dos hombres salieron.

La puerta del Silver Age se abrió y se cerró con un suave silbido. Grishin y cuatro hombres atravesaron el pequeño vestíbulo y apartaron las gruesas cortinas que conducían al comedor. El *maître* se les acercó presuroso.

—Lo siento, señores...

—Apártate —dijo Grishin sin siquiera mirarle a la cara.

El *maître* se sobresaltó, miró a los cuatro que acompañaban al hombre alto con abrigo negro y se hizo a un lado. Sabía cuándo podía haber problemas serios. Aquellos cuatro guardaespaldas podían ir vestidos de paisano, pero todos eran muy fornidos y sus caras revelaban que habían participado en más de una pelea. Incluso sin sus uniformes, el viejo *maître* adivinó que pertenecían a la Guardia Negra. Los había visto por televisión, batallones de brazos alzados saludando a su líder en el podio, y era lo bastante listo para saber que un camarero no debía meterse con un guardia negro.

El hombre que los mandaba escrutó el comedor hasta que su mirada se posó en dos extranjeros que estaban cenando al fondo del salón. Hizo señas a uno de sus hombres para que lo acompañara y a los otros tres para que se situaran en la puerta. Sabía que, de todos modos, no le hacían falta. El inglés joven podía ocasionar algún problema, pero sólo duraría unos segundos.

—¿Amigos suyos? —preguntó Vincent en voz baja. Sin armas, se sentía desnudo y se preguntó qué podría hacer con el cuchillo de sierra que tenía junto al plato. No mucho, se contestó mentalmente.

—Creo que son los caballeros cuyas prensas hiciste papilla hace unas semanas —dijo Irvine. Se limpió los labios. El pato estaba delicioso.

El hombre del abrigo negro se detuvo y se quedó mirándolos. El gorila se paró detrás de él.

—¿Sir Irvine? —preguntó Grishin en ruso.

Vincent tradujo.

—En realidad, sir Nigel. ¿A quién debo el honor?

—Déjese de juegos. ¿Cómo han entrado en el país?

—Por el aeropuerto.

—Mentira.

—Le aseguro, coronel (es el coronel Grishin, ¿verdad?) que mis papeles están en regla. Naturalmente, los tiene la recepción del hotel, si no se los enseñaría ahora mismo.

Grishin vaciló un momento. Cuando daba órdenes a alguno de los organismos estatales, con los sobornos oportunos a modo de respaldo, esas órdenes eran obedecidas. Pero siempre podía haber un fallo. Alguien pagaría por ello.

—Está usted interfiriendo en los asuntos internos de Rusia, inglés. Y eso no me gusta. Su títere americano, ese Monk, será apresado en breve y yo personalmente le ajustaré las cuentas.

—¿Ha terminado, coronel? Porque si es así, y puesto que parece que hablamos claro, permita que le sea franco.

Vincent tradujo rápidamente. Grishin no se lo podía creer. Nadie osaba hablarle de ese modo, y menos aún un viejo indefenso. Nigel Irvine dejó de contemplar su vaso de vino y miró a Grishin a los ojos.

—Es usted un individuo profundamente detestable, y el hombre al que sirve es, si cabe, más repugnante aún.

Vincent abrió la boca, la cerró otra vez y murmuró en inglés:

—Jefe, ¿le parece oportuno?

—Sea buen chico y traduzca.

Vincent así lo hizo. En la frente del coronel una vena latía rítmicamente. El matón que permanecía a su espalda parecía a punto de salirse de la camisa.

—El pueblo ruso —prosiguió Irvine como en una conversación normal— puede haber cometido algunos errores, pero no se merece, como de hecho no lo merece ningún país, unos canallas como ustedes.

Vincent se detuvo en «canalla», tragó saliva y empleó la palabra rusa *pizdyuk*. La vena saltona aumentó de ritmo.

—Resumiendo, coronel Grishin, hay bastantes posibilidades de que usted y su amo no lleguen a gobernar este gran país. La gente está empezando a desenmascararlos, y es posible que en cosa de un mes hayan cambiado de opinión respecto a ustedes. ¿Qué piensan hacer?

—Yo creo que empezaré por matarle a usted —dijo Grishin—. Dé por hecho que no saldrá con vida de Rusia.

Vincent tradujo y luego añadió en inglés:

—Creo que él tampoco.

En la sala se había hecho el silencio y los comensales de las mesas cercanas habían oído el intercambio de palabras en ruso entre Grishin y Irvine, Vincent mediante. Grishin no parecía preocupado por ello. Unos moscovitas en mitad de una cena no iban a interferir ni a recordar siquiera lo que habían presenciado. Los de Homicidios todavía buscaban sin rumbo a los asesinos del periodista londinense.

—No sé si es buena idea empezar por ahí —dijo Irvine.

Grishin le miró burlón.

—¿Y quién cree que le va a ayudar? ¿Estos cerdos?

La palabra no fue adecuada. Se oyó un golpe en la mesa de la izquierda. Grishin se volvió a medias. Alguien había clavado una reluciente navaja de resorte en la mesa; la hoja todavía temblaba. Podría haber sido el cuchillo de la carne, pero... A mano izquierda otro comensal retiró una servilleta blanca y debajo de ella apareció un Steyr de 9 mm.

Grishin dijo algo en voz baja al guardia negro que estaba detrás de él.

—¿Quiénes son ésos?

—Chechenos —susurró el guardia.

—¿Todos?

—Creo que sí —dijo Irvine, servicial, mientras Vincent traducía—. Y no les gusta nada que les llamen cerdos. Son musulmanes, ¿comprende? Y tienen muy buena memoria. Incluso se acuerdan de Grozny.

A la mención de su capital destruida, hubo un concierto de chasquidos metálicos a medida que entre los cincuenta comensales se iban soltando seguros. Siete pistolas apuntaban ahora a los tres guardias negros de la puerta del salón. El *maître* estaba agazapado detrás de la caja rezando para ver otra vez a sus nietos.

Grishin miró a sir Nigel.

—Le he subestimado, inglés. Pero no se repetirá. Salga de Rusia y no vuelva. Deje de meterse en nuestros asuntos internos. Y resígnese a no ver nunca más a su amigo yanqui.

Dio media vuelta y echó a andar hacia la puerta. Sus guardias le siguieron.

Vincent exhaló largamente.

—Usted conocía a los de la fiesta, ¿verdad?

—Bueno, confiaba en que mi mensaje hubiera sido recibido. ¿Nos vamos?

Brindó con lo que le quedaba de tinto.

—Caballeros, a su salud, con mi agradecimiento.

Vincent tradujo y luego se marcharon todos. Los chechenos rondaron cerca del hotel durante el resto de la noche, y a la mañana siguiente escoltaron a los extranjeros hasta Sheremetyevo, donde los ingleses embarcaron rumbo a Londres.

—Me da igual lo que me ofrezca, sir Nigel —dijo Vincent mientras el reactor de British Airways sobrevolaba el Moscova y viraba al oeste—. No pienso volver a Moscú.

—Me parece muy bien, porque yo tampoco.

—¿Y el americano?

—Ah, me temo que sigue ahí abajo en alguna parte. Viviendo al límite, siempre al límite. Es un hombre muy especial.

Umar Gunáyev entró sin llamar. Monk estaba sentado ante una mesa, estudiando un mapa a gran escala de Moscú.

—Tenemos que hablar —dijo el líder checheno.

—¿No está contento? —repuso Monk—. Vaya, lo siento.

—Sus amigos se han ido ya. Pero lo de anoche en el Silver Age fue una locura. Accedí porque estaba en deuda con usted. Pero la deuda es sólo mía. Mis hombres no tienen por qué arriesgar la piel porque sus amigos quieran jugar con fuego.

—Lo lamento. Ese hombre vino a Moscú para una entrevista muy importante. Nadie más podía hacerlo salvo él. Por eso lo hizo. Lamentablemente, Grishin descubrió que estaba en Moscú.

—Entonces debería haber permanecido en el hotel. Allí habría estado razonablemente a salvo.

—Al parecer necesitaba ver a Grishin, hablar con él.

—¿Hablar con él de ese modo? Yo estaba a tres mesas de ellos. Casi le pide que le mate allí mismo.

—Yo tampoco lo entiendo, Umar. Pero ésas fueron sus instrucciones.

—Jason, en este país hay dos mil quinientas empresas de seguridad, y de ellas ochocientas en Moscú. Podría haber contratado a cincuenta hombres en alguna de ellas.

Con el aumento de la delincuencia organizada, otra de las industrias florecientes era la de los guardias privados. Las cifras de Gunáyev eran bastante exactas. Las diversas empresas de seguridad conseguían a sus empleados prácticamente en las mismas unidades; había ex miembros del ejército, de la infantería de la marina, de las Fuerzas Especiales, de los paracaidistas, de la policía, del KGB, todos contratables.

En 1999 la cifra total de empleo en toda Rusia era de ochocientos mil hombres, y un tercio de ellos en Moscú. En teoría la milicia era la autoridad encargada de dar las licencias correspondientes y tenía la obligación de verificar a todas las personas en nómina, sus posibles antecedentes penales, sentido de la responsabilidad, armas que portaban, etc. Eso en teoría. En la práctica un sobre adecuado podía proporcionar todas las licencias necesarias. Tan útil era la tapadera de «empresa de seguridad» que las bandas se limitaban a registrar sus propias compañías de modo que cualquier matón de la ciudad pudiese mostrar un documento de identificación para justificar lo que llevaba bajo la axila izquierda.

—Un problema, Umar, es que son sobornables. Saben que pueden doblar su sueldo hablando con Grishin, cambiar de bando y hacer el trabajo ellos mismos.

—O sea que utiliza a mis hombres porque sabe que no le traicionaran.

—No me quedaba otra alternativa.

—¿Se da cuenta de que Grishin sabe ahora quién le ha estado protegiendo? Si antes se le pudo engañar, ya no. La vida se pondrá muy difícil a partir de ahora. Ya me han llegado rumores de que los Dolgoruki han recibido aviso de aprestarse para una guerra de bandas. Y lo último que yo necesito es una guerra de bandas.

—Si Komárov llega al poder, los Dolgoruki no serán el principal problema para usted.

—¿Qué demonios ha organizado con su maldito documento negro?

—Sea lo que sea, ya no podemos pararlo, Umar.

—¿Podemos? ¿A qué viene el plural? Usted vino en busca de ayuda. Necesitaba refugio. Yo le ofrecí mi hospitalidad. Es lo normal entre mi gente. Y ahora me enfrento a la amenaza de una guerra abierta.

—Puedo intentar atajarla.

—¿Sí? ¿Cómo?

—Hablando con el general Petrovsky.

—¿Ese chequista? ¿Sabe el daño que él y su GUVD han hecho a mis negocios? ¿Sabe cuántas redadas ha hecho en mis clubes, mis burdeles, mis casinos?

—Petrovsky odia a la mafia más de lo que le odia a usted. Yo también he de ver al patriarca. Sólo una vez más.

—¿Para qué?

—Necesito hablar con él. Pero necesitaré ayuda para salir.

—Nadie sospecha de él. Vístase de sacerdote como la otra vez y vaya a verle.

—Es más complicado de lo que parece. Creo que el inglés utilizó la limusina del hotel. Si Grishin comprueba las fichas, y seguramente lo hará, descubrirá que el inglés fue a visitar al patriarca. La casa de Chisti Pereulok podría estar vigilada.

Umar meneó la cabeza con escepticismo.

—Sabe una cosa, amigo, ese inglés está como una cabra.

El coronel Grishin estaba sentado a su mesa examinando la fotografía ampliada, con absoluta satisfacción. Finalmente pulsó un botón del interfono.

—Señor presidente, necesito hablar con usted un momento.

—Está bien.

Igor Komárov estudió la fotografía de la carta encontrada en el portafolios de sir Nigel. No había duda de que el papel era del patriarcado y que empezaba diciendo «Su Alteza Real.» La firma y el sello eran los de Alexei II.

—¿Qué es esto?

—Señor presidente, la conspiración extranjera está bien clara. Consta de dos partes. Aquí en Rusia, se trata de desestabilizar su campaña electoral, de difundir la alarma y el desaliento a base de enseñar su manifiesto privado a determinadas personas.

»Eso ha tenido como consecuencia la voladura de las prensas, la presión de los bancos para acabar con los programas de televisión y la denuncia por parte de ese general imbécil. Los perjuicios han sido importantes, pero eso no impedirá su victoria final.

»La segunda parte es a su modo más peligrosa aún. Pretende sustituirle a usted por una restauración del trono de Todas las Rusias. Por su propio egoísmo, el patriarca ha tragado el anzuelo. Eso es una carta personal suya a cierto príncipe que vive en Occidente, dando apoyo a la idea de restauración y conviniendo en que si esto se acepta, la Iglesia propondrá que la invitación sea dirigida a ese hombre.

—¿Y cuál es su propuesta, coronel?

—Muy simple, señor presidente. Sin candidato, la conspiración queda en nada.

—¿Conoce a algún hombre que pueda... desanimar a este noble caballero?

—Decididamente sí. Es muy bueno, y habituado a trabajar en Occidente. Habla varios idiomas. Trabaja para los Dolgoruki, pero se le puede contratar. Su último trabajo tuvo que ver con dos renegados de la mafia a quienes se había encargado depositar en Londres veinte millones de dólares pero que decidieron quedárselos. Los encontraron hace dos semanas en un piso en Wimbledon, cerca de Londres.

—Entonces creo que requeriremos sus servicios, coronel.

—Yo me encargo de eso, señor presidente. Antes de diez días no quedará ningún candidato.

«Después —pensó Grishin mientras volvía a su despacho—,

una vez en su féretro de mármol el príncipe de sir Nigel y Jason Monk localizado por FAPSI y ahorcado en un sótano, enviaremos a sir Nigel Irvine un paquete de fotografías que le van a estropear de verdad las Navidades.»

El jefe del GUVD había terminado su cena y estaba sentado con su hija en el regazo viendo dibujos animados cuando sonó el teléfono. Contestó su esposa.

—Es para ti.

—¿Quién es?

—Sólo ha dicho «el americano».

El general de la milicia depositó a Tatiana en el suelo y se puso en pie.

—Iré a mi despacho.

Una vez cerrada la puerta, cogió el auricular y oyó el clic de su mujer al colgar el supletorio.

—Diga.

—¿General Petrovsky?

—Sí.

—Hablamos el otro día.

—Ya.

—Tengo cierta información que podría serle de utilidad. ¿Tiene papel y lápiz?

—¿Desde dónde habla?

—De una cabina. No tengo mucho tiempo. Dése prisa, por favor.

—Adelante.

—Komárov y Grishin han convencido a sus amigos de la mafia Dolgoruki para que se lancen a una guerra de bandas. Van a desafiar a la mafia chechena.

—Los chacales comiéndose los unos a los otros.

—Sólo que una delegación del Banco Mundial está en Moscú negociando la próxima remesa de créditos. Si las calles se convierten en un campo de batalla el presidente en funciones, que tratará de quedar bien a ojos del mundo y de sus posibles votantes, se enfadará mucho. Podría preguntarse por qué ocurre eso precisamente ahora.

—Continúe.

—Seis direcciones. Anótelas, por favor.

Monk las fue dictando mientras el general tomaba nota.

—¿De qué son?

—Las dos primeras son arsenales de los Dolgoruki. La tercera es un casino; en el sótano guardan la mayoría de su documentación financiera. Las tres últimas son almacenes; en ellos hay mercancía de contrabando por valor de veinte millones de dólares.

—¿Cómo ha sabido todo esto?

—Tengo amigos en los barrios bajos. ¿Conoce a estos dos oficiales? —Monk le dio los nombres.

—Naturalmente. Uno trabaja a mis órdenes y el otro es jefe de brigada de las SOBR. ¿Por qué?

—Ambos están en la nómina de los Dolgoruki.

—Le conviene estar en lo cierto, americano.

—Descuide. Si quiere organizar alguna redada, yo daría el aviso con poca antelación y dejaría fuera a esos dos.

—Sé muy bien cómo hacer mi trabajo.

El teléfono enmudeció. Petrovsky colgó el auricular. Si aquel extraño agente extranjero tenía razón, su información era valiosísima.

El general no tenía alternativa: o dejar que las bandas sembraran las calles de muertos, u organizar una serie de golpes contra el principal sindicato mafioso en un momento en que la presidencia podía dignarse a felicitarle efusivamente. Tenía tres mil soldados básicamente jóvenes e impacientes de las Fuerzas de Intervención Rápida, las SOBR, a su disposición. Si el americano acertaba aunque fuera la mitad sobre Igor Komárov y sus planes una vez en el poder, en la nueva Rusia no habría lugar para él, para sus brigadas antibanda ni para sus tropas. El general volvió a la salita.

Los dibujos animados habían terminado. Ya no podría saber si el Coyote tenía Correcaminos para cenar o no.

—Me marcho a la oficina —le dijo a su mujer—. Estaré allí toda la noche y buena parte de la mañana.

En invierno las autoridades moscovitas suelen anegar los senderos del parque Gorki con agua que, al congelarse, crea la mayor pista de hielo del país. Tiene varios kilómetros de extensión y es muy popular entre los moscovitas de todas las condiciones y edades, que suelen llevar sus trineos y su vodka a fin de olvidarse un rato de sus preocupaciones evolucionando por el hielo.

Algunos paseos quedan exentos de hielo y se convierten en pequeños aparcamientos para coches. Fue en uno de éstos donde dos hombres, convenientemente protegidos del frío, se encontraron diez días antes de Navidad. Cada cual abandonó su coche y caminó hasta el borde de los árboles, de cara a la superficie de hielo donde los patinadores practicaban su deporte.

Uno era el coronel Anatoli Grishin y el otro un hombre solitario a quien en el ambiente del hampa se conocía por Mekhanik (el Mecánico). Si bien en Rusia abundaban los asesinos a sueldo, algunas bandas mafiosas, en particular la Dolgoruki, consideraban al Mecánico algo muy especial. En realidad era un ucranio ex comandante del ejército quien años atrás había sido promovido a las Fuerzas Especiales de la Spetsnaz y de allí al espionaje militar, la GRU. Tras pasar por la escuela de idiomas, había tenido dos destinos en Europa occidental. Posteriormente, al dejar el ejército, había comprendido que podía explotar sus conocimientos de inglés y francés, su habilidad para desenvolverse en sociedades que la mayoría de los rusos consideraba extrañas y foráneas, y su falta de escrúpulos a la hora de matar a otros seres humanos.

—Creo que usted quería verme —dijo.

Sabía quién era el coronel Grishin y también que de haber sido para un trabajo dentro de Rusia el jefe de Seguridad de la UFP no le habría llamado. Dentro de la Guardia Negra, y no digamos de la mafia que apoyaba al partido, había matones suficientes a los que sólo había que dar una orden. Pero trabajar en el extranjero era distinto.

Grishin le entregó una fotografía. El Mecánico la miró y la volvió. Un nombre y la dirección de una casa solariega, en Occidente, escritos a máquina en el reverso.

—Un príncipe —murmuró—. Vaya, estoy subiendo de categoría.

—Ahórrese el sentido del humor —dijo Grishin—. El blanco es fácil. No hay seguridad personal digna de ese nombre. Será el veinticinco de diciembre.

El Mecánico reflexionó. Demasiado precipitado. Necesitaba hacer preparativos. Si estaba vivo era porque siempre tomaba meticulosas precauciones, y eso requería tiempo.

—El día de Año Nuevo —dijo al fin.

—Está bien. Cuál es su precio.

El Mecánico dio una cifra.

—De acuerdo.

Penachos de aliento condensado salían de las bocas de ambos hombres. El Mecánico recordaba haber visto en televisión un mitin religioso en el que un joven y carismático sacerdote había clamado por el retorno a Dios y el zar. Así que eso tramaba Grishin. Lamentó no haber doblado el precio.

—¿Eso es todo? —preguntó.

—A menos que necesite más datos.

El verdugo se guardó la fotografía en el bolsillo.

—No —dijo—, con esto me basta. Ha sido un placer, coronel.

Grishin retuvo al hombre por el brazo. El Mecánico miró la mano enguantada hasta que la presión cedió. No le gustaba que lo tocaran.

—Que no haya errores, ni en el blanco ni en la fecha.

—Yo no cometo errores, coronel, o usted no me lo habría encargado. Le mandaré por correo el número de mi cuenta en Liechtenstein. Que tenga un buen día.

A primera hora de la mañana siguiente, en la pista de hielo del parque Gorki el general Petrovsky practicó seis redadas simultáneas.

Los informadores habían sido invitados a una cena privada en el club de oficiales, en el cuartel de las SOBR, donde el vodka corrió lo suficiente para dejarlos totalmente ebrios. Se les había proporcionado un sitio donde dormir la borrachera. Y para asegurarse, cada puerta tenía un guardia.

El «ejercicio» táctico organizado durante el día había sido convertido en algo real antes de la medianoche. Para entonces los soldados y sus camiones habían sido recluidos en una serie de garajes cerrados. A las dos de la madrugada los conductores y los jefes de destacamento habían recibido los detalles de su misión y las direcciones que precisaban. Por primera vez en meses, la sorpresa había sido absoluta.

Ninguno de los tres almacenes había sido un problema. Cuatro guardias habían tratado de resistirse, siendo abatidos a balazos. Otros ocho se habían rendido justo a tiempo. Los almacenes habían dado diez mil cajas de vodka de importación, todas sin los aranceles precisos, llegadas de Finlandia y Polonia en los dos meses anteriores. La falta de trigo había obligado al mayor consumidor de vodka del mundo a importar su propio alcohol, con unos precios hasta tres veces más altos que en los países de fabricación. Se incautaron asimismo de lavavajillas, lavadoras automáticas, televisores, vídeos y ordenadores, todos de Occidente y todos de contrabando.

Los dos arsenales proporcionaron armas suficientes para equipar a todo un regimiento de infantería, desde rifles de asalto corrientes hasta cohetes anticarro y lanzallamas.

Petrovsky dirigió personalmente la redada en el casino, que aún estaba repleto de jugadores que huyeron gritando hacia las sombras de la noche. El gerente no dejó de alegar que su negocio era perfectamente legal, hasta que el escritorio de su despacho fue retirado, levantada la alfombra y descubierta la trampilla que daba al sótano. Entonces se desmayó.

A media mañana tropas de las SOBR seguían sacando cajas de documentos financieros que fueron trasladadas en furgones a la sede del GUVD, en el número 6 de la calle Shabolovka, para ser analizadas.

A mediodía dos generales del Presídium del MVD, situado a quinientos metros de allí, habían telefoneado para expresar su felicitación.

La noticia fue difundida por los boletines radiofónicos de la mañana y hacia la una el telediario pasó un reportaje completo sobre el particular. El número de víctimas entre los gángsters, anunció el locutor, se elevaba a dieciséis, mientras que en las Fuerzas de Intervención Rápida las víctimas se limitaban a un herido grave con una bala en el estómago y uno con un ligero rasguño. Habían sido detenidos veintisiete mafiosos, de los cuales siete estaban en el hospital y otros dos prestando declaración en la sede del

GUVD. Esto último no era en realidad sino una falsa información distribuida a los medios por el propio Petrovsky a fin de hacer cundir el pánico entre los dirigentes del clan Dolgoruki.

La reunión de la cúpula mafiosa, en una suntuosa dacha muy bien protegida a más de dos kilómetros del puente Arkangelskoye sobre el Moscova, estuvo presidida por una sensación de temor. La única emoción más allá del temor era la ira. La opinión mayoritaria era que el elemento de sorpresa absoluta logrado por las SOBR y la exactitud de sus conocimientos apuntaban en la dirección de una grave filtración. Durante las deliberaciones se supo incluso que corría el rumor de que el origen de la filtración era un indiscreto oficial de alta graduación perteneciente a la Guardia Negra. Teniendo en cuenta los muchos millones que la Dolgoruki había invertido en la campaña de Komárov, eso no les hizo ninguna gracia. No sabían que el rumor había sido en realidad iniciado por los chechenos a sugerencia de Monk. Sin embargo, los jefes del clan acordaron que antes de pasar más dinero a la UFP, sus dirigentes tendrían que dar una explicación satisfactoria.

Hacia las tres Umar Gunáyev, celosamente escoltado por su personal de seguridad, fue a visitar a Monk, quien esta vez estaba alojado con una familia chechena en un pequeño piso al norte del Centro de Exposiciones del parque Sokolniki.

—No sé cómo lo ha conseguido, amigo mío, pero anoche explotó una bomba de las grandes.

—Es un asunto de interés propio —dijo Monk—. Petrovsky tenía mucho interés en complacer a sus superiores, incluido el mismísimo presidente en funciones, durante la semana en que la delegación del Banco Mundial estaba de visita. Eso es todo.

—Está bien. Sea como sea, la Dolgoruki ya no está en situación de hacerme la guerra. Tardarán semanas en recuperarse.

—Y en localizar la filtración dentro de la Guardia Negra —le recordó Monk.

Umar Gunáyev le lanzó al regazo un ejemplar de *Segonya.*

—Mire la página tres —dijo.

Había un informe de las principales empresas rusas de encuestas de opinión según el cual el apoyo a la UFP estaba en un cincuenta y cinco por ciento e iba de baja.

—Los sondeos se hacen principalmente en las ciudades —dijo Monk—. Por comodidad y conveniencia. Komárov tiene más fuerza en las ciudades. La clave estará en los millones de personas de las zonas rurales.

—¿De veras cree que Komárov puede resultar derrotado en las urnas? —preguntó Gunáyev—. Hace seis semanas eso habría sido imposible.

—No lo sé —dijo Monk.

No era momento de explicarle al líder checheno que la derrota electoral no era lo que sir Nigel Irvine había estado planeando. Se acordó del viejo jefe de espías, considerado aún en el mundo del Gran Juego como el último practicante del engaño por desinformación, sentado en la biblioteca de Castle Forbes con la biblia de la familia abierta ante él y diciéndole: «La clave es Gedeón, muchacho. Piense como Gedeón.»

—Está pensando en las musarañas —le dijo Gunáyev. Monk volvió en sí.

—Discúlpeme. Esta noche he de ver al patriarca por última vez. Necesitaré su ayuda.

—¿Para entrar?

—Para salir. Es muy probable que Grishin tenga la casa vigilada, como ya le dije. Con un hombre basta, pero ese hombre tendrá que pedir refuerzos mientras yo esté dentro.

—Pues será mejor que empecemos a organizarlo —dijo Gunayev.

El coronel Grishin estaba en su apartamento a punto de acostarse cuando sonó el teléfono. Reconoció la voz sin necesidad de presentaciones.

—Ha venido. Está aquí otra vez.

—¿Quién?

—El americano. Ha vuelto. Ahora está con Su Santidad.

—¿Sospecha algo?

—No lo creo. Ha venido solo.

—¿Vestido de sacerdote?

—No. Va todo de negro, pero de paisano. Parece que el patriarca le esperaba.

—¿Dónde está usted?

—En la despensa, preparando café. Debo irme ahora.

La comunicación se interrumpió. Grishin hizo intentos de dominar su euforia. El odiado agente norteamericano estaba casi en sus manos. Esta vez no sería como en Berlín. Grishin telefoneó al jefe del núcleo secreto de la Guardia Negra.

—Necesito diez hombres, tres coches y mini Uzis. Enseguida. Bloquee los dos extremos de la calle Chisti Pereulok. Nos veremos allí dentro de media hora.

Eran las doce y media de la noche.

A la una y diez Monk se incorporó de la silla y dio las buenas noches al patriarca.

—No creo que volvamos a vernos, Santidad. Sé que hará cuanto esté en su mano por el país y el pueblo a los que tanto ama.

Alexei II se incorporó también y le acompañó a la puerta.

—Con la gracia de Dios, lo intentaré. Adiós, hijo. Que los ángeles le guarden.

De momento, pensó Monk mientras bajaba las escaleras, tendría que arreglárselas con unos cuantos guerreros del Cáucaso septentrional.

El rollizo ayudante estaba, como de costumbre, esperándolo con su abrigo.

—No, gracias, padre —dijo. Lo último que necesitaba ahora era una prenda que le obstaculizara correr.

Sacó su teléfono móvil y tecleó un número. Le respondieron a la primera señal.

—Monakh —dijo Monk.

—Quince segundos —contestó una voz. Monk reconoció a Magomed, el jefe de los hombres que Gunáyev había asignado para protegerle. Monk abrió la puerta de la calle unos quince centímetros y se asomó.

Calle abajo había un Mercedes esperando bajo una farola de luz mortecina. Dentro había cuatro hombres, uno al volante y tres armados con pistolas ametralladoras Uzi. El blanco penacho que se elevaba de la parte posterior indicaba que el motor estaba en marcha. En la dirección opuesta Chisti Pereulok desembocaba en una pequeña plaza. Esperando en las sombras de la misma había otros dos coches negros. A pie o sobre cuatro ruedas, cualquiera que pretendiera salir del callejón caería en la emboscada.

Por el extremo donde esperaba el solitario Mercedes se aproximó otro vehículo, con su luz amarilla de taxi encendida sobre el parabrisas. Los hombres apostados lo dejaron pasar. Iba a recoger a su objetivo. Mala suerte para el taxista; él también moriría. El taxi llegó a la altura del Mercedes y se oyó un doble tintineo cuando dos objetos de metal del tamaño de sendos pomelos cayeron al helado pavimento y rodaron bajo el Mercedes. Cuando el taxi había superado a éste unos diez metros, tras la puerta que ahora estaba abierta un par de centímetros, oyó el ruido sordo de las dos granadas al explotar. Simultáneamente un furgón de reparto avanzó hacia el extremo que daba a la plaza, se cruzó en la entrada y se detuvo. El conductor saltó de la cabina y echó a correr callejón adentro.

Monk saludó con un gesto al tembloroso sacerdote, abrió la puerta del todo y salió a la calle. El taxi se encontraba casi enfrente de él, con la puerta de atrás abierta. Se lanzó al interior. Del asiento delantero surgió un poderoso brazo que le sujetó. El conductor del furgón regresó corriendo un segundo después.

Marcha atrás, el taxi volvió por donde había llegado. Parapetado tras el furgón inmóvil alguien disparó una ráfaga desde el suelo con una pistola ametralladora. Entonces estallaron las dos bombas colocadas bajo el chasis del furgón y el tiroteo cesó.

Uno de los hombres de Grishin había logrado salir del Mercedes y se tambaleaba junto a la puerta de atrás, intentando empuñar su arma. El parachoques posterior del taxi le golpeó en la pantorrilla derribándolo violentamente.

Fuera ya del callejón, el taxi torció, derrapó en el hielo, recuperó el control, puso la primera y salió disparado. En ese momento el depósito del Mercedes hizo explosión y acabó el trabajo.

Magomed se volvió en el asiento de delante y Monk pudo ver el destello de sus blancos dientes bajo el bigote zapatista.

—Con vosotros los amerikanets la vida es emocionante.

En la placita del otro extremo del callejón el coronel Grishin contempló el destrozado furgón que bloqueaba el acceso. Dos de sus hombres yacían sin vida bajo el vehículo, muertos por dos pequeñas cargas arrojadas bajo el chasis y accionadas desde el taxi. Al volverse vio su otro coche ardiendo al fondo de Chisti Pereulok. El coronel cogió su teléfono móvil y tecleó siete números. Oyó cómo el móvil al que había llamado sonaba dos veces. Una voz atenazada de pánico respondió:

—*Da?*

—Se ha escapado. ¿Tiene lo que quiero?

—*Da.*

—El sitio de siempre. A las diez.

La pequeña iglesia de Todos los Santos de Kulishki estaba casi vacía a esa hora.

El padre Máxim permanecía de pie junto a la pared de la derecha, sosteniendo una vela chorreante comprada en la tienda contigua al portal, cuando el coronel Grishin apareció detrás de él.

—El americano consiguió escapar —masculló.

—Lo siento. Hice lo que pude.

—¿Cómo se enteró de que le esperábamos fuera?

—Parecía sospechar que la residencia estaba vigilada. —Como de costumbre, el sacerdote estaba sudando—. Sacó un teléfono móvil y llamó a alguien.

—Empiece por el principio.

—Llegó a las doce y diez. Yo estaba a punto de acostarme. Su Santidad estaba levantado y trabajando en su despacho. Suele hacerlo a esa hora. Sonó el timbre de la calle, pero yo no lo oí. Estaba en mi cuarto. El guardia cosaco fue a abrir. Luego oí voces, salí de mi habitación y entonces le vi de pie en el vestíbulo.

»Oí que Su Santidad llamaba desde arriba. "Haga entrar al caballero", dijo. Luego se inclinó sobre el pasamanos, me vio y pidió que le subiera café. Volví a la despensa y le telefoneé a usted.

—¿Cuánto tiempo pasó hasta que fue a la habitación?

—No mucho. Unos minutos. Procuré darme prisa para perderme lo menos posible. Debí de tardar unos cinco minutos.

—¿Y la grabadora que le di?

—La encendí antes de entrar con el café. Dejaron de hablar al llamar yo a la puerta. Mientras les dejaba el café cayeron unos terrones de azúcar al suelo y me arrodillé para recogerlos. Su Santidad dijo que no me molestara, pero yo insistí y entonces deslicé la grabadora debajo del escritorio. Luego me fui.

—¿Y al final?

—El hombre bajó solo las escaleras. Yo le esperaba con su abrigo, pero él dijo que no lo quería. El cosaco estaba en su cuarto junto a la puerta. Me pareció que el americano estaba nervioso. Sacó un teléfono portátil y marcó un número. Alguien le respondió, y él sólo dijo: «Monakh.»

—¿Nada más?

—No, coronel, sólo Monakh. Luego escuchó. No pude oír la respuesta porque él tenía el teléfono pegado a la oreja. Después de esperar un momento, abrió un poco la puerta de la calle y se asomó. Yo tenía su abrigo en la mano.

Grishin reflexionó. El viejo inglés podía haberle dicho a Monk que habían seguido la pista de la limusina del hotel. Eso habría bastado para que el norteamericano sospechara que la residencia estaba vigilada.

—Continúe, padre.

—Oí el motor de un coche y luego dos explosiones. El americano abrió la puerta y echó a correr. Después oí un tiroteo y me aparté de la puerta.

Grishin asintió. El norteamericano era listo, pero él ya lo sabía. Había adivinado la respuesta correcta por motivos equivocados. Él, Grishin, tenía efectivamente vigilada la residencia del patriarca, pero desde el interior, por medio de aquel fantoche de sacerdote.

—¿Y la cinta?

—Cuando se produjeron las explosiones en la calle, el cosaco salió con su pistola. El americano había huido dejando la puerta abierta. El cosaco se asomó, gritó «asesinos» y cerró de un portazo. Yo corrí arriba justo cuando Su Santidad salía de la biblioteca para asomarse a la escalera y preguntar qué pasaba. Mientras él estaba allí yo fui a recoger las tazas de café y la grabadora.

Sin pronunciar palabra el coronel extendió la mano. El padre Máxim hurgó en un bolsillo de su sotana y extrajo una pequeña cinta de las que llevan los magnetófonos diminutos como el que Grishin había entregado al sacerdote en su última entrevista.

—Espero haberlo hecho bien —dijo el cura, tembloroso.

Grishin sintió ganas de estrangular a aquel idiota con sus propias manos, y no era la primera vez. Quizá algún día...

—Ha hecho exactamente lo que había que hacer, padre —dijo—. Lo ha hecho extraordinariamente bien.

En el coche, camino de su despacho, el coronel Grishin volvió a mirar la cinta. Había perdido ya seis de sus mejores hombres, además de a su presa. Pero tenía en sus manos la grabación de todo lo que el maldito americano le había dicho al patriarca, y viceversa. Algún día, se juró, ambos pagarían sus crímenes. De momento, por lo que le concernía a él, la jornada iba a terminar mejor de lo que había empezado.

18

El coronel Anatoli Grishin pasó el resto de la mañana, la hora del almuerzo y parte de la tarde encerrado en su despacho escuchando la grabación de la entrevista entre el patriarca Alexei II y Jason Monk. Había ciertos pasajes confusos, tintineo de tazas al ser removido el café, pero en general se oía con bastante claridad.

La cinta empezaba con el sonido de una puerta al abrirse, el padre Máxim entrando con el café. Los sonidos se oían amortiguados porque en ese momento la grabadora estaba en un bolsillo de su sotana. Grishin oyó la bandeja al ser depositada en la mesa, y luego una voz que decía: «No se moleste.» Había una respuesta igualmente amortiguada al arrodillarse el padre Máxim para recoger los terrones de azúcar.

La calidad de sonido mejoraba cuando Máxim colocaba la diminuta grabadora bajo el escritorio. La voz del patriarca se oía con claridad diciéndole al sacerdote: «Gracias, padre, puede retirarse.» Luego, silencio hasta que se oía cerrarse una puerta, el informador que se iba. Después el patriarca: «Bien, ahora ya puede explicar el motivo de su visita.» Monk empezaba a hablar. Grishin pudo distinguir el ligero acento nasal del norteamericano en su ruso perfecto. Empezó a tomar notas. Escuchó tres veces la conversación antes de redactar una transcripción literal. Aquél no era trabajo para ningún secretario, por más fiable que fuera. Grishin fue llenando página tras página con su pulcra caligrafía cirílica. A veces hacía una pausa, retrocedía, aguzaba el oído y reanudaba sus anotaciones. Cuando estuvo seguro de tenerlo todo, dejó de escribir.

Se oía el arrastrar de una silla, y luego la voz de Monk diciendo: «No creo que volvamos a vernos, Santidad. Sé que hará cuanto esté en su mano por el país y el pueblo a los que tanto ama.» Pisadas cruzaban la alfombra. De lejos, cuando llegaban a la puerta, se oía la respuesta del patriarca: «Con la gracia de Dios, lo intentaré.» La puerta debió de cerrarse al salir Monk. Grishin oyó cómo Alexei volvía a tomar asiento. Diez segundos después, la cinta llegaba al final.

Grishin se retrepó en su sillón y meditó sobre lo que había estado escuchando. Las noticias eran todo lo malas que uno podía imaginar. Cómo un solo hombre, se preguntó, podía ocasionar tantos perjuicios era algo difícil de entender. La clave, por supuesto, era la estupidez del difunto N. I. Akópov al dejar el manifiesto al alcance de un ladrón. El daño producido por aquel único fallo era incalculable.

Monk, era obvio, había llevado la voz cantante. Las primeras intervenciones de Alexei II habían sido para señalar que comprendía y aprobaba. Su contribución personal aparecía hacia el fin de la cinta.

El norteamericano no había estado ocioso. Decía que inmediatamente después de Nochevieja se iniciaría una campaña destinada a destruir las posibilidades electorales de Igor Komárov por todo el país mediante un proceso de desacreditación masiva. Tal proceso constaba de tres elementos básicos, promovidos por Monk.

Primero, el general Nikolai Nikoláiev ofrecería una serie de entrevistas en radio, prensa y televisión en las cuales iba a criticar a la UFP, haciendo un llamamiento a todos los militares y ex militares para que votasen a otro partido. Había veinte millones de veteranos entre los ciento diez millones de votantes censados. El daño que aquel hombre podía originar era inimaginable.

Segundo, la suspensión de toda la publicidad favorable a Komárov ejercida por las dos cadenas comerciales de televisión; ésta era obra de los banqueros, de los cuales tres de cada cuatro eran judíos, y el líder e inspirador era Leonid Bernstein, del Moskovsky Federal.

La tercera contribución de Monk tenía que ver con la mafia Dolgoruki. Grishin los consideraba desde siempre pura escoria y futura carne de cañón para los campos de trabajo. Pero, de momento, su respaldo financiero era vital. Ningún político podía aspirar a la presidencia de Rusia sin una campaña a nivel nacional que costaba trillones de rublos. El pacto secreto con la más poderosa y próspera mafia al oeste de los Urales había significado una mina de oro, excediendo con mucho a todo lo que cualquier otro candidato podía conseguir. Algunos habían arrojado ya la toalla, incapaces de hacer frente al despliegue de la UFP.

Las seis redadas efectuadas al amanecer del día anterior habían sido desastrosas para el clan Dolgoruki, pero ninguna tanto como el hallazgo de los documentos financieros. El GUVD difícilmente podía haber accedido a esa información. La traición de una mafia rival parecía la respuesta más obvia, pero en el mundo cerrado de los gángsters nadie, pese a las luchas intestinas, habría sido capaz de chivarse al GUVD. Y sin embargo ahí estaba Monk informando al patriarca sobre el origen de la filtración, un repugnante oficial renegado de alta graduación perteneciente a la Guardia Negra.

Si los Dolgoruki llegaban a probar semejante cosa —y Grishin sabía que corrían rumores, rumores que él había negado tajantemente—, la alianza podía darse por terminada. Para empeorar las cosas, la cinta revelaba que un equipo de contables había comenzado ya a trabajar en los papeles encontrados en el casino, y que para Nochevieja confiaban poder demostrar los vínculos económicos entre mafia y UFP. El informe iría directamente al despacho del presidente en funciones. Durante el mismo período, el general Petrovsky, hombre imposible de sobornar o intimidar, seguiría presionando a la mafia Dolgoruki con sucesivas redadas. Si estas redadas de la milicia se producían, nada iba a convencer al clan Dolgoruki de que detrás del GUVD no había una fuente de la Guardia Negra.

La intervención del patriarca, tal como se anunciaba hacia el final de la cinta, era quizá la más potencialmente peligrosa. El presidente en funciones, Iván Markov, celebraría el Año Nuevo con su familia lejos de Moscú y regresaría el 3 de enero. Ese mismo día recibiría al patriarca, quien pretendía interceder personalmente para que Markov invalidara la candidatura de Igor Komárov por considerarlo «persona indigna». Con la evidencia del vínculo con el hampa proporcionada por Petrovsky y la intervención personal del patriarca de Moscú y Todas las Rusias, el presidente en funciones no tendría el menor inconveniente en acceder. No había que olvidar que él mismo era candidato y no le hacía ninguna gracia enfrentarse a Komárov en las urnas.

Cuatro traidores, meditó Grishin. Cuatro traidores a la Nueva Rusia que debía ver la luz a partir del 16 de enero, con él mismo a la cabeza de un cuerpo de elite formado por doscientos mil guardias negros dispuestos a cumplir las órdenes del líder. Muy bien, él se había pasado la vida atrapando traidores; sabía cómo tratarlos.

Escribió a máquina una copia de su propia transcripción a mano y pidió al presidente Komárov dos horas ininterrumpidas de su tiempo para aquella misma tarde.

Jason Monk había dejado el piso del parque Sokolniki y estaba instalado en otro desde cuyas ventanas podía ver la media luna en lo alto de la mezquita donde había conocido a Magomed, el hombre que ahora se ocupaba de protegerlo pero que aquel día habría podido matarle fácilmente.

Monk tenía que enviar un mensaje a sir Nigel Irvine, el antepenúltimo según el plan del anciano inglés. Lo tecleó en su ordenador portátil, como había hecho con los mensajes anteriores. Al terminar, pulsó el botón «codificar» y el mensaje desapareció de la pantalla, encriptado en los bloques de números del *one-time pad* y archivado en el disco flexible a la espera de que pasase el satélite de InTelCor.

Monk no necesitaba estar pendiente de ello. Las pilas estaban cargadas y el ordenador conectado, esperando la conexión con el ComSat que surcaba el espacio.

No conocía a Ricky Taylor, natural de Columbus, Ohio, ni le conocería nunca. Pero aquel granujiento adolescente le salvó probablemente la vida.

Ricky tenía diecisiete años y era un apasionado de los ordenadores, uno de esos jóvenes con disfunciones producto de la era de la informática que se pasan la vida ante una pantalla fluorescente. Desde su primer PC a los siete años, Ricky había ido superando los diversos estadios de aprendizaje hasta que los desafíos admitidos se le agotaron y ya sólo lo prohibido por la ley despertaba en él estímulo suficiente, ese «colocón» periódico de todo verdadero adicto. Para Ricky no existía el suave ritmo del paso de las estaciones, ni la camaradería entre compañeros, ni siquiera interés por las chicas. La fijación de Ricky era piratear en las bases de datos más celosamente guardadas.

En 1999 InTelCor no solamente era uno de los líderes en comunicaciones de uso estratégico, diplomático o comercial; destacaba también como inventor y distribuidor de los juegos de ordenador más complicados.

Ricky era un experto cibernauta aburrido de Internet. Lo que ansiaba era medirse con los programas Ultra de InTelCor. Pero había un problema: acceder legalmente al sistema costaba dinero. Así, había empleado semanas tratando de penetrar el *mainframe* de InTelCor por la puerta de atrás. Y tras todo aquel esfuerzo, Ricky creía estar ahora a punto de lograrlo. Ocho husos horarios al oeste de Moscú, su pantalla dio por enésima vez: «Código de acceso, por favor.» Tecleó lo que pensaba que podía servir. Y de nuevo la pantalla anunció: «Acceso denegado.»

En algún punto del espacio al sur de las montañas de Anatolia, el ComSat de InTelCor seguía un rumbo norte, camino de Moscú.

Al diseñar el emisor/receptor de Monk los técnicos de la multinacional habían incluido, siguiendo instrucciones, un código de borrado total formado por cuatro dígitos. Era para protegerle en caso de captura, siempre y cuando Monk pudiera introducir el código antes de ser apresado. Pero si la máquina era capturada intacta, había argumentado el jefe del equipo (un ex criptógrafo de la CIA sacado especialmente del retiro para ese trabajo), el enemigo podía emplearla para enviar mensajes falsos. Así que, para demostrar su autenticidad, Monk debía incluir ciertas palabras puestas en secuencia. Si llegaba una transmisión sin esas palabras, el ex criptógrafo de la CIA sabría que quien enviaba el mensaje no era de los suyos. Llegado a ese punto podría utilizar el ordenador central Compuserve para acceder al portátil de Monk vía satélite y usar esos mismos cuatro dígitos para rechazar sus mensajes y borrar su memoria, dejando al enemigo con las manos vacías.

Rick Taylor había conseguido entrar en el ordenador central

cuando pulsó por azar aquellos cuatro dígitos de borrado total. El satélite sobrevoló Moscú y mandó su señal de «¿Estás ahí?» El portátil respondió «Sí» y el satélite, obediente a sus instrucciones, lo fulminó.

La primera noticia la tuvo Monk al ir a examinar la máquina y encontrarse con su mensaje de nuevo en la pantalla. Lo cual significaba que había sido rechazado. Anuló manualmente el mensaje, a sabiendas de que algo había ido mal y ya no tenía contacto.

Sir Nigel Irvine le había dado una dirección poco antes de partir de Londres. Monk no sabía dónde caía ni a quién pertenecían las señas. Pero no disponía de otra cosa. Ya no podría recibir ningún mensaje. Por primera vez, Monk estaba totalmente solo. No habría más informes sobre el avance de la operación, ni confirmaciones sobre las acciones llevadas a cabo. Inutilizada su costosa tecnología, sólo podía fiarse de los antiguos elementos del Gran Juego: instinto, sangre fría y suerte. Rezó para que no le abandonaran.

Igor Komárov terminó la lectura de la transcripción y levantó la vista. Nunca había sido un hombre de color saludable, pero Grishin notó que ahora su rostro era como una hoja de papel blanco.

—Esto no me gusta —dijo Komárov.

—Desde luego, señor presidente.

—Debería usted haberle capturado hace tiempo.

—La mafia chechena le ampara. De eso podemos estar seguros. Viven como ratas en su mundo subterráneo.

—Las ratas se pueden exterminar.

—Desde luego, señor presidente. Y las exterminaremos, cuando usted sea el líder indiscutible de este país.

—Hay que hacérselo pagar.

—Lo pagarán. Hasta que no quede ninguno de ellos.

Komárov seguía mirando a Grishin con sus ojos avellanados, pero tenía la mirada descentrada como si estuviera contemplando otro tiempo y otro lugar, un tiempo futuro, un lugar donde podría ajustar las cuentas a sus enemigos. Los dos puntitos rojos brillaban sobre sus pómulos.

—Venganza. Quiero venganza. Me han atacado a mí, han atacado a Rusia, a la Madre Patria... Canallas como éstos no merecen clemencia... —Su voz estaba subiendo de tono y las manos empezaban a temblar a medida que la rabia resquebrajaba el autodominio. Grishin sabía que si conseguía plantear las cosas con habilidad se saldría con la suya. Se inclinó sobre el escritorio, obligando a Komárov a mirarle a los ojos. Lentamente, la rabia demoníaca fue menguando hasta que Grishin supo que había llamado su atención.

—Escuche, señor presidente. Por favor. Lo que sabemos me

permite volver completamente las tornas. Tendrá la venganza que me pide. Sólo tiene que dar la orden.

—¿A qué se refiere, Anatoli Grishin?

—La clave del contraespionaje, señor presidente, es el conocimiento de las intenciones del enemigo. Ya estamos haciendo algo al respecto. Dentro de unos días no habrá ningún candidato al trono de Todas las Rusias. Ahora tenemos una nueva revelación acerca de sus intenciones. Una vez más debo proponer la eliminación total.

—¿Los cuatro hombres?

—No hay otra alternativa.

—Debe hacerse sin dejar el menor rastro. Es demasiado pronto para dejar pistas.

—No quedará ninguna. En cuanto al banquero, ¿cuántos han sido asesinados en los últimos diez años? Por lo menos cincuenta. Hombres enmascarados, un ajuste de cuentas. Eso está a la orden del día.

»En cuanto al policía, la banda Dolgoruki se alegrará de ocuparse de ese trabajo. ¿Cuántos policías han sido liquidados? Ocurre constantemente.

»En cuanto a ese imbécil de general, podría ser un robo que se complica y acaba en asesinato. Nada resultaría más normal. Y lo mismo en lo que respecta al patriarca.

—¿La gente se lo creerá en el caso de este último?

—Tengo un informador en la residencia que jurará que así ocurrió.

Komárov miró los papeles que acababa de leer y la cinta que había a un lado. Esbozó una sonrisa.

—Hágalo. Pero recuérdelo: no quiero saber nada más de este asunto. Absolutamente nada.

—Gracias, señor presidente. Es cuanto necesitaba saber.

Una habitación del hotel Spartak estaba reservada a nombre del señor Kuzichkin, y un hombre que así se llamaba se había registrado efectivamente en el hotel. Luego de hacerlo el hombre volvió a salir y veladamente le entregó la llave de su habitación a Jason Monk. Los guardias chechenos se dispersaron por el vestíbulo, los rellanos de la escalera y el acceso a los ascensores mientras Monk subía. Era un método seguro para hablar veinte minutos por un teléfono que, caso de ser localizado, sólo revelaría una habitación de un hotel no controlado por los chechenos y lejos del centro urbano.

—¿General Petrovsky?

—¿Otra vez usted?

—Al parecer ha removido usted el avispero.

—No sé de dónde saca la información, americano, pero diría que es buena.

—Gracias. Claro que Grishin y Komárov no se quedarán de brazos cruzados.

—¿Y la banda Dolgoruki?

—El verdadero peligro está en Grishin y sus guardias negros.

—¿Fue usted el que difundió el rumor de que la fuente era un oficial de la Guardia Negra?

—Unos amigos míos.

—Muy hábil. Pero peligroso.

—El punto débil de Grishin son esos documentos que usted requisó. Creo que demuestran que la mafia ha financiado a Komárov todo el tiempo.

—Están siendo examinados.

—Igual que usted, general.

—¿Qué quiere decir?

—¿Su esposa y Tatiana están ahí todavía?

—Sí...

—Preferiría que las sacara de la ciudad. Esta misma noche. Llévelas a algún sitio seguro, lejos de aquí. Usted también, general. Váyase a vivir al cuartel de las SOBR.

Hubo una pausa.

—¿Sabe usted algo que yo deba saber, americano?

—Siga mi consejo, general. Váyase de su casa mientras pueda hacerlo.

Monk colgó el auricular, esperó unos minutos y marcó otro número. La llamada sonó en la mesa de Leonid Bernstein en su despacho del Moskovsky Federal. Era por la noche y respondió un contestador automático. Como no tenía el número particular del banquero, Monk sólo podía confiar en que Bernstein escuchara sus mensajes en las próximas horas.

—Señor Bernstein, soy el hombre que le trajo a la memoria Babi Yar. No vaya a la oficina, por favor, aunque tenga asuntos muy urgentes. Komárov y Grishin saben ya quién está detrás de que la televisión les niegue espacios. Usted tiene a su familia fuera del país; reúnase con ellos hasta que pase el peligro.

Colgó. Aunque Monk no lo supo, una luz parpadeó en la consola de una casa fuertemente protegida a varios kilómetros de distancia, y Leonid Bernstein escuchó el mensaje en silencio.

La tercera llamada fue a la residencia.

—¿Sí?

—¿Su Santidad?

—Sí.

—¿Conoce mi voz?

—Por supuesto.

—Debería irse al monasterio de Zagorsk. Quédese allí y no salga bajo ninguna circunstancia.

—¿Por qué?

—Su vida corre peligro. Las cosas se han torcido.

—Mañana he de celebrar misa en el Danilovsky.

—El metropolitano puede sustituirlo.

—Pensaré en lo que me ha dicho.

El teléfono enmudeció. La cuarta llamada fue respondida a la décima señal por una voz malhumorada.

—Diga.

—¿General Nikoláiev?

—¿Quién es...? Un momento, a usted le conozco. Es el maldito yanqui.

—El mismo.

—No más entrevistas. Hice lo que usted quería pero se ha acabado. ¿Me oye?

—Se lo diré en pocas palabras. Debería usted marcharse inmediatamente a pasar una temporada con su sobrino en la base.

—¿Por qué?

—A ciertos matones no les agradaron sus declaraciones. Creo que tal vez intenten hacerle una visita.

—Matones, ¿eh? Bah, que los jodan. Jamás me he batido en retirada, muchacho. Demasiado tarde para empezar ahora.

El general colgó. Monk suspiró con resignación y consultó su reloj. Veinticinco minutos. Tenía que irse. De vuelta a las ratoneras del inframundo checheno.

Dos noches después, 21 de diciembre, cuatro grupos de asesinos pasaron a la acción.

El más numeroso y mejor armado de los cuatro tomó la dacha de Leonid Bernstein. Había una docena de guardias de servicio y cuatro de ellos fueron abatidos en el tiroteo. También cayeron dos guardias negros. La puerta principal fue volada con una carga explosiva y los hombres de negro, con la cara oculta por pasamontañas, registraron toda la casa.

Los guardias y personal superviviente fueron rodeados y encerrados en la cocina. El jefe de seguridad fue brutalmente apaleado pero sólo reveló que su patrón había volado a París dos días antes. El resto del personal confirmó este punto. Finalmente los hombres de negro regresaron a sus camiones, llevándose a sus muertos.

El segundo asalto fue al bloque de pisos de Kutuzovsky Prospekt. Un Mercedes negro pasó bajo la arcada y se detuvo ante la barrera. Uno de los dos guardias del OMON salió de su garita para examinar los papeles. Dos hombres que iban ocultos en la trasera del Mercedes se abalanzaron sobre él armados de automáticas con silenciador y le dispararon en la base del cráneo justo encima del chaleco antibalas. El segundo guardia fue abatido antes de que pudiera salir de la garita. En el vestíbulo de la planta baja el hombre de seguridad que había en recepción corrió la misma suerte. Cuatro guardias negros se quedaron a vigilar el vestíbulo mientras otros seis subían en ascensor. Esta vez no había ningún hombre en el pasillo. La puerta del apartamento, pese a ser blindada, fue derribada con doscientos gramos de explosivo plástico. El sirviente de chaqueta blanca hirió a uno de los seis asaltantes en el hombro antes de ser abatido. Pero en el apartamento no había nadie más, y el escuadrón se marchó con las manos vacías. De vuelta en la planta baja intercambiaron disparos con otros dos guardias OMON que habían salido del área de recreo en la parte posterior del bloque, mataron a uno y perdieron a uno de los suyos. Hubieron de retroceder hacia la avenida y partieron a todo gas en tres jeeps GAZ que les esperaban.

En la residencia del patriarca el operativo fue más sutil. Un hombre llamó a la puerta de la calle mientras otros seis aguardaban a ambos lados lejos del campo visual.

El guardia cosaco miró por la mirilla y utilizó el interfono para preguntar quién era. El que había llamado mostró una placa identificativa de la milicia y dijo:

—Policía.

El cosaco abrió la puerta y fue abatido sin más; arrastraron su cuerpo escaleras arriba. El plan consistía en matar al secretario privado del patriarca con el arma del cosaco y luego matar al primado con la misma arma con que habían liquidado al cosaco. La pistola sería después colocada en la mano del secretario muerto, que yacería detrás del escritorio. El padre Máxim sería obligado a jurar que el cosaco y el patriarca habían descubierto al secretario desvalijando los cajones del escritorio y que en el tiroteo subsiguiente los tres habían resultado muertos. Aparte del previsible escándalo eclesiástico, la milicia se encargaría de cerrar el caso. Pero los asesinos se encontraron con un cura rollizo en camisa de dormir gritándoles desde lo alto de la escalera:

—¿Qué están haciendo?

—¿Dónde está Alexei? —rugió uno de los guardias negros.

—Se ha ido —balbució el sacerdote—, se ha ido al monasterio de la Trinidad-San Sergio.

El registro de los aposentos privados de Alexei confirmó que el patriarca y las dos monjas no estaban allí. Pasando por encima del cadáver del cosaco, los asesinos se marcharon de la residencia.

Únicamente cuatro hombres fueron enviados al solitario chalet próximo a la autopista de Minsk. Salieron del coche y mientras uno se acercaba a la puerta los otros aguardaron en la oscuridad de los árboles. Fue el viejo Volodya quien abrió la puerta. Tras abatirlo de un tiro en el pecho, los cuatro hombres penetraron en la casa. El wolfhound se abalanzó sobre ellos desde la sala de estar, saltando a la yugular del que iba en cabeza, pero el guardia negro levantó un brazo y los colmillos del perro se hundieron en él. Un asaltante le voló la cabeza de un disparo. Junto a las brasas del hogar un anciano de erizado bigote blanco apuntó con un Makarov del ejército al grupo que apareció en el umbral, haciendo fuego dos veces. Una bala se alojó en la jamba y la otra en el hombre que acababa de matar a su perro. Acto seguido, el viejo general recibió en el pecho tres balas disparadas en rápida sucesión.

Umar Gunáyev llamó poco después de las diez de la mañana.

—Acabo de llegar a mi oficina. Hay un follón de mil demonios.

—¿Qué ocurre?

—Han bloqueado Kutuzovsky Prospekt. La milicia está por todas partes.

—¿Por qué?

—Anoche fue asaltado un bloque donde viven oficiales de la milicia.

—Se han dado mucha prisa. Necesitaré un teléfono seguro.

—¿No dispone de uno ahí donde está?

—No es seguro.

—Déme media hora. Enviaré unos hombres a recogerle.

Hacia las once Monk fue instalado en un pequeño despacho en un almacén lleno de licores de contrabando. Un especialista en teléfonos estaba acabando su trabajo.

—Está conectado a dos disyuntores —dijo señalando el aparato—. Si alguien intenta localizar su llamada, acabará en una cafetería a tres kilómetros de aquí. Es uno de nuestros locales. Si pasan de ahí, irán a parar a una cabina que hay en la acera. Para entonces, ya lo sabremos.

Monk empezó por el número particular del general Nicoláiev. Respondió una voz masculina.

—Quiero hablar con el general Nikoláiev —dijo Monk.

—¿Quién es? —preguntó la voz.

—Lo mismo podría preguntar yo.

—El general no puede responder. ¿Quién le llama?

—General Malénkov, del Ministerio de Defensa. ¿Qué ocurre?

—Lo siento, general. Soy el inspector Novikov, de Homicidios, milicia de Moscú. Me temo que el general Nikoláiev ha muerto.

—¿Qué? Pero...

—Anoche su casa fue asaltada. Al parecer eran ladrones. Mataron al general, a su ayudante y al perro. La mujer de la limpieza encontró los cadáveres a las ocho.

—No sé qué decir. El general era amigo mío.

—Lo siento, general Malénkov. En los tiempos que corren...

—Siga con su trabajo, inspector. Se lo comunicaré al ministro.

Monk colgó. De modo que Grishin había perdido el juicio. Era lo que Monk esperaba, pero maldijo la tozudez del viejo general. Luego telefoneó al cuartel del GWD en la calle Shabolovka.

—Con el general Petrovsky.

—Está ocupado. ¿Quién le llama? —dijo el telefonista.
—Interrúmpale. Dígale que se trata de Tatiana.
Petrovsky contestó diez segundos después. Su voz tenía un deje de temor.
—Aquí Petrovsky.
—Soy el visitante nocturno.
—Maldita sea, creí que le había pasado algo a mi hija.
—¿Han salido las dos de la ciudad?
—Sí, están lejos.
—He oído que hubo un ataque.
—Diez enmascarados armados hasta los dientes. Mataron a cuatro guardias del OMON y a mi propio sirviente.
—Le buscaban a usted.
—Naturalmente. Seguí su consejo y me mudé al cuartel. ¿Quiénes eran esos cabrones?
—Gángsters no. Eran de la Guardia Negra.
—Los gorilas de Grishin. Pero ¿por qué?
—Temen que esos papeles que tiene usted puedan probar la relación entre la mafia y la UFP.
—Pues se equivocan. Es todo inservible, recibos del casino, cosas así.
—Grishin no lo sabe, general. Él se teme lo peor. ¿Se ha enterado de lo de Tío Kolya?
—El general de tanques. ¿Qué pasa con él?
—Lo mataron anoche. Otro escuadrón negro.
—Mierda.
—Él denunció a Komárov, ¿se acuerda?
—Claro. Pero nunca pensé que llegarían tan lejos. Cerdos. Menos mal que yo no me ocupo de la política. Lo mío son las bandas y los mafiosos.
—Ya no. ¿Tiene algún amigo en el cuerpo colegiado?
—Por supuesto.
—Cuénteselo. Diga que tiene un contacto en el hampa que le ha pasado la información.
Monk colgó y llamó al Moskovsky Federal.
—¿Está Ilya, el ayudante personal del señor Bernstein?
—Espere un momento.
Ilya se puso al teléfono.
—¿Quién es?
—Digamos que el otro día estuvo a punto de meterme una bala en la nuca —contestó Monk en inglés.
Se oyó una carcajada.
—Tiene razón.
—¿El jefe está a salvo?
—A muchos kilómetros de aquí.
—Dígale que se quede donde está.
—Tranquilo. Anoche atacaron su residencia particular.

—¿Víctimas?

—Cuatro de los nuestros muertos, y dos de los suyos, creemos. Pusieron todo patas arriba.

—¿Sabe quiénes eran?

—Creemos que sí.

—La Guardia Negra. Y está claro que el motivo era la venganza por la suspensión de la propaganda de Komárov en televisión.

—Se lo haremos pagar. El jefe tiene mucha influencia.

—La clave son las compañías de televisión comercial. Sus reporteros deberían hablar con un par de mandos de la milicia y averiguar si tienen intención de interrogar al coronel Grishin acerca de los rumores que corren, etcétera, etcétera.

—Pues sin pruebas no lo veo viable.

—Para eso están los reporteros; ellos husmean, excavan en busca de noticias. ¿Puede ponerse en contacto con el jefe?

—Si hace falta.

—¿Y si lo decide él? Adiós.

Su siguiente llamada fue al diario de cobertura nacional *Izvestia*.

—Redacción.

Monk fingió mal humor.

—Póngame con Repin.

—¿Y usted quién es?

—El general Nikolai Nikoláiev necesita hablar urgentemente con él.

Repin era el periodista que había entrevistado al general en el club de oficiales. Se puso al teléfono.

—¿Sí, general? Soy Repin.

—No soy el general Nikoláiev —dijo Monk—. El general ha muerto. Fue asesinado anoche.

—¿Qué...? ¿Quién es usted?

—Un ex tanquista, nada más.

—¿Cómo lo ha sabido?

—Da lo mismo. ¿Sabe dónde vivía?

—No.

—Tenía una casa cerca de la autopista de Minsk, junto al pueblo de Kobyakovo. ¿Por qué no coge un fotógrafo y va allí? Pregunte por el inspector Novikov.

Colgó. El otro periódico importante era *Pravda*, el antiguo órgano del partido comunista, que respaldaba a los neocomunistas del Partido de Unión Socialista. Pero para demostrar su nueva línea acorde con los tiempos, el partido había estado cortejando a la Iglesia ortodoxa. Monk había memorizado el nombre del jefe de la sección de sucesos.

—Páseme al señor Pamfilov, por favor.

—No está en su despacho.

Seguramente estaba en Kutuzovsky Prospekt con el resto de la prensa recabando detalles del ataque al apartamento de Petrovsky.

—¿Tiene teléfono móvil?

—Claro. Pero no puedo proporcionarle el número. ¿Puede llamarle él a usted?

—No. Contacte con Pamfilov y dígale que una de sus fuentes en la milicia necesita hablar con él. Se trata de algo muy importante. Volveré a llamar dentro de cinco minutos.

A la segunda consiguió el número del teléfono móvil de Pamfilov. Lo pilló saliendo del edificio de apartamentos para oficiales de la milicia.

—¿Señor Pamfilov?

—Sí. ¿quién es?

—He tenido que mentir para conseguir su número. No nos conocemos pero tengo algo que puede interesarle. Anoche hubo otro ataque, esta vez contra la residencia del patriarca. Intentaron asesinarlo.

—¿Qué dice? ¿El patriarca? No veo qué motivo podía haber.

—Para la mafia ninguno, desde luego. ¿Por qué no va y lo comprueba?

—¿Al monasterio Danilovski?

—Él no vive allí sino en Chisti Pereulok, número cinco.

Pamfilov se quedó sentado en su coche oyendo el zumbido de la línea desconectada. Estaba perplejo. Conque sólo hubiera parte de verdad, sería la noticia más impactante que jamás iba a caer en sus manos.

Cuando llegó al callejón lo encontró bloqueado. Habitualmente le bastaba con enseñar su pase de prensa para salvar el cordón policial. Esta vez no. Afortunadamente vio a un detective de la milicia al que conocía y le llamó a gritos. El inspector se acercó al cordón.

—¿Qué ha pasado? —preguntó el periodista.

—Ladrones.

—Usted es de Homicidios.

—Mataron al vigilante nocturno.

—¿El patriarca Alexei está fuera de peligro?

—¿Cómo coño sabe que vive aquí?

—No importa. ¿Está a salvo?

—Sí, ahora está en un monasterio. Mire, sólo ha sido un robo que se complicó.

—Me han dicho que iban por el patriarca.

—Tonterías. Eran ladrones.

—¿Y qué podían robar?

El detective frunció el entrecejo.

—¿De dónde ha sacado la información?

—No importa. ¿Robaron algo o no?

—No. Sólo mataron al guarda, registraron la casa y se largaron.

—O sea que estaban buscando a alguien. Y ese alguien no se encontraba aquí. Menuda historia.

—Tenga cuidado con lo que publica —le advirtió el detective—. No hay ninguna prueba.

Pero cada vez estaba más inquieto. Y lo estuvo más cuando un miliciano le hizo señas desde su coche. Al teléfono estaba todo un general del Presídium. Pocas frases después empezó a olerse lo mismo que le había sugerido el periodista.

El 23 de diciembre los medios informativos estaban alborotados. Las primeras ediciones de los diarios hacían hincapié en las historias que Monk les había instado a investigar. A medida que los periodistas leían sus respectivas crónicas, volvían a redactar sus artículos estableciendo relaciones entre los cuatro ataques nocturnos.

El telediario de la mañana informó de cuatro tentativas de asesinato, una de ellas con éxito. En las otras tres, se decía, sólo un golpe de suerte había salvado a las presuntas víctimas.

Nadie daba crédito a la idea de que habían sido robos con complicaciones. Los analistas se esmeraban por señalar que no tenía sentido robar en la casa de un general pensionista, ni en el piso de un oficial de milicia ignorando todos los demás pisos del bloque, ni en la residencia del patriarca. El móvil del robo podía explicar el ataque a la casa del banquero Leonid Bernstein, pero sus guardias testificaron que el asalto había tenido todas las trazas de un operativo militar. Y agregaron que los atacantes buscaban concretamente al banquero.

Había otras posibilidades; por ejemplo, el secuestro. En dos casos no tenía sentido el secuestro, y en el del general ni siquiera lo habían intentado. Las sospechas apuntaban sin embargo a que los autores debían de ser gángsters, puesto que el hampa venía siendo la causa de centenares de muertes y secuestros. No obstante, dos comentaristas fueron más lejos, señalando que si bien el crimen organizado podía tener motivos para odiar al general Petrovsky del GUVD, y algunos podían tener alguna cuenta pendiente con el banquero Bernstein, ¿quién podía odiar a un triple héroe nacional, o al patriarca de Moscú y Todas las Rusias?

Los editorialistas deploraban por enésima vez los niveles intolerables de criminalidad que padecía el país y dos de ellos instaban al presidente en funciones precisamente a eso —a ejercer sus funciones— para impedir un descalabro absoluto de la ley y el orden antes de las elecciones que debían celebrarse dentro de veinticuatro días.

Monk inició su segundo día de llamadas anónimas al mediodía, cuando los periodistas, exhaustos tras una jornada de mucho trabajo, empezaron a llegar a sus respectivas redacciones.

Un pañuelo disimuló su voz para que nadie la reconociera como la del hombre que había llamado el día anterior. A cada uno de los principales columnistas de los siete periódicos que seguían la noticia de los cuatro intentos de asesinato les dejó el mismo mensaje, empezando por Pamfilov de *Pravda* y Repin de *Izvestia*.

—Usted no me conoce, y no puedo decirle mi nombre. Está en juego algo más que mi vida. Pero de ruso a ruso, le pido que confíe en mí. Soy un oficial de alta graduación perteneciente a la Guardia Negra, pero también soy cristiano practicante. Desde hace muchos meses me vienen inquietando los sentimientos cada vez más anticristianos que se aprecian en el núcleo de la UFP, especialmente los expresados por Komárov y Grishin. Al margen de lo que puedan decir en público, ellos odian a la Iglesia y la democracia, pretenden instaurar un estado de partido único y gobernar como los nazis.

»Mire, ya no puedo más. Necesito contárselo a alguien. Fue el coronel Grishin quien sentenció a muerte al viejo general, porque Tío Kolya sabía quién es en realidad Komárov y tuvo la valentía de denunciarlo. También intentó acabar con el banquero porque tampoco él se dejó engañar. Puede que no lo sepa, pero Bernstein utilizó su influencia para que las cadenas de televisión dejaran de emitir sus programas de propaganda. Y también lo intentó con el patriarca porque éste rechaza la ultraderecha y estaba a punto de hacerlo público. Y finalmente con el general del GUVD porque hostigaba a la mafia Dolgoruki, que son quienes financian a la UFP. Si no me cree, investíguelo. Fue la Guardia Negra quien organizó esos cuatro ataques.

Dicho esto colgó, dejando boquiabiertos a siete periodistas moscovitas. Cuando éstos se recobraron de la sorpresa, empezaron a hacer indagaciones.

Leonid Bernstein estaba fuera del país, pero los dos canales comerciales de televisión admitieron que el cambio de política respecto a la UFP había sido promovido por el consorcio bancario con el que estaban endeudados.

El general Nikoláiev había muerto, pero *Izvestia* publicó extractos de su última entrevista bajo el siguiente titular: «¿Fue ésta la causa de su muerte?»

Las seis redadas efectuadas por el GUVD a los almacenes, arsenales y casino del clan Dolgoruki eran del dominio público. Sólo el patriarca permanecía enclaustrado en Trinidad-San Sergio y no podía confirmar que también él estaba en el punto de mira de la UFP.

A media tarde el cuartel general de Igor Komárov junto al bulevar Kiselny había sido asediado por la prensa. Dentro, el ambiente rozaba el pánico. En su despacho el jefe de propaganda, Boris Kuznetsov, estaba en mangas de camisa, sudando copiosamente y fumando sin parar los cigarrillos a los que había renunciado dos años atrás, mientras trataba de aclararse con una batería de teléfonos que no paraban de sonar.

—No, eso no es verdad —respondía a las constantes preguntas—. Es un maldito embuste, una burda calumnia, y tomaremos medidas judiciales contra todo aquel que siga divulgando esos embustes. No hay relación alguna entre nuestro partido y ninguna banda mafiosa, sea financiera o de otra clase. El señor Komárov ha declarado públicamente más de una vez que él limpiará este país... ¿Papeles que está investigando el GUVD...? No tenemos nada que temer... Sí, el general Nikoláiev expresó sus reservas sobre nuestro proyecto político, pero era un hombre muy viejo. Su muerte ha sido trágica pero no tiene nada que ver con... Oiga, cualquier comparación entre el señor Komárov y Hitler conseguirá por respuesta una inmediata demanda judicial... ¿A qué oficial de la Guardia Negra se refiere...?

El coronel Anatoli Grishin estaba en su despacho bregando con sus propios problemas. Como veterano del Segundo Directorio del KGB, su trabajo siempre había consistido en perseguir espías. Ese Monk le había causado problemas, problemas gordos, sin duda. Pero las nuevas acusaciones eran aún peores; ¿un oficial de su propia élite, fiel a carta cabal, un guardia negro de pronto convertido en un renegado traidor? Él los había seleccionado a todos personalmente, a los seis mil. Los oficiales de mayor graduación los nombraba él. ¿Y ahora resultaba que uno de ellos era cristiano practicante, un cretino con mala conciencia cuando la cúspide del poder estaba al alcance de la vista? No, imposible.

Pero recordaba algo que solían decir los jesuitas: «Dadme al niño hasta los siete años y yo os entregaré al hombre.» ¿Acaso uno de sus mejores hombres había sufrido una regresión al monaguillo de su infancia? Tendría que averiguarlo. Sería preciso pasar por un fino cedazo los currículums de todos los oficiales de alta graduación... Pero ¿qué significaba «alta graduación»? ¿Cuánto de alta? Podían ser diez hombres o cuarenta, o casi un centenar. Investigarlos llevaría mucho tiempo, y si algo no tenía Grishin era tiempo. De momento tendría que purgar a todo el escalafón superior, secuestrarlos en lugar seguro y quedarse sin sus más experimentados oficiales. Algún día, se prometió, los responsables de la catástrofe lo pagarían con creces. Empezando por Jason Monk. Sólo pensar en el nombre de aquel maldito americano hizo que sus nudillos palidecieran sobre el canto de la mesa.

Poco antes de las cinco Boris Kuznetsov se aseguró una entrevista con Komárov. Desde hacía dos horas venía pidiendo una oportunidad para ver al hombre al que veneraba con el propósito de comunicarle las medidas que consideraba oportunas.

Durante su estancia en Estados Unidos Kuznetsov había estudiado y quedado impresionado de cómo unas relaciones públicas llevadas con habilidad y competencia podían generar el apoyo de las masas incluso a la más estrepitosa tontería. Aparte de su ídolo Igor Komárov, Kuznetsov veneraba el poder de la oratoria para persuadir, disuadir, convencer y por último vencer toda oposición. Que el mensaje fuera mentira era irrelevante. Como los políticos y los abogados, él era un hombre de palabras, convencido de que no existía problema que éstas no pudieran resolver. La idea de que pudiese llegar un día en que sus palabras se agotaran y dejaran de convencer, de que otras y mejores palabras pudieran desbancar a las suyas, que él y su líder ya no fueran creíbles, semejante idea era inaceptable para Boris Kuznetsov.

En Estados Unidos lo llamaban relaciones públicas, una industria multimillonaria que podía convertir en celebridad al más lerdo, en sabio al más tonto y en estadista a un mero oportunista. En Rusia lo llamaban propaganda, pero en el fondo era la misma herramienta. Los medios de comunicación rusos, habituados a la cruda y pedestre propaganda de su juventud comunista, habían sido crédulas criaturas enfrentadas a las hábiles y persuasivas campañas que él había organizado para Komárov. Y ahora algo había salido mal, rematadamente mal.

Había otra voz, la de un volcánico sacerdote, que resonaba por toda Rusia a través de las ondas de radio y televisión, medios que Kuznetsov consideraba su feudo personal, instando a creer en Dios y al retorno de un nuevo icono. Detrás del sacerdote estaba el hombre del teléfono —Kuznetsov había sido informado de la serie de llamadas anónimas— susurrando mentiras, mentiras muy persuasivas, a los oídos de periodistas y comentaristas que él creía conocer y tener a sus pies.

Para Boris Kuznetsov la respuesta seguía estando en las palabras de Igor Komárov, palabras que siempre convencían, que jamás habían fallado.

Cuando entró en el despacho del líder le sorprendió verlo transformado. Komárov estaba sentado a su mesa como aturdido. Los periódicos del día estaban diseminados por el suelo, con sus titulares acusatorios en las primeras planas. Kuznetsov los había leído ya todos. Nadie había osado jamás hablar de Igor Komárov de aquella manera. Afortunadamente, Kuznetsov sabía lo que había que hacer. Si Igor Komárov se decidía a hablar, todo iría bien.

—Señor presidente, debo rogarle encarecidamente que celebre mañana una conferencia de prensa de alto nivel.

Komárov lo miró por un momento como si tratara de comprender sus palabras. A lo largo de su carrera política, y con la aprobación de Kuznetsov, había evitado siempre las ruedas de prensa. Eran impredecibles. Prefería las entrevistas preparadas, el discurso preparado, las masas sumisas.

—Yo no celebro conferencias de prensa —espetó.

—Señor presidente, es la única manera de acabar con los rumores. Las especulaciones de los medios informativos se están desmandando. Ya no puedo controlarlos. Nadie puede.

—Odio las ruedas de prensa, Kuznetsov. Y usted lo sabe.

—Pero usted sabe tratar a la prensa, señor presidente. Es razonable, sereno, persuasivo... Ellos le escucharán. Sólo usted puede denunciar las mentiras y los rumores.

—¿Qué vaticinan las encuestas de opinión?

—Cuenta usted con el cuarenta y cinco por ciento del electorado. Ha bajado del setenta por ciento de hace ocho semanas. Ziugánov tiene el veintiocho y está subiendo. El presidente en funciones, diecinueve por ciento, subiendo ligeramente. Eso no incluye a los indecisos. Debo decir, señor presidente, que lo ocurrido estos dos últimos días podría costarnos otro diez por ciento, quizá más, cuando los sondeos lo reflejen.

—¿Por qué he de ofrecer una conferencia de prensa?

—La cobertura será nacional, señor presidente. Las principales cadenas de televisión estarán pendientes de sus palabras. Ya sabe que cuando habla nadie se le resiste.

Finalmente Komárov asintió con la cabeza.

—Organícelo todo. Yo redactaré el discurso.

La conferencia de prensa se celebró en el salón de banquetes del hotel Metropol a las once de la mañana siguiente. Kuznetsov empezó dando la bienvenida a la prensa nacional y extranjera y no perdió la ocasión de señalar que en los dos días anteriores habían sido vertidas ciertas acusaciones de indescriptible vileza respecto de las actividades de la Unión de Fuerzas Patrióticas. Era para él un privilegio, a fin de ofrecer una completa y convincente refutación de tan innobles calumnias, presentar al «próximo presidente de Rusia, el señor Igor Komárov».

El líder de la UFP salió de entre las cortinas al fondo del estrado y avanzó hacia el atril. Empezó, como siempre que se dirigía a sus partidarios, por hablar de la Nueva Rusia que pretendía crear cuando el pueblo le honrara con la presidencia del país. Cinco minutos después el silencio de la sala le desconcertó. ¿Dónde estaba la reacción enfervorizada? ¿Dónde los aplausos? ¿Dónde las animadoras? Alzó los ojos hacia el vacío y evocó con palabras grandilocuentes la gloriosa historia de la nación, ahora en manos de la banca extranjera, los estraperlistas y los criminales. Su perorata resonó en el salón, pero nadie se puso en pie ni levantó la mano derecha haciendo el saludo de la UFP. Cuando dejó de hablar, el silencio continuaba.

—¿Hay alguna pregunta? —dijo Kuznetsov.

Fue un error. Un tercio del público estaba formado por la prensa extranjera. El corresponsal del *New York Times* hablaba correctamente el ruso, así como los del *Times* de Londres, el *Daily Telegraph*, el *Washington Post*, la CNN y varios más.

—Señor Komárov —dijo el corresponsal del *Los Angeles Times*—, estimo que usted ha gastado unos doscientos millones de dólares en su campaña. Esa suma probablemente sea récord mundial. ¿Cómo ha obtenido tanto dinero?

Komárov lo fulminó con la mirada. Kuztnetsov le dijo algo al oído.

—De suscripciones públicas del pueblo ruso —contestó.

—Eso representa casi un año del salario de todos los hombres de Rusia. ¿Cómo lo ha obtenido en realidad?

Intervinieron otros periodistas:

—¿Es cierto que pretende abolir todos los partidos de la oposición y crear una dictadura de partido único?

—¿Sabe usted por qué el general Nikoláiev fue asesinado apenas tres semanas después de haberle criticado?

Las preguntas embarazosas se sucedían.

—¿Niega usted que la Guardia Negra estuvo detrás de los intentos de asesinato perpetrados hace dos noches?

Las cámaras y micrófonos de la televisión estatal y las dos cadenas comerciales iban y venían por la sala recogiendo las preguntas de los impertinentes extranjeros... y las balbucientes respuestas de Komárov.

El corresponsal del *Daily Telegraph,* cuyo colega Mark Jefferson había sido asesinado en julio, había recibido también una llamada anónima. Al levantarse, las cámaras lo enfocaron.

—Señor Komárov, ¿ha oído hablar alguna vez de un documento secreto llamado Manifiesto Negro?

Se produjo un silencio absoluto. Ni los periodistas rusos ni los extranjeros sabían qué era aquello. En realidad, el del *Daily Telegraph* tampoco. Igor Komárov, agarrándose al atril y a lo que le quedaba de autodominio, se puso lívido.

—¿Qué manifiesto?

Otro error.

—Según mi información, señor Komárov, ese manifiesto recoge sus proyectos para la creación de un estado de partido único, la reinstauración del Gulag para sus adversarios políticos, el gobierno del país en manos de doscientos mil guardias negros y la invasión de las repúblicas vecinas.

El silencio fue ensordecedor. Cuarenta de los corresponsales presentes en la sala procedían de Ucrania, Bielorrusia, Letonia, Lituania, Estonia, Georgia y Armenia. Media prensa rusa respaldaba a los partidos destinados a ser abolidos, con sus líderes deportados a los campos de trabajo, si aquel inglés estaba en lo cierto. Todos los presentes miraron a Komárov, expectantes. Fue ahí donde empezó el verdadero alboroto.

Entonces Komárov cometió su tercer error: perdió los estribos.

—¡No pienso quedarme aquí para escuchar más sandeces! —gritó, y abandonó el estrado, seguido por el desventurado Kuznetsov.

Al fondo del salón el coronel Grishin permanecía a la sombra de una cortina, mirando a los corresponsales con verdadero odio. No por mucho tiempo, se prometió a sí mismo, no por mucho tiempo.

19

En el extremo sudoccidental de la zona centro de Moscú, en una protuberancia formada por el río Moscova al describir una curva en horquilla, se halla el convento medieval de Novodevichi, y a la sombra de sus muros el gran cementerio de la ciudad.

Sus veinte acres de tierra, sombreada por pinos, abedules, sauces y tilos, albergan veintidós mil sepulturas en las que yacen los notables de Rusia de los dos últimos siglos.

El cementerio está dividido en once jardines principales. Del uno al cuatro cubren el siglo XIX, limitados por las paredes del convento a un lado y la divisoria central al otro. Del cinco al ocho se encuentran entre la divisoria y el perímetro del cementerio, al otro lado del cual pasan los camiones por el Khamovnitchesky Val. Aquí descansan los grandes y los malos de la era comunista. Mariscales, políticos, científicos, académicos, escritores y astronautas flanquean los senderos y callejones; las losas van de la mayor sencillez a la grandiosidad de la autoadoración. El astronauta Gagarin, muerto mientras pilotaba un avión experimental borracho de vodka, descansa aquí a pocos metros de la efigie de piedra de Nikita Jruschov. Maquetas de aeroplanos, cohetes y armas dan fe de lo que estos hombres hicieron en vida; otras figuras miran heroicamente al pasado, con sus torsos tachonados de medallas de granito.

Siguiendo el sendero central hay otra pared en la que se ha practicado una angosta entrada que conduce a tres jardines más pequeños, los números nueve, diez y once. Debido a la demanda de espacio apenas quedaban huecos en el invierno de 1999, pero se había reservado uno para el general del ejército Nikolai Nikoláiev, y allí, el 26 de diciembre, Tío Kolya fue enterrado por su sobrino Misha Andreiev.

Procuró hacerlo tal como el anciano se lo había pedido en su última cena juntos. Asistieron veinte generales, incluido el ministro de Defensa, y uno de los dos obispos metropolitanos de Moscú ofició el sepelio. El viejo militar había pedido toda la parafernalia religiosa, de modo que los acólitos columpiaron sus incensarios y el aromático humo formó nubecillas en el aire helado.

Grabada en granito, la lápida mortuoria tenía forma de cruz pero no había efigie del fallecido, sólo su nombre y debajo estas palabras: *«Russky soldat»* (un soldado ruso).

El general de división Andreiev pronunció el panegírico. Y fue breve. Tío Kolya había decidido ir a la tumba como un cristiano, pero odiaba a la gente que hablaba a borbotones. Cuando hubo terminado, y mientras el obispo pronunciaba unas palabras finales, Andreiev depositó los tres galones magenta y placas doradas del Héroe de la Unión Soviética sobre el ataúd. Ocho soldados de su antigua división Tamanskaya que habían portado el féretro lo bajaron lentamente. Andreiev se retiró unos pasos y saludó marcialmente. Dos ministros y los otros dieciocho generales hicieron lo mismo.

Mientras regresaban por el camino central hacia la entrada y el cortejo de coches y limusinas, el viceministro de Defensa, general Butov, apoyó una mano en su hombro.

—Terrible —dijo—. Qué manera más injusta de morir.

—Algún día encontraré a los culpables y se lo haré pagar —repuso Andreiev.

Butov estaba claramente incómodo. Era de los nombrados a dedo, un hombre de despacho que jamás había mandado tropas en combate.

—Bueno, la milicia está haciendo todo lo que puede —dijo.

Ya en la acera, los generales le estrecharon solemnemente la mano, uno a uno, para subir después a sus respectivos coches. El general de división Andreiev regresó a la base.

A ocho kilómetros de distancia, mientras la luz invernal se extinguía en la tarde, un sacerdote de baja estatura con sotana y chistera corrió por la nieve y entró a hurtadillas en la iglesia con cúpula de cebolla de la plaza Slavyanski. Cinco minutos después estaba hablando con el coronel Anatoli Grishin.

—Parece usted muy nervioso —dijo quedamente el coronel.

—Estoy muy asustado —dijo el religioso.

—No tiene por qué, padre Máxim. Hemos tenido reveses, pero nada que yo no pueda arreglar. Dígame, ¿por qué se marchó el patriarca tan intempestivamente?

—No lo sé. La mañana del día veintiuno recibió una llamada del monasterio de la Trinidad-San Sergio. Yo no sabía nada. Fue el secretario privado quien contestó. Y poco después me dijo que preparase una maleta.

—¿Por qué allí precisamente?

—Eso lo averigué después. El monasterio había invitado al padre Gregor a pronunciar un sermón y el patriarca quería asistir.

—Y así dar su tácita aprobación a Gregor y sus despreciables prédicas —replicó Grishin con aspereza—. Sin mojarse. Por el mero hecho de estar allí.

—En fin, le pregunté si yo también iría. El secretario dijo que no. Su Santidad llevaría a uno de los cosacos como chófer y a su secretario. A las monjas se les concedió dos días libres para visitar familiares.

—Usted no me dijo nada de eso, padre.

—¿Cómo podía yo saber que esa noche iban a atacarnos? —preguntó lastimeramente el cura.

—Prosiga.

—Bien, cuando pasó todo llamé a la policía. El cuerpo del cosaco yacía en el rellano de arriba. Por la mañana telefoneé al monasterio y hablé con el secretario de Su Santidad. Le dije que habían entrado ladrones y que había habido un tiroteo. Pero la milicia alteró la información. Dijeron que esos hombres querían matar a Su Santidad.

—¿Y luego?

—El secretario me llamó diciendo que el patriarca estaba muy preocupado. Abrumado, dijo textualmente, sobre todo por la muerte del guardia cosaco. El caso es que se quedó en el monasterio, hasta que ayer regresó a la residencia para oficiar el funeral del cosaco antes de que el cadáver fuera entregado a sus parientes de la región del Don.

—O sea que ha vuelto. ¿Me ha hecho venir sólo para esto?

—Claro que no. Se trata de las elecciones.

—De eso no tiene que preocuparse, padre Máxim. A pesar de lo ocurrido, el presidente en funciones no pasará de la primera ronda. Y en la segunda el comunista Ziugánov no será rival para Igor Komárov.

—A eso iba, coronel. Esta mañana Su Santidad ha ido a Staraya Ploshad. El propio presidente había solicitado una entrevista privada con él. Parece que estaban presentes dos generales de la milicia, además de otros.

—¿Cómo lo ha sabido?

—Llegó a tiempo de almorzar. Lo hizo en su despacho, a solas con su secretario. Yo mismo les serví, pero no me prestaron atención. Hablaban de la decisión que Iván Markov había tomado finalmente.

—¿Y cuál es?

El padre Máxim temblaba como una hoja. La llama del cirio que sostenía reflejaba su pálida y oscilante luz en la cara de la Virgen y el Niño pintados en la pared.

—Cálmese, padre.

—No puedo. Coronel, tiene que entenderme. He hecho todo lo posible por ayudarle, porque creo en la idea de la Nueva Rusia del señor Komárov. Pero no puedo continuar. El ataque a la residencia, la reunión de hoy... Todo esto es demasiado peligroso.

El padre dio un respingo al notar que una mano de hierro le agarraba el brazo.

—Está demasiado metido en esto para echarse atrás, padre Máxim. No tiene a donde ir. O vuelve a servir mesas, pese a la sotana y las órdenes sagradas, o espera veintiún días a que Igor Komárov y yo mismo triunfemos y alcanza una posición que jamás ha soñado. Bueno, ¿qué se dijo en la reunión con el presidente en funciones?

—No va a haber elecciones.

—¿Qué?

—Bueno, sí las habrá. Pero no con el señor Komárov.

—No se atreverá —susurró Grishin—. Markov no puede declarar fuera de la ley a Igor Komárov. Más de la mitad del país nos apoya.

—No es eso, coronel. Parece que los generales han tomado una postura firme. Por lo visto la muerte de Nikoláiev y los intentos de asesinar al banquero, al policía y sobre todo al patriarca los han decidido.

—¿A qué?

—El uno de enero, el día de Año Nuevo. Creen que ustedes lo celebrarán en la forma tradicional, de modo que no serán capaces de una respuesta concertada.

—¿Quiénes son «ustedes»? ¿De qué respuesta habla? Explíquese, maldita sea.

—Me refiero a sus hombres. Los que usted manda. El uno de enero serán incapaces de defenderse. Por eso están preparando una fuerza de cuarenta mil hombres. Guardia Presidencial, Fuerzas de Intervención Rápida y del OMON, varias unidades de la Spetsnaz y la flor y nata de las tropas del MVD acantonadas en Moscú.

—¿Con qué fin?

—Arrestarlos a todos ustedes, acusados de conspirar contra el Estado, y aplastar a la Guardia Negra, ya sea arrestándolos o aniquilándolos en sus barracones.

—No pueden hacerlo. No tienen pruebas.

—Al parecer hay un oficial de la Guardia Negra dispuesto a contarlo todo bajo juramento. Oí que el secretario privado de Su Santidad hacía esa misma observación, y el patriarca le dio esta respuesta.

Grishin parecía haber recibido una descarga eléctrica. Parte de su cerebro le decía que aquellos cobardes no tenían agallas para hacer semejante cosa. Otra parte le decía que podía ser verdad. Igor Komárov nunca se había dignado a descender a la arena de la Duma. Siendo líder del partido pero no miembro de la cámara, carecía de inmunidad parlamentaria. Tampoco él, Anatoli Grishin, la tenía.

Si realmente había un maldito oficial de alta graduación dispuesto a irse de la lengua, el fiscal del Estado podría expedir los mandatos de busca y captura y tenerlos detenidos hasta el día de las elecciones.

Su experiencia como interrogador le había enseñado lo que un hombre es capaz de hacer llevado por el pánico: lanzarse desde un edificio, ponerse delante de un tren, arremeter contra alambradas. Si el presidente en funciones y su guardia pretoriana, los generales y los mandos de la milicia, habían entendido lo que les esperaba cuando Igor Komárov llegase al poder, debían de haber alcanzado ese estado de pánico.

—Vuelva a la residencia, padre —dijo Grishin al fin—, y recuerde lo que le he dicho. Ha ido usted demasiado lejos como para esperar el perdón por parte del régimen actual. Si quiere salvarse, la UFP ha de ganar. Quiero saber todo lo que pasa, todo lo que oiga, cada movimiento, cada reunión, cada llamada teléfonica. Hasta el día de Año Nuevo.

El aterrorizado sacerdote se marchó a toda prisa. Seis horas después su anciana madre había contraído una pulmonía aguda. Máxim solicitó al bondadoso patriarca permiso —que le fue concedido— para ausentarse hasta que ella se recobrara. Al caer la noche se encontraba ya a bordo del tren rumbo a Zhitomir. Había hecho todo cuanto se le había pedido, y más. Pero ni Miguel ni todos sus ángeles habrían conseguido retenerlo en Moscú un día más.

Esa misma noche Jason Monk escribió su último mensaje para Occidente. Como no tenía ordenador escribió de puño y letra en mayúsculas hasta completar dos folios. Luego, valiéndose de una lámpara de mesa y la pequeña cámara que le había procurado Umar Gunáyev, los fotografió varias veces y a continuación los quemó, arrojando las cenizas a la taza del váter. A oscuras retiró el carrete de la cámara y lo introdujo en su diminuto recipiente, no mayor que la articulación superior de su dedo meñique.

A las nueve y media Magomed y sus otros dos guardaespaldas lo condujeron a la dirección que les había dado, un humilde chalet, o *izba,* en los suburbios del sudeste de Moscú, en el distrito de Nagatino.

El anciano que abrió la puerta iba sin afeitar y vestía un raído jersey de lana. Monk ignoraba que antaño había sido un renombrado catedrático de la Universidad de Moscú, hasta que había roto con el régimen comunista y publicado un artículo para sus alumnos donde clamaba por la restauración de la democracia. Eso había ocurrido mucho antes de las reformas. La rehabilitación le había llegado demasiado tarde, y con ella una pequeña pensión del Estado. Suerte tuvo de no acabar en un campo de trabajo. Le habían dejado sin su cargo en la universidad, por supuesto, y sin piso. Se había visto obligado a trabajar de barrendero. Así se hacían las cosas cuando gobernaban los comunistas. Si el culpable no iba a dar con sus huesos en los campos para convictos de actividades antisoviéticas, las autoridades simplemente le despojaban de todo medio de vida. Sin ir más lejos, el primer ministro checo instigador de la Primavera de Praga, Alexander Dubcek, había acabado cortando troncos.

Si el profesor logró sobrevivir fue gracias a una persona de su misma edad que un día se le había acercado por la calle, hablando en ruso aceptable pero con acento inglés. Nunca llegó a saber que se llamaba Nigel Irvine y se limitaba a llamarle *lisa* (zorro). Nada del otro mundo, decía el espía de la embajada. Les echaba una mano de vez en cuando. Cosas pequeñas, poco riesgo. Los ocasionales billetes de cien dólares le daban al profesor ruso para subsistir.

Aquella noche invernal, veinte años después, el ex profesor miró al hombre que había llamado a la puerta y dijo:

—¿Sí?

—Tengo algo para Zorro —dijo Monk.

El anciano asintió y extendió la mano. Monk le entregó el diminuto carrete de fotografía, él lo cogió y, sin más, cerró la puerta. Monk volvió andando al coche.

A medianoche, la pequeña *Martti* fue puesta en libertad con el carrete atado a una pata. Mitch y Ciaran la habían llevado a Moscú semanas atrás en su largo viaje desde Finlandia.

Martti permaneció un momento en su repisa, extendió las alas y se elevó en espirales hacia la gélida noche moscovita. Subió hasta trescientos metros, allí donde el frío habría convertido a un ser humano en un carámbano de hielo.

En ese momento uno de los satélites de InTelCor estaba iniciando su trayecto por el cielo de las heladas estepas rusas. Fiel a sus instrucciones, el satélite empezó a emitir su mensaje cifrado «¿Estás ahí?», ajeno a que previamente había destruido a su criatura electrónica. En las afueras de la capital, los escuchas del FAPSI escudriñaban sus ordenadores en busca del sonido delator que indicaría que el agente extranjero buscado por el coronel Grishin había transmitido, de manera que los trianguladores pudieran fijar la fuente de la transmisión en un solo edificio. Pero el satélite pasó y no hubo ningún *bip*.

Un impulso magnético en su pequeña cabeza le dijo a *Martti* que su hogar, el sitio donde tres años atrás el polluelo había roto el cascarón, estaba hacia el norte. Y hacia el norte viró, contra el viento cortante, hora tras hora en la fría oscuridad, impulsada por el deseo de volver a casa. Nadie vio a *Martti* dejar la ciudad ni cruzar la costa con las luces de San Petersburgo a su derecha. Siguió volando y volando con su mensaje y su anhelo instintivo. Dieciséis horas después de partir de Moscú, aterida y exhausta, la paloma aterrizó en un pajar a las afueras de Helsinki. Unas manos cálidas le quitaron el carrete que llevaba prendido en la pata y al cabo de tres horas sir Nigel Irvine estaba leyendo en Londres los dos folios fotografiados.

Sonrió. La cosa había llegado al extremo buscado. Jason Monk tenía aún una misión que cumplir y luego debería ocultarse hasta que fuera seguro salir a la superficie. Pero ni siquiera Irvine podía predecir lo que aquel rebelde virginiano tenía en mente.

Mientras *Martti* volaba sin ser vista sobre sus cabezas, Igor Komárov y Anatoli Grishin estaban conferenciando en el despacho de aquél. El resto de la pequeña mansión que constituía el cuartel general estaba desierto, salvo los guardias que había en la planta baja. Fuera, la oscuridad amparaba a los perros de vigilancia.

Komárov estaba ante su escritorio, pálido como la ceniza a la luz de la lámpara. Grishin acababa de comunicar al líder de la Unión de Fuerzas Patrióticas la noticia que había sabido por el padre Máxim. Mientras se lo decía, Komárov había dado la impresión de encogerse. Lentamente había perdido su gélido autodominio y su firmeza inquebrantable había ido abandonándolo como la sangre en una hemorragia.

Grishin conocía el fenómeno. Les ocurría a los más temibles dictadores cuando se los despojaba repentinamente de su poder. Mussolini, el presuntuoso Duce, se había convertido de la noche a la mañana en un asustado hombrecillo que huía de todos. Los magnates de los negocios, cuando se les confiscaba el avión privado, se les embargaba la limusina, se les retiraban las tarjetas de crédito, les abandonaba el personal y el castillo de naipes se venía abajo, menguaban realmente de tamaño y su antigua mordacidad se volvía huera jactancia. Grishin lo sabía porque más de una vez había visto a generales y ministros acurrucados de miedo en sus celdas, antiguos hombres fuertes del aparato reducidos a esperar el inmisericorde juicio del partido.

Todo se estaba derrumbando, agotados los días y las palabras. También a él le había llegado la hora. Siempre había despreciado a Kuznetsov y su universo de imágenes y palabras, su pretensión de que el poder procedía de un comunicado oficial. En Rusia el poder salía del cañón de un arma; siempre había sido así. Irónicamente, había tenido que ser el hombre a quien más aborrecía, la pimpinela escarlata, el americano, quien provocara aquella situación. Y ahora el presidente de la UFP, desprovisto al parecer de toda fuerza de voluntad, estaba casi a merced de Grishin, quien no estaba dispuesto a conceder la victoria a la milicia del presidente Iván Markov. No podía prescindir de Igor Komárov, pero sí podía salvar el pellejo y alcanzar luego un cargo como jamás había soñado poseer.

Ensimismado en su propio mundo interior, Komárov parecía un Ricardo II divagando sobre la catástrofe que le había sobrevenido en tan breve lapso de tiempo. No conseguía comprender del todo aquella transformación, aunque sí percibir de qué manera se había ido produciendo. A principios de noviembre parecía que nada podía impedir su victoria en las elecciones de enero. Su organización política era dos veces más eficaz que cualquier otra del país; su oratoria hipnotizaba a las masas. Las encuestas de opinión aseguraban que Komárov conseguiría el setenta por ciento del voto nacional, suficiente para barrer en la primera vuelta. Sus adversarios políticos estaban en plena desbandada, bien retirándose de la carrera electoral por falta de fondos, bien abatidos ante la magnitud de la ventaja de Komárov. Quienes trataban de asegurarse favores tras su segura victoria empezaban a adularle. Su triunfo político parecía fuera de toda duda.

El robo del Manifiesto Negro había sido inquietante en su momento pero, viendo que nada sucedía de mediados de julio en adelante, Komárov se había tranquilizado. Los culpables habían sido castigados, y silenciado el periodista británico que se pasaba de listo. Luego, durante meses, había reinado la calma. Su marcha hacia la cima del poder en Rusia continuaba sin contratiempos.

Ahora bien, el que un solo agente extranjero, cuya cara había visto en fotografía, pudiera frustrar su ascensión al poder era algo sencillamente inimaginable. La destrucción de sus prensas, con el subsiguiente silencio de su periódico y su revista, habían sido motivo de furia pero nada más. Sabotaje y violencia eran parte integrante de la vida rusa, pero hasta entonces siempre habían sido administrados por el coronel Grishin siguiendo órdenes suyas. Sin embargo, la suspensión de sus programas televisivos de propaganda había actuado de catalizador para lo que luego le había enfurecido y desconcertado al mismo tiempo.

Komárov desdeñaba a la Iglesia y el clero, de modo que no concebía que el patriarca pudiera ser tomado en serio por parte de los órganos del Estado con sus locuras sobre una restauración monárquica. Y tampoco podía creer que Alexei II pudiera tener la menor influencia sobre el pueblo ruso. ¿Acaso el pueblo no vibraba con él, con Komárov? ¿No era de él de quien esperaban la salvación, una nueva disciplina, una limpieza a fondo de la patria? ¿Qué falta les hacía Dios cuando tenían a Igor Viktorovich Komárov?

Entendía las razones del judío Bernstein para volverse contra él. Si el maldito americano le había mostrado el manifiesto, era normal que hubiera reaccionado como lo hizo. Pero ¿y el viejo general? ¿Por qué le había denunciado Nikolai Nikoláiev? ¿No había comprendido el glorioso futuro que esperaba al ejército de Rusia? ¿Le preocupaban realmente al héroe de Kursk y Bagration unos cuantos judíos o chechenos?

Había sido el doble golpe de la entrevista concedida por el general a *Izvestia* y la suspensión de sus programas televisivos lo que al fin le había hecho ver la fuerza y amplitud de la alianza que alguien había formado en su contra. Y luego, encima, la mafia Dolgoruki, enardecida por las redadas en sus locales, y después la prensa.

De cualquier forma, todos estaban destinados a perecer. Iglesia, mafia, prensa libre, judíos, chechenos, extranjeros: a todos les llegaría el momento de pagar sus tropelías.

—El intento de acabar con nuestros enemigos fue un error —dijo al fin.

—Con todos los respetos, señor presidente, teóricamente era perfecto. Sólo la más detestable de las suertes hizo que tres de ellos no estuvieran en sus domicilios aquella noche.

Komárov gruñó. La suerte podía haber sido mala, pero las consecuencias eran peores aún. ¿De dónde habían sacado los periodistas que él podía estar detrás de todo aquello? ¿Quién lo había filtrado? Los periodistas siempre habían escuchado atentamente sus palabras; sin embargo, ahora le insultaban. La conferencia de prensa había sido un desastre. Jamás había sido objeto de tanta insolencia. De eso se encargaba Kuznetsov. Sólo se concedían entrevistas privadas, donde era tratado con respeto y sus opiniones escuchadas con atención. Pero el muy tonto le había propuesto aquella conferencia de prensa...

—¿Está seguro de su fuente, coronel?

—Sí, señor presidente.

—¿Confía usted en él?

—Claro que no. Me fío de sus apetitos. Es venal y corrupto, pero ese hombre codicia ascensos y una vida de voluptuosidad, cosas que le he prometido. Nos reveló las dos visitas del espía inglés al patriarca, y las dos del agente americano. Ya leyó usted la transcripción de la segunda entrevista con Monk, las amenazas que me obligaron a sugerir la medida de silenciar para siempre a la oposición.

—Pero esta vez... ¿cree que tendrían agallas para atacarnos?

—No podemos descartarlo —contestó Grishin, sabiendo que el ataque ya estaba planificado y organizado—. Por utilizar un término pugilístico, es un combate sin guantes. Nuestro imbécil presidente en funciones sabe que no puede competir con usted, pero tal vez sí con Ziugánov. Los altos mandos de la milicia se han dado cuenta a tiempo de la clase de purga que usted les tenía preparada. Valiéndose de las acusaciones de un vínculo financiero entre la UFP y la mafia, algunos altos cargos podrían maquinar contra nosotros. Sí, creo que pueden intentarlo.

—Si estuviera usted en su situación, ¿qué haría, coronel?

Grishin consideró llegado el momento para conseguir su objetivo: un ataque por sorpresa que se anticipara al previsto por el gobierno para Año Nuevo.

—Exactamente lo mismo. Cuando el sacerdote me contó de qué hablaba el patriarca, pensé que no podía ser verdad. Pero cuantas más vueltas le doy, más sentido le veo. La madrugada del 1 de enero es un momento adecuado. ¿Quién no tendrá resaca de la noche anterior? ¿Qué guardias estarán despiertos? ¿Quién será capaz de reaccionar con rapidez y firmeza? El uno de enero la mayoría de los rusos no puede ni tenerse en pie. Sí, tiene sentido.

—¿Qué pretende decirme? ¿Que estamos acabados? ¿Que todo lo que hemos hecho ha sido en vano, que nunca habrá una Nueva Rusia por culpa de un político aterrorizado y ambicioso, un cura fantasioso y unos policías con exceso de celo?

Grishin se puso en pie y se inclinó sobre el escritorio.

—No hemos llegado tan lejos para esto, señor presidente. La clave del éxito es conocer las intenciones del enemigo. Eso lo sabemos. No nos dejan más que una alternativa: el ataque anticipado.

—¿Ataque? ¿Contra quién?

—Tomar Moscú, señor presidente. Tomar Rusia. Ambas pueden ser suyas en quince días. En Nochevieja nuestros enemigos estarán celebrando la fiesta, y sus tropas encerradas en los cuarteles hasta el amanecer. Yo puedo reunir una fuerza de ochenta mil hombres y apoderarme de Moscú durante la noche. Y Moscú significa Rusia.

—¿Un golpe de Estado?

—No sería la primera vez. Toda la historia de Europa y de Rusia es la de hombres con visión de futuro y determinación capaces de aprovechar la ocasión y hacerse con el Estado. Mussolini tomó Roma y toda Italia. Los coroneles griegos tomaron Atenas y toda Grecia. Sin guerra civil. Sólo un golpe rápido. Los vencidos huyen, sus partidarios se ponen nerviosos y buscan alianzas. Para Año Nuevo, Rusia puede ser suya, señor presidente.

Komárov reflexionó. Ocuparía los estudios de televisión y se dirigiría al país. Diría que había actuado para impedir una conspiración. El pueblo le creería. Los generales serían arrestados y los coroneles buscarían el ascenso cambiando de bando.

—¿Podría usted hacerlo?

—Señor presidente, en un país corrupto todo está en venta. Por eso la patria necesita a Igor Komárov, para limpiar esta pocilga. Con dinero puedo comprar todas las tropas que necesito. Déme la orden y yo le colocaré en los aposentos del Kremlin a mediodía de Año Nuevo.

Igor Komárov contempló el cartapacio con la barbilla apoyada en las manos. Tras unos minutos alzó la vista y miró a los ojos al coronel Grishin.

—Hágalo —dijo.

Si a Grishin le hubieran pedido que organizase una fuerza armada para, partiendo de cero, conquistar Moscú en cuatro días, nunca habría sido capaz de conseguirlo. Pero él no empezaba de cero. Desde hacía meses sabía que tras la victoria presidencial de Komárov la transferencia de todos los poderes del Estado a la UFP empezaría de inmediato.

El aspecto político de la victoria, la abolición formal de los partidos de oposición, sería asunto de Komárov. La tarea del coronel sería subyugar y desmantelar todas las unidades armadas del Estado.

En previsión de esa tarea, él había decidido ya cuáles serían sus aliados naturales y cuáles sus enemigos más obvios. Entre estos últimos, el principal era la Guardia de Seguridad del Presidente, una fuerza compuesta por treinta mil hombres de los que seis mil estaban estacionados en Moscú, y mil en el propio Kremlin. Al mando del general Sergei Korin, sucesor del célebre Alexandr Korzhakov nombrado por Yeltsin, tenían como oficiales a hombres propuestos por el difunto presidente Cherkassov. Lucharían por la legitimidad del Estado y contra los golpistas.

Después estaba el Ministerio del Interior con su propio ejército de ciento cincuenta mil hombres. Por fortuna para Grishin, la mayor parte de ese contingente estaba esparcida a lo largo y ancho de Rusia, con sólo cinco mil hombres en la capital. Los generales del Presídium del MVD no tardarían en darse cuenta de que iban a estar en los primeros vagones con destino al Gulag, conscientes, como la guardia presidencial, de que en la Nueva Rusia no había sitio para ellos y los Guardias Negros de Grishin.

En tercer lugar, una exigencia irrenunciable de la mafia Dolgoruki: el arresto e internamiento de las dos brigadas antibandas, los federales dirigidos desde la sede del MVD en la plaza Zhitny y la unidad de Moscú, el GUVD, dirigida por el general Petrovsky desde la calle Shabolovka. Ambas brigadas, y sus Fuerzas de Intervención Rápida, sabrían sin duda que el único lugar para ellos en la Rusia de Grishin sería un campo de trabajo o el patio de ejecución.

Pero en el crisol de ejércitos gubernamentales o privados que poblaban la caótica Rusia de 1999, Grishin sabía que también tenía aliados naturales o sobornables. La clave para la victoria era mantener al ejército confuso e ignorante de la situación, reñido consigo mismo y en última instancia impotente.

Las fuerzas con que podía contar de forma inmediata eran los seis mil guardias negros y los veinte mil jóvenes combatientes. Los primeros constituían un cuerpo de élite que él mismo había creado a lo largo de los años. Los mandos comprendían ex miembros de las fuerzas especiales, de paracaidistas, infantes de marina y hombres del MVD, que habían tenido que demostrar en brutales ceremonias de iniciación tanto su crueldad como su devoción a la ultraderecha.

Sin embargo, entre los cuarenta oficiales de mayor graduación debía de haber un traidor. Era evidente que alguien había estado en contacto con las autoridades y los medios informativos para denunciar los cuatro intentos de asesinato del 21 de diciembre como obra de la Guardia Negra. La cosa había sido demasiado rápida para ser espontánea. A Grishin no le quedaba otro remedio que arrestar y mantener aislados a esos cuarenta oficiales, y así se hizo el 28 de diciembre. Los interrogatorios intensivos y el desenmascaramiento del traidor vendrían después. Para mantener alta la moral, se cubrieron los puestos ascendiendo a oficiales de menor graduación con la excusa de que sus superiores estaban haciendo un curso fuera de la capital.

Sobre un plano a gran escala de Moscú Oblast, Grishin preparó su plan de ataque para la Nochevieja. Contaría con la gran ventaja de que las calles estarían casi desiertas.

En Rusia las fiestas del Año Nuevo son de gran importancia. Prácticamente nadie trabaja la tarde de Nochevieja pues los moscovitas se van a sus casas o a fiestas particulares con su provisión de alcohol para pasar la noche. Oscurece a eso de las tres y media de la tarde y después de esa hora sólo los desesperados por conseguir más alcohol se aventuran a salir a la noche helada.

Todo el mundo festeja la Nochevieja, incluyendo los vigilantes nocturnos y el personal de servicios mínimos que no puede tomarse el día libre. Pero ellos se llevan al trabajo sus propias provisiones de licor.

Hacia las seis de la tarde, calculaba Grishin, las calles serían suyas. A esa hora todos los ministerios y principales edificios del gobierno estarían vacíos, salvo el personal de vigilancia, y hacia las diez de la noche incluso ellos y los soldados que permanecían en los cuarteles serían incapaces de defenderse.

Medida prioritaria, una vez que sus fuerzas estuvieran en la ciudad, sería bloquear Moscú para que no pudiese recibir ayuda. Eso lo encargaría a los Jóvenes Combatientes. Había cincuenta y dos calles importantes en Moscú, y para bloquearlas sólo necesitaría ciento cuatro camiones pesados, repletos de grava de hormigón.

Dividió a los Jóvenes Combatientes en los grupos necesarios, cada uno al mando de un guardia negro con experiencia. Los camiones los conseguiría alquilándolos a transportistas de fuera de la ciudad o robándolos a punta de pistola en la mañana del 31 de diciembre. A la hora prevista cada grupo ocuparía su posición avanzando desde los cruces hasta quedar atravesados en todas las calzadas.

En todos los accesos importantes de Moscú, la frontera entre Moscú Oblast y la provincia vecina está señalada por un puesto de la milicia, una pequeña garita con varios aburridos soldados rasos y un teléfono, además de un vehículo blindado de transporte de personal. Éste estaría desatendido la noche del golpe pues la tripulación estaría celebrando en la garita. En el caso de la única carretera que Grishin necesitaba para entrar en la ciudad, este puesto sería sencillamente eliminado. En todos los demás, los Jóvenes Combatientes aparcarían sus camiones atravesados en la calzada en el siguiente cruce dentro ya de la ciudad, y dejarían que los milicianos se emborracharan como de costumbre. Acto seguido, los doscientos jóvenes combatientes por grupo organizarían sus emboscadas protegidos por los camiones e impedirían que ninguna columna de refuerzo entrara en Moscú.

Dentro de la capital necesitaba tomar siete objetivos, cinco secundarios y dos principales. Como su Guardia Negra estaba acuartelada en cinco bases rurales y sólo contaba con un pequeño cuartel dentro de la ciudad desde donde suministraba personal para la casa de Komárov, lo más fácil sería entrar por cinco ejes. Pero para una buena coordinación sería necesario un torrente de transmisiones radiofónicas, y él prefería el silencio. Así que decidió organizar un solo convoy de camiones.

Como su base principal estaba al nordeste de Moscú, Grishin decidió llevar allí al conjunto de sus seis mil hombres, pertrechados y en sus vehículos, el 30 de diciembre, e invadir la ciudad por la principal autopista, que empieza llamándose Yaroslavskoye Chaussee para convertirse en Prospekt Mira (avenida de la Paz) a medida que se aproxima a la carretera de circunvalación.

Uno de sus objetivos prioritarios, el gran complejo televisivo de Ostankino, quedaba a unos cuatrocientos metros de esa carretera, y a tal efecto pensaba destacar allí a un tercio de sus seis mil hombres. Con los restantes cuatro mil, mandados por él mismo, se dirigiría al sur más allá del Estadio Olímpico, cruzaría el Ring Road y penetraría en el corazón de la ciudad en busca del objetivo crucial: el mismísimo Kremlin.

Aunque Kremlin significa simplemente «fortaleza» y toda ciudad antigua de Rusia tiene su fortaleza en el centro de la vieja ciudad amurallada, el Kremlin de Moscú es desde hace mucho el símbolo del poder supremo y la ostentación visible de ese poder. El Kremlin tenía que ser suyo antes del amanecer, sometida su guarnición e inutilizadas sus instalaciones de radio, o de lo contrario el péndulo oscilaría hacia el otro lado.

La intención de Grishin era delegar la toma de los cinco objetivos secundarios a los cuatro cuerpos armados que confiaba poder organizar, pese al breve tiempo de que disponía.

Los objetivos eran las oficinas del alcalde en la calle Tverskaya, con una sala de comunicaciones desde donde se podía pedir socorro; el Ministerio del Interior en la plaza Zhitnaya, y su red de comunicaciones con el ejército que el MVD tenía por toda Rusia, así como el cuartel anexo del OMON; el complejo de edificios presidenciales y ministeriales en y cerca de Staraya Ploschad; el aeródromo de Khodinka con su cuartel de la GRU, una zona perfecta para lanzar paracaidistas si éstos eran requeridos para salvar al Estado; y la sede del parlamento, la Duma.

En 1993, cuando Boris Yeltsin dirigió los cañones de sus tanques contra la Duma para obligar a los congresistas insurrectos a salir con las manos en alto, el edificio sufrió daños considerables. Durante cuatro años la cámara se había trasladado a las viejas oficinas del Gosplan en la plaza Manege, pero una vez reparados los daños el parlamento ruso había vuelto a la Casa Blanca en Novy Arbat, a orillas del río.

Las oficinas del alcalde, la Duma y los edificios ministeriales de Staraya Ploschad estarían desiertos durante la Nochevieja. Con las puertas destrozadas por cargas explosivas, la ocupación sería fácil. Podían encontrar resistencia en el cuartel del OMON y en la base de Khodinka si las tropas de Petrovsky o los pocos paracaidistas y oficiales del espionaje militar que había en el viejo aeródromo decidían cumplir con su deber. Esos dos objetivos habría de encomendarlos a las Fuerzas Especiales que tenía intención de comprar.

Como octavo objetivo, e indiscutible en cualquier golpe militar, estaba el Ministerio de Defensa. El enorme bloque de piedra gris situado en la plaza Arbátskaya tampoco plantearía problemas, pero en su interior estaba el centro general de comunicaciones que podía dar aviso instantáneamente a cualquier base del ejército, la armada o las fuerzas aéreas. Grishin no asignó tropas para el asalto al ministerio, pues le reservaba planes muy especiales.

No era difícil encontrar en Rusia aliados naturales para un golpe de extrema derecha. Entre ellos destacaba el Servicio Federal de Seguridad o FSB, heredero del antaño poderosísimo Segundo Directorio del KGB, el vasto organismo que mantenía la represión interna en la URSS a los niveles exigidos por el Politburó. Desde la llegada de la zaherida democracia, sus antiguos poderes se habían ido desvaneciendo.

El FSB, con sede en la célebre central del KGB en la plaza Dzerzhinsky, ahora plaza Lubyanka, y con la igualmente famosa y temida cárcel de Lubyanka detrás, seguía siendo responsable del contraespionaje, además de tener una división dedicada a combatir el crimen organizado. Pero este cuerpo no era ni la mitad de efectivo que el GUVD de Petrovsky y, por tanto, no había provocado exigencias de venganza desde la mafia Dolgoruki.

El FSB contaba con el apoyo de dos cuerpos de tropas de intervención rápida, el Grupo Alfa y el Vympel (estandarte). Ambos grupos habían sido antiguamente las más selectas y temidas unidades de élite rusas, comparadas a veces —con excesivo optimismo— al SAS británico. La crisis se había producido por una cuestión de lealtad.

En 1991 el ministro de Defensa Yazov y el presidente del KGB Kryuchkov prepararon un golpe contra Gorbachov. El golpe fracasó, aunque propició la caída de Gorbachov y la subida al poder de Yeltsin. En principio el Grupo Alfa formaba parte de la operación; pero a media intentona cambió de parecer y permitió que Yeltsin saliera de la Duma, saltara a un carro de combate y se convirtiera en héroe a ojos del mundo. Para cuando un apesadumbrado Gorbachov pudo salir de su arresto domiciliario en Crimea y volar a Moscú para encontrarse con su enemigo Yeltsin detentando el poder, en el aire flotaban ya graves interrogantes sobre el Grupo Alfa. Y lo mismo se aplicaba al Vympel.

En 1999 ambas unidades de élite, con su moderno armamento y su fama de duros combatientes, seguían desacreditados. Pero para Grishin contaban con dos grandes ventajas. Primero, contaban con muchos oficiales y suboficiales simpatizantes de la extrema derecha: antisemitas, anti minorías étnicas y antidemócratas. Segundo, hacía seis meses que no cobraban sus salarios.

La propuesta de Grishin fue como un canto de sirena: restauración de los viejos poderes del KGB, instauración del trato preferente que merecía un verdadero cuerpo de élite, e incremento del ciento por ciento de los sueldos a partir de ese mismo día.

El día de Nochevieja las tropas del Vympel recibieron orden de armarse, dejar los barracones, dirigirse al aeródromo y la base de Khodinka y ocupar ambas cosas. Al Grupo Alfa le tocó el Ministerio del Interior y el cuartel del OMON, mientras otro destacamento tomaba el cuartel de las SOBR en la calle Shabolovka.

Antes, el 29 de diciembre, el coronel Anatoli Grishin asistió a una reunión en la suntuosa dacha que la mafia Dolgoruki tenía a las afueras de Moscú. Allí pudo hablar con el Skhod, el consejo supremo que gobernaba el clan. Para él fue un encuentro crucial. En opinión de la mafia, Grishin tenía muchas aclaraciones que hacer. Las redadas del general Petrovsky todavía les dolían. Pero el estado de ánimo fue cambiando a medida que Grishin daba explicaciones. Cuando les reveló que había habido un plan para declarar a Komárov persona indigna para las próximas elecciones, la alarma pudo más que los sentimientos agresivos. Los Dolgoruki habían apostado muy fuerte por su éxito electoral. El golpe de gracia fue la revelación de que el gobierno pretendía arrestar a Komárov y aplastar a la Guardia Negra. Antes de transcurrida una hora los propios mafiosos estaban pidiendo consejo a Grishin. Cuando éste les anunció lo que tenía en mente, se quedaron pasmados. Ellos estaban especializados en gangsterismo, fraude, estraperlo, extorsión, drogas, prostitución y asesinato. Un golpe de Estado era apuntar demasiado alto.

—No es más que un robo a gran escala, el robo de la República Federal —dijo Grishin—. Si se niegan, volverán a ser acosados por el MVD, el FSB, en fin, por todos. Si aceptan, el país será nuestro. —Empleó la palabra *zemlya*, que significa la tierra, el país con todas sus riquezas.

En la cabecera de la mesa, un viejo *vor zakone* (ladrón por derecho), nacido en el seno del hampa como su padre y todo su clan y que entre los Dolgoruki era el equivalente del Don de Dones siciliano, se quedó mirando a Grishin en silencio. Había una gran expectación. Entonces el gángster empezó a asentir con la cabeza, subiendo y bajando el arrugado cráneo como un lagarto viejo, dando a entender su consentimiento. Se llegó a un pacto sobre la última suma de dinero que Grishin necesitaba. También se acordó el préstamo de la tercera fuerza armada del país. Doscientas de las más de ochocientas «empresas de seguridad» en Moscú eran tapaderas de la Dolgoruki. Ellas aportarían dos mil hombres, ex soldados o espías del KGB, todos ellos bien armados. Ochocientos para asaltar, tomar y defender la desierta Casa Blanca, sede de la Duma, y otros mil doscientos para la oficina presidencial y los ministerios relacionados, asimismo vacíos por Nochevieja, agrupados en torno a Staraya Ploschad.

Ese mismo día Jason Monk telefoneó al general Petrovsky de la milicia. Aún estaba viviendo en el cuartel de los SOBR.

—¿Sí?

—Soy yo otra vez. ¿Qué está haciendo?

—¿Y a usted qué le importa?

—¿Está preparando el equipaje?

—¿Cómo lo ha sabido?

—Todos los rusos quieren pasar las fiestas con sus familias.

—Oiga, mi avión sale dentro de una hora.

—Creo que debería cancelar su billete. Ya habrá otras Nocheviejas.

—¿De qué está hablando?

—¿Ha leído los periódicos de la mañana?

—No demasiado. ¿Por qué?

—Los últimos sondeos de opinión, los que recogen las revelaciones de la prensa sobre la UFP y la conferencia de prensa de Komárov, le dan un cuarenta por ciento.

—Bueno, pues perderá las elecciones. Tendremos a Ziugánov, el neocomunista. ¿Qué quiere que haga?

—¿Cree que Komárov lo aceptará? Ya se lo dije, ese hombre es un enfermo.

—Pues tendrá que aceptarlo. Si pierde dentro de quince días, se acabó Komárov.

—Aquella noche usted me dijo algo.

—¿El qué?

—Dijo: «Si alguien ataca al Estado ruso, el Estado sabrá defenderse.»

—Vamos a ver, ¿qué sabe usted que yo no sé?

—Saber, no sé nada. Sólo sospecho. ¿No sabía que sospechar es una especialidad de los rusos?

Petrovsky miró el auricular y luego a su maleta a medio hacer sobre la estrecha litera del cuartel.

—Komárov no se atrevería —dijo escuetamente—. Nadie se atrevería.

—Yazov y Kryuchkov lo intentaron.

—Eso fue en 1991. No compare.

—Pero porque se equivocaron. ¿Por qué no se queda unos días en la ciudad, general? Por precaución.

El general Petrovsky colgó y empezó a deshacer la maleta.

Grishin se aseguró su último aliado en una entrevista en una cervecería el 30 de diciembre. Su interlocutor era un cretino barrigudo, mano derecha del jefe de las bandas callejeras del Movimiento Nueva Rusia. Pese a su portentoso nombre, el MNR era poco más que una deslabazada reunión de matones ultraderechistas tatuados y de cabeza rapada que obtenían ingresos y placer, respectivamente, de robar y apalizar judíos, ambas cosas, como no dejaban de gritar a los transeúntes, en nombre de Rusia.

El fajo de dólares que Grishin había sacado estaba sobre la mesa, y el gordo del MNR lo miraba con ansia.

—Puedo conseguir quinientos chicos cuando me dé la gana —dijo—. ¿Cuál es el trabajo?

—Cinco de mis guardias negros estarán al mando. O acepta sus órdenes de combate o no hay trato.

Ordenes de combate sonaba muy bien, a militar. Los del MNR se consideraban soldados de la Nueva Rusia, aunque nunca se habían mezclado con la Unión de Fuerzas Patrióticas. No les gustaba mucho la disciplina.

—¿Cuál es el objetivo?

—Nochevieja, entre las diez y la medianoche. Asaltar, tomar y defender las oficinas del alcalde. Y cuidado: nada de alcohol hasta el amanecer.

El segundo de a bordo del MNR ponderó la propuesta. Por más duro de mollera que fuese, podía entender que la UFP se estaba jugando el todo por el todo. Bueno, ya era hora. Se inclinó sobre la mesa al tiempo que ponía su manaza sobre el fajo de billetes.

—Cuando todo esto acabe, de los judíos nos encargaremos nosotros.

Grishin sonrió:

—Será mi regalo personal.

—Trato hecho.

Fijaron los detalles para que la banda se reuniera en los jardines de la plaza Pushkinskaya, a trescientos metros de la mansión que albergaba el ayuntamiento de Moscú. No desentonarían mucho. La plaza estaba delante del principal MacDonald's de la ciudad.

Llegado el momento, meditó Grishin mientras se alejaba en coche, los judíos de Moscú recibirían su merecido, pero también la escoria del MNR. Sería divertido meterlos en los mismos trenes rumbo al este, camino de la lejana Vorkhuta.

El 31 por la mañana Jason Monk llamó de nuevo al general Petrovsky. Éste se encontraba en su oficina del semidesierto cuartel general del GUVD en la calle Shabolovka.

—¿Todavía al pie del cañón?

—Sí, maldita sea.

—¿El GUVD tiene algún helicóptero?

—Por supuesto.

—¿Puede volar con este tiempo?

Petrovsky miró las bajas nubes plomizas desde la ventana con barrotes.

—Hasta ahí arriba no. Pero creo que por debajo no habría problema.

—¿Sabe dónde están ubicados los campamentos de la Guardia Negra alrededor de Moscú?

—No; pero puedo averiguarlo. ¿Por qué lo pregunta?

—Sugiero que se dé un paseo en helicóptero y eche un vistazo.

—¿Qué motivo podría tener para hacerlo?

—Si fueran ciudadanos amantes de la paz, lo normal es que las luces de los barracones estuvieran encendidas y los hombres dentro tomando un aperitivo antes del almuerzo y preparando una noche de festejos. Vaya a ver. Le llamaré dentro de cuatro horas.

Cuando Monk lo hizo, Petrovsky estaba muy serio.

—Cuatro de ellos parecían cerrados. Su campamento personal, al nordeste de aquí, era como un hormiguero. Había unos cien camiones. Parece que han trasladado toda la fuerza a un solo campamento.

—¿Por qué lo habrán hecho, general?

—Dígamelo usted.

—No lo sé, pero no me gusta. Huele a maniobras nocturnas.

—¿En Nochevieja? No diga tonterías. Todo el pueblo ruso se dedica a emborracharse.

—A eso iba. A medianoche no habrá un soldado en todo Moscú que se tenga en pie. A menos que reciba la orden de estar sobrio. No será una orden recibida con vítores, pero como le he dicho habrá otras Nocheviejas. ¿Sabe quién es el jefe del regimiento OMON?

—Naturalmente. El general Kozlovsky.

—¿Y el jefe del Escuadrón de Seguridad del Presidente?

—El general Korin.

—Estarán los dos con sus respectivas familias, ¿no?

—Supongo.

—Mire, de hombre a hombre, si ocurriera lo peor, si al final ganase Komárov, ¿qué les pasaría a usted, a Tatiana y a su esposa? ¿No merece una noche en vela, unas cuantas llamadas telefónicas?

Después de colgar, Jason Monk cogió un plano de Moscú y sus alrededores. Recorrió con el dedo la zona nororiental de la ciudad. Petrovsky había dicho que ahí debía encontrarse la principal base de la UFP y la Guardia Negra. Desde el nordeste la principal arteria era el Yaroslavskoye Chaussee, que luego adoptaba el nombre de Prospekt Mira y pasaba junto al complejo de Ostankino. Monk hizo otra llamada.

—Umar, amigo mío. Necesito un último favor. Sí, juro que será el último. Un coche con teléfono y un número donde pueda encontrarle esta noche... No, no hace falta que envíe a Magomed. Eso les estropearía la fiesta de Nochevieja. Con el coche y el teléfono me basta. Ah, y una pistola. Si no representa un gran problema.

Monk oyó la carcajada de Umar.

—¿Si quiero alguna en especial? Pues... —Volvió mentalmente a Castle Forbes—. ¿Puede conseguirme una Sig Sauer suiza?

20

Dos husos horarios al oeste de Moscú el clima era muy distinto, el cielo de un azul intenso y la temperatura apenas dos grados bajo cero mientras el Mecánico atravesaba el bosque hacia la casa solariega.

Los preparativos para su viaje por Europa habían sido tan meticulosos como siempre. El Mecánico había preferido ir en coche. Armas y grandes reactores no congenian, pero un coche tiene muchos escondrijos. Su Volvo con matrícula de Moscú no había llamado la atención al pasar por Bielorrusia y Polonia y según sus papeles era un hombre de negocios ruso que se dirigía a una convención en Alemania. Un registro del coche no lo habría desmentido.

Una vez en Alemania, donde la mafia rusa estaba bien establecida, cambió el Volvo por un Mercedes con matrícula alemana y compró sin mayores problemas el fusil de caza con munición hueca y mira telescópica antes de proseguir hacia el oeste.

Bajo la nueva administración de la Comunidad Europea, las fronteras prácticamente habían desaparecido. Él pasó, en medio de una columna de vehículos, ante el gesto aburrido del solitario inspector de aduanas francés.

Había adquirido un mapa de carreteras de la zona de Francia que le interesaba. En él identificó el pueblo más cercano al objetivo y luego la casa solariega en cuestión. Dejando atrás el pueblo había seguido las indicaciones hasta la entrada de la corta avenida particular y, tras divisar el rótulo que confirmaba la dirección que buscaba, había pasado de largo.

Había pernoctado en un motel a unos ochenta kilómetros de allí. Antes del alba regresó en coche, aparcó a tres kilómetros de la casa e hizo el resto del camino a pie, entre los bosques, hasta la parte posterior de la finca. Mientras el tímido sol invernal hacía su aparición, tomó posiciones tras el tronco de un abedul grande y se dispuso a esperar. Desde donde estaba podía ver la casa y su patio a unos trescientos metros. Mientras el paisaje cobraba vida, un faisán macho se acercó hasta unos metros de él, le miró colérico y se escabulló. Dos ardillas grises jugaban en el abedul encima de su cabeza.

A las nueve un hombre apareció en el patio. El Mecánico enfocó sus prismáticos ligeramente hasta que la silueta pareció estar a unos tres metros. No era su blanco, sólo un sirviente que iba por leña al cobertizo que había al pie del muro y volvía a entrar en la casa.

En un lado del patio había una serie de cuadras. Las cabezas de dos caballos, un bayo y un castaño, asomaban a la media puerta. Alrededor de las diez una muchacha fue a llevarles heno y luego volvió a la casa.

Poco antes del mediodía un hombre mayor cruzó el patio y se detuvo a acariciar los hocicos de los caballos. El Mecánico estudió el rostro con sus prismáticos y cotejó la fotografía que yacía a su lado sobre la hierba escarchada. A continuación levantó el cañón del fusil y miró por la mira telescópica. La chaqueta de tweed llenó el círculo. El hombre estaba de cara a los caballos, de espaldas a la loma. Quitó el seguro, apoyó el rifle en el hombro y apretó el gatillo.

El estampido del disparo resonó en el valle. En el patio, el hombre de la chaqueta de tweed salió despedido contra la puerta blanca del establo. El agujero en su espalda, a la altura del corazón, se perdió en el dibujo de la tela. Las rodillas cedieron y el hombre se desplomó poco a poco, dejando una mancha roja en la puerta. El segundo disparo le arrancó casi media cabeza.

El Mecánico se puso en pie, introdujo el fusil en su funda forrada de cabritilla, se la echó al hombro y empezó a andar a trote corto. Había memorizado el camino hasta el coche, y eso le permitió avanzar deprisa.

Nadie se extrañaría de oír disparos una mañana de invierno en pleno campo. Un cazador de conejos o de cuervos... Luego alguien se asomaría a la ventana y correría al patio. Habría gritos, incredulidad, inútiles intentos de revivir al hombre. Después vuelta a la casa, llamar a la policía, balbucir una explicación, las mesuradas preguntas oficiales. Posteriormente llegaría un coche de policía, y finalmente se organizaría el bloqueo de las carreteras.

Demasiado tarde. Un cuarto de hora después el Mecánico se hallaba en su coche, y cinco minutos más tarde estaba de camino. Media hora después de los disparos estaba ya en la autovía más cercana, un coche entre cientos. Para entonces la policía rural había tomado declaración a la chica y el sirviente y estaba pidiendo que mandaran algún inspector de Homicidios desde la ciudad más próxima.

Sesenta minutos después de los disparos el Mecánico había arrojado el arma con su funda sobre el parapeto del puente que había seleccionado previamente y la veía desaparecer bajo la negra superficie de agua. Le esperaba un largo viaje de vuelta.

Los primeros faros aparecieron antes de las siete, avanzando despacio en la oscuridad hacia el bien iluminado complejo de edificios del centro de televisión de Ostankino. Jason Monk estaba al volante de su coche con el motor en marcha para que la calefacción funcionara.

Había aparcado junto al bulevar Akademika Koroleva, en una calle lateral; el principal edificio de oficinas quedaba delante del parabrisas al otro lado de la avenida, y la aguja de la torre de transmisiones a su espalda. Al ver que esta vez las luces no eran de un coche solitario sino de una columna de camiones, apagó el motor y la delatora columna de humo del tubo de escape se extinguió.

Eran unos treinta camiones, pero sólo tres se aproximaron al aparcamiento del edificio principal, una mole enorme con una base de cinco plantas y trescientos metros de anchura, con dos entradas principales, y por encima dieciocho plantas de cien metros de ancho. Normalmente trabajaban allí ocho mil personas, pero en Nochevieja apenas quedaban quinientos empleados para asegurar la continuidad del servicio durante la noche.

Unos hombres armados y vestidos de negro saltaron de los tres camiones y corrieron hacia las dos zonas de recepción. En pocos segundos el asustado personal del vestíbulo fue puesto contra la pared posterior a punta de pistola, lo que se distinguía claramente desde la oscuridad exterior. A continuación Monk vio que se los llevaban al interior del edificio.

Guiados por un aterrado conserje, los asaltantes fueron directamente a la centralita, sorprendiendo a los telefonistas, y uno de ellos, antiguo técnico de Telekom, desconectó todas las líneas de entrada y de salida. Luego, un guardia negro salió del edificio e hizo señales con una linterna al resto del convoy, que entonces avanzó hasta llenar el aparcamiento y rodear el bloque de oficinas formando un anillo de defensa. Varios centenares de guardias negros saltaron de los camiones y entraron corriendo en el edificio.

Aunque Monk sólo podía ver siluetas difusas en las ventanas de los pisos superiores, los guardias, siguiendo las instrucciones, estaban dispersándose por todas las plantas, requisando los teléfonos móviles del aterrorizado personal nocturno y arrojando los aparatos a unas bolsas de lona.

A la izquierda de Monk, dentro del complejo de televisión, había un edificio más pequeño reservado para contables, programadores y ejecutivos que en aquellos momentos estaban en sus casas celebrando el Año Nuevo.

Monk cogió el teléfono del coche y marcó un número que sabía de memoria.

—Petrovsky.

—Soy yo.

—¿Dónde está?

—Chupando frío en un coche delante de Ostankino.

—Pues yo estoy en un cuartel bastante caldeado, con un millar de jóvenes al borde del motín.

—Tranquilícelos. Estoy viendo cómo la Guardia Negra asalta todo el complejo.

Hubo un silencio.

—Vamos, no diga sandeces. Seguro que se equivoca.

—Está bien. Un millar de hombres armados y vestidos de negro acaba de llegar en treinta camiones con los faros amortiguados, se supone que para tomar Ostankino y mantener a raya al personal. Es lo que estoy viendo por el parabrisas de mi coche a doscientos metros de distancia.

—Santo Dios. Entonces va en serio.

—Ya le dije que Komárov estaba loco. O quizá no tanto. Podría salirle bien. ¿Hay en Moscú gente lo bastante sobria para defender el Estado?

—Déme su número, yanqui.

Monk se lo dijo.

—Otra cosa, general. No van a interrumpir la programación habitual. Todavía no. Irán emitiendo programas grabados.... hasta que todo esté a punto.

—Eso ya lo sé. Ahora mismo estoy viendo unas danzas cosacas en el canal Uno.

—Es un espectáculo grabado. Todo está pregrabado hasta la hora de las noticias. Bien, creo que usted debería hacer unas cuantas llamadas telefónicas.

Pero el general Petrovsky acababa de colgar. Aunque no lo sabía en ese momento, su cuartel iba a ser atacado antes de una hora.

Había demasiada calma. Quienquiera que hubiese planeado el asalto a Ostankino lo había hecho muy bien. A ambos lados de la avenida había bloques de apartamentos, la mayoría con las luces encendidas, sus moradores ya con un vaso en la mano, viendo la misma televisión que en aquellos momentos estaba siendo secuestrada a apenas unos metros de allí.

Monk había examinado el mapa de carreteras del distrito de Ostankino. Salir a la avenida principal sería buscarse problemas. Pero a sus espaldas había un laberinto de calles secundarias entre viviendas a medio construir que desembocaban finalmente hacia el sur y el centro de la ciudad.

Lo lógico habría sido atajar por Prospekt Mira, la principal vía de acceso al centro de Moscú, pero intuía que tampoco en esa carretera había lugar para Jason Monk. Así pues, tomó una decisión desesperada. Sin encender las luces, hizo un giro de 180 grados en la calzada, salió del coche, se agazapó y vació el cargador de su automática contra los camiones y el edificio de televisión.

A doscientos metros de distancia una pistola suena como un petardo de feria, pero las balas cumplen su cometido. Tres ventanas del edificio quedaron hechas añicos, el parabrisas de un camión se resquebrajó y una bala hirió a un guardia negro en la oreja. Uno de sus compañeros perdió los estribos y roció la noche con su fusil Kalashnikov.

Debido al intenso frío, en Moscú los edificios suelen tener cristales dobles; gracias a eso y al sonido de los televisores, muchos inquilinos no oyeron los disparos. Pero el Kalashnikov rompió ventanas de tres pisos y la gente empezó a asomarse presa del pánico. Algunos corrieron al teléfono para llamar a la policía.

Varios guardias negros empezaron a avanzar hacia Monk, que subió al coche y salió de estampida. No encendió los faros, pero los guardias oyeron el rugido del motor y le dispararon varias ráfagas mientras huía.

En la sede del MVD en la plaza Zhitnaya el primer oficial de servicio era el comandante del regimiento OMON, general Iván Koslovsky, que estaba en su despacho en el cuartel de sus tres mil malhumorados hombres, a quienes se había visto obligado a suspender el permiso. El hombre que desde la calle Shabolovka a cuatrocientos metros de allí le había convencido de tomar esa impopular medida estaba otra vez al teléfono, y Koslovsky le estaba chillando.

—¡Tonterías! Estoy mirando la jodida tele ahora mismo. Ya, ¿quién lo dice? ¿Que le han informado? Espere un momento...

El otro teléfono estaba sonando. Levantó bruscamente el auricular y gritó:

—¡Diga!

Un nervioso telefonista dijo:

—Siento molestarle, general, pero usted es el oficial de mayor graduación en el edificio. Al teléfono hay alguien que vive en Ostankino y dice que hay tiros en las calles. Una bala ha destrozado la ventana de su casa.

El tono de Koslovsky adquirió una súbita calma y claridad.

—Pídale todos los detalles y vuelva a llamarme.

Por el otro teléfono dijo:

—Valentín, puede que tengas razón. Alguien acaba de llamar para informar que hay un tiroteo. Voy a alerta roja.

—Yo también. A propósito, antes he telefoneado al general Korin. Ha accedido a poner algunas unidades de guardias presidenciales en estado de alerta.

—Buena idea. Yo también le telefonearé.

Hubo ocho llamadas más desde la zona de Ostankino para informar de tiros en las calles, y luego otra de un ingeniero que vivía en un apartamento enfrente del centro de televisión. Le pasaron con el general Koslovsky.

—Lo veo todo desde aquí arriba, general —dijo el ingeniero, que como todo varón ruso había hecho su servicio militar—. Un millar de hombres armados, un convoy de más de veinte camiones.

Dos vehículos de transporte personal en el aparcamiento principal. Creo que son BTR 80 clase A.

«Menos mal —pensó Koslovsky— que hay ex militares.» Si aún tenía alguna duda, había quedado suficientemente disipada. El BTR 80 A es un vehículo blindado de transporte provisto de ocho ruedas y armado con un cañón de 30 mm; lleva un comandante, un conductor, un artillero y un escuadrón de seis hombres. Si los atacantes iban vestidos de negro, no eran del ejército. Sus tropas del OMON vestían de negro, pero estaban concentradas en la planta baja. Hizo llamar a sus jefes de unidad.

—A los camiones y rápido —ordenó—. Quiero dos mil hombres en las calles y que otros mil permanezcan aquí para defender el edificio.

Si estaba teniendo lugar un golpe de Estado, los atacantes tendrían que neutralizar el Ministerio del Interior y su cuartel. Afortunadamente era una especie de fortaleza.

En el exterior había ya tropas en movimiento, pero no obedecían órdenes de Koslovsky. La fuerza de choque Alfa estaba acercándose al Ministerio.

A las ocho y media, dos mil comandos del OMON dejaban sus barracones en una caravana de vehículos blindados. Apenas se hubieron marchado, el resto de la tropa cerró a cal y canto la fortaleza y tomó posiciones defensivas. A las nueve fueron atacados, pero los agresores habían perdido el factor sorpresa. La fiera respuesta de los defensores hizo que los hombres del Grupo Alfa tuvieran que parapetarse en la plaza Zhitny y anhelaran disponer de artillería.

—¿Americano?

—Sí.

—¿Dónde está ahora?

—Intentando salvar el pellejo. Me dirijo al sur desde el centro de televisión, evitando Prospekt Mira.

—Hay tropas leales de camino. Dos mil hombres del OMON.

—¿Puedo hacerle una sugerencia?

—Adelante.

—Ostankino es sólo uno de los objetivos. Si usted fuera Grishin, ¿cuáles serían sus restantes objetivos?

—El MVD, Lubyanka...

—MVD sí. Lubyanka no. No creo que sus antiguos colegas del Segundo Directorio le planteen ningún problema.

—Quizá. ¿Qué más?

—Por supuesto la sede del gobierno en Staraya Ploschad, y también la Duma, para salvar una apariencia de legitimidad. Y sitios donde podría haber resistencia: el GUVD, los paracaidistas del aeródromo de Khodinka y el Ministerio de Defensa. Pero sobre todo el Kremlin. Grishin tiene que tomar el Kremlin.

—Eso no es problema. El general Korin está al corriente y ha puesto a sus hombres en estado de máxima alerta. No sabemos cuántas tropas tiene Grishin.

—Treinta o cuarenta mil hombres.

—Coño, nosotros no tenemos ni la mitad.

—Pero mejores. Y él ha perdido el cincuenta por ciento.

—¿A qué se refiere?

—Al factor sorpresa. ¿Qué hay de los refuerzos?

—El general Korin ha de estar hablando ahora con los de Defensa.

El coronel general Sergei Korin, jefe del Cuerpo de Seguridad del Presidente, había llegado al cuartel situado en el interior del Kremlin y atrancado la puerta Kutafya de multidefensa poco antes de que la principal columna de Grishin entrara en la plaza Manege. Al otro lado de la Kutafya está la torre de la Trinidad, y en el interior de ésta, a mano derecha, el cuartel de la Guardia de Seguridad del Presidente. El general Korin estaba en su despacho telefoneando al Ministerio de Defensa.

—¡Póngame con el oficial de mayor graduación! —gritó. Hubo una pausa y una voz que conocía se puso al teléfono.

—Aquí el viceministro de Defensa Butov.

—Gracias a Dios está usted ahí. Tenemos una crisis. Un intento de golpe. Ostankino ha caído. El MVD está siendo atacado en estos momentos y hay una columna de blindados a las puertas del Kremlin. Necesitamos ayuda.

—La tendrán. ¿Qué necesita?

—Lo que sea. ¿Y la Dzerzhinsky? —Se refería a una división especial de infantería mecanizada, creada específicamente como unidad antigolpes de Estado tras la intentona de 1991.

—Está acantonada en Ryazan. Puedo ponerla en marcha antes de una hora y en tres la tendrá ahí.

—Bien. ¿Qué me dice de los VDV? —Sabía que a menos de una hora en avión había un brigada paracaidista de élite que podría saltar sobre Khodinka si alguien señalizaba la zona habilitada al efecto en el aeródromo.

—Tendrá todo cuanto pueda conseguirle, general. Resista.

Un grupo de guardias negros corrió bajo el fuego de cobertura de sus propias ametralladoras y alcanzó el refugio de la puerta Borovitsky. Una carga de explosivo plástico fue colocada en cada uno de los cuatro goznes. Mientras el grupo se retiraba, dos de ellos fueron abatidos desde lo alto de los muros. Segundos después las cargas hacían explosión. Las puertas de madera de veinte toneladas se estremecieron al saltar sus goznes, y luego se balancearon y cayeron al suelo estruendosamente.

Inmune al fuego de las armas ligeras, un vehículo blindado de transporte avanzó por la vía de acceso y ganó el abrigo de la arcada. Más allá había una gran reja de acero. Del otro lado, en el aparcamiento por donde solían pasear los turistas, un guardia presidencial intentó apuntar con un lanzagranadas desde los barrotes. Antes de que pudiera disparar, el cañón del vehículo blindado lo destrozó.

Guardias negros saltaron de la panza del vehículo de transporte y colocaron cargas explosivas en la reja de acero. Los atacantes regresaron al blindado, que se retiró unos metros y esperó a que las cargas hicieran explosión. La reja quedó colgando de un solo gozne y el vehículo arremetió contra ella, arrancándola del todo.

Bajo una lluvia de disparos, los guardias negros entraron corriendo en la fortaleza, superando ampliamente en número a los presidenciales. Los defensores se retiraron hacia los bastiones y reductos que forman los muros del alcázar. Otros se dispersaron por los setenta y tres acres de palacios, armerías, catedrales, jardines y plazas del Kremlin. En algunos puntos se luchaba cuerpo a cuerpo. La Guardia Negra empezaba a tomar ventaja lentamente.

—Jason, ¿qué diablos está pasando? —Era Umar Gunáyev por el teléfono del coche.

—Grishin está tratando de tomar Moscú y toda Rusia, amigo mío.

—¿Se encuentra bien?

—De momento sí.

—¿Donde está ahora?

—Voy hacia el sur desde Ostankino, tratando de evitar la plaza Lubyanka.

—Uno de mis hombres acaba de pasar en coche por Tverskaya. Una pandilla de gamberros del Movimiento Nueva Rusia está forzando las oficinas del alcalde.

—¿Sabe qué opinión tiene de usted y los suyos el MNR?

—Vaya si lo sé.

—¿Por qué no envía a algunos muchachos para que les den una lección? Esta vez nadie se interpondrá.

Una hora más tarde trescientos chechenos llegaban a Tverskaya, donde las bandas callejeras del MNR estaban cebándose en la sede del consistorio moscovita. Al otro lado de la calle la estatua de granito de Yuri Dolgoruki, el fundador de Moscú, miraba con desdén a horcajadas de su caballo. La puerta del ayuntamiento estaba totalmente destrozada.

Los chechenos esgrimieron sus largos cuchillos caucasianos, sus pistolas y sus mini Uzis y entraron en la alcaldía. Todos recordaban la destrucción de la capital chechena, Grozny, en 1995 y el saqueo de Chechenia en los dos años siguientes. Al cabo de diez minutos se había acabado la lucha.

La Casa Blanca, sede de la Duma, había caído en manos de los mercenarios de las «empresas de seguridad» sin apenas resistencia, puesto que en ella había sólo unos pocos conserjes y vigilantes nocturnos. Pero en Staraya Ploschad los mil hombres de las SOBR combatían calle a calle y sala a sala contra el resto de los mafiosos de «seguridad». El mejor armamento de la Fuerza de Intervención Rápida de la milicia de Moscú compensaba el mayor número de efectivos de sus contrincantes.

En el aeródromo de Khodinka los comandos Vympel encontraron una inesperada y férrea resistencia por parte de los pocos paracaidistas y oficiales de inteligencia de la GRU que, advertidos a tiempo, se habían parapetado en el interior.

Monk dobló por la plaza Arbátskaya y detuvo el coche. En el lado oriental del triángulo, el bloque de granito gris del Ministerio de Defensa se veía desierto y en silencio. No había guardias negros, ni tiroteo, ni señales de asalto. De todas las instalaciones que un golpista, en Moscú y en cualquier otra capital, necesitaba tomar y rápidamente, el Ministerio de Defensa encabezaba la lista. A quinientos metros de allí, en la dirección de la calle Znamenka y plaza Borovitsky, oyó el crepitar de unos disparos a medida que arreciaba la batalla por el Kremlin.

¿Por qué no estaban asediando el Ministerio de Defensa? Desde el bosque de antenas que había en su tejado, los mensajes solicitando ayuda al ejército debían de estar llegando a toda Rusia. Monk consultó su agenda de direcciones y marcó un número en el teléfono del coche.

En su alojamiento privado, a doscientos metros de la entrada principal de la base Kobyakova, el general de división Misha Andreiev se ajustaba la corbata disponiéndose a marchar. Con frecuencia se preguntaba por qué se ponía el uniforme para presidir la Nochevieja en el club de oficiales. Por la mañana lo tendría tan manchado que habría de llevarlo a la lavandería. Los tanquistas se consideraban expertos en las celebraciones de Año Nuevo.

Sonó el teléfono. Sería su oficial ejecutivo para decirle que se apresurara, quejándose de que los muchachos querían empezar la juerga; primero el vodka y los inacabables brindis, luego la comida y el champán para medianoche.

—Ya voy, ya voy —dijo mientras se dirigía al teléfono.

—¿General Andreiev? —La voz no le resultó conocida.

—Sí.

—Usted no me conoce. Pero su difunto tío me conocía.

—¿Y bien?

—Era un hombre bueno.

—Por supuesto.

—Hizo lo que pudo para denunciar a Komárov en aquella entrevista.

—Oiga, ¿adónde quiere ir a parar, y quién es usted?

—Igor Komárov está intentando un golpe militar en Moscú. Esta noche. Al mando de las tropas está su perro faldero, el coronel Grishin. La Guardia Negra está tomando Moscú, primer paso para tomar Rusia.

—Bien, su broma es muy divertida. Siga con el vodka y cuelgue el auricular.

—General, si no me cree, llame a algún colega suyo que esté en el centro de Moscú.

—¿Para qué?

—Los tiroteos se suceden ininterrumpidamente. Media ciudad puede oírlos. Además, ha de saber que fue la Guardia Negra la que mató a Tío Kolya, por orden del coronel Grishin —agregó Monk, y colgó.

Misha Andreiev se quedó mirando el teléfono y oyendo el tono. De pronto se encolerizó. ¿Qué significaba aquella intromisión en su vida privada y aquella mención a su tío? Si algo grave estaba pasando en Moscú, el Ministerio de Defensa alertaría de inmediato a las unidades del ejército acantonadas en un radio de cien kilómetros.

La gran base de Kobyakovo, a apenas cuarenta y seis kilómetros del Kremlin, era el asiento de la unidad que se enorgullecía de mandar, la división Tamanskaya, tanquistas de élite conocidos como Guardias Taman.

Colgó el auricular. El teléfono volvió a sonar de inmediato.

—Vamos, Misha, estamos esperando para empezar. —Era su oficial ejecutivo, que le llamaba desde el club.

—Ya voy, Konni. Sólo he de hacer un par de llamadas.

—Bueno, pero no tardes o empezaremos sin ti.

Marcó otro número.

—Ministerio de Defensa —dijo una voz.

—Póngame con el oficial de servicio.

Otra voz contestó rápidamente:

—¿Quién es?

—General de división Andreiev, comandante en jefe de la Tamanskaya.

—Soy el viceministro de Defensa Butov.

—Oh, lamento molestarle, señor. ¿Va todo bien en Moscú?

—Pues claro. ¿Por qué lo pregunta?

—Lo siento, señor. Es que he recibido noticias... extrañas. Yo podría movilizarme si...

—Quédese en la base, general. Es una orden. Todas las unidades deben permanecer en sus bases. Vuelva al club de oficiales.

—Sí, señor.

Colgó. ¿El viceministro de Defensa en la centralita del ministerio y a las diez de una Nochevieja? ¿Por qué no estaba con su familia o tirándose a su querida en algún pueblo de los alrededores? Se devanó los sesos buscando un nombre perdido en su memoria, un compañero de la Academia de Estado Mayor que ocupaba un cargo en inteligencia, los espías de la GRU. Finalmente buscó en una guía telefónica militar de carácter reservado y marcó un número.

Estuvo escuchando un buen rato el tono de llamada. Consultó su reloj: las once menos diez. Todos borrachos, naturalmente. El teléfono del aeródromo contestó. Antes de que pudiera decir nada, una voz exclamó:

—¡Sí, diga!

Detrás de la voz se oía un castañeteo.

—¿Quién es? —preguntó Andreiev—. ¿Está el coronel Demidov?

—¿Cómo quiere que lo sepa? —gritó la voz—. Estoy tumbado en el suelo esquivando balas. ¿Es usted el ministro de Defensa?

—No.

—Oiga, amigo, llámelos para que se den prisa con los refuerzos. No podremos aguantar mucho.

—¿A qué refuerzos se refiere?

—El ministerio nos envía tropas desde fuera de la ciudad. ¡Esto es un infierno!

La línea enmudeció bruscamente.

El general Andreiev permaneció con el auricular en la mano. «No, desde luego que no —pensó—, el ministerio no va a enviar fuerzas.»

Sus órdenes eran terminantes y procedían de un general de cuatro estrellas y ministro del gobierno: quedarse en la base. Si las obedecía, su carrera quedaría limpia como una patena. Contempló los cuarenta metros de grava cubierta de nieve y las iluminadas ventanas del club de oficiales, de donde llegaban risas y buen humor. De pronto visualizó en la nieve una figura alta y erguida con un pequeño cadete a su lado. «Sean cuales sean las promesas que te hagan —decía el hombre alto—, el dinero, los ascensos o los honores que te ofrezcan, quiero que nunca traiciones a estos hombres.»

Pulsó la horquilla y cortó la comunicación, luego marcó dos números. Su oficial ejecutivo se puso al teléfono con un fondo de carcajadas.

—Konni, me da igual cuántos T-80 o BTR estén listos para ponerse en marcha; quiero que todo lo que pueda moverse se disponga para salir, y todos los soldados que se tengan en pie deberán estar preparados antes de una hora.

Hubo un silencio de varios segundos.

—Jefe... ¿va en serio?

—Sí, Konni, muy en serio. La Tamanskaya parte hacia Moscú.

A las doce y un minuto de la noche, año de gracia de 2000, el primer carro de combate de los Guardias Taman salía de la base de Kobyakova y enfilaba la autopista de Minsk camino de las puertas del Kremlin.

La estrecha carretera secundaria que enlazaba la autopista con la base tenía una extensión de tres kilómetros, y la columna de veintiséis carros T-80 y cuarenta vehículos blindados de asalto BTR 80 hubo de recorrerla en fila india y a poca velocidad.

Una vez en la carretera principal, el general Andreiev dio orden de ocupar ambos carriles y aumentar al máximo la velocidad de crucero. Las nubes del anochecer se habían hecho jirones y las estrellas titilaban huidizas. A cada lado de la ruidosa columna de tanques los pinares crepitaban de frío.

Eran cuarenta y tres kilómetros hasta las puertas del Kremlin, y marchaban a más de sesenta por hora. Más adelante se les aproximó un coche en dirección contraria, pero cuando sus faros iluminaron la mole de acero gris que se abalanzaba sobre él, el conductor se salió del arcén y derrapó entre los árboles.

A diez kilómetros de la capital la columna llegó al puesto que señalaba la frontera. Dentro de la garita, cuatro milicianos se asomaron a las ventanas, vieron la columna y volvieron a agazaparse, abrazados unos a otros y a sus botellas de vodka mientras el puesto entero se estremecía al paso del convoy.

Andreiev viajaba en el carro de cabeza y fue de los primeros en ver los camiones atravesados en las calles. Varios coches particulares se habían acercado a los bordillos durante la noche y, tras esperar un rato, habían dado media vuelta. La columna no tenía tiempo para detenerse.

—Fuego a discreción —ordenó Andreiev.

Su artillero parpadeó una sola vez y abrió fuego con el cañón de 125 mm montado en la torreta. A una distancia de cuatrocientos metros, el proyectil conservaba todavía la velocidad inicial. Impactó en el camión y lo destrozó. Junto al carro de Andreiev, su oficial ejecutivo, que ocupaba el otro carril de la calzada, lo imitó y despedazó el segundo camión.

Del otro lado de la barricada se produjo un tímido fuego de armas ligeras desde las posiciones de emboscada.

Desde el interior de la cúpula de la torreta el ametrallador de Andreiev barrió su lado de carretera con su ametralladora de 12.7 mm y los disparos del enemigo cesaron por completo.

Mientras la columna se abría paso a toda velocidad, los Jóvenes Combatientes miraron incrédulos los catastróficos resultados de su bloqueo y emboscada y luego se dispersaron rápidamente en la noche.

Seis kilómetros más adelante, Andreiev hizo reducir la marcha y ordenó dos maniobras de diversión. Cinco tanques y diez vehículos de transporte fueron enviados hacia la derecha para socorrer a la guarnición asediada en el aeródromo de Khodinka, y de pura corazonada otros cinco tanques y diez transportes fueron enviados al nordeste a fin de ocupar el complejo de televisión de Ostankino.

Una vez en la carretera de circunvalación, Andreiev ordenó a sus restantes dieciséis T-80 y veinte BTR 80 que torcieran a la derecha hasta la plaza Kudrinskaya, y luego a la izquierda hacia el Ministerio de Defensa.

Los tanques iban de nuevo en fila india y a veinte kilómetros por hora; sus pesadas orugas arrancaban trozos de asfalto a medida que avanzaban hacia el Kremlin.

En la sala de comunicaciones del sótano del Ministerio de Defensa el viceministro Butov oyó aquel rumor sordo sobre su cabeza y supo que en una ciudad en guerra sólo había una cosa que podía provocarlo.

La columna marchó por la plaza Arbátskaya y pasó por delante del ministerio, encaminándose en línea recta hacia la plaza Borovitsky y los muros del Kremlin. Ninguno de los que iban a bordo de los tanques y los blindados de asalto reparó en un coche, aparcado como otros junto a la plaza, ni en la figura con chaqueta acolchada y botas que abandonó el vehículo y empezó a correr detrás de ellos.

En el pub Rosy O'Grady, la colonia irlandesa de la capital rusa estaba esforzándose a conciencia para festejar debidamente el Año Nuevo y esperando el consabido petardeo de los fuegos artificiales procedentes del Kremlin al otro lado de la plaza, cuando el primer T-80 pasó rugiendo frente a las ventanas del local.

El agregado cultural irlandés levantó la cabeza de su Guinness, echó un vistazo al exterior y le dijo al barman:

—Oye, Pat, ¿eso no era un jodido tanque?

Enfrente de la puerta Borovitsky había un BTR 80 de la Guardia Negra, barriendo con su ametralladora los muros a los que se habían encaramado los últimos guardias presidenciales. Durante cuatro horas habían luchado en los terrenos del Kremlin esperando refuerzos, sin saber que las restantes tropas del general Korin habían caído en una emboscada a las afueras de Moscú.

Hacia la una de la madrugada la Guardia Negra lo ocupaba todo excepto la parte superior de los muros, una extensión de 2.235 m^2 lo bastante ancha como para marchar de cinco en fondo. Allí se habían refugiado los últimos centenares de guardias presidenciales, cubriendo la estrecha escalinata de piedra y negando a los hombres de Grishin la conquista definitiva.

Desde el lado oeste de la plaza Borovitsky el tanque de Andreiev salió a espacio abierto y divisó el BTR. A aquella distancia bastó un solo disparo para pulverizar el vehículo. Cuando los carros pasaron sobre sus restos, los fragmentos apenas eran mayores que tapacubos de coche.

A la una y cuatro minutos, el T-80 del general Andreiev enfiló el paseo arbolado de acceso a la Torre y la Verja, pasó bajo la arcada cuya puerta y reja habían sido destruidas y se adentró en el Kremlin. Como su tío en otros tiempos, Andreiev aborrecía protegerse en una torreta cerrada y atisbar por el periscopio. La tapa de su torreta se abrió y la cabeza y el torso del general emergieron al frío nocturno; el casco acolchado y los anteojos ocultaban sus facciones.

Uno a uno los T-80 pasaron por delante del Gran Palacio y las acribilladas catedrales de la Anunciación y el Arcángel, dejando atrás la Campana del Zar para entrar en la plaza Ivanóvskaya, donde antiguamente el pregonero público anunciaba los decretos del monarca.

Dos transportes de la Guardia Negra trataron de cerrarle el paso, pero ambos quedaron reducidos a astillas de metal caliente.

Detrás de él la ametralladora de 7.62 mm y su hermana mayor de 12.7 mm emitían un continuo tableteo mientras el reflector del tanque iba iluminando a los golpistas en su huida.

Había aún más de tres mil guardias negros bien pertrechados sitiando los setenta y tres acres del Kremlin, y habría sido inútil que los escuadrones de infantería de Andreiev hubieran abandonado sus vehículos. A pecho descubierto aquellos doscientos hombres no habrían podido hacer nada, pero dentro de sus transportes blindados no estaban a pecho descubierto.

Grishin no había previsto la presencia de vehículos blindados y carecía de armas anticarro. Más ligeros, los vehículos de transporte de personal de la Tamanskaya podían entrar por los estrechos callejones donde los tanques debían detenerse. En el exterior, los tanques esperaban con sus ametralladoras, impenetrables al fuego enemigo.

Pero lo más importante era el efecto psicológico. Para el soldado de a pie, el carro de asalto es una especie de monstruo, con su tripulación invisible tras el cristal blindado y sus ametralladoras moviéndose sin pausa en busca de nuevos blancos indefensos.

En menos de una hora la Guardia Negra se vio reducida a huir por piernas hacia el recinto de iglesias, palacios y catedrales. Algunos lo lograron; otros fueron cazados por las ametralladoras de los BTR o las de los tanques.

En otros puntos de la capital se libraban batallas en diversas fases de resolución. Los comandos Alfa estaban a punto de asaltar el cuartel del OMON en el Ministerio del Interior cuando de pronto captaron un pedido de ayuda por radio. Era un aterrorizado guardia negro que suplicaba que acudieran al Kremlin, pero cometió el error de mencionar la presencia de los T-80. La noticia corrió de boca en boca en el Grupo Alfa y sus comandos decidieron retirarse. La cosa no evolucionaba como Grishin había prometido. El coronel había garantizado sorpresa total, superioridad de potencia de fuego y un enemigo desamparado. Nada de eso había ocurrido. Así pues, retrocedieron y buscaron sitios donde ponerse a salvo.

En el ayuntamiento las bandas de gamberros del Movimiento Nueva Rusia habían sido ya neutralizadas por los chechenos.

En Staraya Ploschad, las tropas del OMON apoyadas por los hombres de las SOBR al mando del general Petrovsky empezaban a desalojar de la sede del gobierno a los mercenarios de las «empresas de seguridad» de la mafia Dolgoruki.

En el aeródromo de Khodinka las cosas estaban cambiando. Cinco tanques y diez BTR habían atacado a la unidad de Vympel por el flanco, y sus hombres, peor armados, estaban siendo perseguidos por el laberinto de hangares y almacenes de la base.

El parlamento seguía ocupado por el resto de los corsarios de las «empresas de seguridad», pero no tenían donde esconderse ni otra cosa que hacer salvo escuchar por radio las noticias que llegaban de otros puntos. También ellos oyeron el pedido de ayuda desde el Kremlin y, calculando el posible efecto de los tanques, empezaron a abandonar el edificio, tratando de convencerse individualmente de que con un poco de suerte nadie podría identificarlos.

Ostankino seguía en manos de Grishin, pero el anuncio triunfal que proyectaba emitir en las noticias de la mañana estaba en cuarentena mientras dos mil guardias negros miraban desde las ventanas cómo los carros T-80 avanzaban implacablemente por la avenida y sus propios camiones resultaban destruidos y eran pasto de las llamas uno tras otro.

El Kremlin se levanta sobre un peñasco desde el que se domina el río. Las cuestas están sembradas de árboles y arbustos, muchos de ellos de hoja perenne. Al pie del muro de poniente se encuentran los jardines Alexandrovsky. Entre los árboles, dos senderos conducen a la puerta Borovitsky. Ninguno de los combatientes vio desde el interior la solitaria figura que se aproximaba entre la espesura hacia la puerta abierta, como tampoco le vieron trepar la última cuesta hasta la rampa y colarse dentro.

En el momento en que Monk se protegía bajo la arcada, el foco de un T-80 lo iluminó, pero los tripulantes creyeron que era uno de los suyos. Su chaqueta acolchada recordaba a sus propios chaquetones, y el gorro redondo de piel se parecía más a sus tocados que a los cascos negros de acero de los hombres de Grishin. Quienquiera que estuviese tras el foco supuso que se trataba de un tanquista de un vehículo inutilizado que buscaba refugio bajo la arcada. La luz fluctuó por encima de él y se alejó. En ese instante Monk abandonó la arcada y corrió al resguardo de los pinos hacia el lado derecho de la puerta. Amparado en la oscuridad, observó y esperó.

En el perímetro del Kremlin hay diecinueve torres pero sólo tres tienen puertas practicables. Los turistas entran y salen por la Borovitsky o la Trinidad, y las tropas por la Spassky. De las tres, sólo una estaba totalmente abierta y Monk estaba a un paso de la misma.

El que optara por ponerse a salvo tendría que abandonar el recinto amurallado. Al amanecer las fuerzas leales al Estado harían salir a los vencidos que se ocultaban, sacándolos de todos los portales y sacristías, despensas y armarios, incluso de los aposentos secretos del puesto de mando bajo los jardines Spassky. Todos los golpistas que quisieran conservar la vida y no pudrirse en la cárcel no tardarían en comprender que lo mejor era salir cuanto antes por la única puerta abierta.

Al otro lado de donde se encontraba, Monk distinguió la puerta de la Armería, tesoro de un milenio de historia rusa, medio arrancada después de que la trasera de un tanque la hubiera destrozado. Las llamas de un vehículo de personal de la Guardia Negra incendiado arrojaban luz sobre la fachada.

El núcleo de la batalla parecía alejarse hacia el Senado y el arsenal, en el sector nororiental de la fortaleza. El vehículo en llamas crepitaba.

A las dos Monk observó movimiento junto al muro del Gran Palacio, y luego un hombre de negro se aproximó corriendo, agachándose para ocultarse pero sin dejar de moverse con rapidez frente a la Armería. Al llegar junto al vehículo incendiado, se detuvo para comprobar si le perseguían. El fuego prendió en un neumático, haciendo que el fugitivo se diera la vuelta rápidamente. A la luz de las llamas Monk pudo verle la cara. Sólo la había visto una vez en fotografía, en una playa de Sapodilla Bay en las islas Caicos. Monk salió de su escondite y exclamó:

—¡Grishin!

El ruso alzó la cabeza y escudriñó la oscuridad bajo los pinos. Entonces vio al hombre que le había llamado. Grishin llevaba un fusil Kalashnikov AK-74. Monk vio alzarse el cañón y se protegió tras un abeto. Sonó una descarga que arrancó trozos de la corteza del árbol. Luego silencio.

Monk se asomó. Grishin había desaparecido. Había estado a cincuenta metros de la puerta, pero Monk sólo estaba a diez. Grishin no había podido escapar.

Entonces vio asomar la boca del AK-74 por la destrozada puerta. Se protegió nuevamente y al punto las balas horadaron el robusto abeto. Medio cargador, calculó Monk, saliendo de detrás del árbol y cruzando la calzada a la carrera para pegarse contra la pared ocre del museo. Tenía su Sig Sauer preparada.

El cañón del rifle de asalto volvió a asomar por el portal mientras Grishin buscaba un blanco al otro lado de la calle. Al no ver nada, el coronel dio un paso al frente.

La bala de Monk impactó en la culata del AK y la arrancó de manos de Grishin. El arma cayó al pavimento, fuera de su alcance. El ruso echó a correr frenéticamente por el suelo de piedra. Segundos después había salido del resplandor del vehículo en llamas y estaba agazapado en la oscuridad del vestíbulo de la Armería.

El museo ocupa dos plantas y consta de nueve grandes salones con cincuenta y cinco vitrinas. En éstas hay objetos históricos por valor de miles de millones de dólares, pues tanta había sido la riqueza y el poder de Rusia que todas las pertenencias de los zares —sus coronas, tronos, armas, vestimentas e incluso las bridas de los caballos— estaban tachonadas de plata, oro, diamantes, esmeraldas, rubíes, zafiros y perlas.

A medida que sus ojos se acostumbraban a la oscuridad, Monk distinguió ante él la forma difusa de la escalera que llevaba al piso superior. A su izquierda estaba el arco abovedado que daba acceso a los cuatro salones de la planta baja. De esa dirección oyó un ligero golpe sordo, como si alguien hubiera chocado con una vitrina.

Monk inspiró hondo y cruzó la bóveda rodando sobre sí al estilo comando, sin dejar de girar en la oscuridad en dirección a una pared. Al pasar por el umbral le pareció ver un destello blancoazulado y disparó sin vacilar, pero sólo lo salpicaron fragmentos de cristal cuando la bala rompió una vitrina.

El salón era largo y estrecho, aunque él no podía verlo. Había largas vitrinas de cristal a ambos lados y una única zona de exposición en el centro, también rodeada de cristal protector. Dentro, a la espera de la luz eléctrica y de los turistas arrobados, estaban las inapreciables vestimentas de la coronación, rusas, turcas y persas, de todos los príncipes Rurik y Romanov. Con el valor de un metro cuadrado de cualquiera de ellas —y las joyas que llevaba prendidas— un trabajador podía subsistir varios años.

Cuando el último fragmento de cristal dejó de tintinear, Monk aguzó el oído y consiguió oír a Grishin soltar el aire tratando de no jadear. Agarró un trozo de cristal cilindrado y lo lanzó a la negrura de donde procedía el sonido.

El objeto chocó con una vitrina y al instante se produjo otra estrepitosa ráfaga de Kalashnikov y luego ruido de pasos que escapaban entre los ecos de la detonación. Monk se puso en cuclillas y se lanzó hacia adelante, refugiándose detrás de la vitrina central hasta que comprendió que Grishin había retrocedido hacia la siguiente sala y le estaba esperando.

Monk avanzó hacia el arco que comunicaba ambas salas, con otro trozo de cristal en la mano. Lo arrojó hacia el fondo de la estancia, atravesó el arco e inmediatamente se parapetó tras un armario. Esta vez no hubo disparos.

Habituada su visión a la oscuridad, advirtió que se hallaba en una sala más pequeña donde había tronos engalanados de joyas y marfil. Aunque no lo sabía, el trono de la coronación de Iván el Terrible estaba unos metros a su izquierda, y el de Boris Godunov un poco más allá.

Grishin debía de haber corrido un largo trecho, ya que mientras la respiración de Monk tras su descanso en los árboles era regular y mesurada, algo más allá se oían los jadeos con que el ruso intentaba recuperar el resuello.

Alargando el brazo, golpeó ligeramente la vitrina que tenía encima con el cañón de su automática, y luego bajó la mano. Vio el destello del Kalashnikov en la oscuridad y respondió rápidamente al fuego. Sobre su cabeza hubo más cristales hechos añicos, y una bala de Grishin arrancó una lluvia de brillantes del trono diamantino del zar Alexei.

Las balas de Monk debían de haberse aproximado al blanco, pues Grishin corrió hacia la sala siguiente que, aunque Monk lo ignoraba y Grishin debía de haber olvidado, era la última: un callejón sin salida, la sala de los carruajes antiguos.

Monk avanzó a toda prisa en previsión de que Grishin pudiera encontrar una nueva posición de tiro. Entró en la última sala y se refugió tras un recargado carruaje del siglo XVII con relieves de frutas doradas. Al menos los carruajes servían de refugio, pero también para Grishin. Todos los coches estaban puestos sobre estrados y preservados del público mediante cuerdas borladas sujetas a soportes verticales.

Se asomó desde el coche regalado en el año 1600 por Isabel I de Inglaterra a Boris Godunov, intentando divisar a su enemigo, pero la oscuridad era total y los coches sólo se distinguían vagamente. Mientras estaba mirando, las nubes que asomaban a los altos y estrechos ventanales se separaron un poco y la luz de la luna se filtró breve y difusamente por aquellas ventanas a prueba de robos y con cristal doble. Pero algo resplandeció. Un punto en medio de la penumbra detrás de la rueda dorada del coche de la zarina Elizabeta.

Monk recordó las enseñanzas de Sims en Castle Forbes: «Con las dos manos, muchacho, y el pulso bien firme. Olvídese de Jesse James; eso es pura ficción.»

Monk levantó su Sig Sauer con ambas manos y apuntó hacia un espacio situado diez centímetros más arriba del destello. Inspiró lentamente, el pulso firme, y disparó.

La bala pasó entre los radios de la rueda y dio a algo que había detrás. Mientras el eco se perdía en la sala y sus oídos dejaban de zumbar, Monk oyó el ruido sordo de un pesado objeto al caer en el suelo. Podía ser una treta, de modo que esperó unos minutos hasta comprobar que la borrosa silueta que había en el suelo junto al carruaje no se movía. Saliendo de su escondite y parapetándose tras los viejos carruajes de madera, se acercó hasta que pudo distinguir un torso y una cabeza, de cara al suelo. Sólo entonces se aproximó y, con el arma amartillada, puso el cuerpo boca arriba.

La bala había dado sobre el ojo izquierdo del coronel Anatoli Grishin. Como Sims habría dicho, «eso les para un poco los pies». Jason Monk miró al hombre al que tanto aborrecía y no sintió nada. Había que acabar con él y lo había hecho. Guardándose la pistola, se agachó y vio algo en la mano izquierda del coronel. El pequeño objeto estaba en la palma de su mano, y era la plata americana que había brillado al claro de luna, la luminosa turquesa arrancada de las colinas por los ute o los navajos. Un anillo venido de las tierras altas de Estados Unidos, regalado a un hombre valiente en un parque de Yalta y arrancado del dedo de un cadáver en un patio del penal de Lefortovo.

Monk se guardó el anillo y regresó andando a su coche. La batalla de Moscú había terminado.

EPÍLOGO

La mañana del 1 de enero Moscú y Rusia entera despertaron con la terrible noticia de lo acaecido en la capital. Las cámaras de televisión llevaron las imágenes a todos los rincones del extenso país y la nación entera se sintió acongojada y horrorizada.

El interior del Kremlin era la imagen de la devastación. Las fachadas de la Anunciación, la Asunción y el Arcángel se veían acribilladas. La nieve y el hielo refulgían de cristales rotos. Las manchas negras de vehículos incendiados desfiguraban el exterior de los palacios Terem y Facets, mientras que el del Senado y el Gran Palacio mostraban las cicatrices del fuego de las ametralladoras. Dos cuerpos yacían inertes al pie del Cañón del Zar, y los equipos de rescate sacaron a otros del arsenal y del Palacio de Congresos, adonde habían ido a refugiarse en los últimos minutos de su vida. Por todas partes, camiones y vehículos blindados de la Guardia Negra humeaban y ardían lentamente en la luz matinal. Las llamas habían derretido pedazos de asfalto que con el frío habían adoptado formas de olas marinas.

El presidente en funciones Iván Markov suspendió inmediatamente sus vacaciones y llegó a Moscú al mediodía. A media tarde recibía en audiencia privada al patriarca de Moscú y Todas las Rusias.

Alexei II hizo su primera y última intervención en la arena política de Moscú. Insistió en que seguir planteando unas elecciones presidenciales para el 16 de enero era descabellado, y que esa fecha debía reservarse para un referéndum sobre la restauración de la monarquía.

Curiosamente, Markov se mostró muy receptivo. De entrada no era ningún tonto. El difunto presidente Cherkassov le había nombrado primer ministro por ser un hábil administrador, un hombre gris con una sólida y anónima trayectoria en la industria petrolífera. Pero con el tiempo Markov había aprendido a sentirse cómodo en su cargo político, incluso en un sistema donde la mayor parte del poder estaba en manos del presidente y muy poco en las del primer ministro. En los seis meses transcurridos desde el ataque cardíaco de Cherkassov había aprendido a apreciar y valorar el esplendor de los altos cargos.

Con la Unión de Fuerzas Patrióticas fuera de combate desde el punto de vista electoral, Markov sabía que el vencedor iba a estar entre él y los neocomunistas de la Unión Socialista. Sabía también que probablemente le esperaba el segundo lugar. Pero un monarca constitucional necesitaría, casi como primer acto oficial, recurrir a un político experimentado para la formación de un gobierno de unidad nacional. Quién mejor que él mismo, se decía Iván Markov.

Aquella tarde, en su calidad de presidente en funciones, hizo llamar a Moscú a todos los diputados de la Duma para una sesión de urgencia de la cámara. El 3 de enero la mayoría de diputados hubo de viajar desde los más remotos parajes de Siberia y desde las landas septentrionales de Arkangel.

La sesión de urgencia del parlamento fue celebrada el 4 de enero en la casi intacta Casa Blanca. El ambiente era de pesimismo, más aún entre los diputados de la UFP que se empeñaban en contar a todo el mundo que nunca habían tenido la menor idea de lo que Igor Komárov había preparado para Año Nuevo.

La sesión fue dirigida por el presidente en funciones, quien propuso que se consultara a toda la nación el 14 de enero sobre la restauración de la monarquía. Como Markov no era miembro de la Duma, no podía proponer oficialmente el referéndum. Eso lo hizo el presidente de la cámara, un miembro del Partido de Alianza Democrática liderado por Markov.

Los neocomunistas, viendo que se les escapaba de las manos el poder presidencial, votaron unánimemente contra la moción. Pero Markov había jugado sus cartas con inteligencia.

Los miembros de la UFP, que temían por su propia seguridad, habían sido entrevistados previamente uno por uno esa misma mañana. La impresión que se llevaron fue que si apoyaban al presidente Markov, el espinoso punto del levantamiento de su inmunidad parlamentaria podría ser aparcado. De esa manera los diputados ultraderechistas podrían conservar sus escaños.

Los votos de Alianza Democrática sumados a los de la UFP superaron a los neocomunistas. El referéndum fue aprobado.

Técnicamente el cambio no era muy difícil de instrumentar. Las urnas estaban ya instaladas. Sólo había que imprimir y distribuir otros ciento cinco millones de papeletas con la sencilla pregunta y dos casillas, una para el «sí» y otra para el «no».

El 5 de enero, en el pequeño puerto de Vyborg al norte del país, un agente de seguridad portuaria llamado Pyotr Gromov aportó su granito de arena en la historia. Amanecía cuando Gromov contempló al mercante sueco *Ingrid B* disponiéndose a zarpar para Goteburgo.

El miliciano estaba a punto de volver a su garita para desayunar cuando dos hombres con sendas chaquetas de lanilla azul salieron de detrás de unos cajones y echaron a andar hacia la pasarela, cuando ésta aún no había sido izada a bordo. Un presentimiento le hizo darles el alto.

Los dos hombres vacilaron un momento y luego corrieron hacia la pasarela. Gromov sacó su pistola e hizo un disparo de advertencia al aire. Era la primera vez que usaba el arma en los tres años que llevaba en los muelles, y hacerlo le proporcionó un gran placer. Los dos hombres se detuvieron.

Según sus papeles ambos eran suecos. El más joven hablaba inglés, idioma del que Gromov conocía algunas palabras. Pero su experiencia en la zona portuaria le había enseñado bastante sueco. Al mayor de los dos le espetó:

—¿A qué viene tanta prisa?

El otro no dijo nada. Ninguno de los dos había entendido su pésima pronunciación. De un tirón arrancó al mayor de los dos el gorro de piel que le cubría la cabeza. La cara le resultó vagamente familiar. La había visto alguna vez. El policía y el ruso en fuga se miraron a los ojos. Aquella cara... en un podio... gritando a la multitud enfervorizada.

—Le conozco... —dijo Gromov—. Usted es Igor Komárov.

Komárov y Kuznetsov fueron arrestados y devueltos a Moscú. El ex líder de la Unión de Fuerzas Patrióticas fue acusado de alta traición y detenido para ser sometido a juicio. Irónicamente, su nuevo domicilio fue el penal de Lefortovo.

Durante diez días el debate nacional mantuvo ocupados a periódicos, revistas, emisoras de radio y cadenas de televisión a medida que los implicados iban ofreciendo sus opiniones.

La tarde del viernes 14 de enero, el padre Gregor Rusákov celebró un mitin religioso en el estadio olímpico de Moscú. Como la vez en que Komárov había hablado allí, su discurso fue transmitido a todo el país. Posteriormente la audiencia se estimó en ochenta millones de rusos.

Su argumento fue claro y simple. Durante setenta años el pueblo ruso había venerado a los dioses del materialismo dialéctico y el comunismo, siendo traicionado por ambos. Durante otros quince los rusos habían asistido al templo del capitalismo republicano sin que sus esperanzas se vieran colmadas. El padre Gregor instaba a su pueblo a volver al Dios de sus padres, a ir a la iglesia y rezar.

Los observadores extranjeros han tenido desde siempre la impresión de que tras setenta años de industrialización comunista los rusos deben de ser en su mayoría gente de ciudad. Es una suposición errónea. Incluso en 1999 un cincuenta por ciento de ellos vivía aún en pueblos, aldeas y zonas rurales, esa vasta extensión de tierra que va de Bielorrusia a Vladivostok, diez mil kilómetros de extremo a extremo y nueve husos horarios. En esa tierra anónima se encuentran las cien mil parroquias de que constan los cien obispados de la Iglesia ortodoxa, cada una con su grande o pequeña parroquia con cúpula de cebolla.

Fue justamente a esas iglesias adonde el cincuenta por ciento de los rusos se dirigió en la gélida mañana del domingo 16 de enero, y desde sus respectivos púlpitos cada párroco leyó la Carta del Patriarca.

Conocida después como la Gran Encíclica, era probablemente el más conmovedor de los mensajes a los fieles jamás emitidos por Alexei II. Había sido aprobada la semana anterior en un cónclave a puerta cerrada de los obispos metropolitanos, el resultado de cuya votación, aunque no unánime, fue de amplia mayoría.

Tras salir de las iglesias, los rusos se encaminaron a las urnas. Dada las dimensiones del país y la falta de tecnología electrónica en los distritos rurales, el recuento de los votos duró dos días. De los votos válidos, el resultado fue sesenta y cinco por ciento a favor.

El 20 de enero la Duma aceptaba y ratificaba el resultado del referéndum, aprobando asimismo otras dos mociones. Una para extender el interrégnum de Iván Markov hasta el 31 de marzo; la segunda para instituir un comité constitucional que convirtiera en ley el veredicto del referéndum popular.

El 20 de febrero la Duma de Todas las Rusias y el presidente en funciones enviaban una invitación a un príncipe residente fuera de Rusia para que aceptara el título y las funciones —en el marco de una monarquía constitucional— de zar de Todas las Rusias.

Diez días después un avión de pasajeros ruso aterrizaba en el aeropuerto de Vnukovo, Moscú, tras un largo vuelo.

El invierno tocaba a su fin. La temperatura había subido varios grados sobre cero y brillaba el sol. De los bosques de pino y abedul que había detrás del pequeño aeropuerto reservado para vuelos especiales llegaba una fragancia a tierra húmeda y brotes nuevos.

Delante de la terminal, Iván Markov encabezaba una numerosa delegación formada por el presidente de la Duma, líderes de todos los partidos importantes, jefes del Estado Mayor conjunto y el patriarca Alexei II.

Del avión descendió el hombre de cincuenta y siete años al que la Duma había invitado a convertirse en zar, el príncipe de la inglesa Casa de Windsor.

Muy lejos de allí, en una antigua cochera a las afueras del pueblo de Langton Matravers, sir Nigel Irvine contemplaba la ceremonia por televisión. Lady Irvine estaba en la cocina fregando los platos del desayuno, algo que siempre hacía antes de que llegase la señora Moir para hacer la limpieza.

—¿Qué estás viendo, Nigel? —preguntó ella mientras echaba

el agua jabonosa por el sumidero de la pila—. Nunca ves la tele por la mañana.

—Algo que está pasando en Rusia, cariño.

A su entender, había sido una contienda muy reñida. Frente a un adversario más rico, más fuerte y más numeroso, él había sido fiel a sus principios empleando las mínimas fuerzas, algo que sólo podía coronarse con éxito mediante el engaño y la astucia.

El primer paso había consistido en hacer que Jason Monk creara alianzas con aquellas personas que podían temer o despreciar a Igor Komárov tras la lectura del Manifiesto Negro. En la primera categoría estaban aquellos a quienes el nazi ruso pensaba destruir: chechenos, judíos y la milicia que hostigaba a la mafia aliada de Komárov. En la segunda estaban la Iglesia y el ejército, representados respectivamente por el patriarca y por el general más prestigioso, Nikolai Nikoláiev.

El siguiente paso había sido infiltrar a un informador en campo enemigo, no para obtener información fidedigna sino para confundirles con desinformación.

Mientras Monk seguía con su instrucción en Castle Forbes, el anciano jefe de espías había hecho su primera visita secreta a Moscú para reactivar a viejos *sleepers*[1] de bajo nivel que había reclutado años atrás. Uno de éstos era el ex profesor de la Universidad de Moscú cuyas palomas mensajeras habían resultado tan útiles en otro tiempo. Pero al perder el profesor su empleo por haber propuesto reformas democráticas bajo el régimen comunista, su hijo se había quedado sin plaza en el instituto y sin oportunidad de acceder a la universidad. El joven había acabado en la Iglesia, y tras breves y mediocres estancias en diversas parroquias había sido contratado finalmente como ayudante del patriarca Alexei II. El padre Máxim Klimovsky había sido autorizado a delatar a Irvine y Monk en cuatro ocasiones distintas. El motivo no era otro que acreditar su fiabilidad como informador del coronel Grishin en el corazón mismo del campo enemigo. Por dos veces Irvine y Monk habían podido escapar antes de la aparición del jefe de la Guardia Negra, pero eso no había sido posible en las dos últimas, y habían tenido que plantar cara.

El tercer paso de sir Nigel no fue tratar de convencer a su enemigo de que no existía una campaña en su contra, lo que habría sido imposible, sino convencerlo de que el peligro estaba en otra parte y que, una vez eliminado, dejaba de existir.

Tras su segunda visita a la residencia del patriarca, Irvine se había visto forzado a quedarse en Moscú para dar tiempo a Grishin y sus matones de registrar su habitación durante su ausencia, descubrir el maletín y fotografiar la carta incriminatoria.

1. Agente que se crea una identidad inofensiva en previsión del momento en que se le requiera para pasar alguna información vital. *(N. del T.)*

Dicha carta era una falsificación creada en Londres con auténtico papel de carta del patriarcado y con muestras de la letra del propio Alexei, que el padre Máxim había obtenido y entregado a Irvine en su visita previa.

En la falsa carta, el patriarca le decía a su corresponsal que apoyaba calurosamente la idea de una restauración de la monarquía rusa (posibilidad que de hecho sólo estaba sopesando) y que haría lo posible para que el receptor de la carta fuese el hombre escogido para el cargo.

Por desgracia, la carta no iba dirigida al pretendiente adecuado sino al príncipe Semyon, que vivía en su casa solariega en Normandía con sus caballos y su novia. Semyon había sido considerado material eliminable.

Fue la segunda visita de Monk al patriarca la que desencadenó el cuarto paso: estimular al enemigo para que reaccionara con desmedida violencia ante una amenaza palpable pero inexistente. Esto lo había conseguido la grabación de la supuesta conversación de Jason Monk con Alexei II.

Irvine había obtenido muestras de la voz del patriarca en su primera visita, pues su intérprete, Brian Vincent, se había ocupado de ello. Anteriormente, Monk había grabado varias horas de cinta con su propia voz durante su estancia en Castle Forbes.

En Londres, un mimo y actor ruso había proporcionado las palabras que aparentemente Alexei II pronunciaba en la grabación. Utilizando tecnología informatizada se había creado una cinta donde podían oírse incluso las cucharillas removiendo el café. El padre Máxim, a quien Irvine había pasado la cinta al cruzarse con él en el vestíbulo, se había limitado a reproducirla en la grabadora que le había dado Grishin.

Todo lo que sonaba en la cinta era falso. El general Petrovsky no podía haber continuado sus redadas contra el clan Dolgoruki porque Monk le había pasado ya toda la información recogida de los chechenos sobre la mafia rival. Es más, los papeles hallados en el casino no contenían pruebas de que la mafia hubiese financiado la campaña electoral de la UFP.

El general Nikoláiev no tenía ninguna intención de seguir denunciando a Komárov en entrevistas concedidas a la prensa a partir del día de Año Nuevo. Ya había hecho su papel, y con una vez bastaba.

Pero lo más importante era que el patriarca no tenía intención de interceder ante el presidente en funciones para que Komárov fuese declarado persona indigna. Alexei había dejado claro que no iba a meterse en política.

Pero ni Grishin ni Komárov lo sabían. Creyendo conocer las intenciones de sus oponentes y temiendo estar en grave peligro, su reacción exagerada fue organizar los cuatro intentos de asesinato. Monk, sospechando esa posibilidad, había advertido a los cuatro blancos. Sólo uno desoyó el aviso. Hasta la noche del 21 de diciembre, y posiblemente incluso después, Komárov podía haber ganado las elecciones por amplia mayoría.

Tras el 21 de diciembre vino el paso cinco. La reacción de Grishin fue explotada por Monk para incrementar los sentimientos de hostilidad hacia Komárov hasta conseguir que los medios de comunicación vertieran un torrente de críticas contra el líder de la UFP. Fue aquí donde Monk filtró elementos de desinformación en el sentido de que la fuente del progresivo descrédito de Komárov era un oficial de alta graduación de la Guardia Negra.

En política, como en muchos asuntos humanos, el éxito engendra más éxito pero el fracaso genera también más fracaso. A medida que las críticas contra Komárov aumentaban, también lo hacía la paranoia latente en todo tirano. La última jugada de Irvine había sido sacar partido de esa paranoia y confiar en que el inadecuado padre Máxim no le fallara.

Cuando el patriarca regresó del monasterio, no se reunió con el presidente en funciones. Cuatro días antes de Año Nuevo, el gobierno ruso no tenía el menor propósito de caer sobre la Guardia Negra y arrestar a Komárov en Nochevieja.

Valiéndose del padre Máxim, Irvine utilizó el viejo precepto de hacer creer al enemigo que sus oponentes son más numerosos y arrojados de lo que en realidad son. Persuadido por este segundo engaño, Komárov, espoleado por Grishin, decidió atacar primero. Y el Estado ruso, prevenido por Jason Monk, se aprestó a defenderse.

Aunque no era muy adepto a visitar iglesias, sir Nigel Irvine sí era un asiduo lector de la Biblia, y de todos los personajes su favorito era Gedeón, el guerrero hebreo. Como se lo había explicado a Jason Monk en las Highlands escocesas, Gedeón fue el primer comandante de fuerzas especiales y el primer paladín del ataque nocturno por sorpresa. Disponiendo de diez mil voluntarios, Gedeón escogió sólo a trescientos, los mejores y más vigorosos. En su ataque nocturno contra los madianitas acampados en el valle de Jezreel, empleó la triple táctica del despertar violento, la luz cegadora y el ruido desconcertante para desorientar y espantar a un enemigo más numeroso.

—Lo que hizo Gedeón, mi querido amigo, fue convencer a los medio dormidos madianitas de que estaban ante un adversario colosal y muy peligroso. De ahí que se amilanaran y echaran a correr.

No sólo corrieron sino que en la oscuridad empezaron a matarse entre ellos. Por otra clase de desinformación, Grishin creyó que debía arrestar a todo su alto mando.

En ese momento entró lady Irvine y apagó el televisor.

—Levántate, Nigel, hace un día precioso y hemos de plantar las primeras patatas.

El viejo jefe de espías se puso en pie.

—Pues claro —dijo—, las primeras de la primavera. Voy por mis botas.

Detestaba la horticultura, pero quería mucho a Penny Irvine.

Era poco más de mediodía en el Caribe cuando el *Foxy Lady* salió de Turtle Cove con rumbo a Wheeland Cut.

A medio camino del arrecife el *Silver Deep* de Arthur Dean se puso a su altura. Llevaba a dos turistas buceadores en la popa.

—Eh, Jason, te creía fuera.

—Sí. He estado una temporada en Europa.

—¿Cómo ha ido?

Monk meditó la pregunta.

—Interesante —dijo.

—Me alegro de que hayas vuelto. —Dean echó un vistazo a la cubierta de popa del *Foxy Lady*—. ¿Hoy no tienes cliente?

—No. Creo que hay wahoos a diez millas de la punta. Voy a ver si pesco algunos.

Arthur Dean sonrió.

—Buena pesca, Jason.

El *Silver Deep* se alejó con celeridad. El *Foxy Lady* cruzó el arrecife y Monk notó el empuje del mar abierto bajo sus pies, y en su cara el viento salobre de agradable aroma.

Aumentando la potencia del motor, Monk dejó atrás las islas y se dirigió mar adentro hacia la soledad del horizonte.